Zeitschrift für Ethnomedizin und transkulturelle Psychiatrie/
Journal of Medical Anthropology and Transcultural Psychiatry
Hrsg. von/Ed. by Arbeitsgemeinschaft Ethnomedizin (AGEM)

Inhalt / Contents
Vol. 29 (2006) 2+3
Doppelheft / Double Issue

**Migrationspsychologie, Medizinethnologie zu Hause und islamische Kultur in Europa heute /
Psychology of Migration, Anthropology at Home, and Islamic Culture in Europe**
zusammengestellt von / compiled by
EKKEHARD SCHRÖDER, WOLFGANG KRAHL & HANS-JÖRG ASSION

Inhalt

EKKEHARD SCHRÖDER, WOLFGANG KRAHL & HANS-JÖRG ASSION: Migrationspsychologie
und islamische Kultur in Europa heute (Editorial) 132

WIELANT MACHLEIDT: Erich Wulff als Ethnopsychiater. Hommage zu seinem 80. Geburtstag 137

Beiträge zum Schwerpunkt

Reprintartikel

KALERVO OBERG: Cultural Shock: Adjustment to New Cultural Environments (Reprint 1960) 142

TOMMASO MORONE: Nostalgia (Reprint 1994) 147

Artikel

INCI USER: Das Mutterbild in der türkischen Kultur 150

RICHÁRD NAGY: Was ist Unani? Europäische Perspektiven 159

SOFIANE BOUDHIBA: „Baraka" im Milieu verarmter städtischer Bevölkerungsgruppen in Tunesien . 165

BERNHARD LEISTLE: Der Geruch des ǧinn – Phänomenologische Überlegungen zur kulturellen
Bedeutungsdimension sinnlicher Erfahrung in Marokko 173

Zur Diskussion

Der Kontext Migration, Sozialmedizin, Public Health und Kultur in Stichworten.
Ein Arbeitspapier in Entwicklung 195

Tagungsberichte zum Schwerpunkt des Heftes

HENRIKE HAMPE: Tagungsbericht Migration und Museum: 16. Tagung der Arbeitsgruppe
Sachkulturforschung und Museum in der Deutschen Gesellschaft für Volkskunde 2004 235

ECKHARDT KOCH & NORBERT HARTKAMP: Deutsch-Türkische Perspektiven – 10 Jahre
Deutsch-Türkische Gesellschaft für Psychiatrie, Psychotherapie und psychosoziale
Gesundheit e.V. (DTGPP), Marburg 12. März 2005 239

MARTINE VERWEY: Transkulturelle Psychotherapie mit Familien: Masterclass mit
Marie-Rose Moro in Rottterdam 2005 242

KATARINA GREIFELD: Tagungsbericht zum 4. Treffen des Europäischen Netzwerks "Medical
Anthropology at Home" in Seili, Finnland, 16.-18. März 2006 245

ILDIKÓ BÉLLER-HANN & HANNE SCHÖNING: The Social Dimensions of Understanding Illness and
Healing: Islamic Societies from Africa to Central Asia. Report of a Workshop at the
Orientwissenschaftliches Zentrum, Martin-Luther-Universität Halle-Wittenberg, Halle/Saale.
Germany, 31th March - 1th April 2006 246

Berichte / Mitteilungen / Buchbesprechungen / Dokumentationen

Tagungsreportage

ASSIA HARWAZINSKI: Vom Umgang des Menschen mit dem Menschen. Tagung „Medizin und
Gewissen: Im Streit zwischen Markt und Solidarität" in Nürnberg (20.-22. Oktober 2006) 249

Mitteilungen der Arbeitsgemeinschaft Ethomedizin e.V. – MAGEM 28/2006 .... **254**

EKKEHARD SCHRÖDER: Das Internationale Kolloquium „Wahrsagung und Vorhersage von
Erkrankungen" in Ascona im März 2005 254

DANUTA PENKALA-GAWĘCKA: Asian Medicines: The Meaning of Tradition and the Challenges
of Globalisation. Poznan, Poland 10th May 2006 255

PHILIPP MARTIUS: Beiträge zur Tagung „Glück" vom 12.-14. Mai 2006 im Schloss Höhenried 256

19. Fachkonferenz Ethnomedizin in Heidelberg 2006. Ethnologie und Medizin im Dialog:
Lebenswelten, Geschichte und die Konstruktion von Anthropologien 257

Neuer Vorstand der AGEM 2006 258

VWB – Verlag für Wissenschaft und Bildung

Inhalt 131

Geburtstage im Jahr 2006 258

ANGELINA POLLAK-ELTZ: Neopentecostale Kirchen in Lateinamerika. Die IURD in Venezuela.
Bericht 260

Dokumentationen

Fragen der transkulturell-vergleichenden Psychiatrie in Europa. Dokumente zum
1. Symposion in Deutschland (Kiel vom 5.-8. April 1976) des Weltverbandes für Psychiatrie,
Sektion für transkulturelle Psychiatrie 262

GEORGE DEVEREUX: Summary—Culture and Symptomatology, Kiel 1976 (Reprint 1977) 265

Buchbesprechungen / Book Reviews

Allgemeine Literatur 267
Zeitschriftenbesprechungen / Review of Journals 281

Dokumentation zur Zeitschrift *Kölner Beiträge zur Ethnopsychologie & Transkulturellen
Psychologie 1995-2005* 283

Résumés des articles curare 29(2006)2+3 .... **285**

Autorinnen und Autoren dieses Heftes 287

Zum Titelbild U2

Impressum U2

Hinweise für Autoren / Instructions to the Authors U3

Hinweis:
6. Europäisches Kolloquium Ethnopharmakologie / 20. Fachkonferenz Ethnomedizin 172/259

Redaktion: EKKEHARD SCHRÖDER & WOLFGANG KRAHL

Redaktionsschluss: 31. 05. 2007

Die Artikel in diesem Heft wurden einem Reviewprozess unterzogen /
The articles of this issue are peer-reviewed.

curare 29(2006)2+3

Einleitung: Migrationspsychologie und islamische Kultur in Europa heute
EKKEHARD SCHRÖDER, WOLFGANG KRAHL & HANS-JÖRG ASSION

In diesem *curare*-Heft wird bewusst von *Migrationspsychologie* gesprochen, um zu verdeutlichen, dass Lebenswelten von Menschen mit Migrationshintergrund sich nicht, wie dies manchmal zu rasch in der öffentlichen Diskussion und in der Fachpresse geschieht, in erster Linie durch eine auffällige Psycho- oder Soziopathologie oder durch spezifische kulturelle oder religiöse Markierungen charakterisiert werden, sondern durch Merkmale, die eher in dem Bereich einer psychologischen Terminologie anzusiedeln sind. Rasche Medikalisierungs- oder Ethnisierungs- und Kulturalisierungstenzen von zugrundeliegenden sozioökonomischen Problemen sollten daher argwöhnisch begleitet werden. Dem widerspricht natürlich nicht, dass eine die kulturellen Dimensionen integrierende Migrationspsychiatrie, wie sie sich in den letzten 15 Jahren entwickelt hat, den Migranten zunehmend einen besseren Zugang zu den sozialen und medizinischen Dienstleistungsbereichen ermöglicht und angepasstere interkulturelle psychiatrische Begegnungsstrategien entwickelt. Das Problembewusstsein hierfür ist speziell im Rahmen der pflegenden und heilenden Berufssektoren gewachsen und schafft mittlerweile sogar neue Arbeitsplätze, für die sozial- und kulturwissenschaftliche Kompetenzen erforderlich sind. In diesem Heft sind hierzu aus verschiedensten Bereichen vielleicht sogar überraschende Materialien in den Artikeln, Berichten, Buchbesprechungen und Literaturhinweisen zusammengetragen.

Die Auseinandersetzung speziell mit Einwanderern aus dem Kontext der globalen Arbeitsmigration zeigt deutliche Schwerpunktverschiebungen. Während sich in den 1970er-Jahren eher psychologische Studien zu Migranten aus den sogenannten südlichen Ländern, insbesondere aus Italien, oder im Rahmen der Probleme von Flüchtlinge und Heimatvertriebenen aufdrängten, stehen heute Migranten aus dem Bereich islamischer Länder oder aus muslimischen Kultursegmenten Europas im Zentrum der modernen gesundheitswissenschaftlichen Untersuchungen.

Nostalgie und Kulturschock

Die zunehmend ins öffentliche Bewusstsein kommenden demographischen Veränderungen berechtigen ja auch, von dem neuen Arbeitsfeld einer *Medizinethnologie zu Hause* zu sprechen. Dies wurde in dieser Zeitschrift seit ihrem Bestehen gepflegt (SCHRÖDER 2004), wobei hier beispielhaft der für seine Italienstudien bekannte Ethnologe Emil Zimmermann aus der ethnosoziologisch ausgerichteten Heidelberger Mühlmann-Schule der 1960er-Jahre, im Rahmen derer ursprünglich in Sizilien geforscht wurde, genannt werden soll (vgl. ZIMMERMANN 1986). In dieser eher soziologisch orientierten Fragetradition kann auch der Reprint-Beitrag dieses Heftes von TOMMASO MORONE (1994, vgl. S. 147-149) angesiedelt werden, der sich mit *Nostalgia* einem klassischen Thema der Migrationspsychologie annimmt.

Die Beobachtung von seelischen Veränderungen beim Unternehmen ausgedehnter oft freiwilliger Reisen oder dem längeren Verweilen in der Fremde, also in einem klassischen Migrationsmilieu, hat eine lange Geschichte. Bereits vor mehreren Hundert Jahren beschrieben Schriftsteller (vgl. Stichwort Heimweh in diesem Heft S. 214) und Ärzte dieses Leiden in einer fremden Umgebung und die Bewältigungsstrategien in den Versuchen, neue multikulturelle Lebenswelten zu schaffen und die Heimat in einer Erinnerungskultur zu bewahren. Der Arzt Johannes Hofer setzt sich in seiner „Dissertatio medica de nostalgia …" bereits 1688 mit dem Phänomen Heimweh auseinander (SALIS GROSS 1989).

Missionsverwaltungen haben Ethnologen beauftragt, sich mit den seelischen Vorgängen ihrer Mitarbeiter in der Fremde auseinander zu setzen. So ist die erste wichtige Studie von KALERVO OBERG (1954, 1960) zum *Kulturschock* entstanden, die hier als Reprint vorgelegt wird (vgl. S. 142-146). Der Mensch, der von der eigenen vertrauten Kultur in eine andere ihm unvertraute Kultur wechselt, wird auf verschiedene Weisen versuchen, sich diesem Prozess anzupassen. Diese Prozesse und Phasen, die auftreten können, wurden bereits 1954 von dem kanadischen Ethnologen Kalervo Oberg, Sohn finnischer Eltern, beschrieben. Andere Autoren verwendeten später ebenfalls Phasenmodelle, so zum Beispiel GRINBERG & GRINBERG (1984) aus psychoanalytischer Sicht oder SLUZKI (2001) aus systemischer Sicht. Oberg hat die verschiedenen Phasen im Anpassungsprozess beschrieben, die beim Übersiedeln von einer zur anderen Kultur auftreten können und in der ungewohnten Umgebung mit noch unbekannten kulturellen Kontexten eine Neuorientierung erforderlich machen. Verschiedene Individuen gehen mit diesen Herausforderungen unterschiedlich um. Daher kann es kein starres Muster geben, sondern die verschiedenen Phasen sind lediglich als eine Orientierung gedacht.

Zum Kulturschock, ein Begriff, der auch in die Psychotraumatologie überleiten kann, gibt es vermehrt weitere Literatur, insbesondere in der Touristikmedizin. So wird an einer Untersuchung an chinesischen Migrant/innen in Deutschland demonstriert, dass die Ursache des Kulturschocks nicht allein im Leiden am Fremden und Unbekannten zu suchen ist, sondern im „verkehrten", dem irrtümlicherweise Versprochenen oder Erträumten, das mit der Migration verbunden ist (vgl. HIMMELFAHR: 1995). Dies lässt sich besonders an einwandernden deutschen Gruppen etwa aus Siebenbürgen und aus dem Gebiet der ehemaligen Sowjetunion beobachten (Spätaussiedler genannt), die oft mehr verloren als gewonnen zu haben scheinen, aber eben diesen Verlust verleugnen. Dabei fällt hier die Sprache als komplizierend sogar weg und das Phänomen des Verkehrten wird deutlicher.

Gesundheitssystemforschung

Hierzu setzten dann intensivere Studien und auch die ersten beginnenden systematischen Untersuchungen zum Umgang mit Krankheit in türkischen und deutschen Arbeiterfamilien in den 1980er-Jahren ein, wie sie etwa bei EMY KOEN dargestellt werden (so der bis heute häufig zitierte Pionieraufsatz von E. KOEN 1986). Dabei fällt in der rezenten eher polemischen Debatte um die Erweiterung der EU speziell im Rahmen des Beitrittsgesuches der Türkei auf, dass es vor über hundert Jahren eigentlich selbstverständliches integriertes schulisches Wissens war, dass es die „Europäische Türkei" als einen europäischen Tatbestand gibt. C. Adami's Schul-Atlas aus dem Dietrich Reimer Verlag in Berlin von 1873 (5. Auflage, ständig neu bearbeitet von Heinrich Kiepert) zeigt auf der Karte 17 (siehe Seite 6) von den insgesamt 26 Karten schulisches Wissens zur Geographie diese „Europäische Türkei", die nur wenig mit dem heutigen europäischen Anteil der Republik Türkei zu tun hat. Dabei ist der Weg der Türkei nach Europa gerade heute durch die Revolutionierung der türkischen Gesellschaft und ihre konsequente Orientierung auf den Westen hin nach dem ersten Weltkrieg durch Atatürk mit allen hierbei auftretenden Übergangsproblematiken sehr viel weniger beschritten als dies damals der Fall war.

Der kritische Beitrag von INCI USER, Soziologin aus Istanbul, der 2. Vorsitzenden der DTGPP, über die Rolle der Mutter in der Türkei zeigt diese Veränderungsprozesse mit ihren Problemen deutlich, aber auch die unübersehbaren Parallelen, die hier für andere kerneuropäische Länder wie etwa Deutschland beobachtet werden können (dieses Heft S. 150-158). Man wird doch neben der eigenen Anschauung zu Hause sehr an kritische Studien zur Rolle der Mutter in Deutschland erinnert (vgl. hierzu etwa Barbara VINKEN 2001). Die mit dem Gründungsgedanken der Europäischen Union verbundene Orientierung an einer Wirtschaftsgemeinschaft demokratisch strukturierter Staaten hat wenig gemein mit den anti-islamischen Tendenzen der heutigen Presse und ihrer verzerrten Darstellung des tatsächlichen muslimischen Beitrages in und für Europa. Die Verschiebung des Gründungsgedanken der EU auf eine Ebene religiöser Bindungen scheint uns gefährlich und erinnert eher ideengeschichtlich an die Tradition von Glaubensauseinandersetzungen innerhalb der christlichen Nationen. Dabei sei nur an Nordirland heute erinnert. Gerade dieses Beispiel zeigt, wie sozioökonomische Konfliktfelder durch Stellvertreterkonflikte auf religiöser Ebene verschleiert werden.

Die *sozialmedizinische Stichwortsammlung zum Bereich Migration* in diesem Heft möge durch ihre thematische Akzentuierung auf den Bereich „Der Kontext Migration, Sozialmedizin, Publik Health und Kultur, ein Arbeitspapier in Entwicklung" zur klareren Begriffsverwendung dienen und könnte der Kristallisationspunkt für die weitere Entwicklung eines solchen Stichwortkataloges sein (S. 195-234). Klar formulieren dies THEDA BORDE und CHRISTIANE BUNGE im Stichworten Parallelgesellschaft (S. 223) mit der Feststellung, dass die massenmedial produzierte Etikettierung von „Ausländerghettos" und „Parallelgesellschaften" nicht zuletzt der Durchsetzung restriktiver politischer Interventionsstrategien dient und kaum zur Lösung sozialer Konflikte beiträgt. Deswegen stelle die soziale Integration (vgl. Stichwort Integration, S. 215) eine gesamtgesellschaftliche Aufgabe dar und ziele darauf ab, Zuwanderern eine gleichberechtigte Teilhabe am sozialen, wirtschaftlichen, kulturellen und politischen Leben unter Respektierung kultureller Vielfalt zu ermöglichen und damit den gleichberechtigten Zugang vor allem zum Bildungssystem, Arbeits- und Wohnungsmarkt zu gewährleisten. Daher scheint es uns eher kein geeigneter Weg in der Integrationsdebatte zu sein, muslimische Bevölkerungssegmente via „Kir-

Unmittelbare Provinzen (Wilajet's des Osmanischen Reiches):
I. Edirne, II. Tuna (Donau), III. Bosna, IV. Uschkodra (Shkodër in Albanien), V. Jania (Jōánnina),
VI. Perzerin (Prizren im Kosovo), VII. Selanik (Thessaloniki), VIII. Kirith (Inseln/Kreta),
IX. Djezaïri Bachri Sefid (d. i. Inseln d. weissen Meeres) in
C. ADAMI'S SCHUL-ATLAS aus dem Dietrich Reimer Verlag in Berlin von 1873 (5. Auflage) Karte 17 von den insgesamt 26 Karten schulischen Wissens zur Geographie, hier die „Europäische Türkei" und Griechenland. (redaktionell überarbeitet)

VWB – Verlag für Wissenschaft und Bildung

chen"-steuer der Behandlung anderer Religionen in diesem Staat angleichen zu wollen. Insbesondere müsste man sich hier fragen, warum denn – klugerweise – mit der drittgrößten und insbesondere im Osten Deutschlands wohl größten weltanschaulichen Gruppierung der als „ohne Religion" bzw. „ohne Glaubensbekenntnis" erklärt geltenden Bevölkerungsteile so eben nicht verfahren wird.

Migration und Islam

Entsprechend der Tradition dieser Zeitschrift, sich an einem primär medizinisch definierten Arbeitsfeld aus der Lebenswelt zu orientieren, um mit kultur- und sozialwissenschaftlichen Methoden zu Antworten zu gelangen, ist die allgemeine Problematik der Migration mit dem für unser Land speziellen Umstand der Immigration muslimischer Bevölkerungsgruppen verbunden worden. Dies spiegelt sich auch in der Zusammenstellung der Stichworte zur Migration im Bereich Sozialmedizin wider, die für einen ersten PSCHYREMBEL SOZIALMEDIZIN zusammengetragen wurden. Da nur ein Teil dieses Materials in dieses Lexikon tatsächlich eingebaut wurde, soll die ganze Materialsammlung, ein Multiautorenwerk, das von Ekkehard Schröder koordiniert wurde, hier dokumentiert sein (S. 195-234).

Das Wort „Islam" stammt aus dem Arabischen. Es ist abgeleitet von dem Wort „Salam", was auf deutsch übersetzt Frieden bedeutet. Islam heißt übersetzt: „Frieden finden durch Hingabe an Gott", und bezeichnet die Religion, die der Prophet Mohammad begründete. (vgl. http://mitglied.lycos.de/muslimmm/koran/derheiligekoran/000000923902e1f59.htm), ELGER schreibt „Unterwerfung unter Gott" (2006: 145).

Aus dem Bereich des Islam sind auch die Artikel ausgewählt: tatsächliches Wissen um wichtige Begriffe aus der islamischen Kultur. Dazu gehört auch die Medizin, die sektorenhaft, aber repräsentativ mit der in Indien beheimateten Unani von RICHÁRD NAGY aus Pécs als Wissensmodul dargestellt ist (S. 159-164). Mit dem Begriff „baraka", einer speziellen Heilkraft, wird ein zentraler Begriff muslimischen Lebens aus sozioökonomischer Perspektive an einem tunesischen Beispiel untersucht (SOFIANE BOUHHDIBA, S. 165-171).

Medizinische Systeme lassen aus der Perspektive der Patienten in der Regel keine scharfen Trennungen zwischen Volksmedizin, alternativer Medizin und „klassischer" Medizin zu. Dies gilt auch für die medizinischen Systeme in islamischen Gesellschaften. Patienten suchen in muslimischen Gesellschaften medizinisches Personal auf, von dem sie Heilung erwarten, wenn ihre persönlichen Heilungsversuche nicht erfolgreich waren (vgl. den Überblick von HEINE & ASSION 2005). Der zitierte Aufsatz fokussiert auf die traditionellen Heilvorstellungen, die traditionellen Diagnose- und Therapieformen und auf das Personal im Bereich der Volksmedizin in (einigen) islamischen Gesellschaften. Wenn man die moderne Medizin als von der islamischen Rechtsgelehrsamkeit allgemein akzeptiert bezeichnen kann, ist dies bei den Volksmedizinen im islamischen Bereich keineswegs der Fall. Dies hängt wiederum mit der engen Verbindung zur islamischen Volksreligion zusammen, der die traditionellen muslimischen Gelehrten mit großer Skepsis und Ablehnung gegenüberstehen.

Dennoch spielt diese Medizin, die als prophetische Medizin („al-tibb al-nabawi") bezeichnet wird, in der Lebenswelt der traditionellen muslimischen Gesellschaften eine wichtige Rolle. Die traditionellen Teile der nahöstlichen Gesellschaften finden sich typischerweise in ländlichen Regionen, aber auch in den traditionellen Volksvierteln der großen Städte; auch die modernen Teile dieser Gesellschaften sind nicht frei von den Neigungen zur prophetischen Medizin. Dies zeigt auch der Beitrag von S. BOUHDIBA in diesem Heft. Die Urbanisierung der islamischen Gesellschaften in den vergangenen fünf Jahrzehnten hat nicht zu einer Abnahme der Bedeutung volksmedizinischer Vorstellungen geführt. Die Landflucht hat eher zu einer Ruralisierung der städtischen Gesellschaften in der islamischen Welt geführt, womit sich die traditionellen Tendenzen auch im urbanen Kontext eher noch verstärkt haben (HEINE & ASSION: 42).

Psychologie und Phänomenologe

BERNHARD LEISTLE (S. 173-194) beschäftigt sich mit der Sinnkonstitution am Beispiel von rituellen Praktiken und Konzepten aus der marokkanischen Trance- und Besessenheitskultur und dabei insbesbndere mit der Funktion, die der *menschlichen Sinneserfahrung* besonders in rituellen Performanzen bei der Konstitution und Darstellung kultureller Inhalte zukommt. Gegen einen positivistischen Erfahrungs- und Kulturbegriff gewandt argumentiert er aus einer phänomenologischen Perspektive, dass in der Erfahrung ein Verhältnis sinnlicher und sinngebender Kommunikation zwischen einem leiblichen Selbst und dessen Umwelt besteht, welches als Quelle und Verankerung kultureller Bedeutungen fungiert. Dabei arbeitet er aus, dass der *Geruchssinn* sich für die paradoxe Aufgabe einer Symbolisierung des Fremden gerade deshalb anbietet, weil sich die auf seinem Wege kommunizierten Empfindungen nur sehr schwer verbalisieren lassen. Dies könnte an ältere und zu Unrecht in Vergessenheit geratene Diskurse anknüpfen. Vor 100 Jahren zumindest beschäftigte sich der Schweizer Mediziner, Sprachforscher und Völkerkundler Otto Stoll und Professor für Geographie und Ethnologie an der Universität Zürich (1849-1922) unter anderem mit dem Geruchssinn in seinen damals in einer breiten wissenschaftlichen Diskussionsebene angesiedelten völkerpsychologischen Studien (STOLL 1908: 802-866). Leistle betont, dass das Vorhandensein einer sinnlichen Grundlage der Kultur vielleicht nicht in einem streng empiristischen Sinne beweisbar ist, aber sie kann zum Gegenstand kulturwissenschaftlicher Interpretation werden. Diese Fragestellung scheint uns bereichernd für weiterführende ethnologische, psychologische und soziologische Untersuchungen und Fragestellungen auch in unseren eigenen kulturellen Gefilden zu sein. Kulturelle auslebbare, sinnstiftende Formen für schwer verbalisierbare Erfahrungen und Phänomene sowie Sinneserfahrungen können die Konfliktlösungskompetenz einer Gesellschaft bereichern.

In seinem Gruß zum 80. Geburtstag Erich Wulffs, eines der bedeutenden Transkulturellen Psychiater in Deutschland, geht der Gratulant WIELANT MACHLEIDT auf die von Wulff entworfenen Thesen ein, nach der das „Kulturelle" aus mentalen Wahrnehmungs- und Handlungsmustern hervorgeht. In der Auseinandersetzung mit dem Devereuxschüler Tobie Nathan in Paris, so Machleidt, interessiere sich Wulffs vielmehr für die einleuchtende Idee, dass das Kulturelle als definitive Bedeutungsstruktur des Individuums dieses davon entlastet, „alle Bedeutungen und orientierenden Sinngebungen" in jeder Situation ad hoc selber produzieren zu müssen. Die kulturellen Bedeutungen lassen sich an den intrapsychischen stabilisieren und vice versa. Der Vorteil der Doppelung liege also in ihrem Wiedererkennungswert.

Er resümiert: Dies habe einen eminent praktischen normalpsychologischen wie auch therapeutischen Wert für die Akkulturationsprozesse von Migranten in jedem Einwanderungsland, wie z.B. Deutschland. Bei diesen, so Wulff, gehe das kulturelle Doppel verloren bzw. wird unbewusst. Daraus lasse sich eine Systematik einer interkulturellen Psychotherapie ableiten. Die Brücke zwischen den Migranten und der neuen Kultur lässt sich nun so bauen, dass Psychisches mit Kulturellem verbunden wird. Er schreibt: „In den kulturellen Metaphern seines Patienten wird der Therapeut dessen Gefühle und Empfindungen wahrzunehmen haben, d. h. er wird sie zuerst in intrapsychische Metaphern und dann in solche der eigenen Kultur übersetzen und so dann, mit seinen eigenen Gefühlen und Empfindungen angereichert, wieder in die Sprache von dessen Kultur zurück übertragen." (nach MACHLEIDT, S. 139).

In einer Zeit sich zuspitzender sozioökonomischer Problemfelder mit psychosozialen Folgen dürfte diese Perspektive für die heutige Alltagspraxis an Bedeutung gewinnen.

Zitierte Literatur

HEINE P. & ASSION H.-J. 2005. Traditionelle Medizin in islamischen Kulturen. In ASSION HANS-JÖRG (Hg). *Migration und seelische Gesundheit.* Heidelberg/ Berlin: Springer: 29-45.

ELGER R. 2006 (2001) 4. Aufl. *Kleines Islam-Lexikon: Geschichte-Alltag-Kultur.* München: C.H. Beck.

GRINBERG L. & GRINBERG G. 1984. A psychoanalytic study of migration: its normal and pathological aspects. *J Am Psychoanal Assoc.* 32,1: 13-38.

HIMMELFAHR A. 1995. Kulturschock: Das „verkehrte" Entwicklungsversprechen. *Kölner Beiträge zur Ethnopsychologie & Transkulturellen Psychologie* 1, Nr.1: 36-55.

KOEN E. 1986. Krankheitskonzepte und Krankheitsverhalten in der Türkei und bei Migrantinnen in Deutschland: ein Vergleich. In KROEGER A. & PFEIFFER W.M. (Hg), a.a.O.: *curare* 8,2: 129-136.

KROEGER A. & PFEIFFER W.M. (Hg) 1986. *Krankheit und Migration in Europa. Eine sozial- und ethnomedizinische Bestandsaufnahme.* Beiträge zur 8. Int. Fachkonferenz Ethnomedizin in Heidelberg, 4.-6.4.1986. Schwerpunktheft der Zeitschrift *curare* 8,2: 65-230.

OBERG K.1954. *Culture Shock.* Indianapolis: Bobbs-Merrill.

────── 1960. Cultural Shock: Adjustment to New Cultural Environments. *Practical Anthropology* 7: 177-182.

PSCHYREMBEL SOZIALMEDIZIN 2007. Lexikon. Berlin, New York: de Gruyter. (5000 Stichwörter, XXIV, 552 S., auch als Online Version erhältlich, das erste Lexikon seiner Art).

SALIS GROSS CORINA 1989. Über das Heimweh. *Bündner Monatsblatt. Zeitgeschichte für bündnerische Geschichte und Landeskunde* (Ch-7007 Chur) 1/1989: 5-23.

SCHRÖDER E. 2004. 30 Jahre Fachkonferenzen Ethnomedizin sind 30 Jahre "Medizin"-Transfer. Dokumentation der AGEM-Tagungen in Münster, Heidelberg und Dresden 2002-2004. *curare* 27,3: 295-298.

SLUZKI C. 2001. Psychologische Phasen der Migration und ihre Auswirkungen. In HEGEMANN T. & SALMAN R (Hg). *Transkulturelle Psychiatrie.* Bonn: Psychiatrie Verlag: 101-115.

STOLL O. 1908. *Das Geschlechtsleben in der Völkerpsychologie.* Leipzig: Vlg von Veit & Comp. Hier eigenes Kapitel, 25. Vorlesung über die „Erotische Rolle des Geruchssinnes beim Menschen – usw.".

VINKEN B. 2001. *Die deutsche Mutter. Der lange Schatten eines Mythos.* München: Piper.

ZIMMERMANN E. 1986. Inkompatibilität von Krankheitskonzepten und transkulturelle Missverständnisse. In KROEGER A. & PFEIFFER W.M. (Hg), a.a.O.: *curare* 8,2: 149-154.

Erich Wulff als Ethnopsychiater.
Hommage zu seinem 80. Geburtstag

Biographischer Abriss

Erich Wulff wurde am 06. November 1926 in Reval/ Tallinn, Estland, geboren. Er wurde mit seiner Familie als Baltendeutscher im Rahmen der so genannten „Umsiedlungsaktion" der Nazis nach Posen in den damaligen sogenannten Wartegau in Polen umgesiedelt und war von 1944-1945 Kriegsteilnehmer mit anschließender Kriegsgefangenschaft. Er studierte die Fächer Medizin und Philosophie an der Universität Köln von 1947-1953, mit einem anschließenden Studienaufenthalt in Frankreich bis 1954. Im folgenden Jahr begann er seine Psychiatrieausbildung, die er zunächst an den Universitätskliniken Marburg und Freiburg absolvierte. Er nahm 1961 einen Lehrauftrag an der Universität Huë in Vietnam an und blieb dort bis 1967. In dieser Zeit wurde er Zeuge des Vietnamkrieges und machte die Kriegsverbrechen der Amerikaner im Westen publik (Vietnamesische Lehrjahre 1968, 1972, 1979; Eine Reise nach Vietnam 1979). Nach seiner Rückkehr war er als Oberarzt an der psychiatrischen Klinik der Universität Gießen von 1968-1974 tätig und habilitierte sich dort 1969. In dieser Zeit hatte er eine Gastprofessur an der Universität Paris Vincennes inne. 1974 wurde Erich Wulff auf die neugeschaffene Professur für Sozialpsychiatrie an der Medizinischen Hochschule Hannover (MHH) berufen. Mit seiner Berufung wurde die zweite Professur für Psychiatrie an der MHH besetzt und die dazugehörige, seit langem geplante, Abteilung für Sozialpsychiatrie institutionell geschaffen. Erich Wulff war 20 Jahre bis zu seiner Emeritierung 1994 dort als Abteilungsleiter tätig. Er lebt seit 2003 mit seiner Frau Edith Tubiana-Wulff in Paris.

In die Zeit von Erich Wulffs Tätigkeit an der MHH (1974-1994) fielen für die Psychiatrie in Deutschland und Europa richtungsweisende psychiatriepolitische Entscheidungen, die das Gesicht der Psychiatrie in den folgenden Jahrzehnten nachhaltig prägen und verändern sollten. Erich Wulffs Engagement galt der Reform der Psychiatrie in Deutschland und anderen europäischen Ländern. Diese neue Psychiatrie hatte für ihn auch das vorrangige Ziel, zur Demokratisierung psychiatrischer Institutionen beizutragen und die entstehende Angehörigen- und Betroffenenbewegung Psychiatrieerfahrener zu unterstützen. Als weiteres Engagement Erich Wulffs, von dem hier im Folgenden die Rede sein soll, kann die Ethnopsychiatrie gelten. Dabei ging es ihm um die kulturvergleichende Relativierung eigener ethnozentristischer Verständniszugänge zur Psychiatrie, insbesondere um die Gewinnung einer interkulturellen Perspektive und ethnographischen Distanz zum eigenen diagnostischen und therapeutischen Tun.

Erich Wulff und Georges Devereux

Als Erich Wulff 1974 seine Tätigkeit an der MHH aufnahm, war gerade dass Buch des Ethnopsychiaters und Ethnopsychoanalytikers Georges Devereux „Normal und Anormal" erschienen, zu dem Erich Wulff das Vorwort verfasst hatte. Von diesem Vorwort soll im Folgenden kurz die Rede sein. Erich Wulff entwickelte in der Auseinandersetzung mit Devereux eigene theoretische Standpunkte zur Ethnopsychiatrie. Er setzte sich in dem Vorwort mit dem von Devereux begründeten „Komplementarismus" auseinander und würdigte Devereux als denjenigen, der die „methodischen und wissenschaftstheoretischen Grundlagen der Ethnopsychiatrie zum Problem gemacht hat". Der Komplementarismus meint zweierlei, nämlich die gegenseitige Ergänzung und Korrektur verschiedener Methoden, die den gleichen Gegenstand haben. Es lässt sich z.B. ein Problem aus individualpsychologischer und soziologischer Sicht vollständiger beschreiben und verstehen als mit nur einer dieser beiden Methoden. Der zweite Aspekt ist „das Standortbewusstsein" des Ethnopsychiaters, d.h. sein kultureller Platz und seine Rolle, von der aus er sein Wissen über eine Ethnie bezieht. Es geht darum, ähnlich wie in einer psychotherapeutischen Beziehung, die „Übertragungen" der Angehörigen einer Ethnie auf den Untersucher wahrzunehmen und abzuarbeiten, um dann als beteiligter Beobachter „übertragungsfrei" bzw. nicht verzerrt durch diese, seine wissenschaftlichen Erkenntnisse zu gewinnen.

Erich Wulff hat in dieser Arbeit unmissverständlich seine eigenen Positionen gegenüber denjenigen von Devereux abgegrenzt, so z.B. bei dem Problem der „Dispersion" der libidinösen Besetzungen, d.h. der Beziehungsvielfalt von Kindern in Großfamilien. Devereux brachte dieses Phänomen mit der damals noch geringen Lebenserwartung der Eltern in Zusammenhang und interpretierte die Beziehungsvielfalt der Kinder als Schutz vor dem drohenden Trauma des frühen Verlustes der Eltern. Wulff sieht das Dispersionsphänomen genau umgekehrt, als eine Folge sozialer, ökonomischer und auch kultureller Ursachen, und er kritisiert, dass Devereux „trotz seines Bekenntnisses zur Komplementarität bei der kausalen Erklärung eines Phänomens zumeist auf die intrapsychische Ursachenkette zurückgreift", statt im Sinne der Komplementaritäts-Theorie innerpsychische und ethnosoziologische Erklärungsmomente in ein ergänzendes Verhältnis zueinander zu setzen. Er schlägt gewissermaßen Devereux bei der Erklärung des Phänomens der Beziehungsvielfalt von Kindern in Großfamilien mit den Elementen seiner eigenen Theorie. Heute wird dieses Phänomen unter dem Titel „Individualismus versus Kollektivismus" kontrovers diskutiert, und es geht dabei wesentlich um die Fragen, wie diese beiden Phänomene empirisch kriteriologisch eindeutig gefasst werden können und ob es nicht eine große Vielfalt dispersiver Strukturen gibt, deren Endpunkte Individualismus und Kollektivismus in ihrem ursprünglichen Verständnis sein können.

Abschließend wünscht sich Erich Wulff in seiner Einleitung zu Devereuxs Werk, dass er ihm „eine noch gründlichere theoretische Fundierung" gibt. Er sagt bekenntnishaft: „Für mich persönlich kann diese Theorie nur der historische und dialektische Materialismus sein." Und weiter sagt er: „Eine materialistische Epistemiologie würde Devereuxs Komplementarismus ... überflüssig machen, würde zeigen, *wo* die psychoanalytische und *wo* die ethnopsychologische Methode bei der Deutung von ethnopsychiatrischen Phänomenen angebracht ist." Er ist sich sicher, dass dieses sein Vorhaben „auf Devereuxs leidenschaftlichen Widerspruch" stoßen würde. Das ist forsch und siegessicher geschrieben am Anfang der 70er Jahre. Der dialektisch materialistische Theorieaspekt, mit dem er Devereuxs Komplementarismus auszuhebeln gedachte – ein Vorhaben, dass er nicht einlöste – schien mir bei Erich Wulff weniger gut in seine eigenen Theoriebildungen integriert. Dies lag vielleicht daran, dass seine größere Begabung eine analytische war und die hermeneutische Methode die ist, die er bis heute meisterlich beherrscht.

Wer nun annimmt, Georges Devereux und Erich Wulff wären einander anschließend spinnefeind geworden, der irrt. Devereux hatte in einem späteren Beitrag, der posthum erschien (Georges Devereux starb 1985) Erich Wulff sehr positiv gewürdigt. Er schrieb: „Der sehr persönliche und einfühlsame Aufsatz von Erich Wulff hat mich sehr berührt und mir gleichermaßen neue Einsichten vermittelt. Es ist kaum zu glauben, dass zwei Menschen mit derart unterschiedlichen politischen Ansichten dasselbe denken und fühlen, wenn es um wissenschaftliche Dinge geht. Ich glaube, dass Wulff einen bedeutsamen Beitrag zur praktischen Erkenntnistheorie geleistet hat. Darüber hinaus hat der Aufsatz unsere Freundschaft bekräftigt und vertieft" (siehe S. 465 im Nachwort an die Autoren von Georges Devereux in DUERR 1987).

In ihrer Intellektualität und Analytik innerpsychischer Abläufe, wie in der Theoriebildung eben unter der Anwendung der hermeneutischen Methode, waren Devereux und Wulff sich sehr nahe und durchaus ebenbürtig. Devereux hatte eine Vorliebe für das Verfassen von Büchern, die sein umfangreiches Werk ausmachen, während Erich Wulff eher ein Mann der geistreichen Essays und des lebendigen und streitigen Diskurses ist, und keine besondere Vorliebe für das Verfassen dickleibiger systematischer Abhandlungen hat. In ihrer theoretischen Verortung könnte man beide, auch im Sinne der komplementaristischen Theorie, als komplementäre Geister bezeichnen, wobei Wulff den gesellschaftlich-ökonomischen Part übernahm und Devereux den psychoanalytischen, obwohl beide auch intime Kenner der jeweils anderen komplementären Positionen waren.

Kultur und Psyche

Ein späterer Weggefährte von Erich Wulff war Tobie Nathan. Das Buch von Tobie Nathan „La Folie des Autres" war für Erich Wulff kurz nach seinem Erscheinen (1986) ein ständiger Begleiter. Ich sah in seinem Exemplar, das er mir empfahl und auch einmal lieh, viele Unterstreichungen, Markierungen und Kommentierungen mit Bleistift. Wie weit es zu Begegnungen und einem Meinungsaustausch zwischen beiden gekommen ist, darüber weiß ich nichts. Es hätte keinen besseren Übersetzer für die Übertragung ins Deutsche von „La Folie des Autres" geben können als Erich Wulff. Es fehlte wohl an einem Verlag für die Veröffentlichung einer deutschen Fassung. Einen Kerngedanken, nämlich den der Doppelung von Kultur und Individuum, hat er neben anderem aufgegriffen.

Vielleicht ist sein Aufsatz von 1990 (dem Jahr der deutschen Vereinigung) in dem Buch „Psychiatrie im Wandel" als eine Einlösung des 1974 implizit abgegebenen Versprechens anzusehen, eine Theorie der Ethnopsychiatrie zu entwerfen. Während frühere Arbeiten von der Theoriebildung her eher den Eindruck des Vorläufigen erwecken und der unausgesprochenen Verheißung auf einen umfassenderen theoretischen Entwurf Nahrung geben, mit dann belastbareren theoretischen Fundamenten, hat diese Arbeit systematischeren Charakter und gibt mehr Antworten. Weil die Wirklichkeit der Wiedervereinigung Deutschlands die Intention dieses Buches zu desaktualisieren drohte, musste diese Arbeit unter Zeitnot verfasst werden. Sie ist trotzdem so etwas wie Erich Wulffs eigene Standortbestimmung zur Ethnopsychiatrie geworden. Während im ersten Abschnitt überwiegend Geschichtliches zur Ethnopsychiatrie gesagt wird, geht es im zweiten Abschnitt um die Herausarbeitung der kulturellen und gesellschaftlichen Bedingungen psychischen Krankseins in fremden Kulturen, im dritten um die Kultur als sinnvollen Orientierungsrahmen und um die eigene ethnographische Distanz dazu, im vierten um Kultur und alltägliche Lebenspraxis. Dabei gelingt ihm eine schöne Definition von Kultur: „Kultur lässt sich in gewisser Weise als die sedimentierte, geronnene gesellschaftliche Lebenspraxis begreifen."

Im fünften Abschnitt dieses Aufsatzes geht es Erich Wulff dann um das Verhältnis von Psyche und Kultur. Theoretisch nimmt er Bezug auf Devereux und Nathan. Beide verstehen Kultur als Doppelgänger, als „Spiegelbild des Psychischen". Bei Devereux lassen sich intrapsychische Funktionen und kulturelle Handlungsvorgaben nicht „reduktionistisch" aufeinander beziehen, sie bestehen objektiv nebeneinander. Nathan ist dagegen einer modernen "Theory of Mind" näher, wenn er das „kulturelle Doppel ... nicht als objektive Vorgegebenheit, sondern ... wie das Über-Ich als psychische Instanz begreift." Das „objektiv" Vorgegebene entfällt in der "Theory of Mind" und wird zum subjektabhängigen Konstrukt. Nach dieser Sicht geht das „Kulturelle" aus mentalen Wahrnehmungs- und Handlungsmustern hervor. Jedoch ist dieses nicht Wulffs Hauptinteresse an Nathan, sondern vielmehr die einleuchtende Idee, dass das Kulturelle als definitive Bedeutungsstruktur des Individuums dieses davon entlastet, „alle Bedeutungen und orientierenden Sinngebungen" in jeder Situation ad hoc selber produzieren zu müssen. Die kulturellen Bedeutungen lassen sich an den intrapsychischen stabilisieren und vice versa. Der Vorteil der Doppelung liegt also in ihrem Wiedererkennungswert.

Dies hat einen eminent praktischen normalpsychologischen wie auch therapeutischen Wert für die Akkulturationsprozesse von Migranten in jedem Einwanderungsland, wie z.B. Deutschland. Bei diesen, so Wulff, geht das kulturelle Doppel verloren bzw. wird unbewusst. Daraus lässt sich eine Systematik einer interkulturellen Psychotherapie ableiten. Die Brücke zwischen den Migranten und der neuen Kultur lässt sich nun so bauen, dass Psychisches mit Kulturellem verbunden wird. Er schreibt: „In den kulturellen Metaphern seines Patienten wird der Therapeut dessen Gefühle und Empfindungen wahrzunehmen haben, d.h. er wird sie zuerst in intrapsychische Metaphern und dann in solche der eigenen Kultur übersetzen und so dann, mit seinen eigenen Gefühlen und Empfindungen angereichert, wieder in die Sprache von dessen Kultur zurück übertragen." Damit gewinnen die Doppelungen des Patienten wieder eine „konkretisierbare intersubjektive Dimension". Dieser Prozess vollzieht sich in der Normalität zwischenmenschlicher Beziehungen schrittweise, ebenso bei insbesondere schweren psychischen Erkrankungen wie Psychosen, mit der Hilfe eines Therapeuten „als Wiedereinübung von sinngetragenen Bedeutungsartikulationen in einem vorgegebenen ... kulturellen und gesellschaftlichen Rahmen."

Entwicklungsgeschichte und Kultur

So gut Devereuxs und Nathans Theorien für die Erklärung von Akkulturationsprozessen und interkultureller Psychotherapie geeignet sind, so wenig geben sie für Wulff her für eine „Geschichte der Kulturen" nach den Mechanismen einer „Entwicklungsgeschichte psychischer Funktionen". Diese skizzierte er vor dem theoretischen Hintergrund einer syllogistischen Analogie von Ontogenese und Phylogenese und in Anlehnung an die kulturhistorischen Schulen der sowjetischen Psychologen. Nicht die innerpsychischen Funktionen werden zum Ausgangspunkt genommen, wie etwa in der Psychoanalyse, sondern die kulturellen und gesellschaftlichen Strukturen. „Das kulturelle und gesellschaftliche ‚Draußen' wird im Verinnerlichungsprozess, der es zu einem Organ des ZNS macht, subjektiert." (WULFF 1990)

Im Alltag behalten die verschiedenen „Organbildungen" („Assoziationsketten"), auch die früheren, ihre Funktionsfähigkeit und können je nach Lebenssituation, z.B. bei Konflikten, wieder dominieren und die Handlungsfähigkeit des Individuums so sicherstellen. D.h. prälogische bzw. primärprozesshafte Funktionsbereiche mit ihren typischen Charakteristika und sehr komplexe diskriminatorische, zweckrationale Funktionsbereiche haben die Fähigkeit, jeweils situationsbezogen zu dominieren. Wendet man diese Einsichten auf die Praxis der interkulturellen Diagnostik an, so wird es leichter fallen, die in prälogischen Funktionsbereichen magisch-mythischen Weltentwürfe von Wahn oder auch schizophren desorganisierten Denkmustern zu unterscheiden. Dies ist z.B. erforderlich, wenn heute Afrikaner in unsere Behandlung kommen, die behaupten, sie ständen beständig im mentalen Kontakt zu ihren Vorfahren – ein in afrikanischen Kulturen Ich-stärkender Vorgang. Je klarer und stabiler die Bedeutungszusammenhänge in einer Kultur definiert sind, umso leichter erscheint die Abgrenzung zu psychopathologischen Erscheinungen, je weniger klar sie sind, umso schwieriger ist die Grenzüberschreitung normal/abnormal zu erfassen – häufig nur von Angehörigen der eigenen Kultur bzw. des eigenen Familienclans. Eine Kultur bemüht sich immer, möglichst weite Bereiche der Gesamtheit ihrer Wirklichkeiten zu entmythologisieren (siehe Wissenschaft), ohne diese Aufgabe jemals ganz zu schaffen und auch Remythologisierungen verhindern zu können. Aus dieser Sicht sind (regressive) psychische Symptome als subjektive kulturelle Botschaften zu verstehen, die immer auch einen Adressaten haben. Das psychopathologische Symptom ist in ein gesellschaftliches Kommunikations- und Tätigkeitsfeld gerückt „und erwartet eine Antwort." „Solche Antworten werden wir aber nur geben können, wenn es gelingt, die Botschaft, die die Symptome enthalten, aus ihrem eigenen gesellschaftlichen, kulturellen und biographischen Kontext zu verstehen, indem wir also diesen Kontext dechiffrieren, ihn seiner natürlichen Selbstverständlichkeit berauben, in seinem kultur- und individualgeschichtlichen Zustandegekommensein begreifen. Gelingen wird uns dies aber nur, wenn wir uns dabei auch unseren eigenen kulturellen Kontext und seine vorgeblichen Selbstverständlichkeiten als historische Produkte bewusst machen." Und er schließt seinen Aufsatz mit der Bemerkung: „Jede Psychiatrie ist – bis in ihren therapeutischen Kern – immer auch Ethnopsychiatrie."

Diese Arbeit von 1990 ist vielleicht so etwas wie Wulffs Vermächtnis zur Ethnopsychiatrie, oder sie ist ungewollt dazu geworden, weil dies sein letzter systematischer Entwurf geblieben ist. Vielleicht war noch ein weiterer geplant. Er enthält gebündelt und verdichtet Theoriebausteine und Beispiele aus früheren Arbeiten, insbesondere denen, die nach seinem Aufenthalt in Vietnam (1961-1967) entstanden sind, wie „Psychiatrischer Bericht aus Vietnam" (1967), „Grundfragen der transkulturellen Psychiatrie (1969)", „Methoden und Fragen der vergleichenden Psychiatrie" (1972).

Wulff macht theoretische Anleihen bei den französischen, weniger den angloamerikanischen Ethnopsychiatern und Ethnopsychoanalytikern und bei der kulturhistorischen sowjetischen Psychologie. Er hat eine ausgesprochene Vorliebe für den französischen Kulturraum und entwickelt die Konzepte von Devereux und Nathan weiter bzw. ergänzt sie durch eine differenzierte ontogenetische Betrachtungsweise. Er gelangt dadurch zu einer Art „dynamischen Schichtentheorie", die auch eine Verwandtschaft mit anderen psychiatrischen und psychoanalytischen Theorien und zur kognitiven Psychologie hat. Sein Fazit ist: In den unterschiedlichsten kulturellen Kontexten können ontogenetisch ganz verschieden früh bzw. spät entstandene Funktionsbereiche zu dominanter Funktion gelangen. Die individuellen und gesellschaftlichen Entwicklungslinien sind also dynamisch „gebrochen", d.h. nicht immer und ggf. nur gelegentlich funktionieren individuelle oder gesellschaftliche Prozesse auf ihrem höchstmöglichen Differenzierungsniveau. Dies ist eine Realität im normalpsychologischen, individuellen und sozialen Alltag und gewinnt eine Art Signifikanz, insbesondere bei schweren psychischen Erkrankungen z.B. bei Psychosen. Eine ethnopsychiatrische und ethnopsychoanalytische Herausforderung stellt dann die Entschlüsselung der in den psychischen Symptomen enthaltenen Botschaften dar, jenseits aller individualpsychologischen und gesellschaftlichen Selbstverständlichkeiten.

Dies ist ein theoretischer Entwurf, der die Ansichten unterschiedlicher Schulen integriert, die um diese Phänomene und ihre theoretische Präzisierung gerungen haben. Ihren Wert haben Wulffs Arbeiten und insbesondere der zuletzt skizzierte Ansatz hinsichtlich der breiten theoretischen Kompetenz, in der verschiedene Denktraditionen grenzüberschreitend auf ihre gemeinsamen Elemente durchdrungen und expliziert werden. Es scheint so, als „tauche" Wulff ganz in diese Theorien „ein" und entfalte sie neu von innen heraus. Deshalb hätte man sich ein umfangreicheres theoretisches Werk zur Ethnopsychiatrie von

Wulff gewünscht etwa in dem Stil wie „Wahnsinnslogik" (1995). Aber die Arbeiten, die er schrieb, enthalten mehr Anregungen, Ideen und Inspirationen als viele dickleibige Werke.

Ich würde mir wünschen, dass Erich Wulffs ethnopsychiatrische Reflektionen viele nachdenkliche Menschen erreichen und Eingang in zukünftige Theoriebildungen zur Ethnopsychiatrie finden.

Schlussbemerkung

Wir haben Erich Wulff als einen kreativen linken Intellektuellen mit der idiosynkratischen Feinsinnigkeit eines Aristrokaten (letzteren Vergleich würde er wahrscheinlich vehement zurückweisen) kennen und schätzen gelernt. Nicht allzu selten haben Menschen mit großen Begabungen aber auch eine Kehrseite, die nicht verschwiegen zu werden braucht. Wulff hat zumindestens ein Stück weit handlungsorientierte Menschen, die therapeutischen Praktiker, auch die, die therapeutischen Wirklichkeiten seiner Sozialpsychiatrie in Hannover so vortrefflich gestalteten, mit ambivalenten Gefühlen betrachtet. Ihm waren Mitarbeiter, so schien es mir, obwohl sie ihm in der täglichen Arbeit nahe waren, eher fern, für die praktisches Handeln so etwas wie „Alibicharakter"" hatte und auf die der Ausspruch von Voltaire zutreffen könnte: „Das Handeln erlöst uns von der Plage zu denken" – die atheoretischen Sozialpsychiater. Auf Erich Wulff könnte überspitzt formuliert die Umkehrung dieses Ausspruches zutreffen: „Das Denken erlöst uns von der Plage zu Handeln." Das Handeln besorgten auf hervorragende Weise andere für ihn. In seiner Autobiographie „Irrfahrten" (2003) erweckte er bei vielen seiner ehemaligen Mitarbeiter und Freunde den Eindruck, dass er ihr Engagement nicht angemessen bewertete bzw. die Bedeutung der praktischen Umsetzung theoretischer Entwürfe auch in der Ethnopsychiatrie nicht hoch genug einschätzte und den Menschen, die dies besorgten, weniger Interesse entgegenbrachte.

Seine langjährige Freundin schon aus Kölner Studentenzeiten Dorothee Sölle kannte diese „fremde Nähe" und beschrieb sie in einem Gedicht unter dem Titel „Lob der Freundschaft II für Erich Wulff" (1987) so:

„In eurem Haus stehen die Türen meist offen
und bei allem Talent Freunde aufzutun
wo immer du auftauchst
manchmal verquere Köpfe
bist du doch nie ganz zu Hause im tüchtigen Leben
und siehst manchmal drein wie einer

der einem verlorenen Ton nachhört
als sei in dieser Begabung zur Freundschaft
Noch ein Fremder am Werk ..."

Ich wünsche Erich Wulff für die Jahre, die kommen Gesundheit und Freude an seinem schöpferischen Lebenswerk.

Hannover, im Herbst 2006
WIELANT MACHLEIDT

Ethnopsychiatrische Schriften von Erich Wulff (Auswahl)

1967. Psychiatrischer Bericht aus Vietnam. In PETRILOWITSCH N. (Hg). *Beiträge zur vergleichenden Psychiatrie*. Teil I.: Länderübersichten. Basel, New York: S. Karger.
1969. Grundfragen der transkulturellen Psychiatrie. Berlin: Das *Argument* 50: 227-260.
1972. Methodenfragen der vergleichenden Psychiatrie. In WULFF E. *Psychiatrie und Klassengesellschaft*. Frankfurt am Main: Athenäum: 159-168.
1974. Einleitung. In DEVEREUX G. *Normal und anormal. Aufsätze zur allgemeinen Ethnopsychiatrie*. Frankfurt am Main: Suhrkamp: 7-17
1978. Kolonialismus, ethnische Persönlichkeit und Psychiatrie. In WULFF E.: *Ethnopsychiatrie – Seelische Krankheit: ein Spiegel der Kultur?* Wiesbaden: Akademische Verlagsgesellschaft: 70-77.
1987. Vom Wahn zur Methode. In DUERR H.P. (Hg). *Die wilde Seele. Zur Ethnopsychoanalyse von Georges Devereux*. Frankfurt am Main: Suhrkamp: 398-418.
1990. Was trägt die Ethnopsychiatrie zum Verständnis psychischer Erkrankungen bei? In THOM A., WULFF E. (Hg.). *Psychiatrie im Wandel. Erfahrungen und Perspektiven in Ost und West*. Bonn: Psychiatrie Verlag: 96-113
1997. Kulturelle Identität als Form der Lebensbewältigung. *Verhaltenstherapie und psychosoziale Praxis* 29,4: 505-512.

Weitere zitierte Literatur

DEVEREUX G.: Nachwort an die Autoren. In DUERR H.P. (Hg). *Die wilde Seele. Zur Ethnopsychoanalyse von Georges Devereux*. Festschrift. Frankfurt am Main: Suhrkamp: 465
HAUG W.F., & PFEFFERER-WOLF H. (Hg) 1987. *Fremde Nähe. Zur Reorientierung des psychosozialen Projekts*. Festschrift für Erich Wulff. Berlin, Hamburg: Argument-Verlag.
NATHAN T. 1986. *La folie des autres. Traité d´éthnopsychiatrie clinique*. Paris: Bordas.
WULFF E. 1968. *Vietnamesische Lehrjahre* (unter dem Pseudonym G.W. Alsheimer). Frankfurt am Main: Suhrkamp-Verlag; dann 1972,1979 als Suhrkamp Taschenbuch Bd. 73.
—— 1979. *Eine Reise nach Vietnam* (unter dem Pseudonym G.W. Alsheimer). Frankfurt am Main: Suhrkamp-Verlag; dann Suhrkamp Taschenbuch Bd. 628
—— 1995. *Wahnsinnslogik. Von der Verstehbarkeit schizophrener Erfahrung*. Bonn: Psychiatrie Verlag.

Cultural Shock: Adjustment to New Cultural Environments[1]*

KALERVO OBERG[2]

Abstract Culture shock tends to be an occupational disease of people who have been suddenly transplanted abroad. Like most ailments, it has its own symptoms, cause, and cure. Many missionaries have suffered from it. Some never recovered, and left their field. Some live in a constant state of such shock. Many recover beautifully. As will be clear from the implications of Dr. Oberg's article, the state of culture shock in which a Christian lives will have great bearing on his temperament and witness.

Kulturschock: Anpassung an neue kulturelle Umgebungen

Zusammenfassung Der Kulturschock ist für gewöhnlich eine Berufserkrankung bei Menschen, die plötzlich ins Ausland versetzt werden. Wie die meisten Leiden hat es seine eigenen Symptome, Ursachen und Therapie. Viele Missionare litten darunter, von denen sich einige nicht erholen konnten und den Einsatzort verließen. Bei einigen hält der Schockzustand an, einige leben im Dauerzustand eines solchen Schocks, viele erholen sich vollständig. Der Zustand des Kulturschocks, in dem ein Christ lebt, hat einen großen Einfluss darauf wie er Zeugnis gibt. Dies wird durch die Ausführungen in Dr. Obergs Artikel deutlich.

Keywords (Schlagwörter) culture shock (Kulturschock) – stages of culture shock (Phasen des Kulturschocks) — symptoms (Symptome) – ethnocentrism (Ethnozentrismus) — honeymoon stage (Euphorie) – regression (Regression) – adjustment (Anpassung) – recovery (Erholung)

Culture shock is precipitated by the anxiety that results from losing all our familiar signs and symbols of social intercourse. These signs or cues include the thousand and one ways in which we orient ourselves to the situations of daily life: when to shake hands and what to say when we meet people, when and how to give tips, how to give orders to servants, how to make purchases, when to accept and when to refuse invitations, when to take statements seriously and when not. Now these cues which may be words, gestures, facial expressions, customs, or norms are acquired by all of us in the course of growing up and are as much a part of our culture as the language we speak or the beliefs we accept. All of us depend for our peace of mind and our efficiency on hundreds of these cues, most of which we do not carry on the level of conscious awareness.

Now when an individual enters a strange culture, all or most of these familiar cues are removed. He or she is like a fish out of water. No matter how broadminded or full of good will you may be, a series of props have been knocked from under you, followed by a feeling of frustration and anxiety. People react to the frustration in much the same way. First they *reject* the environment which causes the discomfort: "the ways of the host country are bad because they make us feel bad." When Americans or other foreigners in a strange land get together to grouse about the host country and its people—you can be sure they are suffering from culture shock. Another phase of culture shock is *regression*. The home environment suddenly assumes a tremendous importance. To an American everything American becomes irrationally glorified. All the difficulties and problems are forgotten and only the good things back home are remembered. It usually takes a trip home to bring one back to realitiy.

Symptoms of Culture Shock

Some of the symptoms of culture shock are: excessive washing of the hands; excessive concern over drinking water, food, dishes, and bedding; fear of physical contact with attendants or servants; the absent-minded, far-away stare (sometimes called "the tropical stare"); a feeling of helplessness and a desire for dependence on long-term residents of one's own nationality; fits of anger over delays and other minor frustrations; delay and outright refusal to

---

* Reprint aus OBERG K. 1960. Cultural Shock: Adjustment to New Cultural Environments. *Practical Anthropology* 7: 177-182.

learn the language of the host country; excessive fear of being cheated, robbed, or injured; great concern over minor pains and irruptions of the skin; and finally, that terrible longing to be back home, to be able to have a good cup of coffee and a piece of apple pie, to walk into that corner drugstore, to visit one's relatives, and, in general, to talk to people who really make sense.

Individuals differ greatly in the degree in which culture shock affects them. Although not common, there are individuals who cannot live in foreign countries. Those who have seen people go through culture shock and on to a satisfactory adjustment can discern steps in the process. During the first few weeks most individuals are fascinated by the new. They stay in hotels and associate with nationals who speak their language and are polite and gracious to foreigners. This honeymoon stage may last from a few days or weeks to six months depending on circumstances. If one is a very important person he or she will be shown the show places, will be pampered and petted, and in a press interview will speak glowingly about progress, good will, and international amity, and if he returns home he may well write a book about his pleasant if superficial experience abroad.

But this Cook's tour type of mentality does not normally last if the foreign visitor remains abroad and has seriously to cope with real conditions of life. It is then that the second stage begins, characterized by a hostile and aggressive attitude towards the host country. This hostility evidently grows out of the genuine difficulty which the visitor experiences in the process of adjustment. There is maid trouble, school trouble, language trouble, house trouble, transportation trouble, shopping trouble, and the fact that people in the host country are largely indifferent to all these troubles. They help but they just don't understand your great concern over these difficulties. Therefore, they must be insensible and unsympathetic to you and your worries. The result, "I just don't like them." You become aggressive, you band together with your fellow countrymen and criticize the host country, its ways, and its people. But this criticism is not an objective appraisal but a derogatory one. Instead of trying to account for conditions as they are through as honest analysis of the actual conditions and the historical circumstances which have created them, you talk as if the difficulties you experienced are more or less created by the people of the host country for your special discomfort. You take refuge in the colony of your countrymen and its cocktail circuit which often becomes the fountain-head of emotionally charged labels known as stereotypes. This is a peculiar kind of invidious shorthand which caricatures the host country and its people in a negative manner. The "dollargrasping American" and the "indolent Latin American" are samples of mild forms of stereotypes. The use of stereotypes may salve the ego of someone with a severe case of culture shock but it certainly does not lead to any genuine understanding of the host country and its people. This second stage of culture shock is in a sense a crisis in the disease. If you overcome it, you stay; if not, you leave before you reach the stage of a nervous breakdown.

If the visitor succeeds in getting some knowledge of the language and begins to get around by himself, he is beginning to open the way into the new cultural environment. The visitor still has difficulties but he takes a "this is my cross and I have to bear it" attitude. Usually in this stage the visitor takes a superior attitude to people of the host country. His sense of humor begins to exert itself. Instead of criticizing he jokes about the people and even cracks jokes about his or her own difficulties. He or she is now on the way to recovery. And there is also the poor devil who is worse off than yourself whom you can help, which in turn gives you confidence in your ability to speak and get around.

Is the fourth stage your adjustment is about as complete as it can be. The visitor now accepts the customs of the country as just another way of living. You operate within the new milieu without a feeling of anxiety although there are moments of strain. Only with a complete grasp of all the cues of social intercourse will this strain disappear. For a long time the individual will understand what the national is saying but he is not always sure what the national means. With a complete adjustment you not only accept the foods, drinks, habits, and customs, but actually begin to enjoy them. When you go on home leave you may even take things back with you and if you leave for good you generally miss the country and the people to whom you have become accustomed.

Nature of Culture Shock

Now before going on to consider the nature of culture shock, it might be well to point out that the difficulties which the newcomer experiences are real. If individuals come to a tropical area from a temperate one they quite often suffer from intestinal disturbances. Strange food sometimes upsets people. In Rio, for instance, water and power shortages are very real. When these physical difficulties are added to those arising from not knowing how to communicate and the uncertainties presented by strange customs the consequent frustrations and anxieties are understandable. In the course of time, however, an individual makes his adjustment, you do what is essential about water, food, and the other minutiae of daily life. You adapt yourself to water and power shortages and to traffic problems. In short the environment does not change. What has changed is your attitude towards it. Somehow it no longer troubles you, you no longer project your discomforts onto the people of the host country and their ways. In short, you get along under a new set of living conditions.

Another important point worth considering is the attitude of others to a person suffering from culture shock. If you are frustrated and have an aggressive attitude to the people of the host country, they will sense this hostility and in many cases respond in either a hostile manner or try to avoid you. In other words, their response moves from a preliminary phase of ingratiation to aggressive ridicule and on to avoidance. To your own countrymen who are well adjusted you become somewhat of a problem. As you feel weak in the face of the host country people you tend to wish to increase your dependence on your fellow countrymen much more than is normal. Some will try to help you, others will try to avoid you. The better your fellow countryman understands your condition the better he is able to help you. But the difficulty is that culture shock has not been studied carefully enough for people to help you in an organized manner and you continue to be considered a bit queer—until you adjust yourself to the new situation. In general, we might say that until an individual has achieved a satisfactory adjustment he is not able to fully play his part on the job or as a member of the community. In a sense he is a sick person with a mild or severe case of culture shock as the case may be. Although I am not certain, I think culture shock affects wives more than husbands. The husband has his professional duties to occupy him and his activities may not differ too much from what he has been accustomed to. The wife, on the other hand, has to operate in an environment which differs much more from the milieu in which she grew up, consequently the strain on her is greater.

Culture and the Individual

In an effort to get over culture shock, I think there is some value in knowing something about the nature of culture and its relationship to the individual. In addition to living in a physical environment, an individual lives in a cultural environment consisting of man-made physical objects, social institutions, and ideas and beliefs. An individual is not born with culture but only with the capacity to learn it and use it. There is nothing in a newborn child which dictates that it should eventually speak Portuguese, English, or French, nor that he eat with a fork in his left hand rather than in the right, or use chopsticks. All these things the child has to learn. Nor are the parents responsible for the culture which they transmit to their young. The culture of any people is the product of history and is built up over time largely through processes which are, as far as the individual is concerned, beyond his awareness. It is by means of culture that the young learn to adapt themselves to the physical environment and to the people with whom they associate. And as we know, children and adolescents often experience difficulties in this process of learning and adjustment. But once learned, culture becomes a way of life, the sure, familiar, largely automatic way of getting what you want from your environment and as such it also becomes a value. People have a way of accepting their culture as both the best and the only way of doing things. This is perfectly normal and understandable. To this attitude we give the name ethnocentrism, a belief that not only the culture but the race and nation form the center of the world. Individuals identify themselves with their own group and its ways to the extent that any critical comment is taken as an affront to the individual as well as to the group. If you criticize my country you are criticizing me. If you criticize me you are criticizing my country. Along with this attitude goes the tendency to attribute all individual peculiarities as national characteristics. For instance, if an American does something odd or anti-social in a foreign country, that which back home would be considered a purely individual act is now considered a national trait. He acts that way not because he is Joe Doaks but because he is an American. Instead of being censured as an individual, his country is censured. It is thus best to recognize that ethnocentrism is a permanent characteristic of national groups. Even if a national criticize some aspect of his own culture the foreigner should listen but not enter into this criticism.

I mentioned above that specific cultures are the products of historical development and can be understood not by referring to the biological or psychological peculiarities of their human carriers but to an understanding of the antecedent and concomitant elements of the culture themselves. Brazil and the United States, for instance, have different cultural origins and different culture histories which account for present-day differences. In this case, however, the differences are not great, both cultures being parts of Western civilization. It might be useful to recognize here that the study of culture per se is not the study of individuals. Psychology is the study of individual personality. Sociology is the study of groups and group behaviour. The student of culture studies not human individuals but the interrelationship of cultural forms like technologies, institutions, idea and belief systems. In this paper we are interested not so much in the study of culture as such, but its impact upon the individual under special conditions.

Now any modern nation is a complex society with corresponding variations in culture. In composition it is made up of different ethnic groups, it is stratified into classes, it is differentiated into regions, it is separated into rural and urban settlements, each having its distinctive cultural characteristics. Yet superimposed upon these differences are the common elements of official language, institutions, and customs which knit it together to form a nation.

These facts indicate that it is not a simple matter to acquaint oneself with the culture of a nation. Similarly the culture of one's own nation is complex. It, too, differs by region and class. Americans, for instance, who go abroad in various governmental and business capacities, are usually members of the middle class and carry the values and aspirations of this class, some of which are an accent on the practical or utilitarian, work as a means to personal success, and suspicion of personal authority. Accustomed to work in large hierarchical institutions like business corporations, governmental agencies, or scientific foundations which have a life of their own and persist in time, Americans tend to become impersonal. Individuals no matter how able are replaceable parts in these large institutions. To Americans, personalism which emphasizes a special individual, like a political leader or a business leader or a religious leader, as solely responsible for the existence and success of an institution is somewhat strange. To the American it is the organization that counts and individual beings are judged according to their ability to fit into the mechanism. This difference in inter-personal relationships often becomes at least a minor shock. A new pattern has to be established which has to take into consideration class society, the symbols of individual status, the importance of family relationships, and the different importance given work, leisure, and the values people strive for.

Recovery from Culture Shock

The question now arises, What can you do to get over culture shock as quickly as possible? The answer is get to know the people of the host country. But this you cannot do with any success without knowing the language, for language is the principal symbol system of communication. Now we all know that learning a new language is difficult, particularly to adults. This task alone is quite enough to cause frustration and anxiety, no matter how skilful language teachers are in making it easy for you. But once you begin to be able to carry on a friendly conversation with your maid, your neighbour, or go on shopping trips alone you not only gain confidence and a feeling of power but a whole new world of cultural meanings opens up for you.

You begin to find out not only what and how people do things but also what their interests are. These interests, people usually express by what they habitually talk about and how they allocate their time and money. Once you know this value or interest pattern it will be quite easy to get people to talk and to be interested in you. When we say people have no interest, we usually admit the fact that we have not bothered to find out.

At times it is helpful to be a participant observer by joining the activities of the people, to try to share in their responses. Whether this be a carnival, a religious rite, or some economic activity.

Yet the visitor should never forget that he or she is an outsider and will be treated as such. He or she should view this participation as a role playing. Understanding the ways of people is essential but this does not mean that you have to give up your own. What happens is that you have developed two patterns of behaviour.

Finally a word on what your fellow countrymen can do to help you get over culture shock. It is well to recognize that persons suffering from culture shock feel weak in the face of conditions which appear insuperable, it is natural for them to try to lean heavily on their compatriots. They may be irritating to the long-term resident but he should be patient, sympathetic, and understanding. Although talking does not remove pain I think a great deal is gained by having the source of pain explained, some of the steps towards a cure indicated, and the assurance given that time, the great healer, will soon set things right.

Notes added by *curare*

1. Urquelle: OBERG präsentierte sein Phasenmodel unter dem Titel „Kulturschock" vor dem "Women's Club of Rio de Janeiro" am 3. August 1954. Eine weite Verbreitung fand der Artikel durch die nur geringfügig geänderte erneute Republikation im Jahre 1960 in *Practical Anthropology* unter dem Titel: "Cultural Shock—Adjustment to New Cultural Environments", die hier als die häufiger zitierte als Wiederabdruck vorliegt.

   Die Zeitschrift *Practical Anthropology* erschien zwischen 1953 bis 1972. Es war eine Zeitschrift, die Missionaren und Bibelübersetzern anthropologisches Wissen vermitteln sollte und als Diskussionsforum diente. Nach 19 Jahren wurde die Publikation eingestellt und verschmolz mit der Zeitschrift *Missiology,* dem Journal der "American Society of Missiology".

   Der Begriff „Kulturschock" stammt übrigens nicht von OBERG, wie häufig fälschlicherweise zitiert. OBERG verweist schon in seinem Vortrag von 1954 darauf hin, dass die Anthropologin Cora DUBOIS am 28 November1951 einen Vortrag mit dem Titel "Culture Shock" hielt, und zwar beim ersten "Midwest regional meeting of the Institute of International Education" in Chicago.

2. Fussnote in *Practical Anthropology* 7: 177-182 (1960): Dr. Kalervo OBERG is an anthropologist who served with the United States Overseas Mission to Brasil. His article is reprinted with the permission from the Technical Assistance Quarterly Bulletin, a publication of the Technical Information Clearing House, 20 West 40th St., New York 18, New York.

Redaktionelle Bearbeitung für *curare*:
WOLFGANG & NORA KRAHL

Kalervo Oberg wurde 1901 als Sohn finnischer Eltern in Kanada geboren und migrierte später ganz in die USA über. Zunächst studierte er Ökonomie an der Universität von Britisch Columbia und an der Universität Pittsburgh. Später studierte er Anthropologie an der Universität Chicago unter anderem bei E. Sapir und A.R. Radcliffe-Brown. Seine Dissertation stellte die Ergebnisse seiner Feldforschung dar: *The Social Economy of the Tlingit Indians of Alaska*. Während seiner beruflichen Karriere als Anthropologe war er in Uganda, Ecuador und Brasilien tätig, außerdem in verschiedenen Staaten der USA. Mehr siehe: MCCOMB M. R. & FORSTER G. M. 1974. Kalervo Oberg 1901-1973. *American Anthropologist* 76,2: 357f.

Nostalgia: Die Sehnsucht nach der Heimat*
TOMMASO MORONE

Zusammenfassung „Heimweh" und „Heimat", das sind zwei Hauptbegriffe, die im Mittelpunkt dieses Beitrags stehen. Es wird versucht, sie anhand der Beobachtung des Migrationsprozesses von Migranten aus Sizilien in Deutschland zu verdeutlichen. Die zwei Begriffe stehen in Beziehung zueinander, denn eine „"nostalgische Reaktion" macht deutlich, dass die Situation nicht bruchlos bewältigt wird. Die Aneignung des neuen Raumes und seine Gestaltung findet nicht statt, dagegen aber eine Überbewertung bzw. eine extreme Identifizierung mit dem Herkunftsort als sozialem und kulturellem Orientierungspunkt.

Nostalgia: The Longing for One's Home Native Place
Abstract "Homesickness" and "home", these are two main terms inquired in this article. They shall be elucidated by watching the migration process of immigrants from Sicily in Germany. These two terms are connected to each other, because a "nostalgic reaction" makes clear that the situation is not being managed without problems. The appropriation of the new space and its arrangement does not take place, on the other hand though an overrating or an extreme identification with the place of origin as a social and cultural orientation point is being observed.

Keywords (Schlagwörter) migration (Migrationsprozess) – home (Heimat) – homesickness (Heimweh) – nostalgia – Sicily (Sizilien)

Dieser Artikel beschäftigt sich mit der Frage nach dem Heimweh von Emigranten aus Sizilien, die ihr Land aufgrund verschiedener Zwänge und Nöte verlassen haben, um in der Fremde (in unserem Fall Deutschland) das zu suchen, was ihnen daheim unmöglich zu erreichen schien. Ob ihnen Deutschland zu einer neuen Heimat werden konnte, die Sehnsuchtsgefühle weckt, wenn man sie wieder verlässt, bleibt ein Fragezeichen.

Migration erscheint immer als „schmerzlicher Verlust von Gemeinschaft mit eigener Sitte und eigenem Brauch, mit eigener Sprache und eigener Kultur" (SCHMID-CADALBERT 1993: 69).

Beim Heimweh bzw. der „nostalgischen Reaktion" (ZWINGMANN 1961: 187) wird die Befriedigungsbetonung von der Gegenwart und von der Zukunft in die Vergangenheit verlagert (vgl. ZWINGMANN 1962). Vergangenheit ist für die von uns untersuchte Gruppe (vgl. MORONE 1993) gleichbedeutend mit Heimat: „Ich liebe meine Heimat sehr. Schon das ganze ... das Wetter (in Deutschland), das macht mich kaputt. Ich weiß nicht. Ich fühle mich dort unten wohl, hier habe ich immer was ... ich könnte es hier nicht aushalten." (Anna P.). Unter dem Begriff Heimat fassen die Migranten alle jene Dinge und Verhältnisse, die sie vermissen, und wenige beziehen sich dabei auf die Arbeits- und Lebenssituation in Deutschland (vgl. BRAUN 1970: 440): „Ich will hier nicht bleiben. Wenn ich ein Lied höre, muss ich immer an mein Land denken ... Ich denke nicht daran, wenn ich mit meinen Freunden zusammen bin. Aber wenn ich allein bin, denke ich daran ... ich bin sehr nostalgisch. Weil, wenn ich hier geboren wäre, wäre es eine andere Sache. Hingegen sind wir hierher gekommen, als ich 12 Jahre alt war. ( ) was mich hinzieht? Besonders der Sommer, die Temperatur, die Menschen, die Luft. Die Luft ist eine ganz andere Sache. Die Schönheit gibt es überall, nicht nur in Sizilien. Aber das ist meine Heimat." (Luigi L.).

LAUER & WILHELMI (1986) zufolge bedeutet Heimat: „1) ... angstfrei agieren zu können in einer vertrauten Umwelt, deren Symbolsprache und damit deren Wertsystem und Verhaltensmuster man versteht und anerkennt. 2) ... Raum, der menschliche Bedürfnisse nach materieller Sicherheit, nach sozialen Kontakten, nach Aktivität und Mitbestimmung zu befriedigen vermag. 3)... in Übereinstimmung mit der soziokulturellen und physischen Umwelt zu leben und in diesem Sinne die räumliche Dimension

---
* Reprint aus *Ethnopsychologische Mitteilungen* 3,1(1994)167-171.

der Identität, die hier als grundlegendes menschliches Bedürfnis verstanden wird." (ebenda S.155).

Der Mensch gestaltet Heimat und muss sie gestalten können, um sich in ihr wiederzufinden und mit ihr identifizieren zu können (ebd. 156). In der Migration dagegen findet keine aktive Aneignung des Raumes, sondern eine partielle Anpassung statt, die sich auf jene Bereiche beschränkt, die für die Alltagsbewältigung notwendig sind (ebd. 173).

Heimwehstimmung ist eine Reaktion auf diese Situation: „Für uns, die wir unser ganzes Leben dort im Dorf verbracht haben, unser Leben hat sich nämlich im Dorf abgespielt ... Daher ist es für uns hart, hier zu leben. Weil wir immer mit so vielen Freunden waren, und hier finden wir uns allein wieder. Hier sieht man eine Freundin nur jede Woche, jeden Monat, dort dagegen sind wir immer beisammen ... du weißt, hier werde ich nur krank." (Anna P.).

„Wenn ‚Heimat haben' und ‚Sich zu Hause fühlen' vielfach synonym gebraucht wird, dann meint das mehr, als eine Heimat oder ein Haus besitzen" (GREVERUS 1979: 13). „Es ist der ‚heimische Herd', ein Ort, der von geliebten Menschen bewohnt wird, wo man sich geborgen fühlt, und zu dem man immer zurückkehrt. Er (der Ort) symbolisiert Raum und Zeit, denen man zugehört. Lebensgeschichte, an der man vollkommen teilnimmt" (FRIGESSI CASTELNUOVO & RISSO 1986: 9).

„Mein Mann hatte immer Heimweh nach Italien. Ein Jahr, nachdem wir die Kinder hierher geholt hatten, hätten wir ruhig leben können, aber es ist nicht möglich gewesen. Mein Mann hat sich plötzlich entschieden: ‚Ich gehe für immer nach Italien.'" (Elisa L.).

Der Begriff des Heimwehs ist bereits seit dem 16. Jahrhundert mit Quellen als medizinische Bezeichnung eines Phänomens belegt, als der Basler J. Hofer in seiner „Dissertatio medica de Nostalgia oder Heimweh" 1688 erstmals unter dem wissenschaftlichen Terminus Nostalgia beschrieb. Bereits Hofer hat psychische Faktoren als Ursache der Nostalgia genannt, nämlich die Trennung des Menschen von seiner gewohnten Umwelt und die Anpassungsschwierigkeiten an die neue, fremde Umgebung. Hofer empfiehlt dem Kranken als Therapie die Rückkehr in die Heimat: „Dies Übel ist heilbar, wenn die Sehnsucht befriedigt wird. (...) Er wird alsbald wieder zu Kräften kommen. Wehe aber den Leuten, die nicht nach Hause zurückkehren können." (Zit. nach FRIGESSI CASTELNUOVO & RISSO 1986: 20).

J. J. Rousseau (o. J.) bemerkt: „An Nostalgie leiden solche Personen, die aus materiellen und ökonomischen Gründen, um des Überlebens willen, gezwungen wurden, ihr Zuhause zu verlassen. Sie leiden um so stärker, je mehr ihnen in einem fremden Land die Möglichkeit einer besseren Form der materiellen Existenz vor Augen geführt wird. Sie möchten gern in ihre familiäre Umgebung zurückkehren, wieder unter den geliebten Menschen sein; gleichzeitig wissen sie jedoch, dass sie die gleiche Not und dasselbe Elend wieder vorfinden würden, wie sie es beim Abschied hinter sich gelassen haben." (Zit. n. FRIGESSI CASTELNUOVO & RISSO 1986: 34).

Eine nostalgische Reaktion ist als Teil einer Akklimatisierungskrise zu bewerten. Sie kann als normal angesehen werden, solange sie ein bestimmtes Intensitätsniveau nicht übersteigt (vgl. ZWINGMANN 1962: 314). Nicht das Auftreten selbst, sondern eher das Ausbleiben einer solchen Reaktion ist anormal, denn mit ihr wird eine affektive Kontinuität gesichert (vgl. ebd.). Die Intensität der Reaktion hängt von mehreren Faktoren ab: „1. Hat die Trennung freiwillig oder unter Zwang stattgefunden? 2. Was für Verbindungsmöglichkeiten bestehen zwischen den betroffenen Personen? 3. Inwieweit ist die Gesamtzielstruktur durch die Trennung beeinflusst? 4. Wie groß ist der Kontrast zwischen dem gewohnten und dem neuen Milieu? 5. Ist eine Rückkehrmöglichkeit vorhanden?" (ZWINGMANN 1961: 188)

Im Rahmen dieser Reaktion können sowohl psychosomatische als auch rein psychische Symptome wie Kontaktverlust, Reizbarkeit, Feindseligkeit, Schuldbewusstsein, Fremdheitsgefühl, Idealisierung des Vergangenen, Selbstvorwürfe, Angst um Wunschobjekte und eine herabgesetzte Leistungsfähigkeit auftreten. Der entscheidende Faktor bei der nostalgischen Fixierung ist die Angst vor der neuen Umgebung (ZWINGMANN 1962: 325), an die sich die Migranten nicht affektiv binden können oder wollen. Die ganze Daseinsgestaltung in der Fremde ist ausgerichtet auf dieses: „Wir gehen ja doch bald fort" (BRAUN 1970: 454).

In dieser ungewissen und unsicheren Situation in der Fremde „werden nun Wunschbilder geschaffen und die überhöhten Affekte aufgeladen, die ein besonderes Sicherheitsgefühl und einen besonderen

Satisfaktionswert haben: die symbolische Rückkehr zu jenen Quellen der Versorgung, die einem teuer und vertraut sind" (ebd. 448). Man spricht von „nostalgischer Reaktion". Sie führen die Migranten zu einer starken Identifikation mit ihrem Dorf und ihrer traditionellen Umwelt. Das Dorf wird zum Symbol einer Gesellschaft, in der die Spannungen und Konflikte der eigenen Situation gedämpft, fast sogar überwunden sind: So entsteht der Mythos einer sozialen Struktur, in der man besser leben kann. Es ist die „symbolische Rückkehr zu oder Vergegenwärtigung von solchen Ereignissen des Erlebnisraumes, die den größten Satisfaktionswert bieten" (ebd. 188).

Anna entspricht nahezu idealtypisch diesem Bild des nostalgischen Migranten, der aus seiner unbefriedigenden und angstvollen Lebenssituation heraus das Dorf idealisiert: „Aber dort hingegen, im Dorf, war es nicht so. Da gab es Fröhlichkeit, mehr Glück, wir waren in unserem Dorf. Wir warteten alle auf meinen Vater, bis er von der Arbeit zurückkehrte, alle vor der Tür, mittags zum Mittagessen, da gab es halt Fröhlichkeit. Ich kochte, räumte das ganze Haus auf ... (...) Ja. Und das denke ich, dass, wenn ich in Italien bin, und sogar eine Arbeit verrichte ... äh eine scheußliche, da ist aber abends dann ... diese andere Atmosphäre. Genau. Das ist dann diese andere Atmosphäre, da gibt's Leute, die auf mich warten, die mich anrufen, die mich einladen, die ... mit ihnen bin ich gern zusammen. Ich werde gleich Freunde finden. Ich garantiere es dir." (Anna P.). Anna ist vor Heimweh krank: sie leidet an Depressionen und Kopfschmerzen. Für sie ist eine realistische Einschätzung sowohl des fremden als auch des verlassenen Raumes unmöglich. Sie vermisst eine andere Atmosphäre, meint aber damit die andere Form des sozialen Umfeldes, der Erziehung und des zwischenmenschlichen Umgangs.

Die affektive Verbindung der Migranten zu ihrem Dorf, zu den dort lebenden Verwandten, ist als ein bewusster Akt der Zukunftsplanung zu verstehen. Man will sich auch in Zukunft dazugehörig fühlen. Das Dorf ist ein sozialer und kultureller Orientierungspunkt, ein Ziel der Identifikation, das größtes Verständnis finden sollte in der hiesigen Ausländerarbeit.

Zitierte Literatur:

BRAUN R. 1970. *Sozio-kulturelle Probleme der Eingliederung italienischer Arbeitskräfte in der Schweiz.* Würzburg.

FRIGESSI CASTELNUOVO &RISSO M. 1986. *Emigration und Nostalgia. Sozialgeschichte, Theorie und Mythos psychischer Krankheit von Auswanderern.* Frankfurt/M.

GREVERUS I.-M. 1979. *Auf der Suche nach Heimat.* München.

LAUER H. & WILHELMI G. 1986. Der vertraute und der fremde Raum. In GIORDANO, C. & GREVERUS, I.-M. (Hg). *Sizilien – die Menschen, das Land und der Staat.* Frankfurt/M.

MORONE T. 1993. *Migrantenschicksal. Sizilianische Familien in Reutlingen. Heimat(en) und Zwischenwelt.* Tübingen.

SCHMID-CADALBERT C. 1993. Heimweh oder Heimmacht. *Schweizerisches Archiv für Volkskunde* 89, H. 1: 69-85.

ZWINGMANN C. 1961. Ein psychologisches Problem ausländischer Arbeitskräfte – Die Heimwehreaktion. In Hessisches Institut für Betriebswirtschaft e. V. (Hg). *Ausländische Arbeitskräfte in Deutschland.* Düsseldorf: 187-201.

———1962. Das nostalgische Phänomen. In ZWINGMANN C. (Hg). *Zur Psychologie der Lebenskrisen.* Frankfurt/M.: 308-338.

Anmerkung der Redaktion *curare*:

Weitere Artikel des Autors Tommaso Morone zum Thema Migration in der Zeitschrift *Ethnopsychologische Mitteilungen* (1992-2000)

1995. Interaktion und Einsamkeit. Kulturell geprägte Beziehungsformen. 4,1: 93-98.

1996. Rückkehr. Mythos und Wirklichkeit. 5,1: 82-91.

1997. Die Bewältigung des Kulturwechsels. Zur Psychologie der Lebenskrisen. 6,1: 32-40.

1998. Das Scheitern der integrationistischen Ansätze und das „Phänomen ethnischer Revitalisierungsbestrebungen". 7,1: 55-63.

1998. Malocchio – die latente Gefahr des Neides. 7,2: 163-174.

1999. Stationen halbherziger Integration. Die Verarbeitung der Integrationserfahrung. 8,2: 126-137.

Tommaso Morone (Jg. 1958) Dr. rer. soc., M.A., Sozial- und Kulturwissenschftler. Studium in Rom und Tübingen, Dozent.

Linsenbergstrasse 29, 72074 Tübingen e-mail: andyha@gmx.net

Das Mutterbild in der heutigen türkischen Kultur*

Inci User

Zusammenfassung In der moderen Republik Türkei wird der Frau bei den Modernisierungs- und Verwestlichungsprozessen eine spezifische Rolle zugeschrieben: Sie soll mit ihrer Teilnahme am Arbeitsleben, an der Politik und der Kultur Symbol und Urheberin der laizistischen Revolution darstellen. Gleichzeitig ist sie verantwortlich für die Sozialisierung der jüngeren Generation zu modernen Staatsbürgern. Ihre gesetzliche Gleichberechtigung befreit sie jedoch nicht von bestimmten traditionellen Werten und Praktiken, die ihre Mutterschaft betonen. Sie ist mit so vielen Anforderungen im Familienleben belastet, dass ihre Teilnahme am öffentlichen Leben eingegrenzt wird. Die Mutterschaft ist faktisch die wichtigste und zugleich einzige unbestrittene Rolle der türkischen Frau geblieben.

The Image of the Mother in the Turkish Culture

Abstract Women are given a specific role in the Turkish Republic's projects of modernization and westernization: They are expected to participate in the labour force, in political and cultural activities and to symbolize as well as actively contribute to these projects and especially to the laicistic revolution. At the same time, they are responsible for the socialization of the younger generation and for their becoming of proper citizens. However, their legal equality with men does not liberate the Turkish women from traditional values and practices, which emphasize their motherhood. They are burdened with a huge load of responsibilities in the family life and limit her participation in public life. Motherhood is the most significant and the only undisputed social role of the Turkish female.

Keywords (Schlagwörter) motherhood (Mutterschaft) – patriarchal structure (patriarchalische Struktur) – modernization (Modernisierung) – westliche Leitkultur – laicism (Laizismus) – social role (Rolle) – education (Bildung) – work (Arbeit) – family (Familie) – islam – Turkey (Türkei)

Einleitung

Wie in jeder komplexen Gesellschaft können auch in der türkischen viele verschiedenen Frauentypen beobachtet werden. Die Türkei ist ein Entwicklungsland, in dem der sozio-ökonomische Wandel in verschiedenen geografischen Regionen und Bevölkerungsgruppen unterschiedliche Geschwindigkeiten hat. Die vorgefundenen Lebensweisen sind sehr unterschiedlich, sehr traditionelle finden sich neben sehr modernen, daneben gibt es alle möglichen Zwischentöne und Übergänge. Daher unterscheiden sich auch die Lebensumstände für die Frauen. Der rasche Wandel führt zu grossen Unterschieden zwischen den Generationen. Trotzdem gibt es bestimmte Ähnlichkeiten, die sich sowohl den geographischen als auch den zeitlichen Verschiebungen widersetzen. Aufgrund dieser Ähnlichkeiten ist es möglich, diese verschiedenen Frauenbilder auf ein einziges zu reduzieren: Die türkische Frau hat keine andere Chance als die einer Mutter oder die, eine künftige Mutter zu sein und dann erst sich selbst.

Die türkische Gesellschaft ist stark geprägt von patriarchalischen Werten, aufgrund derer die Ehe und die Mutterschaft für die Frauen aus allen Schichten unentbehrlich sind. Auch Frauen, die finanziell unabhängig sind, sind auf die Ehe und die Familie angewiesen, weil sie sonst weder Liebe und Geborgenheit finden, noch ein Sexualleben führen können (Tekeli & Koray 1991: 100-101).

Die Türkei hat 71 Millionen Einwohner und eine durchschnittliche jährliche Wachstumsrate von 2,2%. 45% der Bevölkerung lebt noch auf dem Lande. 29% der Bevölkerung ist unter 15 und nur 7% über 65 (HUNEE 2004: 7-8). 17% der Frauen zwischen 14-49 haben keine Schulbildung erhalten (TUSIAD 2000:35). Nach den Daten von 2005 beträgt das Bruttosozialprodukt pro Kopf $5042 (ca. 3900 Euro) (DPT 2007:5).

Typisch für die Probleme der Unterentwicklung ist, dass die Frauen und die Kinder am schlimmsten

---

* Nach einem Vortrag auf der Tagung „Deutsch-Türkische Perspektiven" der DTGPP am 26. November 2006 im St. Hedwig-Krankenhaus in Berlin (Charité Campus Mitte).

davon getroffen werden. So beträgt die Säuglingssterblichkeit in der Türkei 29 Promille (HUNEE 2004: xvii), 32% der Mädchen im Grundschulalter gehen nicht zur Schule (TUSIAD 2000: 36) und 18% aller Kinder in der Altersgruppe 11-14 müssen arbeiten (UNICEF 1996: 6). Der Anteil der Frauen an Bildung, Arbeitsplätzen und Gesundheitsdiensten entspricht nur einem Drittel von dem, was den Männern zufällt. 28% der Frauen können nicht lesen und schreiben; 30% arbeiten, davon etwa 3/4 auf dem Lande (TUSIAD 2000: 22; 128; 136). 18% der arbeitstätigen Frauen mit niedrigem Bildungsniveau dürfen nicht mitentscheiden, wie ihre Einkommen ausgegeben werden. Nur 9% aller registrierten Immobilien gehören den Frauen (UNICEF 1996:79). Unter den Abgeordneten im türkischen Parlament befinden sich im Moment nur 4,3% Frauen.

Die Mutterrolle ist die einzig unbestrittene und als 100% legitim betrachtete Frauenrolle in der Türkei. Die traditionelle Frau stützt sich darauf, um ihren sonst sehr niedrigen und verwundbaren Status in der Familie und in der Gemeinschaft zu erhöhen und um ihre Zukunft als einigermaßen gesichert betrachten zu können. Die relativ moderne Frau andererseits weiß, dass sie die Mutterrolle weder für ihre Karriere, noch für andere Zwecke auslassen oder hintanstellen darf. So haben in einer Umfrage 65% der Frauen eine erfolgreiche Frau als eine gute Mutter definiert. 26% haben gemeint, eine erfolgreiche Frau würde ein glückliches Familienleben mit Arbeitstätigkeit kombinieren. Und keine einzige hat die Meinung geäußert, dass eine Karriere allein den Erfolg ausmachen könne (KANDIYOTI 1979: 341).

Drei Faktoren spielen eine wichtige Rolle bei der Gestaltung des türkischen Mutterbildes. Diese sind: 1) die Religion 2) die Familienstruktur und der gesellschaftliche Wert der Familie und 3) die offizielle Ideologie der Modernisierung. Diese Faktoren werden im nachfolgenden Text erörtert.

1) Die Religion: Islam

Über 90% der türkischen Staatsangehörigen sind moslemisch. Der praktizierte Islam ist eine patriarchalische Religion und betrachtet die Frau als dem Mann untertan und als eine von Natur aus schwächliche Kreatur, die geschont, geliebt und kontrolliert werden muss. Bezüglich der Scharia, des islamischen Gesetzes, ist die Frau auch keine ganze Person: Sie bekommt nämlich von Erbschaften nur halb so viel wie ihr Mann oder Bruder; sie darf nicht selbständig Geschäfte führen, und als Zeuge vor dem Gericht werden zwei Frauen einem Mann gleichgestellt. Obgleich die türkische Republik das islamische Gesetz vor 80 Jahren abgeschafft hat, übt die Mentalität der Scharia immer noch Einfluss auf kulturelle Normen und Einrichtungen aus.

Gemäß der Religion ist die Frau verführerisch. Deshalb wird ihr die Teilnahme am öffentlichen Leben verweigert. Sie muss ihre Keuschheit bewahren und sich so bekleiden, dass man ihr Haar und ihre Figur nicht sehen kann. Der Islam schreibt der Frau eine einzige Aufgabe in der Gesellschaft zu und für diese Aufgabe wird sie hochverehrt: Sie soll eine gehorsame, gebundene und ehrliche Ehefrau und eine gute Mutter sein. Für den Unterhalt ihrer Familie ist sie nicht verantwortlich und öffentliche Aufgaben hat sie auch nicht. Aber als Mutter ist sie, wie erwähnt, sehr wertvoll. Der Prophet habe nämlich gesagt: „Der Himmel liegt den Müttern zu Füssen."

Die islamischen Denker haben von der hellenistischen Zivilisation einen großen Teil des Wissens über die Entwicklung, das Verhalten, die Krankheiten und Heilungsmethoden des Kindes übernommen, und sie haben das Thema 'Kind' ausführlich bearbeitet. Sowohl verschiedene Verse im Koran als auch mehrere Hadith[1] erklären die biologischen Unterschiede zwischen dem Kind und dem Erwachsenen und weisen darauf hin, dass die Eltern verantwortlich für die Entwicklung des Kindes sind. Nach dem Propheten wird jedes Kind schuldlos und als Moslem im Wesen geboren. Es sind die Eltern, besonders die Mütter, die das schuldlose und von Natur aus islamische Kind zu einem bewussten Moslem oder Christen, Juden, Ungläubigen usw. erziehen (Tan 1994: 13-14). Die islamische Gesellschaft soll also die Leistung der Mütter sein. Dem Mann wird vorgeschrieben, eine keusche, fromme Frau aus guter Familie zu heiraten, weil nur eine solche Frau wahrhaftig gläubige Kinder hervorbringen kann. Der Islam verlangt von den beiden Geschlechtern, dass sie in getrennten Sphären verweilen, wobei die Frau ihre emotionale Erfüllung meistens in der Beziehung zu ihren Kindern findet.

Wie oben angedeutet, ist die Gesetzgebung in der Türkei unabhängig von der Religion, aber die religiösen Werte spiegeln sich weiterhin in vielen Sitten und Lebensweisen wieder. Außerdem bedarf es der Bildung sowie persönlichen Stärke, um familiären und gesellschaftlichen Unterdrückungen zu widerstehen und, wenn nötig, Gebrauch von den juristischen

Möglichkeiten der modernen Türkei Gebrauch zu machen.

2) Die türkische Familie

Aufgrund zunehmender Verstädterung sind 75% der heutigen türkischen Familien Kernfamilien, und die durchschnittliche Zahl der Familienmitglieder beträgt vier (HUNEE 2004: xv). Die Werte der patriarchalischen Großfamilie haben sich auch in der Kernfamilie durchgesetzt (KAGITCIBASI 1994: 36). Dies hat Konsequenzen für die Rolle der Frau in der Familie sowie für ihre gesellschaftliche Stellung. Für Türken ist die Familie ein Wert an sich. Familien aus allen Schichten der Gesellschaft halten zusammen und helfen sich gegenseitig. Typisch sind starke Beziehungen zu den Eltern, zu verheirateten Kindern sowie zu den Geschwistern.

Die Großfamilie stützt sich auf ganz genau strukturierte Beziehungen zwischen Generationen und Geschlechtern. Diese Beziehungsstruktur hat den Zweck, die Autorität des Familienvaters aufrecht zu halten. In dieser Struktur sind die Jüngeren den Älteren und die Frauen den Männern untertan. Die Söhne sind sowohl die Mitarbeiter als auch die Zukunftssicherung der Eltern. Eine unverheiratete Tochter dagegen wartet darauf, zu heiraten und die Großfamilie ihres Mannes zu bedienen, daher ist ihr Status in der eigenen Familie niedriger als der einer jungvermählten, eingeheirateten Frau. Ein selbständiges Frauenleben kommt für sie nicht in Frage. Die junge, verheiratete Frau (die Schwiegertochter) hat einen sehr niedrigen Status. Sie muss hoffen, bald Söhne zu bekommen, sonst ist ihre Lage in der Familie unsicher. Auch nach der Geburt von Söhnen hat sie noch lange einen sehr mäßigen Status in der Familie und in der Gemeinschaft. Einen Platz am Esstisch und eine Stimme in Familienangelegenheiten wird sie erst dann erhalten, wenn sie Schwiegermutter wird und eigene Schwiegertöchter hat.

Diese klassische Großfamilie löst sich normalerweise in der Stadt auf. Zwar sind auch in der Türkei 3/4 der Familien Kernfamilien, aber die Familienangehörigen verbringen trotz ihrer nun getrennten Wohnungen sehr viel Zeit zusammen. Die autoritären Beziehungen bestehen weiter, Werte und besonders die Solidarität der Großfamilie werden beibehalten. Zwar sind Liebes- und Kameradschaftsehen besonders in den Großstädten inzwischen üblich, aber die Mehrzahl von Ehen werden weiterhin von den Eltern arrangiert. Von jüngeren verheirateten Leuten wird erwartet, dass sie ihre Angelegenheiten nicht miteinander, sondern unter den Familienmitgliedern besprechen und dem Rat der älteren Generation folgen. Viele Probleme, deren Lösungen in einer modernen westlichen Gesellschaft dem Staat oder bestimmten Organisationen überlassen sind, werden in der Türkei von der Familie gelöst. Die Familie sorgt für die Kinder, die Kranken und die älteren Leute. Sie dient auch als eine Sicherung gegen Arbeitslosigkeit: Wer nicht arbeiten kann, wird von den Verwandten unterstützt.

In dieser Struktur haben Männer und Frauen sehr wenig Kontakt miteinander. Weil die Verwandten, besonders die Eltern eine so zentrale Rolle im Leben einer erwachsenen Person spielen, kann in vielen Ehen eine Partnerschaft gleichgestellter Menschen nicht zustande kommen. Schlüsselbegriffe sind nicht etwa Liebe oder Intimität, sondern Verbeugung und Gehorsam. So finden sich viele verheiratete Frauen in einer Situation, in der der Mann fast ein Fremder ist. Sie verbringen die meiste Zeit mit der Schwiegermutter, anderen weiblichen Verwandten und Nachbarinnen. Sie sind ständig mit dem Haushalt und mit der Fürsorge ihrer Kinder und von verschiedenen Familienangehörigen beschäftigt. So widmet die Frau ihre ganze Liebe ihren Kindern, besonders ihren Söhnen, diese bestärken ihren Status und bieten ihr Zukunftssicherung. Trotz moderner Gesetzgebung, die die Gleichberechtigung der Frau erstrebt, werden die Werte und die Lebensweise der Großfamilie wahrscheinlich noch eine Weile beibehalten werden. Sie erweisen sich als sehr funktionell im Vorgang der Anpassung ans städtische Leben und in der Bewältigung wirtschaftlicher Probleme wie Inflation und Arbeitslosigkeit (ONCU 1979: 278; UNICEF 1996:71). Also wird die Mutterschaft weiterhin die wichtigste Rolle spielen.

3) Offizielle Ideologie der Modernisierung

Die Türkei ist das einzige Land im Nahen Osten, welches die Frauenrechte schon in den zwanziger Jahren effektiv eingeführt hat. Die kemalistische Tradition in der türkischen Politik beinhaltet eine vom Staat geförderten Prozess der Orientierung am Westen. In diesem Vorgang wird der Frau eine spezifische, begünstigte Rolle zuteil. Die Lösungen für Frauenprobleme, die von der Türkischen Republik entwickelt worden sind, haben diesem Prozess gleichzeitig gedient. Besonders die Abschaffung der Scharia, die Aneignung des Laizismus und das laizistisch fundierte Familienrecht sind unverträglich mit einer muslimische Gesellschaft. Das wird noch deutlicher, wenn man andere islamischen Länder in Betracht zieht (ARAT 1991: 8-9).[2]

In den letzten Jahren des Osmanischen Reiches hat sich feministisches Denken in der Türkei parallel zu dem türkischen Nationalismus entwickelt. Der Nationalismus hat einerseits die Verwestlichung der Gesellschaft gefördert und daher die Gleichberechtigung der Frau betont, aber andererseits hat dies die Frauen daran gehindert, eine unabhängige Identität zu entwickeln. (BERKTAY 1998: 1) Die Türkische Republik wurde nach dem Zusammenbruch des Osmanischen Reiches und nach einem Befreiungskrieg 1923 gegründet. Die Gründer der jungen Republik waren eine Gruppe von Offizieren und Intellektuellen, die sich an den Reform- bzw. Modernisierungsversuchen während des letzten Jahrhunderts der osmanischen Geschichte beteiligt oder diese miterlebt und verinnerlicht hatten. Sie versuchten das Projekt der Verwestlichung und Modernisierung, welches eigentlich am Anfang des 19. Jahrhunderts entworfen worden war, zu vervollständigen, indem sie das Kalifat und das islamische Recht aufhoben und die theokratische Monarchie durch eine laizistische Republik ersetzten. Aber in Dingen wie der Stellung der Frau, die auch das Privatleben berührten, erlebten sie offensichtlich größere Konflikte.

Die osmanischen Reformer hatten der Frau eine bestimmte Rolle in ihrem Projekt zugeschrieben: Die Frau, die bisher die Privatsphäre nicht verlassen durfte, sollte nun eine formale Schulbildung bekommen und in die Arbeitswelt eingehen, allerdings nur in bestimmten „Frauenberufen". Die Erwartung war, dass die Bildung sowie die Arbeitstätigkeit die osmanische Frau mit modernen Informationen, Werten und Haltungen ausstatten würden. Dies sollte jedoch nur zu einem ganz bestimmten Zweck dienen: Die Frau hatte nämlich den Auftrag, ihren Kindern die moderne Lebensweise beizubringen und somit das Volk zu modernisieren. Also war es nicht ihre eigene Existenz, sondern ihre Mutterschaft, die modernisiert werden sollte.

Die Gründer der Republik hatten ähnliche Vorstellungen: Sie erklärten die Frau als gleichberechtigte Staatsbürgerin, indem sie im Jahre 1926 das damalige schweizerische Zivilrecht in der Türkei durchsetzten (hierbei wurde die Polygamie aufgehoben; die Frauen und die Männer erhielten dieselben Rechte und Pflichten in Hinblick auf Scheidung und Sorgerecht). Acht Jahre später erhielten die Frauen das Wahlrecht und Frauen wurden dazu aufgefordert und ermutigt, sich auszubilden, verschiedene Berufe zu erlernen und vor allem Lehrerinnen zu werden. Die Gründer der Republik betrachteten die Grundschulbildung nicht nur als ein Mittel der sozialen Entwicklung, sondern auch als das wichtigste Mittel, eine neue Nation mit kollektiven Werten hervorzubringen. Deshalb waren die Lehrer und Lehrerinnen sehr geschätzt. Genannt wurden sie *ülkü eri* (Soldat oder Mitkämpfer fürs Ideal). Obwohl die Lehrer mittlerweile ihren damaligen Status zunehmend eingebüßt haben, haben sie immer noch Ansehen in der Gesellschaft, und auch heute besteht ein wesentlicher Teil der Lehrerschaft aus Frauen.

Obwohl die Türkin nun gleichberechtigt war und als „Symbol und Urheberin der Revolution" komplimentiert wurde, wurde ihr bei jeder Gelegenheit klar gemacht, dass sie ohne Ehe und Mutterschaft keine ganze Frau sein würde und dass es außerhalb der Ehe keine Alternative zu der klassischen Rollenverteilung gab. M. Kemal Atatürk, der Leiter der türkischen Revolution erklärte höchstpersönlich, dass die Frau „die Mutter der Nation" sei und dass die Modernisierung nur durch ihre Leistungen als Mutter und Erzieherin erfolgen würde. Dabei sollte sie mit ihrem modernen Aussehen der ganzen Welt zeigen, dass eine Revolution im Gang ist. So wurde die Türkin sowohl zum Symbol, als auch zur verantwortlichen Mitarbeiterin der türkischen Revolution. Dabei merkte sie lange nicht das ironische Paradox, dass die Modernisierung genau dieselbe Anforderung an sie hatte wie die Tradition: Sie sollte vor allem eine gute Mutter sein. M. Kemal Atatürk sorgte selbst dafür, dass Frauen alle möglichen Berufe eingingen, auch wenn die erziehenden und fürsorgenden Berufe als ihr eigentlicher Bereich betrachtet wurden. Er sorgte auch dafür, dass die Frauen das Kopftuch mitsamt den anderen Elementen der frommen traditionellen Kleidung zur Seite legten und sich nach der europäischer Mode kleideten, öffentlich Sport trieben, Künstlerinnen wurden[3], tanzten, ja sogar an Schönheitswettbewerben teilnahmen. Dabei betonte er bei jeder Gelegenheit, dass die Frau imstande ist, alles zu tun, was ein Mann tut, aber dass sie ihre wichtigste Aufgabe nie vergessen oder vernachlässigen dürfte: Kinder zu haben und sie zu würdigen Staatsbürgern zu erziehen. Das Ziel der Sozialisierung war also verändert: Nun sollten keine frommen Mohammedaner, sondern gute Staatsbürger hervorgebracht werden. Die Hauptrolle der Frau als Vermittlerin der Sozialisierung jedoch blieb unberührt.

Die Aufgabe, das Symbol der Modernisierung darzustellen sowie ihre neuen Rechte und Privilegien haben die Türkin gewürdigt und ihren Status, besonders in gebildeten Kreisen sehr erhöht. Sie hat gelernt, eine Staatsbürgerin zu sein. Aber sie hat keine Chancen gehabt, ihre eigene Identität zu entwickeln, sich alternative und emanzipierte Rollen und Lebensweisen auszudenken und darum zu kämpfen. Die Frauen früherer Generationen haben sich dermaßen mit der ihnen zugeschriebenen Rolle identifiziert, dass die folgenden Worte der berühmten Schriftstellerin Halide Edip (1889-1963) von vielen Türkinnen wiederholt zitiert wurden: „Das Recht des Mutterlandes[4] ist tausend Mal wichtiger und ehrenswerter als das Recht der Frau" (BERKTAY 1998: 1-2). Die Mitwirkung an der Revolution hat die Frau also nicht von ihren traditionellen Aufgaben befreit. Die doppelte Belastung der arbeitstätigen Frau hat die Männer bisher nicht gekümmert, und viele Frauen neigen dazu, ihre Karriere aufzugeben, wenn sie die doppelten Belastung nicht bewältigen und wenn die finanzielle Lage der Familie ihren Beitrag nicht unbedingt verlangt.

Eine ganz typische Reaktion auf eine Türkin, die ihre Stellung in der Gesellschaft zur Frage stellt, lautet: „Wieso denn? Ihr habt euren (bzw. ‚wir haben unseren') gleichberechtigten Status vor Jahren schon bekommen. Sogar viel früher als manche Europäerinnen!" Gemeint mit dem letzteren Satz ist das Wahlrecht, worauf die meisten Türkinnen selbstverständlich sehr stolz sind, welches aber bisher ziemlich wenig an den Machtstrukturen der Gesellschaft verändert hat.

Man muss jedoch versuchen, die intellektuellen türkischen Männer, die die türkische Revolution verwirklicht haben, zu verstehen: Sie waren alle in traditionellen moslemischen Familien aufgewachsen und befürchteten die Möglichkeit der Frau, „die Ehre der Familie und der Gemeinschaft zu schänden". Das Bild der idealen Frau, welches sie von der eigenen Kindheit und Sozialisierung mitgenommen hatten, war die keusche, fromme, ergebene Ehefrau und Mutter, die sich ausschließlich um ihre Familie kümmerte. Andererseits hatten diese Männer meistens im Ausland studiert und bewunderten die moderne Welt. Als Erben eines zusammengestürzten Kaisertums konnten sie die Tatsache schwer dulden, dass die westliche Zivilisation nun ihrer eigenen weit überlegen war. Sie wollten einen sehr raschen soziokulturellen Wandel verwirklichen und sahen auch ein, dass die Frau sozusagen „mitmodernisiert" werden musste. Aber sie befürchteten die Freiheiten der Frauen im Westen. Sie konnten sich nicht vorstellen, zu welchen Konsequenzen der Auftritt der Türkin in der Öffentlichkeit führen würde. Die Ehre und das Glück der Familie durften auf keinen Fall verdorben werden. Also musste die Rolle der Frau in der Familie unverändert bleiben. So verlangten sie, dass die neue („moderne") Türkin vor allem eine Mutter war. Auf diese Weise wurde die gebildete, arbeitstätige Türkin zur „Mutter der Nation" ernannt.

Während der Gründungsphase der Republik war auch die offizielle Bevölkerungspolitik pro-natalistisch, denn ein sehr beträchtlicher Anteil der Bevölkerung war während des ersten Weltkriegs und des darauffolgenden Befreiungskriegs zugrunde gegangen. Bis in die 1960er Jahre erhielten Familien mit fünf oder mehr Kindern Steuerermäßigungen. Der Import, die Produktion und die Bekanntmachung von Verhütungsmitteln waren gesetzlich verboten. Auch in diesem Zusammenhang wurde die Mutterschaft stark betont, und die Frauen der Republik wurden dazu aufgefordert, „möglichst viele Soldaten fürs Mutterland zu gebären und diese freiwillig zum Dienst zu schicken, wenn die Sicherheit oder andere Interessen der Nation das erfordern". Erst nach den 1960er Jahren wurde eine anti-natalistische Politik allmählich durchgesetzt.

Die Entwicklungsprojekte der 1930er Jahre können sogar als eugenisch bezeichnet werden. In dieser Periode wurde die geistige und körperliche Gesundheit der Frau nicht als ein individuelles, sondern als ein nationales Anliegen betrachtet. Den Frauen wurde vorgeschrieben, sich um ihre eigene Gesundheit zu kümmern, damit die nächsten Generationen geistig und körperlich stark sein konnten. Das Ziel der vernünftigen Frau durfte nicht eine „Liebesheirat" sein. Sie sollte sich bemühen, einen richtig gesunden Mann finden, der imstande war, die Gesundheitsgeschichte von mindestens drei Generationen seiner Vorfahren zu dokumentieren. Damals eigneten sich mehrere Politiker sowie Wissenschaftler diese Darlegung an. Sie spielte eine maßgebende Rolle bei den damaligen rechtlichen und organisatorischen Einrichtungen im Gesundheits- und Erziehungswesen (GÜRKAN-OZTAN 2006).

Die „neue Frau"" in der Vorstellung des Republikaners ist eine selbstlose, ihrer familiären, sozialen und nationalen Pflichten vollbewusste Person. Dieses Bild prägt die Mentalität der Türken. Sowohl die linksgerichteten Intellektuellen, die angeblich ihr Verhältnis zum Kemalismus abgebrochen haben als auch die Islamisten, die zu einem ganz anderen Kulturmilieu zu gehören, haben dieses Bild verinnerlicht (BERKTAY 1998: 2). Die religiös- konservativen Elemente idealisieren die Mutterrolle, die Nationalisten definieren diese Rolle auf dieselbe Weise wie die Kemalisten, die Sozialisten wünschen sich fast geschlechtslose Mitkämpferinnen und verachten das Interesse an frauenspezifischen Problemen als kleinbürgerlich. All diese Gruppen reagieren streng konservativ, wenn es um den Lebensstil und um das Verhalten der Frau geht. So leidet die Frau unter einer ständigen Spannung zwischen der Angst, sie würde zu unmodern und zu sehr *à la turca* wirken und der Angst, sie würde ihren guten Ruf verlieren und somit ihrer wichtigsten Rolle, also der Mutterschaft unwürdig sein.

Die Islamisten auf der anderen Seite instrumentalisieren die Frau auch als Symbol ihres politischen Projektes. Sie benutzen die Kopfbedeckung wie eine Fahne in ihrem politischen Kampf und verlangen für die Frau mit der Kopfbedeckung das Recht zum öffentlichen Auftritt. Falls gefragt wird, wozu sie dieses Recht braucht, lautet die stereoype Antwort „freilich zu dem Zweck, sich auszubilden und eine gute Mutter zu werden!"

Erst in den achtziger Jahren haben einige Türkinnen angefangen, ihren Status in Frage zu stellen und sich alternative Lebensweisen auszudenken. Diese Diskussionen hat die Mehrheit noch nicht erreicht und auch die nächste Generation der Türkinnen wird wahrscheinlich überwiegend aus „vor allem guten Müttern" bestehen, einige von denen in ihrer „Freizeit" arbeiten und öffentliche Aufgaben übernehmen werden.

„Die Guten Türkischen Mütter" – Wie leben sie?

Die Anforderung „vor allem gute Mütter zu sein" hat sicher bestimmte Auswirkungen auf die Lebensweisen der türkischen Frauen: Sie heiraten relativ jung, werden bald Mütter und bleiben verheiratet: 61% der Gesamtbevölkerung in der Türkei ist verheiratet und die Scheidungsquote liegt bei 1% (DIE 2000). Nur 2% der Frauen zwischen 45 und 49 waren nie verheiratet (HUNEE 2004:8).

Die Türkin heiratet im Durchschnitt mit 20 Jahren, bekommt ihr erstes Kind, bevor sie 25 wird und hat durchschnittlich 2,2 Kinder. 8% der Altersgruppe 15-19 haben schon ein Kind bekommen Vor der ersten Geburt wenden nur 10% der Frauen Empfängnisverhütung an, denn sie haben es eilig, Mütter zu werden (HUNEE 2004: 59). Die durchschnittliche Anzahl der Kinder hat jedoch in den letzten Jahren stark abgenommen: Im Jahr 1970 betrug sie noch 5. Die Sterblichkeit der Mütter während Schwangerschaft oder Geburt beträgt 28,5/100.000 (Hacettepe Universitesi Nüfus Etütleri Enstitüsü, ICON Institut, Public Sector GmbH, BNB Danismanlik 2006: 115). Niedriges Bildungsniveau, Armut und ländliches Leben sind Prediktoren für unterdurchschnittliches Heiratsalter und überdurchschnittliche Kinderanzahl. Umfragen zeigen, dass die Frauen sich vor allem ein glückliches Heim, gesunde Kinder und positive Kommunikation mit dem Gatten wünschen, während die Männer nach Erfolg und Anerkennung streben und, dass auch heute noch die meisten Türkinnen den Haushalt für ihre eigentliche Aufgabe halten (UNICEF 1996:74-75) Eine Inhaltsanalyse von Grundschulbüchern zeigt, dass der verborgene Inhalt die Kinder auf eine geschlechtsspezifische Rollenverteilung vorbereitet (GUMUSOĞLU 1998). In den Medien, besonders in den Werbungen wird die Frau meistens entweder als fürsorgende Gattin und fleissige Hausfrau oder als Lustobjekt dargestellt (AKAN 1994; SAKTANBER 1995; INCEOĞLU 2004: 20).

Das lateinische Alphabet wurde 1928 in der Türkei eingeführt. 1935 konnten 29.3% der Männer und 9.8% der Frauen lesen und schreiben (TUSIAD 2000:34). Heute können 80.6% aller Frauen lesen und schreiben. 93% in der betreffenden Altersgruppe gehen zur Grundschule (DIE 2004). Nach der Grundschule jedoch wird es häufig jungen Frauen nicht erlaubt, sich weiterzubilden. Besonders auf dem Lande wird den meisten Mädchen der Schulgang nach der Grundschule nicht erlaubt, weil sie im Haushalt mithelfen und früh heiraten sollen. Von denjenigen, die sich weiterbilden dürfen, wird meistens verlangt, dass sie sobald als möglich „weibliche" Berufe erlernen und ihre Familien finanziell unterstützen. Eine Umfrage unter ländlichen Grundschülerinnen hat gezeigt, dass sie nur die Berufe Krankenschwester, Hebamme und Lehrerin kennen (TUSIAD 2000: 75). Im allgemeinen versuchen die berufstätigen Frauen, ihre traditionellen Aufgaben im Familienleben nicht zu vernachlässigen, und sie ziehen Berufe vor, die von der Gesellschaft als „Frauenberufe" betrachtet werden. Sie werden Lehrerinnen, überwiegend zu dem Zweck, dass sie mehr Zeit für die Familie haben (TUSIAD 2000: 80). Eine Umfrage unter 280 Frauen die in den öffentlichen Diensten arbeiten ergab, dass 81% der Frauen „Lehrerin" als den Idealberuf für die Frau betrachten (GUNINDI-ERSOZ 1999: 73). So sind fast 100% der Lehrkäfte an den Vorschulen und 44% an den Grundschulen Frauen. In den Gymnasien jedoch besteht 62% der Lehrkräfte aus Männern (TUSIAD 2000: 59-61).

Die Verhältnisse im Schulwesen weisen eine bestimmte Ähnlichkeit mit der patriarchalischen Familie auf: Der Unterricht ist Frauenaufgabe, die Verwaltung sowie die Supervision werden dagegen von Männern durchgeführt (TUSIAD 2000: 78-79). Außerdem verlangt das Schulsystem von den Eltern, dass sie sich an der Schulbildung ihrer Kinder aktiv beteiligen und ihnen Nachhilfe mit Hausaufgaben und Übungen leisten. In der Praxis wird das auch als die Verantwortung der Mutter betrachtet. Für die Kinder ungebildeter Mütter ist das ein weiterer Nachteil und für gebildete und arbeitstätige Mütter eine weitere Verhinderung der eigenen Arbeitstätigkeit. Die meisten Familien, die ihre Töchter zum Gymnasium schicken, lassen sie auch an der zentralen Aufnahmeprüfung für das Studium teilnehmen. So sind etwa 41% aller Studenten Frauen. Unter den Akademikern findet man auch zu 35,4% Frauen. Dabei machten die Frauen im Jahre 1935 nur 14% der Studenten und 7% der Akademiker aus. Also steigt diese Zahl stetig. Aber in der Gründungsphase der Republik waren die Frauen in allen Lehrgängen, wogegen man Studentinnen sowie Akademikerinnen jetzt meistens in den „weiblichen Bereichen" wie den Geisteswissenschaften, der Medizin und in den Künsten antrifft. (ACAR 1996: 79; TUSIAD 2000:59-61). Das Erziehungsministerium verteilt Stipendien, damit die Kinder von ärmeren Familien eine Berufsausbildung erhalten können. Auch von diesen Stipendien bekommen die Jungen den größten Teil. Die Mädchen, die solche Stipendien bekommen, sind meistens diejenigen, die Ausbildungen wie Krankenschwester oder Vorschullehrerin absolvieren. Das zeigt, dass auch das Ministerium den Mädchen „weibliche Berufen" zuweisen will (TAN & OZTÜRKLER 2004: 653-654).

15,8% der städtischen und 47,7% der ländlichen Türkinnen (total: 29,7%) arbeiten. Berufstätig sind 27% der Frauen ohne Schulbildung, aber 72% der Frauen mit Hochschulbildung. Nur 7% aller arbeitenden Frauen sind in akademischen und freien Berufen tätig (TUSIAD 2000: 130; 132; 140). In allen Sektoren der Wirtschaft arbeiten Frauen meistens in Positionen, die als „Frauenarbeit" bezeichnet werden, fast immer mit niedrigem Lohn und Status. Tätigkeiten, die Einfluss auf Wissenschaft, Technologie, Kapital oder Administration ausüben, sind als Frauenberufe nicht vorgesehen. Die fürsorgenden Tätigkeiten jedoch sind „Frauenarbeit". (ECEVIT 1998:271; TUNCSIPER & SÜREKCI 2004:101). In der Industrie besetzen die Frauen nur 4% der Spitzenpositionen (KABASAKAL 1998: 303).

Die Teilnahme am Arbeitsleben ist am höchsten in der Altersgruppe der 20-24 jährigen Frauen; dann nimmt sie rasch ab. Wahrscheinlich deshalb, weil die erwachsene junge Frau sich unbedingt verheiraten und Kinder haben möchte. Die Einrichtungen im Arbeitsleben sind meistens nicht frauenfreundlich. Sogar die Frauen mit Hochschulbildung fühlen sich meistens hilflos gegenüber diese Einrichtungen (EYÜBOĞLU, ÖZAR & TUFAN-TANRIÖVER 1998: 211).

Nur 7.6% der Kinder in der betreffenden Altersgruppe besuchen den Kindergarten oder die Vorschule, weil diese in den meisten Wohnorten immer noch nicht vorhanden und weil sie sehr teuer sind (TUSIAD 2000:39). Die Fürsorge um ihre Kinder verhindert bei vielen Frauen eine Berufstätigkeit. Diejenigen, die arbeiten, müssen die Fürsorge ihrer Kinder anderen Frauen überlassen, meistens der Großmutter oder anderen Verwandten, und üblicherweise umsonst. Die Männer spielen fast keine Rolle bei der Fürsorge ihrer Kinder (ÖZBAY 1994: 12). Eine Studie zeigt, dass 86% der Frauen in einer Studie (EYÜBOĞLU, OZAR & TUFAN-TANRIÖVER 1998:213-214) das Arbeitsleben verlassen haben. In 24% dieser Fälle war der Grund dafür die Eheschließung, in 21% der Fälle waren es entweder Schwangerschaft oder Geburt.

Immer mehr Frauen arbeiten im öffentlichen Dienst, z.T. weil hier die Konkurrenz der Männer aufgrund von sehr mäßigen Löhnen ziemlich gering ist. Zwischen 1938 und 1988 vermehrte sich die Anzahl von Beamtinnen um das 35fache (die Anzahl von Beamten nur 8fach). Die meisten Beamtinnen findet man jedoch entweder in den „weiblichen Bereichen" des Schulwesens und des Gesundheitswesens oder im Büro. Außerdem bekommen die Frauen in all diesen Bereichen meistens Anstellungen mit relativ niedrigem Gehalt und Status. Im öffentlichen Gesundheitsdienst sind z.B. 86% der weiblichen Berufstätigen als Krankenschwestern und Hebammen angestellt (GUNINDI-ERSÖZ 1999: 56-57).

Berufstätige Frauen versuchen, ihre Arbeitstätigkeit nach den Ausforderungen des Haushaltes und des Familienlebens und nicht umgekehrt einzurichten (FIDAN & ISCI 2004: 40-41). Aus Angst, sie würden keine gute Mütter sein, lehnen sie Arbeitsstellen und Aktivitäten ab, die mehr Zeit und Energie kosten, dafür aber auch mehr Gehalt und Berufserfüllung bringen. Sie sind auch stark belastet, weil das Gesundheitssystem die Pflege von Kranken, Alten und Behinderten der Familie, das heißt im Klartext der Frau überlässt. Frauen mit geringer Schulausbildung und einem Hintergrund von Binnenmigration arbeiten nur, wenn es nötig ist. Die Tendenz, weniger Kinder zu haben und sich eher aufs Berufsleben zu konzentrieren, ist verbunden mit zunehmendem Alter und einer Ausbildung in angesehenen Berufen. (PUR et al. 1998; ERMAN 1998, EYUBOĞLU, OZAR & TUFAN-TANRIÖVER 1998).

Türkinnen üben oft Selbstkritik, dass sie politisch nicht aktiv sind. Aber diejenigen, die sich eine politische Karriere wünschen, können meistens nicht gegen die männliche Konkurrenz bestehen. Gesellschaftliche Vorurteile vermindern die Chancen von Frauen in der Politik: Die Politik wird nämlich als Männerarbeit angesehen. Frauen seien zu emotional und zu gebrechlich für diese Aktivität. Außerdem ist es schwierig, Politik mit den üblichen Herausforderungen der türkischen Familie zu vereinbaren: Die Hälfte der weiblichen Teilnehmer einer Studie hat erklärt, dass sie sich lieber nicht politisch engagieren, weil sie befürchten, dass die politische Aktivität sie von ihrer Aufgaben als Mutter abhalten könnte (TEKELI & KORAY 1991: 125).

Nach der bekannten Sozialwissenschaftlerin und Genderforscherin DENIZ KANDIYOTI (1987) ist die Türkin „befreit, aber nicht emanzipiert". Aus soziologischer Sicht stellt die Situation der türkischen Frau ein gutes Beispiel für Modernisierungsprojekte dar, die durch das Bestreben einer politischen Elite von oben auferlegt werden. Solche Projekte verändern bestimmte Strukturen, aber der Wandel der Mentalität erfolgt nur mit der Zeit. Dabei kommen unerwartete oder befremdliche Synthesen heraus, wie die Frauen in Spitzenpositionen, die in einer Studie interviewet wurden: Nur 2,3% aller Spitzenpositionen im öffentlichen Dienst sind von Frauen besetzt. Aber 37,5% von ihnen haben zugegeben, dass sie nur für den Zweck arbeiten, ihren Kindern eine gute Zukunft vorzubereiten. Für den Fall, dass ein Ehepaar eine Wahl zwischen beider Karrieren zu treffen hätte, haben die Frauen fast einstimmig betont, dass die Karriere des Mannes begünstigt werden müsste. 39% meinten, dass die Karriere der Frau nicht glänzender sein sollte als die des Mannes, weil sonst das Familienglück eingebüßt werden könnte (GUNINDI-ERSOZ 1999:76-78).

Zusammenfassend kann bemerkt werden, dass die Mutterrolle in der Türkei auf Kosten aller anderen Frauenrollen in den Mittelpunkt gesetzt wird und dass sich die traditionellen sowie die modernen Elemente der Gesellschaft in diesem Punkt einig sind. Das wird nicht ewig so bleiben, da die Gesellschaft sich ständig wandelt. Die statistischen Daten zeigen, dass wichtige Entwicklungen im Gang sind. Die Geburtenziffer, die Säuglingssterblichkeit oder die Analphabetenrate sind zwar noch ziemlich hoch, aber in den letzten 50 Jahren haben sie alle ständig abgenommen. Studien weisen auch darauf hin, dass immer mehr Eltern anfangen, nicht mehr den praktischen, sondern den psychologischen Wert der Kinder zu betonen. Solche Eltern wünschen sich weniger Kinder, mitunter Töchter, und sie bemühen sich sehr um die Bildung ihrer Kinder (KAGITCIBASI 1994: 34-37). Aus diesen Gründen ist zu erwarten, dass kommende Generationen von Türkinnen größere Freiheiten genießen werden, vielleicht auch die Freiheit, selber zu entscheiden, welche Identität und welche Rollen sie sich wünschen.

Anmerkungen

1. Hadith: Aussagen des Propheten, die maßgebend für die Praktiken im Islam sind.
2. Die zunehmende politische Reaktion muslimisch religiöser Frauen seit den 1980er Jahren sollte in diesem Zusammenhang bewertet werden.
3. Die Interpretation der Religion im Osmanischen Reich verbot es den Frauen, Schauspielerinnen und Sängerinnen zu werden und im Showgeschäft zu arbeiten. Die Ausübung solcher Aktivitäten war den nicht moslemischen Mitbürgerinnen erlaubt.
4. Auf Türkisch heißt die Heimat „Mutterland" und nicht „Vaterland" wie in mehreren europäischen Sprachen. Der Staat jedoch ist „der Vater Staat".

Literatur

ACAR F. 1996. Türkiye'de Kadın Akademisyenler: Tarihsel Evrim ve Bugünkü Durum/Akademikerinnen in der Türkei: Historische Entwicklung und heutige Situation. In COSKUN H. (Hg) *Akademik Yasamda Kadin/Frauen in der akademischen Welt*. Türk-Alman Kültür İsleri Kurulu Yayin Dizisi/Schriftenreihe des Türkisch-Deutschen Kulturbeirats Nr. 9, Ankara: Bizim Büro.
ABADAN-UNAT N. (Hg) 1979. *Türk Toplumunda Kadın*. Ankara: Türk Sosyal Bilimler Dernegi.
AKAN P. 1994. The Image of Women in Turkish Television Commercials 1991-93. *Bogazici Journal* Vol. 8 Nr. 1-2, 137-163.
ARAT Y. 1991. 1980'ler Türkiyesi'nde Kadın Hareketi. *Toplum ve Bilim* 53, 7-19.

—— 1998. Türkiye'de Modernlesme Projesi ve Kadinlar. In BOZDOGAN S., KASABA R. (Hg). *Türkiye'de Modernlesme ve Ulusal Kimlik*. Tarih Vakfi Yurt Yayınlari Nr. 55. Istanbul: Tarih Vakfi: 82-98.

CITCI O. (Hg) 1998. *20. Yüzyilin Sonunda Kadinlar ve Gelecek*. Ankara: TODAIE.

BERKTAY F. 1998. Cumhuriyetin 75 Yıllık Serüvenine Kadinlar Acisindan Bakmak. In DPT (Devlet Planlama Teskilati) 2007. *2007 Programi*. Ankara: DPT.

DIE (Devlet Istatistik Enstitusu) 2000. *Istatistik Yilligi*. Ankara: DIE.

ECEVIT Y. 1998. Türkiye'de Ücretli Kadin Emeginin Toplumsal cinsiyet Temelinde Analizi In HACIMIRZAOĞLU. A.B. (Hg), op. cit.: 267-284.

EYUBOĞLU A., OZAR S., TUFAN-TANRIÖVER H. 1998. Kentli Kadinlarin Calisma Kosullari ve Calisma Yasamini Terk Nedenleri. In CITCI O. (Hg), op.cit.: 207-216.

ERMAN T. 1998 21. Yüzyila Girerken Köyden Kente Göcmüs Kadin ve Ozellikle Gecekondu Kadini. In CITCI O. (Hg), op. cit.: 93-100.

FIDAN F., ISCI O. 2004 Calisan Kadin Aslinda Calismak Istemiyor mu? Zorunluluk mu? Gereklilik mi? In Yeditepe Universitesi (Hg). *Kadin Calismalarinda Disiplinlerarasi Bulusma* Sempozyum Bildirileri Vol. 1. Istanbul: Yeditepe Universitesi: 33-41.

GUMUSOĞLU F. 1998 Cumhuriyet Doneminde Ders Kitaplarinde Toplumsal Cinsiyet Rolleri (1928-1998). In HACIMIRZAOĞLU.A.B. (Hg), op. cit.: 101-128.

GUNINDI-ERSOZ A. 1999 *Cinsiyet Rollerine Iliskin Beklenti, Tutum, Davranislar ve Esler Arasi Sorumluluk Paylasimi (Kamuda Calisan Kadinlar Ornegi)*. Ankara: TC Kultur Bakanligi.

GURKAN-OZTAN G. 2006. Türkiye'de Ojeni Düsüncesi ve Kadin. *Toplum ve Bilim* 105: 265-282.

HACIMIRZAOĞLU A.B. (Hg) 1998. *75 Yilda Kadinlar ve Erkekler*. Istanbul: Tarih Vakfi: 1-11.

HUNEE 2004. *Türkiye Nüfus ve Saglik Arastirmasi 2003*. Ankara: HUNEE (Hacettepe Universitesi Nufus Etutleri Enstitusu).

HUNEE, ICON INSTITUT, PUBLIC SECTOR GmbH ve BNB DANISMANLIK 2006. *Ulusal Anne Olümleri Calismasi, 2005*. Ankara: Saglik Bakanligi Ana Cocuk Sagligi ve Aile Planlamasi Genel Müdürlüğü ve Avrupa Komisyonu Türkiye Delegasyonu.

INCEOĞLU Y. 2004 Medyada Kadin Imaji in Yeditepe Universitesi (Hg). *Kadin Calismalarinda Disiplinlerarasi Bulusma* Sempozyum Bildirileri Vol. 2. Istanbul: Yeditepe Universitesi 11-20.

KABASAKAL H. 1998. Türkiye'de Üst Düzey Kadin Yöneticilerin Profili. In HACIMIRZAOĞLU A.B. (Hg), op.cit.: 303-312.

KAGITCIBASI C. 1994. Türkiye'de Degisen Aile ve Cocugun Degeri. In ONUR BEKIR (Hg). *Toplumsal Tarihte Cocuk*. Istanbul: Tarih Vakfi: 31-38.

KANDIYOTI D. 1979. „Kadinlarda Psikososyal Degisim: Kusaklararasi bir Karsilastirma". In ABADAN-UNAT N. (Hg), op. cit.: 329-358.

—— 1987. Emancipated but Unliberated. Reflections on the Turkish Case. *Feminist Studies* 13,2 (Summer): 317-338.

ONCU A. 1979. Uzman Mesleklerde Türk Kadini. In ABADAN-UNAT N. (Hg), op. cit.: 271-286.

OZBAY F. 1994. Women's Labour in Rural and Urban Settings. *Bogazici Journal* Vol. 8, 1-2: 5-19.

PUR N., SAVRAN C., KUSIN I. & BALCI Z. 1998. Türkiye'de Cesitli Sosyo-Kültürel Faktörler Acisindan Ev Kadinligi Tutum Ozelliginin Incelenmesi in CITCI O. (Hg), op.cit.: 81-91.

SAKTANBER A. 1995[3]. Türkiye'de Medyada Kadin: Serbest, Müsait Kadin veya Iyi Es, Fedakar Anne. In TEKELI S. (Hg). *1980'ler Türkiye'sinde Kadin Bakis Acisindan Kadinlar*. Istanbul: Iletisim: 211-232.

TAN M. G. 1994. Cocukluk, Dün ve Bugün. In ONUR B. (Hg). *Toplumsal Tarihte Cocuk*. Istanbul: Tarih Vakfi: 11-30.

TAN M. G., OZTURKLER R. N. 2004. Egitime Destek, Kadinlar, Esitsizlik. In SOSYOLOJI DERNEGI (Hg). *Degisen Dünya ve Türkiye'de Esitsizlikler*. Sivas: Sosyoloji Dernegi 643-663.

TEKELI S. & KORAY M. 1991. *Devlet, Kadin, Siyaset*. Istanbul: Türkiye Sosyal, Ekonomik, Siyasal Arastirmalar Vakfi.

TUSIAD (Turk Isadamlari ve Sanayiciler Dernegi) 2000. *Kadin Erkek Esitligine Dogru Yürüyüs: Egitim, Calisma Yasami ve Siyaset*. Istanbul: Lebib Yalkin.

TUNCSIPER B., SUREKCI D. 2004. Calisma Hayatinda Kadin Isgücünün Ekonomik bir Analizi. In Yeditepe Universitesi (Hg). *Kadin Calismalarinda Disiplinlerarasi Bulusma* Sempozyum Bildirileri Vol. 1. Istanbul: Yeditepe Universitesi: 95-103.

UNICEF 1996. *Türkiye'de Anne ve Cocuklarin Durum Analizi*. Istanbul: UNICEF, Türkiye.

Artikel eingegangen: Dezember 2006
Artikel angenommen: Februar 2007

Inci User (Jg. 1955) Dr. phil., M.A., B.A., Sozialwissenschaftlerin und Psychologin. Arbeitsgebiete: Soziologie der Gesundheit und Krankheit, Gender, Kultur und seelische Gesundheit, Ass. Prof. an der Marmara-Universität. 2. Vorsitzende der DTGPP (TAPDER).

Ethemefendi Cad., Ziyaeddin Baydar Sok., Ahmetefendi Ap. Nr. 6/7
Erenköy, Istanbul, Turkey
e-mail: eyuser@superonline.com

VWB – Verlag für Wissenschaft und Bildung

Was ist Unani? Neue Europäischen Perspektiven
RICHÁRD NAGY

Zusammenfassung In der englischsprachigen Literatur ist die als Unani erwähnte Medizin altgriechischen Ursprung und wirkt auch heute als lebendiges, sich weiterentwickelndes System in Indien, Pakistan, Bangladesh und in den islamischen Ländern.Die im 10-13. Jahrhundert geschriebenen arabischen Fachbücher werden auch heute weiter herausgegeben und benutzt. Die Fachsprache der Unani ist Arabisch. Auch die indischen Fachleute verwenden arabische Fachbücher. Unani kann für das Verstehen des Heilgebrauch durch die moslemischen Einwanderer in Europa von grosser Wichtigkeit sein.

What is Unani? New European Perspectives
Abstract The medical science of ancient Greek origin, known as "unani", is still wide spread in India, Pakistan, Bangladesh and in Islamic countries even today. Books on this subject written in the 10th-13th centuries in Arabic are still in use. The language of unani science is Arabic; even Indian specialists use Arabic books. Unani may be very important in understanding the healing practices of Islamic immigrants.

Key words (Schlagwörter) Unani – Greek/Arab/Indian medicine (griechische/arabische/indische Medizin) – body fluids (Körperflüssigkeiten) – humoralpathology (Humoralpathologie) – ethnomedicine (Ethnomedizin) – muslim immigrants (muslimische Einwanderer)

Fragestellung

In Mitteleuropa mehren sich die sogenannten alternativen Heilmethoden. Ein in Nordamerika und Australien bereits seit Jahren bekannter, nunmehr auch in Wien und Budapest in Erscheinung tretender Begriff ist *Unani*, und es gibt bereits auch praktizierende Unani-Heiler. Worum geht es eigentlich? In der englischsprachigen Literatur ist die als Unani erwähnte Medizin altgriechischen Ursprungs und wirkt auch heute als ein lebendiges, sich weiterentwickelndes System in Indien, Pakistan und Bangladesh. Obwohl diese Heilkunde in Indienselbst anerkannt ist, wird sie in den islamischen Ländern nur geduldet. Dort wurde die sogenannte galenische Medizin „folklorisiert", und sie ist Ethnomedizin geworden. Das ist die Medizin, die auch die Heilkultur der islamischen (z.B. türkischen) Einwohner bestimmt. Auszusprechen ist es „Junani". In der arabischen Sprache bedeutet das Wort Unani „griechisch", seinen Ursprung hat es im Namen des „ionischen"-Stammes.[1] Zu diesem Thema wurde bislang kein europäisches Material zusammengestellt. Auch die WHO beschäftigt sich nicht mit Unani. In den arabischen Ländern jedoch werden die alten, zwischen dem 10-13. Jahrhundert geschriebenen arabischen Fachbücher neu herausgegeben und weiter benutzt. Das indische englischsprachige Material ist ärmlich und kaum erreichbar. Die indischen Fachleute selbst verwenden arabische Bücher und solche in Urdu. Deswegen muss man einige Artikel auch per Internet sammeln.

Kurze Geschichte der Unani-Heilkunde

Die Wurzeln des Systems liegen im Dunkeln. Es stammt aus Griechenland und unterlag später starken indischen und arabischen Einflüssen. Die klassische griechische medizinische Wissenschaft erscheint, wenn man ihre erhalten gebliebenen Quellen zur Hand nimmt, bereits als herauskristallisiertes, ausgereiftes System. Die Medizin wurde in drei Teile gegliedert: Heilung mit der Hand (*kheirurgia*: Chirurgie, chirurgische Eingriffe, Behandlung von Brüchen und Verrenkungen), Heilung durch Medikamente (*pharmakeutika*: Pharmazeutik, einfache Arzneimittel und komplexe Arzneimittelmischungen, aus Stoffen vorwiegend pflanzlichen, seltener tierischen Ursprungs bzw. aus mineralischen Stoffen), Heilung durch Medikamente und Lebensweise (*dietetika*: Diätetik, das Wort bedeutete damals mehr als heute: Ernährung, Gymnastik, Massage, Liebesleben, Schlaf usw.)[3, 14] Diese letztgenannte stellte die am meisten geachtete und am schönsten ausgearbeitete Komponente der Medizin dar. Chirurgie und Medikamente kamen bei kranken Menschen in Frage, die Diätetik jedoch bemühte sich jedermann anzuwenden, um seine Gesundheit zu erhalten. Wir wissen auch, warum: In Ermangelung von Schutzimpfungen, Antibiotika und gut ausgerüsteten Operationssälen war die Erhaltung der Gesundheit tatsächlich eine lebenswichtige Frage. Daneben dachte man, dass jede Krankheit letztendlich ihre Wurzeln in falscher Ernährung hat.[4] Die griechische Wissenschaft fand im ganzen mediterranen Raum Verbreitung. Die römische Kultur erbte die griechische Medizin. Heben wir einige der einflussreichsten Autoren hervor:

Dioskorides (1. Jh.): Herausragender Militärarzt zur Zeit der Herrschaft Neros. Er sammelte die bis dahin bekannten Heilpflanzen und Arzneimittel. Seine fünf Bände umfassende Medikamentenlehre galt in Europa und im nahen Osten mehr als 1500 Jahre lang als Grundlagenwerk. Die mit Kräutern Heilende benutzen seine Bücher auch heute noch.

Galenos (2. Jh.) Gladiatorenarzt, dann Militärarzt und Familienarzt des Kaisers Marcus Aurelius. Er gilt als der produktivste, namhafteste und unbestritten hervorragendste Arzt der Antike. Auf allen Gebieten der Medizin schuf er Bleibendes, war Autor von etwa 200 Werken.[3] Zur Belehrung seiner Schüler sezierte er Schweine. Über anderthalb Jahrtausende lang galten seine Arbeiten als grundlegende Fachliteratur, unmittelbar und mittelbar hat Galenos bis in die Gegenwart Einfluss auf die Medizin des Ostens wie des Westens. Einige seiner Rezepte werden in der Heilkunde heute noch in unveränderter Form genutzt (galenische Präparate).

Paulus von Aeginia (7. Jh.) Der letzte Meister der alexandrinischen Medizinerschule.[3] Zur Zeit der arabischen Belagerung fanden die Eroberer in Alexandria eine hervorragende Schule vor. Die Bücher der griechischen Medizin ließ Paulus durch seine Schüler ins Syrische und Arabische übersetzen. Diese Übersetzungen wurden zu Grundlagen der späteren europäischen Medizin.

Die Araber, die die griechische Kultur sehr hoch schätzten, erforschten und übersetzten neben anderen Wissenschaften auch die medizinischen Fachbücher – viele wertvolle Arbeiten aus der Antike konnten so vor dem Schicksal bewahrt werden, auf ewig verloren zu gehen – und entwickelten diese Kenntnisse entgegen verbreiteter irriger Vermutungen weiter. Es ist nicht unserer Ziel, alle Autoren aufzuführen, für sie mögen hier vier Namen stehen:

Rhazes (9. Jh.): Ein unvergleichlich origineller Autor, der das praktische Wissen höher schätzte als die schulische Bildung. Als er als praktizierender Arzt nachdenklich machenden oder sonderbaren Erscheinungen begegnete, fertigte er darüber sofort Aufzeichnungen an. Er glaubte lieber seinen Augen, als den Spekulationen und der Autorität der antiken Autoren. Seine Bücher über die Nierensteine und über die Schwarzblattern fanden jahrhundertelang als Lehrbücher Verwendung.[8, 9]

Avicenna (Ibn Sīnā) (10. Jh.) Jahrhundertelang galt er in der europäischen Medizin und in der Philosophie als absolute Autorität. Über Thomas von Aquin wirkt er sich auch heute noch auf die katholische Glaubenswissenschaft aus. Sein Hauptwerk *Al-qānūn fī-ṭ-ṭibb*[4] ist in der Welt unter seinem lateinischen Titel *Canon Medicinae* bekannt. Er synthetisierte und systematisierte darin die bis dahin angesammelten griechischen, arabischen, syrischen usw. Kenntnisse der Medizin und ergänzte diese mit seinen eigenen Erfahrungen. Die Übersetzung von umstrittener Qualität bildete 500 Jahre lang das einzige, unanfechtbar angesehene und weitere zweihundert Jahre eines der wichtigsten Lehrbücher an den europäischen Universitäten. In der Kultur des Westens gilt es bis zum 19. Jh., in der des Ostens auch gegenwärtig als fundamentales Fachbuch. Im Kennenlernen der klassischen Medizin ist es unverzichtbar, neue Ausgaben erscheinen regelmäßig.[8, 9]

Avenzoar (12. Jh.) Namhafter Arzt in Andalusien, Entdecker des Erregers der Krätze und Erfinder der Sondenernährung. Er führte bereits Dammplastiken und Luftröhrenschnitte durch.[3]

Ibn al-Baytār (13. Jh.) Botaniker und Pharmazeut. Er unternahm große Reisen durch Nordafrika, Kleinasien, Syrien und Ägypten. Er sammelte und untersuchte persönlich alle als Arznei- und Lebensmittel verwendeten Stoffe und notierte deren Namen in verschiedenen Sprachen. Er machte die Welt durch zwei großartige Bücher reicher: Das erste ist sein *Kommentar zum Arzneimittelbuch des Dioskorides*[11]. Sein bekanntestes, am meisten gelesenes und auch heute noch regelmäßig publiziertes Werk ist die *Sammlung einzelner Arznei- und Lebensmittel*[12] als bekanntestes Buch der arabischen Diätkunde und Arzneimittellehre. Neben seinen eigenen enormen Erfahrungen griff er darin mehr als 260 Quellen auf.

Im 10./11. Jahrhundert, der größten Glanzzeit des Islams, war auch die arabische Medizin außerordentlich hochentwickelt. Im Zuge der indischen Eroberungen wurde diese auch nach Indien getragen, wo das System auch einige Elemente der ayurvedischen Heilkunde annahm.[6] Gegen Ende der großen Völkerwanderungen berührte sich die gerade im Entstehen befindliche europäische mit der vor ihrem Niedergang stehenden islamischen Kultur, und dies sogar auf zwei Gebieten: im Orient während des Kreuzzuges und in Spanien, in der westarabischen Welt.

Man begann, die Unmenge der arabischen Bücher ins Lateinische zu übersetzen. Europa sog die Wissenschaft der Muslime derart in sich auf wie jene zuvor die der Hellenen. Zu jener Zeit war also die klassische Medizin weltweit am meisten verbreitet. Die Erinnerung an jene Epoche bewahren ursprünglich arabische Worte wie Talkum, Sirup, Gips, Elixier, Borax usw. Bis zum 17. Jahrhundert war Europa mit diesem Schatz eng verknüpft, suchte dann aber neue Wege. Die früher gehegten und in großen Stückzahlen vervielfältigten Bücher gelangten in die Tiefen der Bibliotheken. In der Wissenschaft entstanden neue physiologische Modelle, die technische Entwicklung lief an. Bis dahin hatten in der Folklore zahlreiche Elemente der klassischen Medizin bereits Wurzeln geschlagen. So schöpft die europäische und so auch die österreichische und die ungarische Volksheilkunde reichhaltig aus dem gemeinsamen antiken Erbe.

Zwischenzeitlich war das arabische Reich in kleinere Gebiete zerfallen, seine Position wurde erst durch den Seldschuken-, dann durch den osmanisch-türkischen Staat eingenommen. Die Entwicklung der Medizin kam zum Stillstand. In diesen Gebieten bewahrten jedoch die Volksheiler die Resultate der mohammedanischen Glanzzeit in ihrer ursprünglichen Form bis in unsere Tage. In Europa seit Jahrhunderten in Vergessenheit geratenen Bücher wurden immer wieder aufs neue kopiert, später dann gedruckt und dies auch bis heute bei ungeminderter Popularität. Nordafrika und die Staaten des Nahen Ostens bevorzugen heutzutage jedoch gegenüber der zur Volkmedizin gewandelten orientalischen Richtung die westliche: In staatlichen Krankenhäusern arbeiten Ärzte aus dem Westen oder solche, die dort ausgebildet wurden, und es breitet sich die moderne Medizin Europas und Nordamerikas aus. Hier bestehen also die moderne, sich ständig erneuernde westliche medizinische Wissenschaft und ihr im Mittelalter „eingefrorener" Vorläufer griechischen Ursprungs nebeneinander.

Doch nicht überall ist das so. Wie gesagt wurde, gelangte bereits im 10. Jahrhundert das Beste des muslimischen Wissens nach Indien. Diese Gattung der Medizin – in Indien wirkten bereits damals schon mehrere eigene Lehren – nannte man Unani. Sonderbar ist, dass man vom 11. bis 14. Jahrhundert über namhafte indische bzw. Unani-Heiler keine Angaben findet. Spätere sind:

Zia Mohd Masood Rashid, der Mitte des 14. Jahrhunderts lebte, ist als namhafter Arzt bekannt. Es folgen einige wichtige Namen aus der weiteren Geschichte des Unani:

Akbar Mohd Akbar Arzani (18. Jh..) Sein Buch *Tibb Akbar*, in dem persönliche Erfahrungen aufgearbeitet wurden, ist auch heute noch im Gebrauch.

Hakim Sharif Khan: Bekannter Arzt in der Epoche des Mogul Delhi.

Hakim Adjmal Khan (19. Jh.) Arzt und Freiheitskämpfer, der in Dehli eine Hochschule gründete, an der Unani und ayurvedische Medizin unterrichtet wird[13], er war an der Entdeckung des Reserpin und der Rauwolfia-Alkaloide beteiligt. Einer seiner Nachfahren schrieb im Auftrag der indischen Regierung das Unani-Lehrbuch Indiens.

Hakim Kaberuddin (19. Jh.), übersetzte 88 arabische und persische Fachbücher in die Sprache Urdu. 1872 wurde in Lahore das erste Unani-Institut, das Oriental College gegründet.

Die Unani-Medizin in der Gegenwart

Ergänzt wurde das Modell durch moderne anatomische, physiologische, biochemische Erkenntnisse, die Fachbücher wurden ins Urdu und andere Nationalsprachen übersetzt. Unterstützt durch die indische Regierung verfügt die Unani-Medizin über 161 Krankenhäuser, 30 Forschungsinstitute und Arzneimittel standardisierende Laboratorien in mehreren Staaten. Es existiert eine organisierte Unani-Ärzteausbildung in vierzig gradualen und zehn postgradualen Zentren. Im Jahre 2000 waren offiziell achtunddreißigtausend Unani-Ärzte registriert. Es wurde ein umfassendes nationales Programm zur Erfassung der Heilpflanzen eingeleitet (Botanical Survey of India, man identifiziert die Pflanzen und erfasst mit Hilfe der Nationalparks das Biotop der bekannten Heilpflanzen). Man erstellte Pläne zur Bewahrung der Vegetation in ihren ursprünglichen

Lebensräumen („in situ conservation" Programm wird dies genannt und stellt eine Arbeit des Gesundheitsministeriums und der Forstwirtschaft dar). Die Zucht von Heilpflanzen findet im landwirtschaftlichen Anbau statt („ex situ conservation", gemeinsames Programm der Landwirtschafts- und Gesundheitsorganisationen).

Der Heilpflanzenmarkt der Welt beläuft sich derzeit – indischen Quellen zufolge – jährlich auf 60 Milliarden Dollar und wächst von Jahr zu Jahr weiter an. Neben den bekannten Arzneimitteln besteht gleichermaßen großer Bedarf an neuen Wirkstoffen (die Leber schonende Wirkstoffe, Antimalariamittel, Antirheumatika, Immunstimulantien, Arzneimittel zur Behandlung der Alzheimer und anderer unheilbarer Erkrankungen). Indien und China stehen dabei im Wettkampf miteinander, der Heilmittelexport zählt als ernste staatliche Einnahmequelle. Das Unani Pharmacopoeia Committee hat in den vergangenen Jahren 441 Unani – Rezepte zum Gemeingut gemacht. Aus dem Kreis der sogenannten einfachen Heilmittel dagegen laufen derzeit bei 45, der Medizin bisher noch unbekannten Pflanzen, die Untersuchungen[2].

Die Bedeutung der Unani-Heilkunde ist von der westlichen Welt zwar erkannt worden, aber sie wird von dieser eher als eine exotische indische Besonderheit behandelt, so, als wäre dabei überhaupt keine Rede von deren eigener Vergangenheit. Heute hat Unani Verwaltungsorgane in Australien und in den USA (Institute of Unani Medicine, 1980). Die erste Unani-Medizin-Konferenz fand 1987 in Neu-Delhi statt, unter unmittelbarer Mithilfe durch die WHO.[1, 2]

Einige Charakteristiken der heutigen Unani-Medizin

Genauso wie die antike griechische Medizinwissenschaft basiert auch die Unani-Medizin auf der Lehre von den vier Urelementen Feuer, Wasser, Erde und Luft[10]. Der Zustand, die Wechselwirkungen und Bewegungen der vier sich im Organismus befindenden Körperflüssigkeiten, Schleim, Blut, Galle und der geheimnisvollen schwarze Galle bestimmen die gesunden Lebensphasen und die Krankheiten. Die Wegweiser zur Erkennung der Krankheiten sind Stuhl, Urin und Puls. Das Ziel der Heilbehandlung besteht darin, dass der Arzt auf solche Art und Weise in den oben genannten, auf der griechischen Naturphilosophie basierenden physiologischen Modellablauf eingreift, dass die Eigenschaften und Mengen der vier Körperflüssigkeiten den Organismus in Richtung Gesundheit beeinflussen[15]. Der grundlegende Unterschied zwischen der modernen und der Unani-Medizin besteht also darin, dass, während die erstere sich spezialisiert, in verschiedene Zweige aufgabelt und den Schlüssel zur Lösung auf molekularem Niveau sucht, die letztere dies eher synthetisierend denkend, den gesamten Organismus als System sehend, versucht.

Über die Fachsprache: Die in Indien und Pakistan üblichen Landessprachen haben den arabischen Fachwortschatz übernommen und benutzen ihn auch dementsprechend. Ein Teil der Pflanzennamen ist arabischen Ursprungs, das bedeutet aber nicht unbedingt, dass es sich um die gleiche Pflanze handeln muss. Im englischen Material gibt es eine Reihe von Übertragungsfehlern, deshalb ist es lediglich zur Orientierung, nicht aber zum Studium geeignet.

In Indien kann ein Arzt nur aus der Brahmanen-Kaste stammen. Da es ein Charakteristikum dieser Kaste ist, dass der Sohn das Gewerbe des Vaters weiter betreibt, sind die heutigen Unani-Ärzte (und Ayurveda-Ärzte) Sprösslinge einer Ärztedynastie von zwei- dreitausend Jahren[7]. Es ist sehr daher wichtig, dass hier nicht von bibliothekarischer, schulischer Weisheit die Rede ist, sondern eher von verbaler, lebendiger Tradition.

Charakteristisch für dieses System ist, dass sich Theorie und Praxis stark voneinander unterscheiden. Der theoretische Hintergrund hat sich seit Empedokles kaum verändert. Im Gegenteil, er ist derart in den Hintergrund gerückt, dass er schon fast verzerrt ist. Es reicht, auf irgendeine indische Webseite zu gehen und schon sehen wir: Man verwechselt Galenos mit Hippokrates, Griechenland mit Italien usw.

Dennoch ist die Unani–Medizin mit ihrer Erfahrung auf dem Gebiet der Heilung unvergleichlich. Es ist für sie typisch, dass sie versucht, die zweitausend Jahre alten Fachausdrücke der galenischen Medizin – oftmals vielleicht etwas gezwungen – auf die entsprechenden modernen Begriffe der Pathophysiologie wie auf das Hormonsystem, Immunsystem usw. anzuwenden. Nur sehr selten gelingt es, die Fachausdrücke der beiden Wissenschaften in Einklang zu bringen (zum Beispiel die „erhitzende Wirkung" eines Nahrungsmittels mit dessen „spezifischer dynamischer Wirkung").

Interessant ist, dass die galenische Physiologie durch die nach Galenos gemachten Entdeckungen ergänzt wird (Kreislauf, innersekretorische Drüsen usw.) Charakteristisch für das System ist seine verblüffend große Auswahl an natürlichen Heilmitteln. Es legt größeres Gewicht auf die Überwachung und Erhaltung der Gesundheit, befasst sich nicht mit der breiten Anwendung von Medikamenten, sondern misst der Bewegung, dem Schlaf, der entsprechenden Diät bei der Heilung ein größeres Gewicht bei[5].

Ein typisches Beispiel: Kopfschmerzen beginnt sie nicht mit Medikamenten zu behandeln, die zuerst zu wählende Therapie ist das Riechen von duftenden Blumen. Arzneimittel kommen erst in Frage, wenn dem Kranken danach immer noch der Kopf schmerzt. Wie eng der Zusammenhang zwischen der Unani- und der klassischen medizinischen Lehre von den Körpersäften ist, zeigt das folgende Beispiel: Auf meine Frage hin, was die wichtigste Quelle seiner Arbeit sei, schrieb mir der an dem Unani-Lehrbuch arbeitende Professor Mobin Khan als Antwort: Der *Canon Medicinae*, darin ist alles Wesentliche enthalten.

Dennoch kann man nicht behaupten, dass beide Systeme ein und dasselbe wären, denn – wie es auch der Vorsitzende der Australian Unani Medicine Society, Paul Hysen, erklärte – die indische Arzneimittellehre ersetzt nicht nur die in der Mittelmeergegend, nicht aber in Indien vorkommenden Pflanzen durch andere. Sie mischt auch Grundstoffe der ayurvedischen Medizin in die zusammengesetzten Medikamente. Ganz zu schweigen davon, dass manche Pflanzen in den verschiedenen Regionen unter verschiedenen Namen bekannt sind.

Wofür kann Unani nützlich sein?

1.
Billige und erschwingliche Produkte: Für den größten Teil der Weltbevölkerung ist die moderne Medizin unerschwinglich. Bedenken wir auch, dass in Europa die Zahl derer immer mehr wächst, die nicht gewillt sind, Arzneimittel einzunehmen und sich begierig nach anderen Möglichkeiten erkundigen.

2.
Ethnobotanik: Die Unani-Medizin hat mehr als 8000 Heilpflanzen registriert[2]. Das ist auch für die moderne Arzneimittelforschung ein ideales Jagdgebiet geworden, wenn es um die Entwicklung neuer Produkte geht.

3.
Lebensweise: Sie dient mit solch praktischen Ratschlägen, die der Patient in der übermäßig „verarzneimittelten" Medizin nicht erhält (Sexualverhalten, vernünftige Bekleidung, Atmung, dem Lebensalter entsprechende Ernährung usw.).

4.
Philologie: zum Verständnis antiker und mittelalterlicher Texte ist es eine große Hilfe, dass manch ein Unani-Heiler aus Indien auch über das Internet erreichbar ist. Der Autor dieser Zeilen konnte auch mit Hilfe der gesamten Bibliothek und aller Fachleute eine Heilpflanze nicht identifizieren. Letztendlich fand er sogar das Bild der Pflanze – durch Stöbern im Material einer indischen Unani-Universität im Internet. Das Äußere der Pflanze war genauso, wie es die Quellen aus dem 10. Jahrhundert beschrieben hatten.

5.
Medizinische Anthropologie: Unani kann vom Standpunkt des Verstehens von der Gesundheitskultur und vom Heilgebrauch der mohammedanischen Einwanderer aus von größer Wichtigkeit sein.

Wer also irgendwann einmal den Begriffen Junani oder Unani begegnet, sollte wissen, dass dabei nicht von irgendeiner außergewöhnlichen östlichen Weisheit die Rede ist, sondern von der Heilkunde, die auch hier bei uns bereits vor hundert- hundertfünfzig Jahren praktiziert wurde und an die sich die moderne Medizin etwas beschämt und von oben herab erinnert, wie an die Eltern eines in die Großstadt gezogenen Dorfjungen.

Quellen:

1. www.unaniremedies.net, Mobin Khan, das Material des indischen Arztes
2. http://indianmedicine.nic.in/html/unani/ufmain.htm, das ist die offizielle Seite des indischen Gesundheitsministeriums
3. HINTS Elek 1939. *Die Entwicklung der Medizin in der Evolution der Menschheit in vier Bänden*, Rényi Károly Ausgabe. Budapest.
4. Ibn Sīnā (10. Jh.): Al-qānūn fī-ṭ-ṭibb. Dār al-fikr, Beirut, 1994. I., S. 327.
5. Ibn Khaldūn (15. Jh.): Al-muqaddima. Dār Kitāb al-'ilmiyya, Beirut, 1993, S. 326.

6. vgl. Al-Bīrūnī (10. Jh.): Kitāb aṣ-ṣaydana. Muwassasah hamdarad al-watanīya, Karachi, 1973. (Der Autor zitiert indische Ärzte: Tsarakha und Sushruta.)
7. BAKTAY Ervin 2000. India, Szukits Vl., S. 82.
8. The Encyclopedia of Islam. E. J. Brill, Leiden, 1979.
9. ULLMANN M.1970. *Die Medizin im Islam.* Leiden: J. Brill, Leiden.
10. www.indiangyan.com
11. ALBERT Dietrich 1991. *Die Dioskurides-Elklärung des Ibn al-Baitar.* Göttingen: Vandenhoek & Ruprecht.
12. Ibn al-Baytār: Al-ǧāmi'-l-mufradāt al-adwīya wa-l-aġdhīya, Dār Ṣāder, Beirut, 2000.
13. www.ddadelhi.com
14. POLLAK Kurt 1969. *Die Heilkunde der Antike.* Wissen und Weisheit der alten Ärzte II. Düsseldorf und Wien: Econ Verlag.
15. Jamil Ahmed Hakim Ashar Quadeer1988. *Unani. The science of the Graeco-Arabic medicine.* New Delhi: Lustre Press.

Artikel eingegangen: März 2005

Artikel angenommen: Mai 2005

Richárd Nagy (Jg. 1973) Dr. med., Ausbildung in Budapest, ethnomedizinische Feldstudien u.a. in Tunesien, unterrichtet heute an der Universität Pécs (Philosophische Fakultät, Interdisziplinäre Doktorschule, Sektion Allgemeinmedizin, Institut für Familienmedizin).

Pusztai J. u. 11
H-2462 Martonvasar
nagyrichard@invitel.hu
e-mail: drnagyr@freemail.hu

VWB – Verlag für Wissenschaft und Bildung

Die Bedeutung des Konzeptes *Baraka* im städtischen Armenmilieu in Tunesien gestern, heute und morgen*

SOFIANE BOUHDIBA

Zusammenfassung *Baraka*, die Gabe, eine Krankheit vorherzusagen, ihr vorzubeugen oder sie zu vereiteln und schließlich sie zu heilen, dieses scheinbar so geheimnisvolle Konzept wird zur Präsentation immer wieder in zahlreiche Legenden gekleidet. Der Aufsatz stützt sich dabei auf eine neue Untersuchung zur Baraka, die bei sozial benachteiligten Bewohnern städtischer Milieus in Tunesien durchgeführt wurde, und wirft ein neues Licht auf die untersuchten *daggaza* (Seher oder Wahrsager), die *arifa* (die weisen Frauen), die *sahar* (Hexer) sowie weitere volkstümliche Heiler, denen nachgesagt wird, über die kostbare Gabe Baraka zu verfügen. Das städtische Armutsmilieu wurde als Rahmen ausgewählt, weil dadurch leicht valide Informationen gefunden werden können. Darüber hinaus bietet im gesamten Maghreb und besonders in Tunesien das arme städtische Milieu ein eindrucksvolles Labor für anthropologisch-demographische Studien, in dem die städtische und gut informierte Moderne der Lebenswelt der sozioökonomisch Benachteiligten begegnet, in der die Traditionen trotz allem noch fest verankert weiterleben. Der Artikel ist in drei Teile gegliedert: (1) Kurzer Abriss zum Konzept Baraka, daran anknüpfend werden (2) die Praktiken überprüft und in einen Bezug zu den Heilungswegen in dem untersuchten Milieu verortet, und (3) werden einige Erklärungen versucht, wie sich Baraka speziell im städtischen Armutsmilieu in der sozialen Aktion zeigt.

"Baraka" in the Poor Urban Areas of Tunesia: past, present and future.

Abstract "Baraka" the gift to predict, to prevent, to avoid and, finally, to heal an illness—this sometimes mysterious looking concept is often presented through the lens of different narratives and legends. This paper reports new findings of practising baraka. It was undertaken in an urban environment of socially disadvantaged populations and sheds new light on divinors (*Daggaza*), wise women (*arifa*), sorcerers (*sahar*) and other folkhealers, who are said to own the gift of baraka. The urban milieu was chosen, because it was easier to have access to information here. Furthermore the whole region of the Maghreb and especially the socially disadvantaged populations of Tunisia offer a broad scope for anthropological and demographic research, because this is where these populations with a traditional life style meet the world of the well informed and educated people. The article consists of three parts: (1) A short report describing baraka; (2) its applications and the therapeutic itineraries in the research area and (3) some explications how Baraka works within the social actions of the chosen context.

Keywords (Schlagwörter) ritual healing (rituelle Heilung) – trance – baraka – folkhealer (Heiler) – sorcerer (Hexer) – islam – Koran – healing and religion – brotherhood (Bruderschaft) – Tunisia (Tunesien)

Einleitung

Seit der Unabhängigkeit Tunesiens im Jahre 1956 wurde die Modernisierung der Gesellschaft eingeleitet und hat die Gesundheitsversorgung tiefgreifend gewandelt: die medizinischen Versorgungsangebote haben sich verbessert und modern aufgebaute Infrastrukturen sowie hochentwickelte humanitäre Dienstleistungsangebote sind in die Reichweite selbst der Ärmsten unter den Armen gelangt. In diesem Kontext des modernen Lebens wird versucht, *Baraka*, die Gabe der Vorhersage, der Vorbeugung und der Heilung zu untersuchen. Dabei stützt sich die Untersuchung auf einige Forschungsergebnisse, die zwischen September 2003 und Juni 2004 bei 320 Haushalten in einem sozialen Brennpunkt des benachteiligten städtischen Milieus durchgeführt wurde und zu einigen Befunden geführt hat, die zum Nachdenken anregen. Dies betrifft die Seher oder Wahrsager *Daggaza* (voyantes), die Weisen Frauen (*Arifa*, celles qui savent), die Hexer (*sahar*, les sorciers) sowie weitere

---

* La «Baraka» en milieu pauvre urbain en Tunisie: passé, présent, future. Überarbeiteter Vortrag auf dem Internationalen Kolloquium «Prévoir et prédire la maladie – De la divination au pronostic: savoirs, pratiques, techniques» vom 2.-5. März 2005 im Studienzentrum Monte Verità in Ascona, Veranstalter AMADES, Aix en Provence und CIAM, Schweiz. Übersetzung Ekkehard Schröder. Die französische Transskription der arabischen Wörter wurde belassen. Bei den Koranzitaten wurde die Koranübersetzung von Rudi Paret übernommen.

volkstümliche Heiler, denen nachgesagt wird, über die kostbare Gabe *Baraka* zu verfügen.

Als Rahmen der Untersuchung wurde aus zwei Gründen die Lebenswelt des armen städtischen Milieus gewählt: ein rascher und einfacher Zugang zu Informationen, sowie der Umstand, dass darüber hinaus im gesamten Maghreb und besonders in Tunesien das arme städtische Milieu ein eindrucksvolles Labor für anthropologisch-demographische Studien darbietet, in dem die städtische und gut informierte Moderne der Lebenswelt der sozioökonomisch Benachteiligten begegnet, in der die Traditionen trotz allem noch fest verankert weiterleben.

1. Der Ursprung des Konzeptes „Baraka"

Der Ursprung des Konzeptes Baraka führt in die Zeit um die Entstehung des Islam im 7. Jahrhunderts zurück (622 nach Christi Geburt).

1.1 Die Ankunft und Ausbreitung des Islam

In einem Punkt drückt sich der Koran klar aus: selbst wenn der Tod jedes menschlichen Wesens bereits von Gott (*Allah*) bestimmt ist und nichts diese Bestimmung (*Qadar*) verändern kann, ist der Mensch gehalten, alles zu tun, um zu gesunden. Insbesondere kann der Gläubige in der Lektüre von Koranversen und den göttlichen Anrufungen Zuflucht suchen, um seine körperlichen oder seelischen Leiden zu mindern. Dafür stehen zahlreiche Koransuren zur Verfügung:

«Nous avons fait descendre le Coran, qui est un remède efficace et une miséricorde pour les croyants» (*sourate al israa* – le voyage nocturne, Verset 82) // Wir senden im Koran (den Menschen) Offenbarungen hinunter, die für die Gläubigen ein Quell des Trostes (w. Heilung) und (ein Erweis unserer) Barmherzigkeit sind. Aber die Frevler haben dadurch nur noch mehr Schaden. (Sure 17: „Die nächtliche Reise", Vers 82).

«Pour ceux qui croient, Il [le Coran] est une guidée et une guérison», (*sourate fousilat* -les versets distincts, Vers 44) // ... Sag: Für diejenigen, die glauben, ist er eine Rechtleitung und ein Quell des Trostes (w. Heilung) ... (Sure 41: „Auseinandergesetzt sind", aus Vers 44)

«N'est-ce pas Dieu qui répond à l'angoisse quand il L'invoque et Qui dissipe le mal, et Qui vous fait succéder les uns aux autres sur la terre?» (*sourate les fourmis*, Vers 62) // Oder wer (sonst) erhört den, der in Not ist, wenn er zu ihm betet, und behebt das Unheil (w. das Böse) (das ihn getroffen hat) und setzt euch als Nachfolger (früherer Generationen) auf der Erde ein? Gibt es neben Gott einen (anderen) Gott? Wie wenig lasst ihr euch ermahnen! (Sure 27: Die Ameisen, Vers 62)

«N'est-ce pas par l'évocation du Coran que les coeurs se tranquilisent?» (*sourate le tonnerre*, vers 28) // Diejenigen, die glauben, und deren Herz im Gedenken Gottes Ruhe findet – im Gedenken Gottes findet das Herz ja Ruhe – (Sure 13: Der Donner, Vers 28).

Es wird empfohlen, den Koran zu lesen, um den Körper und den Geist zu beruhigen. Für diese Therapie werden zahlreiche *hadith*, also die direkten Worten Mohammeds, angewendet. Im Reisebericht schreibt der Weggefährte MUSLIM, dass der Prophet Mohammed bekräftigt habe: „Es ist erlaubt, auf beschwörende Formeln zurückzugreifen, ohne Häretiker zu sein" (vgl. MUSLIM 1328 h. *Sahih*. Kairo, 1. Ausgabe) und ein weiteres Mal: „Lege Deine Hände auf die Stelle Deines Körpers, wo Du das Weh verspürst und sage dreimal ‚Bismillah' (im Namen Gottes), und dann siebenmal: ‚Ich suche gegen das Übel meine Zuflucht in der Größe Gottes, ich nehme es an und fürchte es'." Offensichtlich hat der Prophet Abweichungen und ungezügelte Anwendungen des Koranlesens befürchtet und anscheinend daraufhin eher einen Rückzieher gemacht. Ein anderes *hadith*, das vom Weggefährten AL BAZZAR überliefert ist, verdeutlicht: „Wer einen Wahrsager oder einen Magier konsultiert und an dessen Worte glaubt, fällt vom Glauben ab, der von Mohammed verkündet wurde." Beim Gang zurück zu den Ursprüngen scheint im Islam Baraka keine besondere Glaubwürdigkeit eingeräumt worden zu sein und den therapeutischen Werten des Koran selbst nur eine symbolische Bedeutung. Darüber hinaus wird das Lesen einiger Koranverse aber zum Trost empfohlen.

1.2 Die weitere Entwicklung

Trotz solcher Empfehlungen haben sich jedoch daraus therapeutische Praktiken entwickelt, und Baraka hat als Konzept in allen muselmanischen Gesellschaften Einzug gehalten. Im Maghreb ist der Einfluss religiöser Bruderschaften auf die Bevölkerung alt und tief. Von Nordafrika ausgehend haben sich die Marabout-Netzwerke mit denen Ägyptens vereint, ebenso im Nigerbogen mit dortigen animistischen Konzepten (DEKHIL E. 2000: 13). Es gibt zahlreiche schwarzafrikanische Bruderschaften, deren bekannteste in Marokko die vermutlich aus Guinea stammenden Gnaua sind, und in Tunesien die Stambali. Die Baraka-Rituale verstehen sich als religiös, da die Praktiken selbst sehr aufwendig die Lektüre der Koranverse und religiöse Gesänge einbeziehen, aber tatsächlich, wie im Weiteren ausgeführt, wenig mit den Geboten des Islam gemein haben.

2. Die Praktiken

Um sich die Ausübung von Baraka vorstellen zu können, wird zuerst gezeigt, wie die traditionellen Praktiken im therapeutischen Prozess eingebaut sind, dann folgt die Beschreibung einer klassische Szene des Rituals.

2.1 Der therapeutischer Rückgriff auf Baraka im armen städtischen Milieu

Die Ergebnisse unserer Untersuchung zwischen September 2003 bis Juni 2004 erfassen 320 Haushalte von Benachteiligten im städtischen Milieu und erlauben uns, einen Heilungsweg aufzuzeichnen. Zuerst geht ein Kranker aus diesem Milieu zu einer Einrichtung des öffentlichen Gesundheitswesens, in der Regel in ein Krankenhaus, ganz zuletzt ist es der Hexer. Nach der Kontakt zum Arzt im Gesundheitssystem wird dann daneben der private Sektor aufgesucht, zuerst der Allgemeinarzt, dann der Facharzt. Darauf kommt der paramedizinische Sektor dran, hier zuerst der Apotheker, dann die Vertreter der pflegenden Berufe (siehe Abb.).

Die nun folgende Etappe zeigt einen Strategiewechsel auf, der Kranke besinnt sich zuerst auf sich und wendet sich nun an seine Nächsten und an seine Nachbarn, schließlich wieder an sich selbst (Selbstmedikation). Darauf scheint der Kranke sich erneut nach außen zu öffnen, indem er sich nun der „Arabischen Medizin" (*Tib arbi*) anvertraut, das heißt der traditionellen Medizin und den religiösen Ritualen, um die Erkrankung zu benennen und zu heilen.

In diesem Moment beginnt nun die Suche nach Baraka. Die religiösen Rituale werden von den verschiedenen Bruderschaften ausgeführt, die sich in der Altstadt (Medina) der Städte niedergelassen haben: die *Issawiya, Chadoulya, Soulamya, Stambeli*. Damit sind die Rituale mit den magischen Gesängen gemeint, die von schwarzafrikanischen Bruderschaften eingeführt wurden und die den Kranken wieder mit den Djinnen, den bösen Geistern, versöhnen sollen, die ihn besetzt haben. Dabei muss man im Auge behalten, dass diese Rituale trotz ihrer augenscheinlichen religiösen Einfärbung nicht der schriftlichen Korantradition entsprechen. Ganz zuletzt wird dann auf einen Hexer (*sihr*) als therapeutische Instanz zurückgegriffen. Auch diese Therapie ist ein Meilenstein auf der Suche nach Baraka. Der Kranke konsultiert einen Zaubermeister (*hejjêb*) oder die Hexer (*sahar*) oder sonst einen Heiler, dem nachgesagt wird über Baraka zu verfügen, also die sakrale Gabe des Wahrsagens und Heilens. Mit diesem Rückgriff können solche Übel wie Böser Blick (*El Ain*), die Eulenkrankheit (le *mal de la chouette*) oder die Verkehrte Placenta (le *placenta à l'envers*), eine Frauenkrankheit, geheilt werden.

Die *sahar* sind Wahrsager, die eine Erkrankung vorhersagen können, bevor sie tatsächlich ausbricht und deren Auftreten verhindern können. Sie werden regelmäßig zur Vorsorge aufgesucht. Ihre Namen und Adressen werden diskret mündlich weitergegeben und ihre Gabe, Baraka zu spenden, wird vom Vater auf den Sohn übertragen. Diese Personen handeln in einer völligen Grauzone, ihre Behandlungen werden von den wissenschaftlichen wie den religiösen Gemeinschaften streng verurteilt. Der Koran geht hier ganz formal vor: Magier werden streng verurteilt, auch wenn sich ihre Praktiken ganz defensiv etablieren.

Hierzu muss man auch wissen, dass die meisten tunesischen Familien einen namentlichen Ahnen haben, der als Schützer, Wohltäter, Segensspender, Wahrsager und selbst Urheber kleiner Wunder (*karamat*) gilt (BOUHDIBA 1995: 117). Wenn durch die Verstädterung und die moderne Erziehung solche genealogischen Beziehungen eher entsakralisiert hat, so bleibt doch noch als Reflex zum Beispiel die Suche nach der Gabe von Baraka im erweiterten innerfamiliären Bereich auch in der volkstümlichen großstädtischen Gesellschaft erhalten. Unsere Feldforschung hat uns klar gemacht, dass der Bedarf an Wahrsagen und die Suche nach Baraka vor allem bei den armen Schichten auftaucht, gelegentlich auch bei Fremden und nur selten bei Intellektuellen. Oft handelt es sich um Menschen, die sexuelle Probleme haben. Es gibt eine eigene Kategorie von Djinnen (die *Afarit el zawaj*), die jungverheiratete Frauen angreifen und sie in den ersten sieben Tagen nach der Hochzeit umtreiben. Andere wie die *Banu el Numan* befallen Jungfrauen, die ihnen den Verstand rauben und sie verleiten, sich mit jungen Männern abzugeben. Es ist allgemein bekannt, dass in arabischen Familien der Erhalt der Jungfräulichkeit der jungen Mädchen den Familienfrieden sichert. Baraka wird auch weit verbreitet bei Zeugungshindernissen oder Sterilität gesucht, also Leiden, bei denen der eher geheimnisvolle und der Wahrsagung zugängliche Aspekt eine besondere Bedeutung gewinnt.

Déclaration de la maladie

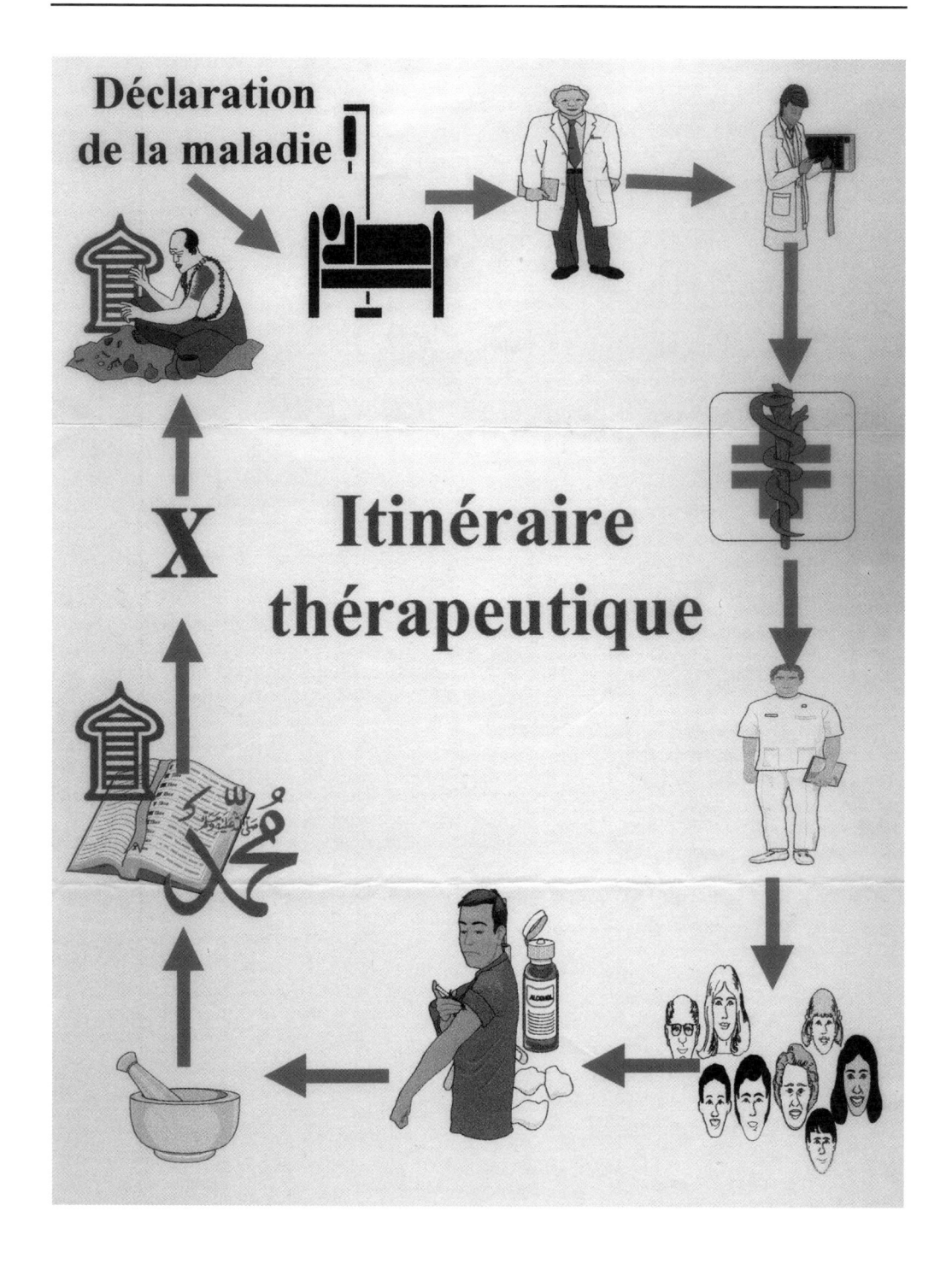

Itinéraire thérapeutique

2.2 Techniken, um Baraka zu erlangen

Im Prinzip erfolgt dies auf zwei Wegen: Man nimmt an einer Zeremonie in einem Heiligtum teil oder man organisiert eine Sitzung zu Hause. Manchmal wird die Sitzung auf Wunsch von und zum Gewinn für eine bestimmte Person wegen eines spezifischen Bedürfnisses organisiert. Man kann für eine Einzelsitzung auch einen Hexer aufsuchen.

2.2.1 Öffentliche Rituale

Folgende kurze Schilderung eines Wahrsage- und Heilrituals (einer *hadhra*-Szene), die jeden Sonntag in der Grabstätte der *Saida Manoubia* in einem volkstümlichen Viertel in Alttunis stattfindet, soll dies illustrieren. Sänger, die von Schlaginstrumenten begleitet werden (Bendir, Tar und Darabuka), singen Lobreden auf verschiedene Heilige, erstaunlicherweise nicht nur die Ortsheiligen sondern auch andere, während die Weise Frau (die *arifa*) sich langsam eintanzt und dann zunehmend in eine Trance für die Wahrsagung eintaucht. Manchmal kommt es dabei vor, dass andere Frauen ebenfalls in Trance fallen, aber das sind sogenannte „sterile Trancen", in dem Sinne, dass nur die *arifa* über die Baraka-Gabe verfügt, also der Fähigkeit, mit dem Heiligen in Kontakt treten und vor allem die Elemente ihrer wahrsagerischen Worte auf andere übertragen zu können.

Die Wahrsagearbeit beginnt nun unter der Trance mit der Bestimmung der Identität des Djinn, der den Kranken besetzt hat. Die Djinnen sind in unterschiedliche Klassen entsprechend ihrer Zuordnung zu einem der vier Elemente aufgeteilt: *Migrawa, Jemorki, Garuji* als Feuergeister, oder *Sidi Konawra, Baba Kouri* et *Serkin Gwari* als Wassergeister usw., ob sie zu den Geistern der Luft oder der Erde gehören, sie harmlos bzw. bösartig sind ... nur die genaue Kenntnis der Identität des Djinn sichert die Kenntnis der Heilmittel. Hier nun interveniert die *arifa*, denn sie hat die Fähigkeit, mit dem Ortsheiligen in Kommunikation treten zu können. Die Kommunikation zeigt sich mitunter durch Gesten und manchmal durch Worte. Baraka wird also durch festgefügte Kontakte mit der Geisterwelt erzeugt und nutzt dem Kranken, aber auch anderen anwesenden Personen.

Wenn nun der klarsichtige Trancezustand erreicht ist, stößt die *Arifa* die Diagnosen aus (s*abab*), die Erkrankungskonzepte beinhalten, und verordnet dann die Heilmittel, um das Auftauchen von Übeln zu verhindern oder zu bremsen. Eine konkrete Körperberührung mit der *Arifa* ist sehr begehrt, da sie in der Post-trance noch als mit Baraka imprägniert gilt, und für einige Augenblicke in sich die Kraft der Vorhersage und der Heilung des Ortsheiligen konzentriert und dessen Fähigkeit der Fürbitte mit *Allah* besitzt. Deswegen wollen die anwesenden Personen gleich von ihr Handauflegungen, eine Massage von schmerzenden Gliedern und manchmal etwas Speichel oder Schweiß, der mit Baraka aufgeladen ist. Es ist wichtig, hier festzuhalten, dass unter der Wirkung von Baraka sich eine tatsächliche symbolische Umkehr von rein und unrein vollzieht. Selbst die ekeligsten Ausscheidungen, Blut, Urin, Fäkalien, werden zu Trägern der Divination und der Heilung. (HAMMOUDI 1988)

2.2.2 Private Konsultationen

Die *daya* (Hexe) und die *dagazza* (Wahrsagerin) sind zwei weibliche umschriebene Instanzen in diesem volkstümlichen Milieu. Diese eigentümlichen Frauen verfügen ebenso über Baraka, können die Zukunft vorhersagen und schlendern über die Straßen und rufen dabei ihre Fähigkeiten aus, damit man sich ihrer für private divinatorische Sitzungen bedient. Im Gegensatz zu anderen Baraka-Vermittlern sind diese nicht auf die therapeutische Wahrsage und Heilung spezialisiert, ihre Kompetenz beschränkt sich auf Herzensangelegenheiten und Arbeitssuche.

Nichtsdestotrotz wurde in unserer Studie herausgefunden, dass sie von immer mehr Frauen konsultiert werden, um Auskünfte über die zukünftige eigene Gesundheit oder von einem Nächsten zu erlangen. Meist beziehen sich diese speziell auf den Gesundheitszustand des Ehemannes oder Sohnes, der in der Fremde lebt. Die Vorhersage durchmisst hier also neben einen Zeitraum eine weitere räumliche Dimension. Diese Frauen werden auch im Falle von „Schlafenden Schwangerschaften", diese eigentümlichen Schwangerschaften, die für Jahre unterbrochen werden und angeblich ganz natürlich wieder weiter gehen können, konsultiert (BOUHDIBA 1995: 92). Das Bedürfnis, seine Zukunft im Zusammenhang mit Baraka zu erfahren, wird vor allem von psychisch erkrankten Menschen geäußert. Zahlreiche Psychiater im Maghreb, aber auch westliche, haben sich mit der divinatorischen Trance aus nächster Nähe beschäftigt, um Elemente daraus in ihre wissenschaftlichen therapeutischen Vorgehensweisen zu integrieren.

Es werden nun noch einigen Argumente aufgeführt, die versuchen, das Interesse eines bedeutenden Teiles der städtischen Armen an Baraka zu erklären.

3. Einige Determinanten von Baraka im volkstümlichen städtischen Milieu

Wir haben fünf Argumente, die erklären können, warum Baraka im therapeutischen Prozess des volkstümlichen Stadtmilieus seinen Platz behauptet.

3.1 die soziale Repräsentation der Erkrankung

In den 1970er-Jahren haben die Arbeiten von EVANS-PRITCHARD (1972) und TURNER (1972) zur Hexerei die Verbindung zwischen der Auswahl des therapeutischen Vorgehens und dem sozialem Prozess als Grundgedanken in die neuen Diskurse gebracht. Wir können in den vorliegenden Quellen aus einer ganz anderen als der bei uns beschriebenen Bevölkerung nachvollziehen, wie der eingeschlagen Weg eines therapeutischen Prozesses in erster Linie volkstümliche Vorstellungen des Körpers und der Krankheiten darstellt und die Frage beantwortet, was dabei der guten Gesundheit und was der Krankheit zugeordnet wird.

Wie FABREGA vorschlägt, bezieht sich die Krankheit auf die lokale kulturelle Definition einer körperlichen Verfassung, die die Wahl der Therapie in einer umschriebenen Bevölkerung determiniert (FABREGA 1985: 130). Die Wahl der Therapie zwischen traditioneller Medizin und der Biomedizin wickelt sich entsprechend des kognitiven Systems der Bevölkerung und der zugrundeliegenden sozialen Repräsentationen der Krankheit ab. Wenn man sich den *sabab* oder die jähe Dimension der Erkrankung vorstellt, so kann man das Verlangen nach einer Divination sehr wohl ermessen. Gemäß dem wahrgenommenen Ursprung der Erkrankung trifft das Individuum dann konsequent seine therapeutischen Wahlen. In dem Moment, wo das Individuum ein Übel einer übernatürlichen Macht zuschreibt, nimmt er Bezug zu einer entsprechenden übernatürlichen Therapie auf, wozu eine ganze Reihe wahrsagender Praktiken gehört. Baraka findet hier seine gesamte Existenzberechtigung.

3.2 Die *Niya*

Die sozial benachteiligte Bevölkerung präsentiert ein charakteristisches Kollektiv, die *Niya* oder Unschuldigen, das heißt, die mit dem Glauben der einfachen Herzen, von denen man meint, dass sie leichter den göttlichen Weg beschreiten können als solche, die als zu sehr gebildet gelten und eher durch ihr Wissen und das Materielle als durch die Liebe Gottes bestimmt werden. Die Mehrzahl der befragten Personen halten, mangels fachkundiger Begründungen bezüglich der Legitimation ihrer divinatorischen Therapiestrategien ihre Anbetung der Heiligen und den Baraka-Kult als einen Beweis für ihre Gläubigkeit, die denjenigen fehlt, die sich auf medizinische Therapien einlassen. Es ist zwar richtig, dass die Praktiker der Baraka sehr einfache und grobe Techniken handhaben: im Mikromilieu des Kanun (Ofen), des *bkhour* (Weihrauch) und von Fahnen findet sich aber der aus dem armen Milieu stammende Patient in einer vertrauten Umwelt wider und erkennt auch seine eigenen Codices.

Selbst auf der Ebene der Sprache fühlt sich der Patient durch die ihm geläufigen Redensarten in Arabisch eher bestätigt als gegenüber einem ausgearbeiteten französischen oder lateinischen Wörterbuch. Auf der Beziehungsebene zum Heiler scheint der Patient sich auch wohler bei einem Baraka-Spender zu fühlen, der ihm die Ursachen seiner Erkrankung erklärt und mit einfachen Worten die Mittel in die Hand gibt, mit denen er sie bekämpfen kann und die in sein tatsächlich engeres kulturelles Wahrnehmungsfeld gehören. Es gibt keinen kulturellen Bruch zwischen Patient und Heiler. Tatsächlich schafft der Abstand, der sich zwischen einem Unterschichtpatienten und einen spezialisierten Arzt auftut, erst die sozio-kulturelle Kluft als dies ein kleinerer Sprachunterschied vermag.

3.3 Das Scheitern bei der vorhergehenden Instanz

Wie man deutlich auf dem Schema der Heilungswege sehen konnte, wirft das Scheitern bei der vorhergehenden Instanz den enttäuschten Patienten nun auf eine niedrigere Ebene. Dementsprechend wird sich der durch die wissenschaftliche Prognostik der modernen Medizin nicht geheilte Patient selbstverständlich nun der Wahrsagung des Baraka anvertrauen. Baraka nimmt den Platz einer letzten Instanz ein.

4. Die Feminisierung der Rituale

Die Vorliebe speziell der Frauen für solche divinatorischen Rituale lässt sich vielleicht auch als eine Auflehnung gegenüber einer maskulin dominierten Gesellschaft verstehen, einer Möglichkeit auszubrechen, Geld auszugeben oder sich einfach unter Frauen zu befinden, um einem Schauspiel außerhalb des Alltags beizuwohnen. Vor allem hat unter verschiedenen Forschern Erika BOURGIGNON diesen Aspekt unterstrichen (BOURGIGNON 1983: 73-93).

5. Die finanziellen Mittel

Allgemein kann man sagen, dass die verfügbaren finanziellen Mittel die Wahl der Orte medizinischer Dienstleistungen mitbestimmen: Klinik oder Ambulanz, Allgemeinmediziner oder Spezialist, das sind sehr oft einfach Fragen der finanziellen Möglichkeiten. Dagegen spricht die Entscheidung, auf die Baraka zurückzugreifen, für soziale und kulturelle Faktoren, die kaum in einen Zusammenhang mit dem Einkommen eines Haushaltes stehen. Tatsächlich ist Baraka sehr preiswert zu erlangen, manchmal sogar gegen eine Abgabe von Naturalien.

6. Schlussfolgerung

In diesem Stadium der Diskussion muss man aber fragen, ob man schon wissen kann, ob Tunesien derzeit die Modernisierung des Gesundheitswesens weiter zu verfolgen und dabei imstande ist, angesichts dieser Traditionen das Gleichgewicht der Gesellschaft bewahren zu können. Das städtische Tunesien verfügt heute über 170 Gesundheitseinrichtungen, die über eine Kapazität von 16141 Betten verfügen. Dadurch kann der Versorgungsbedarf der städtischen Bevölkerung gedeckt werden und der Gesundheitsdienst in Konkurrenz zu den traditionellen divinatorischen Praktiken treten. Dies war 1960 noch nicht der Fall war, als eine rudimentäre Infrastruktur des Gesundheitswesens eben auf Grund des Mangels eher zur Konsultation der Instanzen trieb, die über Baraka verfügten. Wie auch immer, es ist eher Skepsis gegenüber der tatsächlichen Bedeutung der divinatorischen Praktiken in den muslimischen Gesellschaften geboten. Dazu reicht es, den folgenden Koranvers zu lesen:

> «Quand bien même vous seriez restés dans vos maisons, ceux d'entre vous pour qui la mort était décrétée seraient sortis pour se rendre à l'endroit où la mort les attendait». (Sourate Al Omrane, 154) // ... Wenn ihr (noch) in euren Häusern gewesen wäret, wären diejenigen (von euch), über die die (Vorher)bestimmung ergangen ist, getötet zu werden, (trotzdem) zu der Stätte, an der sie (jetzt) liegen, herausgekommen (um hier zu kämpfen und zu sterben) ... Gott weiß Bescheid über das, was die Menschen in ihrem Inneren hegen. (Sure 3: Die Sippe 'imrāns, aus Vers 154).

7. Bibliographie:

BOUHDIBA Abdelwahab 1995. *Quêtes sociologiques*. Tunis: Cérès.

BOISSEVAIN Katia 2002. Pureté rituelle et différenciation sociale dans le culte de Saida Manoubiya. *Correspondances* 69 (Institut de Recherche sur le Maghreb contemporain, Tunis, février 2002).

BOURGUIGNON E. 1986. *Divination, transe et possession en Afrique Transaharienne, Tome II*. Patris: PUF: 73-76

CONRAD Lawrence, NEVE Michael, NUTTON Vivian, PORTER & ROY Andrew 1999. *Histoire de la lutte contre les maladies*. Cambridge University Press, France.

DEKHIL Ezzedine 2000. *Corps possédés, corps en transe*. Sahar. Tunis, Januar).

DIF Ezzedine Malika 2003. *La maladie et la mort en Islam*. Paris: Tawhid.

EVANS-PRITCHARD E. E. 1972. *Sorcellerie, oracles et magie chez les Azande*. Paris: Gallimard.

FABRÉGA H. 1985. Les soins de santé primaire peuvent-ils réduire la mortalité infantile? Bilan critique de quelques programmes africains et asiatiques. In *La lutte contre la mort, Travaux et documents n° 108*. Paris: INED-PUF.

HAMMOUDI Abdallah 1988. *La victime et ses masques*. Paris: Seuil.

LONGUENESSE Elisabeth 1995. *Santé, médecine et société dans le monde arabe*. Paris: L'Harmattan.

NJAH M., MTIR N., KACEM M., BEN SALEM K., HAJ FREJ A. & MARZOUKI M. 1993. Pratiques de prévention et de promotion de la santé en médecine libérale. *Tunisie Médicale* Vol. N° 71 (Tunis, janvier 1993).

TURNER V. 1972. *Les tambours d'affliction. Analyse des rituels chez les Ndembu de Zambie*. Paris: Gallimard.

Artikel eingegangen: April 2005
Artikel angenommen: Juni 2005

Sofiane Bouhdiba (Jg. 1968) Prof., Soziologe und Bevölkerungswissenschftler an der Universität von Tunis, Human resources and Public relations Manager, PA Resources Tunisia. Spezielle demographische Arbeitsgebiete zur Mortalität und Morbidität in islamischen Ländern. Lehre seit 1999 in Tunis, Paris, Dakar, Louvain, Florenz.

1 rue 7208 menzah 9 A   2092   Tunis / Tunisie
e-mail: s.bouhdiba@voila.fr

New Trends in Ethnobotany and Ethnopharmacology / L'ethnopharmacologie et l'ethnobotanique: de nouvelles perspectives

2. Ankündigung / 2nd Announcement / 2ième avertissement

8-9-10 november 2007
Leipzig

AGEM – Arbeitsgemeinschaft Ethnomedizin e.V. /
Working Group "Ethnomedizin" / Medical Anthropology
(www.agem-ethnomedizin.de)

in co-operation with

European Society of Ethnopharmacology – ESE
Société Européenne d'Ethnopharmacology – SEE

University of Leipzig (Institute for Ethnology, Botanical Garden Leipzig) and Grassi Museum

sponsored by the Fritz-Thyssen-Foundation

Neue Perspektiven in Ethnobotanik und Ethnopharmakologie

6th Europ. Colloquium on Ethnopharmacology & 20. Fachkonferenz Ethnomedizin – Joint meeting: 8 - 9 - 10 November 2007

Invitation for Posters (deadline 31 July)

Posters concerning all topic related to ethnobotany and ethnopharmacology are welcome

Poster zu allen ethnobotanischen und ethnopharmakologischen Themen

Des affiches concernant tous les thèmes en ethnobotanique et ethnopharmacologie sont les bienvenues.

Papers (now limited oral contributions)

To the Suggested Conference Topics

1) Skin and wrapper: Dermatology, cosmetics and prevention
2) Humans and animals: From ethnozoology and veterinary medicine to the construction of the bird flu
3) Ethnomycology: Inventory of non-hallucinogen mushrooms and of other chitin-containing substances (e.g. insects..)
4) Toward an anthropology of medications
5) Ethics and international rules for an applied ethnobotany and an applied ethnopharmacology: How do we value traditional knowledge?

Themenbereiche

1) Haut und Hülle: Dermatologie, Kosmetik und Prävention
2) Mensch und Tier: Von der Ethnozoologie und Veterinärmedizin bis zur Konstruktion der Vogelgrippe
3) Ethnomykologie: Inventar zu den nicht halluzinogenen Pilzen und zu sonstigen chitinhaltigen Substanzen (Insekten)
4) Anthropologie der Medikamente
5) Ethik und Internationale Regelwerke für die angewandte Ethnobotanik und Ethnopharmakologie: Wie real ist die Wertschätzung traditionellen Wissens?

Sujets à aborder

1) Peau et (re-)vêtement: Dermatologie, cosmétique et prévention
2) L'homme et l'animal: De l'ethnozoologie et la médicine vétérinaire à la grippe aviaire
3) Ethnomycologie: Inventaire des champignons non-hallucinogènes et d'autres substances contenant de la chitine (e.g. insectes)
4) Vers une anthropologie des médicaments
5) L'éthique et les règles internationales pour une ethnobotanique et une ethnopharmacologie appliquée: Quelles sont les valeurs du savoir traditionnel?

Der Geruch des *ǧinn* – Phänomenologische Überlegungen zur kulturellen Bedeutungsdimension sinnlicher Erfahrung in Marokko[1]

BERNHARD LEISTLE

Zusammenfassung Vorliegender Essay beschäftigt sich mit der Funktion, die der menschlichen Sinneserfahrung besonders in rituellen Performanzen bei der Konstitution und Darstellung kultureller Inhalte zukommt. Gegen einen positivistischen Erfahrungs- und Kulturbegriff gewandt wird aus einer phänomenologischen Perspektive argumentiert, dass in der Erfahrung ein Verhältnis sinnlicher und sinngebender Kommunikation zwischen einem leiblichen Selbst und dessen Umwelt besteht, welches als Quelle und Verankerung kultureller Bedeutungen fungiert. Der Aufsatz zeichnet diesen Prozess der Sinnkonstitution anhand von rituellen Praktiken und Konzepten aus der marokkanischen Trance- und Besessenheitskultur nach. Dabei zeigen sich sinnvolle Übereinstimmungen zwischen den kommunikativen Eigenschaften der über rituelle Medien angesprochenen Sinne und den im Ritual zu kommunizierenden konzeptuellen Inhalten. Als analytisches Beispiel dient der Geruchssinn, durch dessen Struktur wichtige soziale und religiöse Merkmale marokkanischer Existenz in der Erfahrung der Ritualteilnehmer zur Darstellung gebracht und zugleich realisiert werden.

The Odor of the *ǧinn* — Phenomenological Reflections on the Cultural Functions of Sensory Experience in Morocco

Abstract Present essay deals with the representative functions of human sensory experience in culture, special focus being laid on ritual performances. Contrary to positivist conceptions of experience and culture the argument presented here is grounded in a phenomenological perspective, claiming that human experience is best understood as meaningful communication between a body-self and its environment. A set of sensory relations is conceptualized as the origin from which all cultural meaning springs. The article attempts to track such processes of sense constitution in the realm of the Moroccan culture of trance and possession. In the course of analyses meaningful correspondences emerge between the communicative features of the senses appealed to by means of ritual media and the conceptual contents to be communicated in ritual. As an empirical example olfaction is chosen whose phenomenological structure can be shown to represent and at the same time realize important social and religious traits of Moroccan cultural existence.

Keywords (Schlagwörter) sinnliche Erfahrung (sensory experience) – Phänomenologie (phenomenology) – Besessenheit (possession) – Kulturtheorie (culture theory) – Geruchssinn (olfaction) – Marokko (Morocco)

1. Erfahrung als Kommunikation

Gibt es eine Gemeinsamkeit zwischen Formen menschlichen Ausdrucks, die über die Grenzen von Raum, Zeit und Medium hinweg Bestand hat? Wo liegt etwa das verbindende Element zwischen Ritualpraktiken im zeitgenössischen Marokko und einer literarischen Darstellung aus dem England des späten 19. Jahrhundert?

Oscar WILDES Roman "The Picture of Dorian Gray" (dt. „Das Bildnis des Dorian Gray", hier zitiert nach einer engl. Ausgabe von 1985), enthält eine Vielzahl von faszinierenden Beschreibungen des menschlichen Sinnenlebens. Der Hauptprotagonist macht es sich zur Aufgabe seines Lebens, dieses nicht mehr nach moralischen, sondern ausschließlich nach ästhetischen Kriterien zu gestalten. Für dieses Projekt wird er von Wilde mit den denkbar besten Voraussetzungen ausgestattet: Er besitzt Unschuld, Grazie, blendendes Aussehen, Intelligenz; vor allem aber das Portrait, das sein Freund, der Maler Hallward, von ihm anfertigt und welches auf magische Weise für ihn altert. Alle Spuren der Ausschweifungen und Verfehlungen Grays zeichnen sich in dieses Abbild ein, während seine äußere Erscheinung makellos bleibt. Oscar Wilde stellt den moralischen Niedergang seines Helden als in dessen Charakter bereits angelegt dar. Ausgelöst jedoch wird er durch die Begegnung mit Henry Wotton, einem zynischen jungen Aristokraten. Bei ihrem ersten Aufeinandertreffen ist Gray von Wottons rhetorisch brillanten Reden über die Vergänglichkeit der Schönheit und die Unwiederbringlichkeit der Jugend schockiert und fasziniert zugleich. Verwirrt lässt ihn der Autor in den Garten flüchten:

> Lord Henry went out to the garden, and found Dorian Gray burying his face in the great cool lilac blossoms, feverishly drinking in their perfume as if it had been wine. He came close to him, and put his hand upon his shoulder. "You were quite right to do that", he murmured, "Nothing can cure the soul but the senses, just as nothing can cure the senses but the soul". (WILDE 1985: 44)

Hier wie an anderen Stellen seiner Geschichte vertraut der Dichter darauf, dass der Leser zur Interpretation eine intuitive Kenntnis seiner Leiblichkeit heranzieht. Er geht davon aus, dass wir als sinnlich empfindende Wesen in der Lage sind spontan zu erfassen, warum Gray in dieser Situation sein Gesicht in eine Blume drückt. In analoger Weise, behaupte ich, beruht der Sinn von Ritualen auf den Strukturen leiblicher Erfahrung. Wie Wildes literarische Darstellung so machen auch marokkanische Trance- und Besessenheitspraktiken sinnvollen Gebrauch von einem nicht-reflektierten Wissen um die Funktionsweise des menschlichen Leibes. Rituelle wie literarische Geste entspringen beide, wenn auch auf jeweils spezifische Weise, der leiblichen Existenz.

Eine solche anthropologische These lässt sich aus phänomenologischen Überlegungen ableiten. Die Phänomenologie zeichnet sich unter anderen Richtungen philosophischen Denkens dadurch aus, dass sie ihre Antworten durch den konsequenten Bezug auf die menschliche Erfahrung sucht. Einer ihrer Grundsätze lautet, dass jeder im menschlichen Leben erscheinende Sinn (d.i. jedes Phänomen) letztlich rückführbar sein muss auf eine Form des Erlebens, in dem dieser Sinn sich ausbildet. Die Beschreibung und Interpretation der Strukturgesetze und Ordnungsprinzipien dieses Konstitutionsprozesses bilden das Arbeitsgebiet der Phänomenologie.

Den grundlegendsten Modus des Erlebens bildet die sinnliche Erfahrung des Menschen, die erlebte Beziehung, über die er vermittels seiner Sinne zu seiner Umwelt steht. Es war wohl Maurice MERLEAU-PONTY, der den sensorischen Ursprungsgrund von Sinn und Bedeutung am eindringlichsten beschrieben hat. MERLEAU-PONTY (1966) konzipiert die sinnliche Erfahrung als eine Form sinnvoller Kommunikation zwischen scheinbar ontologisch disparaten Einheiten und Bereichen: Mensch und Welt, Subjekt und Objekt, Innen und Außen. Die Erfahrung einer objektiv gegebenen Realität stellt das Resultat, nicht den Ausgangspunkt dieses Verständigungsprozesses dar. Nicht logisches Denken und rationaler Verstand bilden die geistigen Fähigkeiten, aufgrund derer der Mensch in der Lage ist, in dieses kommunikative Verhältnis einzutreten. Bei MERLEAU-PONTY ist es der menschliche Leib, konzipiert als Versammlung sinnlicher Fähigkeiten, welcher jedem Verstehen die Grundlage verleiht. Über seinen Leib steht der Mensch in einer ständigen, nicht zu lösenden Verbindung zur Welt. Ohne je darüber reflektieren zu müssen, besitzt er von Geburt an, durch die Tatsache seiner Inkarnation, ein intuitives Wissen über die Funktionsweise seines Körpers und die Erscheinungsweise der Welt. Seine Bewegungen, sein Sehen, Hören und Fühlen gewinnen jedem Gegenstand, auf den sie sich richten, Sinn ab. Die Phänomenologie fasst den Sachverhalt einer notwendigen Einstellung des leiblichen Bewusstseins auf den Gegenstand seiner Erfahrung unter dem Begriff der Intentionalität. Die prä-reflektive und prä-objektive Intentionalität seines Leibes stellt das ursprünglichste Kommunikationsinstrument des Menschen dar, ihre Strukturen bilden eine stille Sprache, in der sich das erste und grundlegendste Verstehen zum Ausdruck bringt:

> Verstehen heißt, die Übereinstimmung erfahren zwischen Intention und Vollzug, zwischen dem, worauf wir abzielen, und dem, was gegeben ist; und der Leib ist unsere Verankerung in der Welt. Indem ich meine Hand an mein Knie führe, erfahre ich in jedem Moment der Bewegung die Realisierung einer Intention, die nicht auf mein Knie als Idee oder auch nur als Gegenstand abzielt, sondern als gegenwärtigen und wirklichen Teil meines lebendigen Leibes, und d.h. letztlich als Durchgangspunkt meiner beständigen Bewegung auf die Welt zu. (MERLEAU-PONTY 1966: 174/175)

Die einzelnen Sinne sind spezifische Varianten leiblicher Intentionalität, sie sind die Formen, die das leibliche Verstehen in der menschlichen Erfahrung annimmt. Anders ausgedrückt fungiert der Einzelsinn als Medium, das Welt in einer seiner kommunikativen Struktur entsprechenden Weise zur Erscheinung bringt. Leibliche Kommunikation verläuft dabei nicht einseitig; über die sensorische Aktivität etabliert sich nicht nur ein externer Bezug.

Die Welt im Medium eines Sinnes zu erfahren, bedeutet stets auch sich selbst auf eine bestimmte Weise zu erfahren. Phänomenologisch gesprochen sind Weltbezug und Selbstbezug stets aneinander gekoppelt (s.a. WALDENFELS 2000: 265ff.). Hier findet sich der Ansatzpunkt für eine phänomenologischen Psychologie, den Erwin STRAUS so formuliert: „Im Empfinden erleben wir uns in und mit unserer Welt" (STRAUS 1956: 208). Jeder Sinnesmodalität entspricht eine typische Erscheinungsweise der Welt, wie auch ein charakteristischer Modus der Selbsterfahrung.

Vorliegender Essay stellt einen Versuch dar, die phänomenologische Konzeption sinnlicher Erfahrung als Kommunikation zwischen leiblichem Selbst und Welt auf hermeneutische Probleme der Kulturwissenschaften anzuwenden. Auf gleiche Weise, wie er seine Wahrnehmungswelt versteht, so versteht der Mensch grundsätzlich auch seine Kulturwelt, nämlich durch die Erfahrung einer Übereinstimmung zwischen seinen Intentionen und deren Vollzug. Die kulturelle Intentionalität wird zwar in vielfacher Weise durch die historisch gewachsenen Sinnstrukturen der Lebenswelt geformt, aber sie bleibt notwendigerweise in einer leiblichen Grundlage verankert, da auch die kulturellen Bedeutungen in den Medien sinnlicher Erfahrung zum Ausdruck gebracht werden müssen. Die Kultur bringt diese Verankerung zustande, indem sie die menschliche Leiblichkeit in einer Weise arrangiert, die mit ihren semantischen Inhalten in Übereinstimmung steht. Ist diese Hypothese zutreffend, so müssen sich in jeder Kultur sinnvolle Entsprechungen feststellen lassen zwischen deren konzeptuellen Ordnungen und den vielfältigen Formen sinnlichen Ausdrucks, in welche jene sich eingekleidet finden. Die Sinne, die durch eine bestimmte Form kultureller Praxis angesprochen werden, müssen dank ihrer kommunikativen Funktion in der Lage sein, die jeweiligen kulturellen Inhalte zu transportieren, sie im Medium der Erfahrung verständlich zu machen. Die Eignung des Einzelsinnes, eine spezifische Aufgabe im Prozess kultureller Kommunikation zu übernehmen, lässt sich anhand seiner phänomenologischen Struktur ermessen. Darunter ist die geordnete Relation zu verstehen, welche die jeweilige Sinneserfahrung zwischen Mensch und Welt etabliert, zwischen einer typischen Erscheinungsweise des Außen und einer ebenso typischen Gegenwartsweise des Selbst. Jeder einzelne Sinn unterscheidet sich in dieser Hinsicht von den anderen und stimmt zugleich im Vorhandensein allgemeiner Artikulationsmerkmale, wie bspw. Räumlichkeit und Zeitlichkeit mit ihnen überein. Das bedeutet, dass die strukturellen Eigenheiten des einzelnen Sensoriums nicht als absolute Determinanten, sondern als Tendenzen begriffen werden müssen, nach denen sich die Erfahrung organisiert.

Ich habe bereits an anderer Stelle einen Versuch unternommen, sinnvolle Zusammenhänge zwischen einem Erfahrungsmodus und den mit ihm verbundenen Appell an die Sinnstrukturen der menschlichen Leiblichkeit aufzuzeigen (LEISTLE 2006a). Dabei erwies sich, dass in marokkanischen Trance- und Besessenheitsritualen der Einsatz ritueller Medien wie Räuchersubstanzen, Musik und Tanz nicht beliebig erfolgt, sondern vielmehr im Einklang steht mit einer rituellen Intention, nämlich der Herbeiführung von Trancezuständen bei einem Teil der Teilnehmer. In diesem Artikel knüpfe ich an diesen Gedanken an und dehne den phänomenologischen Ansatz auf den Bereich der kulturellen Bedeutung im engeren Sinne aus. Im heutigen Marokko wird Trance, zumindest in dem Milieu, in dem ich geforscht habe, als Besessenheit durch Geister, ǧnūn, interpretiert. Der Aufsatz beschäftigt sich mit der Frage, ob in der kulturellen Praxis der symbolischen Repräsentation und rituellen Performanz der ǧnūn sinnvolle Bezüge zur kommunikativen Struktur der angesprochenen Sinne zu entdecken sind. Als Beispiel dient der Geruchssinn, der in der kulturellen Darstellung von Geistern und Geistbesessenheit eine wichtige Rolle spielt.

2. Zur Ethnographie der Besessenheit in Marokko

Wie in der gesamten arabischen Welt, so ist auch in Marokko der Glaube an Geister, ǧnūn (marokkanisch arab.; sg. ǧinn), fest in den volksreligiösen Praktiken und Vorstellungen verankert.[2] Manche Wissenschaftler nehmen an, dass er seine heutige Form dem kulturellen Einfluss von Sklaven verdankt, die der marokkanische Sultan Mulay Ismail (1672-1727) zu Hunderttausenden aus Westafrika verschleppen ließ, damit er aus ihnen das Arbeiterheer für seine monumentalen Bauvorhaben und seine Armee rekrutieren konnte. Den rituellen Spezialisten schlechthin in den Angelegenheiten der ǧnūn, den Mitgliedern der Gnāwa-Bruderschaften, wird eine Abstammung von diesen Gruppen unfreiwilliger Immigranten nachgesagt.

Die *ǧnūn* sind im allgemeinen nur vage charakterisiert. Sie werden als unpersönliche, körperlose Wesen vorgestellt, deren Wirken für eine Vielzahl von Phänomenen verantwortlich ist. Allerdings lassen sie sich in zwei große Klassen unterteilen, auf die das Merkmal der Anonymität in verschiedenem Maße zutrifft. Die „ungläubigen", d.h. jüdischen und christlichen Geister sind zumeist namenlos und ihr Wirken wird durchgängig als für den Menschen schädlich betrachtet (CRAPANZANO 1981:165 ff.). Die „gläubigen", muslimischen Geister sind häufiger benannt, wenn auch selbst ihre Charakterisierung in der Regel unbestimmt bleibt. Ihr Einfluss auf den Menschen ist weniger gefährlich als der der Ungläubigen, ihre Handlungen mehr von moralischer Ambivalenz und Launenhaftigkeit geprägt als von echter Boshaftigkeit. Im Normalfall lassen sie die Menschen in Frieden, ahnden jedoch die ihnen gegenüber begangenen Verstöße gegen die Regeln des Respekts und der Höflichkeit. Wenn ich im folgenden von *ǧnūn* im allgemeinen spreche, so beziehe ich mich auf deren muslimische Variante.

Allerdings sind Übertretungen der Anstandsregeln für die Menschen keineswegs leicht zu vermeiden, da die *ǧnūn* unsichtbar bleiben oder in verwandelter, menschlicher oder tierischer Gestalt erscheinen und daher oft nicht zu erkennen sind. Auch bewohnen sie bevorzugt dunkle und feuchte Orte wie Kanäle und Abflüsse, so dass es leicht einmal geschehen kann, dass man einen *ǧinn* oder seine Kinder unabsichtlich verletzt oder beleidigt, indem man heißes Wasser über sie schüttet, nachts eine Katze vertreibt etc. Diese letztendliche Unabsehbarkeit der Konsequenzen menschlichen Handelns ist ein wichtiges Element der mit dem Geisterglauben verbundenen Vorstellungswelt.

Die Darstellung der sozialen Organisation der *ǧnūn*, von denen es eine prinzipiell unendliche Vielzahl gibt, bildet eine Art Gegenentwurf zur menschlichen Gesellschaft. Sie heiraten untereinander, gründen Familien, lassen sich in Stämme unterteilen, werden gar von einem König regiert.[3] Aber solche umfassenden, sozusagen epischen Konzeptionen der Geisterwelt weisen zumeist einen geringen Differenzierungsgrad auf, ihre Systematisierung bleibt dem Individuum vorbehalten, dem „Seher" (*šuwāf*; fem. *šuwāfa* s.u.) oder Erzähler, der seine Klientel mit Geschichten über die *ǧnūn* fesselt. Relevanz für das menschliche Handeln erlangt in erster Linie der einzelne *ǧinn*, indem er auf das Leben eines bestimmten Menschen Einfluss nimmt. Die anthropomorphe Repräsentation der Geisterwelt reflektiert auf diese Weise ein zentrales Strukturmerkmal der marokkanischen Sozialorganisation, nämlich deren Individuumszentrierung. Die marokkanische Gesellschaft lässt sich weniger als ein System von sozialen Gruppen mit stabilen Identitäten beschreiben, deren Beziehungen zueinander die Interaktionen zwischen ihren Mitgliedern regulieren, sondern vielmehr als ein dynamisches, unendlich sich verzweigendes Geflecht interpersonaler Beziehungen. Die zentrale Einheit dieses Sozialsystem bildet das handelnde Individuum, das stets damit beschäftigt ist, sein personales Netzwerk in einer seinen Intentionen entsprechenden Weise zu gestalten (CRAPANZANO 1981, 1983; EICKELMAN 1976; GEERTZ 1979). Aus diesem sehr prägnanten Prinzip sozialer Organisation speisen sich sowohl die erstaunliche Flexibilität, als auch die existentielle Unsicherheit, die für die marokkanische Sozialwelt kennzeichnend sind.

Als Wirken der *ǧnūn* in der menschlichen Welt können eine ungewöhnliche Reihung unglücklicher Vorfälle, unerklärliche Zustände wie Kinderlosigkeit, aber auch Verhaltensauffälligkeiten gelten, die dem Bereich des Pathologischen zugerechnet werden. Letzterer Fall ist hier von besonderem Interesse, da er als körperliche Besitzergreifung der betroffenen Person durch einen *ǧinn* interpretiert wird. Die volksreligiöse Kultur Marokkos differenziert terminologisch zwischen verschiedenen Formen der Geistbesessenheit (s.a. CRAPANZANO 1981: 183ff.). Als Unterscheidungskriterien fungieren die Art und Schwere der zu beobachtenden Symptome, zu denen Lähmungen und dissoziative Bewusstseinszustände, aber auch als a-sozial bewertete Verhaltensweisen, wie Aufsässigkeit gegenüber den Eltern zählen, sowie Dauer, Stabilität und Intensität der Beziehung zwischen Geist und Mensch. Das Spektrum reicht von Formen der temporären Heimsuchung durch einen *ǧinn* (*maḍrūb*, „geschlagen"), bis hin zu nicht revidierbaren Zuständen dauerhafter Besessenheit (*maskūn*, „bewohnt"). Die extremste Manifestation einer Beziehung zur Geisterwelt besteht in einer Art Ehe zwischen *ǧinn* und Mensch, die letzterem die Verbindung mit seiner eigenen Gattung unmöglich macht[4].

Im marokkanischen Kontext machen alle Formen des direkten Kontaktes mit den ǧnūn rituelle Gegenmaßnahmen notwendig. Im Falle von Visionen und Träumen genügen häufig prophylaktische Handlungen, wie das Räuchern des Hauses oder eine Opfergabe an einem Heiligenschrein. Handelt es sich jedoch um einen Fall von Besitzergreifung, wird sich die betroffene Person oder deren Familie an einen rituellen Spezialisten wenden, um eine Diagnose der Identität und der Forderungen des verantwortlichen ǧinn zu erhalten. Erste Anlaufstation ist oft der šuwāf, häufiger noch die šuwāfa (von šuwāfa, „sehen"), denn die Praktizierenden sind in der Mehrzahl Frauen.[5] Man kann diese Form rituellen Spezialistentums mit einigem Recht als „marokkanischen Schamanismus" bezeichnen. Die šuwāfa hat ihre Besessenheit gemeistert und ist dadurch in der Lage, auf eigene Initiative Kontakt zur Geisterwelt aufzunehmen. Derjenige ǧinn, zu dem die šuwāfa eine privilegierte Beziehung unterhält, fungiert gewissermaßen als Hilfsgeist und ermöglicht ihm, Identität und Anliegen anderer Geister festzustellen.

Von der šuwāfa erfährt die hilfesuchende Person gegen ein in religiösen Begriffen legitimiertes Entgelt, welches Wesen sie plagt und wie Abhilfe zu schaffen ist. Geht der Einfluss von einem ungläubigen Geist aus, hilft in aller Regel nur der Exorzismus, welcher mittels Koranrezitationen durch einen fqīh vorgenommen wird.[6] Handelt es sich aber um einen muslimischen, benannten ǧinn, besteht die Behandlung darin, seine Forderungen zu erfüllen und sich so von unerwünschten Beeinträchtigungen durch ihn zu befreien. Ziel der Therapie ist es, eine Art Vertrag zwischen ǧinn und Mensch zustande zu bringen, welcher die Beziehung zwischen den Partnern in geregelte Bahnen lenkt, sie stabilisiert und kontrollierbar macht. Gelingt dies, so kann sich der schädliche Einfluss des ǧinn gar in sein Gegenteil verkehren, dieser zu einer unterstützenden Kraft für den Menschen werden (CRAPANZANO 1981: 199).

Ritual und Trance stellen zentrale Punkte in diesem Vertrag dar. Die betroffene Person wird in aller Regel dazu verpflichtet, zu Ehren des ǧinn ein Fest auszurichten, dessen Programm maßgeblich von einer der Musik- und Tanzgruppen bestimmt wird, die sich in ihrem Performanzstil auf marokkanische Sufi-Bruderschaften berufen. Diese rituellen Feste, in deren Vorbereitung und Durchführung die ganze Familie des besessenen Individuums miteinbezogen ist, finden zumeist nachts statt und werden aufgrund dieses Umstandes līla, „Nacht" genannt. Sie bildeten den Hauptgegenstand meiner Feldforschung, während derer ich zwei dieser Musikensembles, eine Gruppe von ʿĪsāwā und eine der Ḥamadša regelmäßig bei ihren Auftritten begleitete. Beide Gruppen reklamierten für sich eine historische Verbindung zu berühmten marokkanischen Heiligen und deren Sufi-Bruderschaften, religiösen Organisationen, die für sich in Anspruch nehmen, das genetische und spirituelle Erbe ihres Gründungsheiligen zu verwalten und fortzuführen (s. bspw. TRIMINGHAM 1971). Bei den Ḥamadša handelt es sich dabei um Sīdī ʿAlī ben Ḥamdūš, einem Heiligen des 18. Jahrhunderts n. Chr., der für seine ekstatischen Trancezustände bekannt war und dem seine Anhänger nach seinem Tod einen Schrein im Zerhūn-Gebirge in der Nähe von Meknes errichteten. Das Mausoleum des Namenspatrons der ʿĪsāwā, Sīdī Muḥammad benʿĪsā liegt in Meknes selbst und ist Jahr für Jahr Ziel Zehntausender Pilger, wenn zum Gedenken dieses über die Landesgrenzen hinaus bekannten Heiligen ein mūsim, ein religiöses Festival veranstaltet wird. Obwohl beide Bruderschaften für ihre ekstatischen Trancezustände, die vielfältige Formen der Selbstverletzung beinhalten, berüchtigt sind, können wohl nur die Ḥamadša eine historische Legitimation dieser Praktiken anführen. Sīdī benʿĪsā, ehrfürchtig auch aš-šayḫ al-kāmil, „der vollkommene Sheikh" genannt, neigte zu Lebzeiten (15./16. Jhdt.) in seiner Religionsausübung wohl eher der Askese und der Meditation zu (BRUNEL 1926).

3. Symbolische Repräsentation und rituelle Performanz der ǧnūn

Im heutigen Marokko verbinden nur wenige aus der Vielzahl von Musik-Gruppen mit Sufi-Hintergrund religiöse Ambitionen mit ihrer Tätigkeit. Für die überwiegende Mehrzahl der Musiker sind die Auftritte auf līlas (und Festivals, falls ihr Renommee dafür ausreicht) in erster Linie Beitrag zum Lebensunterhalt. Und „Arbeit", ḫadma, nennen sie auch ihre Performanzen, in denen sich Abschnitte mit Liturgien (ḥizb), religiösen Gesängen (qaṣīda; pl. qaṣāʾid), segnenden Gebeten (fatḥa; pl. fatāʾih) und den ǧnūn gewidmete Sequenzen zu einem rituellen Ganzen vereint finden.[7] Die Geistersequenzen werden als riyāḥ (sg. rīḥ) bezeichnet, ein Wort, das sowohl synonym mit ǧinn verwendet werden kann, das aber in der Alltagssprache auch „Wind" bedeutet. In einem engeren Sinne wird rīḥ als Ausdruck für das Lied gebraucht, durch das der betreffende ǧinn herbeigerufen wird. Man sagt etwa „der rīḥ von Sīdī Mūsa", wenn man das Musikstück, „der rīḥ Sīdī Mūsa", wenn man den Geist selbst meint. Die Grenzen zwischen diesen beiden Verwendungsformen sind keineswegs klar gezogen und die Homonymie von rīḥ kann als sprachlicher Reflex der Untrennbarkeit zwischen symbolischer und performativer Ebene gedeutet werden. Die kulturelle Bedeutung des Symbols „ǧinn" ist unablöslich verbunden mit den Formen sozialer und v.a. ritueller Praxis, in denen sie sich realisiert. Aus einer performanztheoretischen Perspektive – und aus der Sicht der Ritualteilnehmer, die sich zur Beschreibung der ǧnūn häufig an den gesungenen Worten orientieren – ist das Lied tatsächlich der ǧinn (LEISTLE 2006a). Ein weiteres Indiz in diese Richtung und einen interessanten Hinweis auf die Bedeutung der Olfaktion für die kulturelle Darstellung der ǧnūn liefert das kognate, durch Hinzufügung der Feminin-Endung –a gebildete Nomen rīḥa, das mit „Geruch", „Aroma" wiedergegeben werden kann.

Wird der rīḥ eines ǧinn im Rahmen einer lila gespielt, so verlangt die Ideologie der Besessenheit in Marokko, dass die Personen, die zu dem betreffenden Geist eine Beziehung unterhalten, von ihren Plätzen aufstehen und tanzen. Der Tanz geht beim Tänzer häufig (theoretisch: immer) mit außeralltäglichen Bewusstseinszuständen einher. Richtet man sich nach der marokkanischen Theorie, so stellt der Trancetanz eine Folge der Besitzergreifung durch den ǧinn dar. Dieser hört seinen rīḥ, inkarniert in seinem Opfer – „packt seine Knochen", wie der plastische marokkanische Ausdruck wiedergegeben werden kann – und zwingt den Besessenen zum Tanz, bis sein Verlangen gestillt ist. Die Zufriedenheit des Geistes drückt sich im ohnmächtigen Zusammenbruch des Tänzers beim Verstummen der Musik und der darauf folgenden Entspannung des Körpers aus.[8]

Wie eng die konzeptuelle Verbindung zwischen Tanz und Trance ist, zeigt erneut der Sprachgebrauch. ǧidba (schriftarabisch ǧadaba, „entrückt sein") wird sowohl als Bezeichnung für den Tanz, als auch für den mit ihm einhergehenden Bewusstseinszustand verwendet. Allerdings kann das Verhältnis zwischen Trance und Besessenheit nicht als eindeutiges, oder gar als kausales betrachtet werden. Nicht jeder Besessene tanzt in der Trance, manche erleiden, noch während sie sitzen, Krampf- und/oder Ohnmachtsanfälle. Auch erreicht nicht jeder Teilnehmer, der die Intention dazu hat, einen vom alltäglichen Wacherleben abweichenden Bewusstseinszustand (tatsächlich konnte ich gescheiterte Versuche beobachten, die für die Beteiligten äußerst qualvoll zu sein schienen). Jedoch ändert dies nichts an der Tatsache, dass ein Tänzer, der sich während einer *lila* in Trance befindet (oder zumindest glaubhaft den Anschein gibt, in Trance zu sein), von den Ritualteilnehmern nicht mehr als er selbst, sondern als Verkörperung eines ǧinn, der von ihm Besitz ergriffen hat, betrachtet wird. Seine Handlungen werden nicht mehr als Ausdruck seines persönlichen, sondern eines fremden Willens interpretiert und sind somit den normalen Maßstäben der moralischen Bewertung entzogen. Transgressives Verhalten, das ansonsten als unanständig oder gar unislamisch verurteilt würde, bleibt unter dieser Prämisse frei von negativen Konsequenzen. CRAPANZANO (1981: 266) führte die therapeutische Wirksamkeit des Ḥamadša-Rituals unter anderem auf diese Möglichkeit einer sanktionsfreien Abreaktion von psychologischen Konflikten zurück, mit denen sich das Individuum konfrontiert sieht. Er vermutet den Ursprung dieser Konflikte in Spannungen und Widersprüchen, welche die patriarchalische Kultur Marokkos hervorbringt. Trifft diese Vermutung zu, so würde sie auch den hohen Anteil weiblicher Teilnehmer an den Ritualen der Ḥamadša und ʿĪsāwā erklären.

Der in Trance befindliche Besessene ist die Verkörperung des Geistes schlechthin, das Herzstück seiner kulturellen Repräsentation, die ansonsten im Gegensatz zu anderen Besessenheitskulten und in Einklang mit der allgemeinen islamischen Einstellung zur Abbildung auf ikonische Darstellungsformen verzichtet. Verschiedene ǧnūn unterscheiden sich durch distinktive Formen des Tranceverhaltens. Oftmals fungiert eine rituelle Geste von hoher Expressivität als Differenzierungsmerkmal, so im Falle des weiblichen Geistes Lalla ʿĀʾīša der *taflāq*, der Schlag mit einem Gegenstand gegen den Kopf, oder die Selbstverletzung mit dem Messer an Armen und Bauch, an der man die Gegenwart Mūlai Brāhīms erkennt. Diese ǧnūn verlangen das Blut der von ihnen Besessenen als Opfer, andere begnügen sich mit der Substitution des Menschen durch ein Tier. Das vergossene Blut, insbesondere das menschliche gilt als stark *baraka*-haltig, d.h. es besitzt eine göttliche Segenskraft, die demjenigen, der mit ihr in Berührung kommt, Glück, Wohlstand und Energie verheißt. Die taktile Metapher ist in diesem Zusammenhang durchaus wörtlich zu nehmen, denn *baraka* wird in Marokko als „ansteckend", durch Berührung übertragbar aufgefasst. Vollzieht ein Besessener während einer *līla* den *taflāq*, so scharen sich stets in der nächsten Ruhepause einige der Anwesenden um ihn, sprechen mit ihm, fassen ihn an, auch an seinem blutenden Kopf oder wischen mit einem Tuch etwas von der kostbaren Flüssigkeit ab, um es mit nach Hause zu nehmen.

Aus alldem geht unabweislich hervor, dass das *līla*-Ritual eine starke intersensorische Komponente aufweist. Nicht nur das Hören von Musik und die Kinästhetik des Tanzes spielt eine Rolle, sondern auch das taktile Element der gegenseitigen Berührung und die visuelle Wahrnehmung der Besessenheitstrancen durch die Anwesenden. Besonders letzterer muss eine konstitutive Relevanz in Bezug auf die Genese der Bedeutung „ǧinn" zuerkannt werden. Der Blick der Anderen auf den Besessenen ist sicherlich unverzichtbares Element im Prozess der Entstehung des Geistes als einer sinnlich wahrnehmbaren Realität. Aber die Tranceperformanz erschöpft die kulturelle Repräsentation der marokkanischen ǧnūn keineswegs. Ihnen werden weitere symbolische Attribute zugeschrieben, die ebenfalls in der rituellen Performanz einer *līla* als Medien eingesetzt werden. Auch diese Zuschreibungen sprechen eine Mehrzahl von Sinnen an. So hat jeder ǧinn eine von ihm bevorzugte Farbe oder Farbkombination, die der Besessene als Zeichen der Identität des Geistes, bzw. der Identifikation mit ihm in seiner Kleidung tragen sollte. Verstöße gegen diese Regel sind allerdings häufig und lassen sich in Korrelation mit dem Bekanntheitsgrad der betreffenden Person im Milieu setzen. Je bekannter das Individuum und je anerkannter seine Assoziation mit einem bestimmten ǧinn, desto weniger notwendig ist ein sichtbares Kennzeichen dieser Beziehung. Der visuelle Appell scheint in diesem Fall im Dienste einer Kommunikation der Besessenheit als rituellem (und sozialem) Status zu stehen. Gleiches gilt natürlich für die *līla* in ihrer Funktion als gesellschaftliches Ereignis. Bei vielen dieser Feste sind viele Gäste anwesend, wie der Veranstaltungsort, in der Regel ein Privathaus oder eine Wohnung, aufzunehmen vermag, bei manchen auch mehr. Die Anzahl der Anwesenden beträgt nicht selten mehr als hundert und so bietet eine *līla* reichlich Gelegenheit zum Gesellschaftsspiel des Sehen-und-Gesehen-Werdens und Gesprächsstoff für spätere Diskussionen. Der Unterhaltungsaspekt darf keinesfalls unterschlagen werden, wenn es um eine Beurteilung der sozio-kulturellen Funktion des Rituals insgesamt geht (s. SCHECHNER 1988: Kap. 4).

Unter diese Rubrik fällt auch die Verpflichtung des Gastgebers, seine Gäste zu bewirten. Das rituelle Fest wird, wenn die einladende Familie es sich nur irgendwie leisten kann, durch ein Festessen eingeleitet. Auch die ǧnūn kommen in Genuss von Bezeugungen der Gastfreundschaft. Wie die Menschen, so besitzen auch sie gastronomische Vorlieben. Inkarnieren sie in den Besessenen, so wird ihnen ihr bevorzugtes Essen vorgesetzt, etwa ungesalzenes Brot und Oliven im Falle Lalla ʿĀʾīšās. Bei einzelnen ǧnūn gewidmeten Séancen, die *šuwāfas* bei bestimmten Anlässen durchführen, werden gar ganze Gerichte aufgetischt, welche die Geister dann gemeinsam mit den anwesenden Menschen verzehren. Man kann also durchaus auch von einem Appell an den Geschmackssinn sprechen, der bei der symbolischen Darstellung und rituellen Performanz der Geister eine Funktion übernimmt.

Auch die Olfaktion, auf die sich meine Betrachtungen im folgenden konzentrieren werden, spielt in dieser Hinsicht eine bedeutende Rolle. Jeder ǧinn hat „seine" Räuchersubstanz (*buḫḫūr*), oder eine Kombination mehrerer Substanzen, die in der *līla* als Mittel der Kommunikation mit ihm verwendet werden. Die Essenzen werden meist in kleinen Behältern auf einem Tablett angeordnet und stehen unter der Aufsicht eines Experten, entweder einer *šuwāfa* oder eines erfahrenen Mitgliedes der auftretenden Gruppe. Die Kollektion von *buḫḫūr* wird als *mǧmaʿ*, „Versammlung" bezeichnet, wobei der Sprachgebrauch erneut unentschieden in der Frage bleibt, ob es sich dabei um eine Bezeichnung für die Substanzen oder die Geister selbst handelt. Beim rituellen Einsatz der *buḫḫūr* lassen sich zwei grundlegende Formen unterscheiden. Entweder werden sie „atmosphärisch" eingesetzt, indem die Verantwortlichen dafür Sorge tragen, dass sich ihr Aroma im ganzen Raum verbreitet, vergleichbar in etwa der Verwendung von Weihrauch in der katholischen Messe. Oder aber ihr Gebrauch erfolgt mit einem Fokus auf das Individuum, typischerweise wenn eine Person eine Besessenheitsattacke erleidet, die zu unkontrolliertem Verhalten wie Krampfanfällen führt. In beiden Formen zeigt das Verbrennen von *buḫḫūr* oft unmittelbare Wirksamkeit. Ihr atmosphärischer Einsatz findet zumeist an kritischen Übergängen des rituellen Geschehens statt, in der *ḥaḍra*[9] oder zu Beginn des Abschnitts mit den *riyāḥ*. Das Verbrennen von *buḫḫūr* geht dabei mit einem deutlichen Anstieg der Tranceaktivität einher, ist also als trance-induzierend zu beschreiben. Mit Individuumsbezug werden die *buḫḫūr* dagegen vor allem eingesetzt, wenn sich bei einer Person die Besessenheitstrance bereits manifestiert hat. Der Theorie zufolge soll der anwesende Geist durch sein Aroma zufriedengestellt werden und davon ablassen, sein Opfer mit Krämpfen und Zuckungen zu quälen. In der Tat zieht das unter die Nase Halten des Kohlebeckens und Beräuchern der Gliedmaßen bemerkenswert oft eine Zustandsbesserung nach sich. Der individuums-fokussierte Gebrauch von Räuchersubstanzen wird also im Gegensatz zum atmosphärischen von einer Intention gelenkt, die Trance unter Kontrolle zu bringen oder sie gar zu beenden.

4. *ğnūn* als Symbole des Fremden

Bevor ich zur phänomenologischen Interpretation dieser Tatbestände komme, gilt es noch ein weiteres zentrales Merkmal der kulturellen Darstellung der *ğnūn* in Marokko zu betonen, nämlich deren Ambivalenz. Ein ethnologischer Begriff der Repräsentation umfasst grundsätzlich zweierlei, einmal die verschiedenen kulturellen Mittel und Verfahren, die zur Kommunikation eines Bedeutungsinhalts eingesetzt werden und zum anderen die Zeichenfunktion dieses Inhalts selbst im Rahmen der untersuchten Kultur. Die Marokkaner stellen sich die *ğnūn* mittels eines Komplexes von Vorstellungen und Praktiken dar. Für den (notwendigerweise) hermeneutisch arbeitenden Wissenschaftler fungiert das Resultat dieser Darstellung, die kulturelle Realität *ğinn*, wiederum als Zeichen, das selbst auf weitere gesellschaftliche, wirtschaftliche, historische u.a. Realitäten verweist. Diese Abweichung zwischen „emischer" und „etischer" Perspektive ist ein konstitutives Paradox der Ethnologie als einer „Wissenschaft vom Fremden" (WALDENFELS 1997) und kann als solches weder durch einen extremen Positivismus, noch durch dessen Gegenstück, einen radikalen Relativismus aufgelöst werden.

Vor diesem Hintergrund ist die Feststellung zu sehen, dass die marokkanischen *ğnūn* als Anzeichen einer Vielzahl von heterogenen Realitäten zu fungieren vermögen. Ihre Zeichenfunktion lässt sich nicht auf diesen oder jenen Bedeutungsbereich beschränken, etwa auf den der Krankheit, der Geschlechterbeziehungen oder des Bösen, religiös A-Moralischen. Die mit den *ğnūn* verbundenen Vorstellungen und Praktiken verweisen auf Bedeutungsfunktionen in all diesen und noch mehr Domänen. Ihre semantische Heterogenität findet auch auf der rituell-performativen Ebene ihren Niederschlag. Über die Feststellung einer allgemeinen Beziehung zwischen *ğnūn* und Musik, Tanz, Räuchersubstanzen, Speisen hinaus, lassen sich kaum verlässliche Aussagen über den Ablauf der Ereignisse im Rahmen einer *līla* machen. Die Struktur der Performanz lässt sich zwar relativ einfach auf ein Grundgerüst von Elementen zurückführen, von denen aber kein einzelnes als wirklich unverzichtbarer Bestandteil gelten kann. Der zahlende Gastgeber besitzt die letzte Entscheidungshoheit über das Programm und selbst, wo er diese nicht ausübt, bestimmt oft die Zusammensetzung des Publikums, welche Sequenzen durchgeführt werden und welche nicht. So verzichten die Gruppen häufig auf die Performanz mancher *riyāḥ* oder lassen religiöse Rezitationen entfallen. Die gleiche spontane, improvisatorische Qualität eignet auch den Tranceauftritten der Besessenen. Obwohl die Logik der Besessenheitsbeziehung in Marokko dies eindeutig vorsieht, verhält es sich keineswegs so, dass jeder Besessene bei jeder Gelegenheit, bei der er seinen *rīḥ* hört, in Trance fällt. Auch wenn sich der Trancezustand bei einer besessenen Person einstellt, kann es vorkommen, dass dies während eines *rīḥ* geschieht, der einem anderen *ğinn* zugeordnet ist oder während eines Musikstückes, das nicht mit der Beschwörung der *ğnūn* in Verbindung steht. Die gängige Erklärung für solche Regelverstöße lautet, dass der betreffende *ğinn* eben eine Vorliebe für das Musikstück habe und deshalb den Menschen darauf tanzen lasse. Sie kann allerdings nicht für Vorfälle herhalten, bei denen Besessene keine oder falsche Farben tragen, oder das Aroma ihres Geistes angewidert zurückweisen.

Ebensowenig lässt sich weder auf der konzeptuellen noch auf der performativen Ebene eine klare Grenze zwischen *ğnūn* und anderen Gattungen übernatürlicher Wesen ziehen. Die muslimischen Geister werden, wie die Verehrung für den Besessenen zeigt, ebenfalls als Quelle von segensbringender Energie betrachtet und umgekehrt ist auch der ontologische Status der Heiligen durch ihr körperloses Wirken in der Welt alles andere als klar definiert. WESTERMARCK hat in seiner enzyklopädischen Ethnographie der marokkanischen Volksreligion aufgrund dieses Befundes den Begriff des „ǧinn-Heiligen" eingeführt (1926: 389). Im heutigen Marokko tauchen im Rahmen von līlas ǧnūn auf, die alle symbolischen Attribute eines Geistes aufweisen, zugleich aber in viel besuchten Mausoleen als Heilige verehrt werden. Der Musikethnologe ROUGET hat in seiner Untersuchung der Relationen zwischen Musik, Trance und Besessenheit festgestellt, dass im Falle der 'Īsāwā durchaus von einer rituellen Identifikation mit dem Heiligen gesprochen werden kann, die strukturell der einer Besessenheit durch ihn entspricht (ROUGET 1990: 275ff.)

Ich halte solche unbestimmten Zuordnungsverhältnisse für ein konstitutives Element von Geisterglauben und Besessenheitskultur in Marokko. Die logischen Brüche und Widersprüche, die Verstöße gegen das rituelle Reglement sind weder Ausdruck einer konzeptuellen Laxheit, noch Folge von Degenerationsentwicklungen. Viel eher liegt die kommunikative Funktion der marokkanischen ǧnūn genau in jener semiotischen Unbestimmtheit und der mit ihr einhergehenden Ambivalenz der Bedeutungen begründet. Ich denke, WESTERMARCK hatte Recht, als er die Anwendbarkeit von ethnologischen Konzepten wie Totemismus und Ahnenkult auf den marokkanischen Geisterglauben anzweifelte:

> The conception of the jinn evidently implies a generalisation on a much larger scale. These spirits seem to have been invented to explain strange and mysterious phenomena which suggest a volitional cause, especially such as to inspire men with fear (WESTERMARCK 1926: 387)

WESTERMARCK sieht den Ursprungsort der ǧnūn in der weiten Sphäre des Unheimlichen, bedrohlich Fremden:

> They are personifications of what is uncanny in nature, or the imagined causes of all sorts of uncanny events (389)

Verbindet man diese Idee mit den Grundgedanken einer Phänomenologie des Fremden, so eröffnet sich tatsächlich ein Erklärungsansatz für die verwirrende Heterogenität der mit den ǧnūn assoziierten Phänomen. In seinen zahlreichen Publikationen zu diesem Thema betont WALDENFELS immer wieder, dass keine Ordnung, weder ein ideologisches System noch die in der Wahrnehmung fungierenden leiblichen Strukturen, einen Anspruch auf absolute Geltung stellen kann (s. z.B. WALDENFELS 1997: 20). Es gehört zum Wesen jeder Ordnung, die Phänomene innerhalb ihres Geltungsbereiches zur Erscheinung zu bringen; dies aber geschieht stets unter Ausschluss anderer Erscheinungsmöglichkeiten. In anderen Worten ausgedrückt bedeutet das, dass immer, wenn sich in der Erfahrung ein sinnvoller Zusammenhang manifestiert, notwendigerweise eine Sphäre des Fremden mit entsteht; ein Außerhalb, das sich dem Innerhalb der Ordnung entzieht. Eigenes und Fremdes sind damit untrennbar miteinander verbunden, das eine kann nicht betrachtet werden, ohne seine Relation zum anderen mitzudenken.

Aus dieser Bestimmung folgt, dass es so viele verschiedene Arten des Fremden gibt, wie Ordnungen existieren, also prinzipiell unendlich viele. Die Unbestimmtheit, Ambivalenz und fehlende Generalisierbarkeit, die die symbolische und performative Repräsentation der marokkanischen ǧnūn (und der Heiligen!) kennzeichnen, wäre damit als Korrelat ihrer allgemeinen Beziehung zum Bereich des Fremden zu interpretieren. Der Glaube an die ǧnūn entspränge damit letztlich der Intention einer Aneignung des Fremden. Er bestünde dann in dem gewissermaßen paradoxen Versuch einer Kultur, mit den ihr eigenen Mitteln all jenes zu erklären, in einem buchstäblichen Sinn zu be-greifen, was sie selbst auf einer anderen Ebene als sinnlos oder unmoralisch ausschließt. Dieser Ansatz impliziert eine Herangehensweise an diesen Phänomenbereich, die sich von klassischen anthropologischen Interpretationen, denen zufolge Besessenheitskulte marginalisierten und deprivierten Gruppen als Mittel des Ausdrucks und der emotionalen Abreaktion (z.B. LEWIS 1978) dienen, erheblich unterscheidet, indem sie stärker deren positive Funktion in den Mittelpunkt rückt. Diese könnte darin liegen, im Medium ritueller Praxis eine Art leibliche Reflexion über die notwendige Unvollkommenheit der kulturellen Ordnung herbeizuführen, welche ihrerseits die Ausbildung kreativer Formen des kulturellen Umgangs mit Fremdem ermöglicht[10].

5. Begrifflichkeiten: Realität, Wahrnehmung, Empfindung

Die Berücksichtigung der Rolle anderer Sinnesmodalitäten im *līla*-Ritual folgt nicht nur dem Gebot der Ausgewogenheit, sie ist auch unerlässlich für die Beurteilung der Funktion jedes Einzelsinnes. Der phänomenologische Struktur des Geruchssinnes kann nicht beschrieben werden, ohne sie zumindest implizit in Relation zu den Strukturen der anderen Sinne zu setzen. Die Notwendigkeit einer Berücksichtigung des leiblichen Ganzen lässt sich aus MERLEAU-PONTYs „Phänomenologie der Wahrnehmung" ableiten. MERLEAU-PONTY definiert dort (1966: 367 ff.) die Realitätserfahrung durch die intersensorische Beziehung, die der Mensch mittels seines Leibes zur Welt unterhält. Ein Gegenstand unserer Erfahrung erscheint uns dann als real, so schreibt er, wenn wir zu ihm in einer Beziehung stehen, die es den verschiedenen Sinnen ermöglicht, im Medium dieses Gegenstandes miteinander zu kommunizieren. Ist dies gegeben, so stellt sich ein Modus synästhetischer Erfahrung ein, bei dem jedes Sinnesdatum auch die anderen sensorischen Aspekte mit anklingen lässt. Betrachtet man ein Material wie bspw. Gold, so zeigt es sich dann nicht nur als „glänzend", „goldfarben", sondern auch als „glatt", „metallisch-klingend", „kühl" etc. Das Visuelle überträgt sich ins Haptische, Auditive und sogar ins Olfaktorische. Dagegen definieren sich irreale Erscheinungen wie Halluzinationen durch ihre Unfähigkeit, den Leib synästhetisch anzusprechen.

Diese Bestimmung des Realen beruht auf einer Konzeption der Wahrnehmung als eines Prozesses der Sinnkonstitution, der sich nicht dem Schema eines Ursache-Wirkungsverhältnisses unterordnet. Es müssen verschiedene Bedingungen für das Erscheinen der Realität erfüllt sein, die sich weder einseitig der Sphäre eines Subjekts noch der einer objektiven Welt zuordnen lassen. Über seinen Leib muss der wahrnehmende Mensch dem Ding in einer Weise intentional zugewandt sein, die dessen intersensorische Artikulation ermöglicht, er muss sich z.B. im Wachzustand befinden, um etwas als „Wirklichkeit", und nicht als „Traum" zu erfahren. Umgekehrt muss das Ding den sinnlichen Fähigkeiten ausreichend Anhaltspunkte liefern, es muss in seiner Gegebenheitsweise der Artikulation fähig sein, es darf z.B. nicht zu nah vor Augen oder zu weit in der Ferne liegen, soll es noch Konturen und Strukturen entfalten können. Realität erweist sich damit nicht als einfaches Datum, sondern als Funktion eines Systems der Kommunikation zwischen Leib und Welt. Sie lässt sich niemals ein für allemal festlegen, da sie stets aus dem Zusammentreffen von intentionalen Einstellungen eines Subjekts und äußeren Gegebenheiten resultiert, über die dieses Subjekt keine Kontrolle besitzt. In diesem Sinne siedelt sich die Realität in einem Bereich zwischen Innen und Außen, Subjekt und Objekt an. Sie konstituiert sich graduell und prozessual, niemals absolut und statisch.

Aus seiner Zwischenstellung ergibt sich die Störanfälligkeit des Erfahrungsprozesses. Bereits die sinnliche Wahrnehmung als grundlegende Form der Erfahrung wird durch die Möglichkeit von Trugbildern und Illusionen verunsichert, das Bewusstsein kann durch Krankheit verletzt, durch Wahnsinn zerstört werden. MERLEAU-PONTY betrachtet Offenheit und Unvollkommenheit der Erfahrung nicht als Mangel, als eine Art Fehler im System, dessen Behebung durch eine Änderung der Einstellung, bspw. durch die Hinzunahme technischer Hilfsmittel möglich wäre, sondern als konstitutives Moment der Erfahrung. Ohne die Möglichkeit des Irrtums gäbe es keine Gewissheit, ohne den Verdacht der Irrealität keine Realität. „Bin ich hier und jetzt, so bin ich weder hier noch jetzt", sagt MERLEAU-PONTY in einer schönen, paradoxen Formulierung (MERLEAU-PONTY 1966: 382). Damit hält in der Phänomenologie der Wahrnehmung das Fremde Einzug in den Kern des Eigenen, die leiblich erlebte Gegenwart.

Trotz dieser Unvollkommenheit seiner Erfahrung lebt der Mensch in einem unerschütterlichen Glauben an die Existenz der Welt im allgemeinen. Er vermag jedes Detail seiner Wahrnehmungen in Zweifel zu ziehen, nicht aber seine Überzeugung, dass es überhaupt etwas für ihn wahrzunehmen gibt. Auf dieser Ebene besteht zwischen Mensch und Welt eine ganzheitliche Beziehung, die ihrer Differenzierung in einzelne Aspekte und deren strukturierender Anordnung in logischer Hinsicht vorangeht. Auf der Seite des Selbst entspricht dem die Vereinigung der einzelnen Sinne im Ganzen des Leibes; auf der Seite der Welt drückt sich diese Beziehung in einer Totalität des Erfahrungsgegenstandes aus, die seiner Charakterisierung durch konstante Eigenschaften zugrunde liegt. Ebenso wie die klare Trennung der Sinne im denkenden Subjekt, so ist auch die strukturelle Qualifizierung des Objektes nicht Ursprung, sondern Produkt des Erfahrungsgeschehens. WALDENFELS schlägt zur Kennzeichnung dieser verschiedenen Ebenen der Erfahrung eine begriffliche Unterscheidung zwischen Empfinden, Wahrnehmen und Erkennen vor (WALDENFELS 2000: 96ff.). Empfinden bezieht sich dabei auf den Ganzheitsaspekt der Selbst- und Welterfahrung, während Wahrnehmen auf die in der natürlichen Erfahrung sich vollziehenden Differenzierungsprozesse abzielt. Erkennen schließlich bezieht sich auf eine analytische Erfahrungsebene, auf der der Gegenstand unabhängig von den Umständen seines Erscheinens behandelt wird. In der natürlichen Erfahrung sind Empfinden, Wahrnehmen und Erkennen untrennbar miteinander verbunden, indem sich die Konstituierung von Objekten und Strukturen bruchlos aus einem atmosphärischen Stadium, einem ganzheitlichen Teilnehmen des empfindenden Leibes an der Situation vollzieht.

6. Zur Phänomenologie des Geruchssinnes

Unter den einzelnen Sinnen hat jeder Anteil an allen drei Erfahrungsebenen, aber sie unterscheiden sich voneinander, indem sie diese jeweils in ein spezifisches Verhältnis zueinander setzen. Die phänomenologische Struktur des Einzelsinnes lässt sich also in den Begriffen einer Relation zwischen Empfinden, Wahrnehmen, und Erkennen beschreiben, welche zugleich einen bestimmten Modus der Kommunikation zwischen leiblichem Selbst und sinnlicher Welt impliziert. Um es vorwegzunehmen: Der Geruchssinn zeichnet sich gegenüber den anderen Modalitäten dadurch aus, dass er auf einzigartige Weise das atmosphärische Empfinden betont und damit die kommunikative Funktion der Sinnlichkeit in den Mittelpunkt des Erfahrungsgeschehens rückt. Dies jedenfalls scheint mir das zentrale Ergebnis einer Untersuchung zu sein, die der phänomenologisch orientierte Psychiater TELLENBACH (1968) zum Geruchssinn angestellt hat. TELLENBACH vereint Geruch und Geschmack aufgrund ihrer engen Verbindung in der Erfahrung zu einem Sensorium, dem Oralsinn. Was im folgenden über das Riechen gesagt wird, gilt also mit Modifizierungen, auf die hier nicht eingegangen werden kann, auch für das Schmecken.

Hervorragendes strukturdynamisches Merkmal dieses Sinnes ist seine Tendenz, die Erfahrung zu homogenisieren. Im Riechen fungieren die Prinzipien der Gestaltbildung nur sehr eingeschränkt. Zwei simultan sich präsentierende Gerüche lassen sich nur sehr mühsam in die Struktur Figur-Horizont einfügen, die eine vergleichende Unterscheidung zwischen beiden ermöglichen würde. Stets verdrängt die dominierende olfaktorische Empfindung die schwächere, überlagert sie praktisch vollkommen. Die im Riechen erlebte Räumlichkeit gleicht nicht dem visuellen Raum, in dem stabile Relationen zwischen klar umgrenzten Objekten herrschen. Gleiches gilt für die Zeitlichkeit der Erfahrung, da Gerüche eine sehr markante Bindung an die Gegenwart aufweisen. Zwar zeigt die Olfaktion ein großes und oft beschriebenes Evokationspotenzial für Erinnerungen bzw. Intuitionen zukünftiger Ereignisse, vermag dieses aber nur im Durchgang durch die Gegenwart in Form einer „Wiederholung" der Vergangenheit, bzw. einer „Vorwegnahme" der Zukunft zu entfalten. Eine objektive, messbare Zeit, gegliedert in die Dimensionen der Vergangenheit, Gegenwart und Zukunft zeigt sich im Geruchssinn kaum an.

Das Merkmal der Homogenität prägt auch den in der Olfaktion etablierten Gegenstandsbezug. In seinem Geruch präsentiert sich das Ding als ganzes, in seiner Totalität, es kommuniziert seine Substanz, nicht seine Struktur. Der Geruchssinn wird deshalb auch als „nominaler Sinn" bezeichnet, der dem Menschen die Gegenwart eines Dinges anzeigt, aber wenig Infomationen über seine detaillierte Beschaffenheit übermittelt (KÖSTER 2002). Diese Eigenschaft wird noch verstärkt durch eine markante Tendenz des Geruches, sich von seinem Objekt, der Geruchsquelle unabhängig zu machen. Die Erfahrung des Riechens weist eine gewisse Autonomie von der materiellen Welt auf, zugleich aber kommuniziert sie deren Existenz in einer ebenso allgemeinen wie unabweislichen Form. Diese strukturelle Spannung spielt für die Funktion des Geruchssinnes bei der Repräsentation kultureller Bedeutungen eine große Rolle.

Die olfaktorische Kommunikation ist darüber hinaus durch ihre Direktheit und Unmittelbarkeit charakterisiert, Merkmale, welche die eben genannten Eigenschaften noch zusätzlich betonen. Der Geruch eines Dinges bedarf nicht in gleicher Weise eines externen Mediums, wie dies bei Vision und Audition der Fall ist. Werden im Sehen und Hören Licht- und Schallwellen von den zuständigen Sinnesorganen rezipiert, so handelt es sich beim Riechen um eine echte Emanation des Dinges in Form von Geruchsmolekülen (KÖSTER 2002). Mit seinem Geruch inhaliert man gewissermaßen das Ding selbst, nicht eine mediale Repräsentation davon. In der Struktur der Riecherfahrung kommen diese physiologischen Verhältnisse auf mehrfache Weise zum Ausdruck. Im Riechen erfährt sich der Mensch der Welt in gewissermaßen unterworfen, da er sie stets schon in sich aufgenommen hat, wenn er sie wahrnimmt. In sinnhafter Verbindung dazu steht die enge Beziehung des Riechens zu moralischen und emotionalen Evaluierungsprozessen. Was wie der Geruch die Grenzen des Leibes überschreitet, um erfahrbar zu sein, provoziert auf seiten des Selbst entsprechend direkte und unmittelbare Antworten. Gerochenes wird daher in viel stärkerem Maß emotional und moralisch bewertet als Gesehenes oder auch Gehörtes. Das „Geschmacksurteil" fällt zumeist total und undifferenziert aus und bekundet auf diese Weise erneut die Homogenisierungstendenz des Oralsinnes. Einige Biowissenschaftler bringen die emotionale Bedeutungsebene mit der evolutionären Funktion von Riechen und Schmecken in Verbindung. Wie der Oralsinn im tierischen Bereich, so kommunizieren seine Emotionen dem Menschen, was er zu seinem Nutzen anzustreben und was er zu vermeiden hat, weil es ihm schadet:

> In other words, emotions and olfaction are functionally and ultimately analogous; both are fundamentally geared to prompt either an approach or avoid response that will enable the organism to react appropriately to best ensure its survival (HERZ 2002: 172)

Das kommunikative Merkmal der Direktheit lässt sich auch neurophysiologisch nachweisen, indem die Olfaktion das einzige sensorische System darstellt, das über einen direkten Zugang zur Großhirnrinde verfügt, also zu den Regionen, in denen die im engeren Sinne kognitiven Fähigkeiten des Menschen schwerpunktmäßig angesiedelt sind (PHILLIPS & HEINING 2002).

Auf seiten des Selbst führt die Homogenisierung von Raum, Zeit und Gegenstand in der olfaktorischen Kommunikation zu entsprechenden Erscheinungen. Mehr als in anderen Sinnesmodalitäten erfährt sich der Mensch im Riechen als ganzer betroffen. Er fühlt sich eine Stimmung versetzt, die seinem gesamten Erleben eine bestimmte Färbung verleiht. Der riechende Mensch steht der Welt nicht gegenüber, er nimmt teil an ihr als einer Atmosphäre, die ihn umgibt, der er sich hingibt oder die auf ihn eindringt. Die Grenzen, die ihn in anderen Modalitäten sinnlicher Erfahrung als Subjekt von einer Welt der Objekte zu trennen scheinen, verlieren im Riechen ihre Schärfe, lösen sich unter Umständen sogar völlig auf:

> Im Tätigsein des Geruchssinns wie des Geschmackssinns verschmilzt das Subjekt mit der in Duft und Geschmack sich präsentierenden Welt (TELLENBACH 1968: 27)

Die Olfaktion zeigt sich in diesen Beschreibungen als eine unmittelbare und ganzheitliche Form der Kommunikation zwischen Selbst und Welt. *Riechen ist im wesentlichen Empfinden, nicht Wahrnehmen.* Das heißt nicht, dass eine olfaktorische Wahrnehmung in Form der bewussten Identifizierung eines Geruchsobjektes nicht möglich wäre. Spezialisten wie Winzer oder Parfumhersteller bezeugen offensichtlich das Gegenteil. Aber diese Fähigkeiten verdanken sich stärker der bewussten Intention eines Subjekts, als dass sie unmittelbarer Ausdruck der kommunikativen Struktur des Geruchssinnes sind. Sie ruhen auf dieser Struktur auf, machen Gebrauch von ihr, so wie der Mensch jeden seiner Sinne einem übergeordneten Zweck zuführen kann, aber sie stellen nicht die *dominante* Funktion olfaktorischer Kommunikation dar[11].

Die phänomenologische Beschreibung des Geruchssinnes findet vielfache Bestätigung in der Praxis induktiver Forschung. Ein zentrales Problem der experimentellen Erforschung der Geruchswahrnehmung liegt bspw. im Mangel an Konstanz und Generalisierbarkeit, welcher die Beziehungen zwischen Gerüchen und Geruchsbenennungen kennzeichnet (DUBOIS & ROUBY 2002). Ein abstraktes und allgemein verbindliches olfaktorisches Vokabular existiert in aller Regel nicht, die Namen von Gerüchen sind meist von dem betreffenden Geruchsobjekt abgeleitet (z.B. „Rose", „Zitrone"). Festzustellen, ob sich der im Experiment präsentierte, durch chemische Eigenschaften bestimmbare Geruchsstoff und dessen Repäsentation in der Wahrnehmung der Versuchspersonen tatsächlich konstant zueinander verhalten, so dass einem Geruch schließlich objektive perzeptorische Eigenschaften zugeschrieben werden können, ist unter diesen Umständen sehr problematisch (s.a. KÖSTER 2002). Die Ergebnisse einiger Versuche, die sich mit der Individualität von Geruchswahrnehmungen beschäftigt haben, lassen gar massive Zweifel an der Annahme der Gültigkeit der Konstanzhypothese für die Olfaktion aufkommen. Forschungen von HUDSON & DISTEL deuten etwa darauf hin, dass olfaktorische Wahrnehmungen inter- wie intrakulturell variieren können und zwar nicht nur, was die Identifizierung von Gerüchen betrifft, sondern auch hinsichtlich ihrer Intensität. Probanden aus verschiedenen Kulturen (Deutschland, Japan, Mexiko) und aus verschiedenen Gruppen einer einzelnen Kultur (Schweden) tendierten alle dazu, Gerüche, die ihnen aus ihrer Lebenswelt bekannt waren als intensiver zu bewerten als solche, bei denen dies nicht der Fall war. HUDSON & DISTEL ziehen aus ihren Versuchsergebnissen folgenden Schluss:

> Therefore we should not expect to be able to identify finely graded psychophysical universals—at least not with respect to behaviourally relevant, everyday odours—and in assessing olfactory function we will need to take into account the individual amounts and types of experiences with the particular test stimuli used (HUDSON & DISTEL 2002: 417).

Die Beziehung zwischen Phänomenologie und induktiv arbeitender Wissenschaft ist keine einseitige. Eine Eigenschaft wie die Individualität der Riecherfahrung lässt sich sowohl aus der Empirie, wie auch aus der phänomenologischen Struktur der olfaktorischen Beziehung zwischen leiblichem Selbst und Welt herleiten. Denn wenn das Riechen ein undifferenziertes Selbst in direkte Kommunikation mit einer homogenisierten Welt stellt, so ergibt sich daraus ein hohes Maß an Individualität als notwendige Konsequenz. Die Erfahrung einer Atmosphäre als einer Ganzheit, die das Wesentliche, die Essenz eines Dings, eines Menschen oder einer Situation zum Ausdruck bringt, ist per definitionem nur in sehr beschränktem Umfang mitteilbar. In der atmosphärischen Empfindung konstituiert sich keine klare Scheidung zwischen Subjekt und Objekt, daher ist sie auch nicht „objektivierbar", d.h. es kann kaum eine eindeutige (i.S.v. für die Zwecke pragmatischer Kommunikation hinreichende) intersubjektive Verständigung über sie erreicht werden. Die Atmosphäre bleibt an die unmittelbaren Gegebenheiten gebunden, an die konkreten Umstände ihrer Realisierung.

Aus diesen Befunden lässt sich eine scheinbar paradoxe, nichtsdestoweniger aufschlussreiche Folgerung ziehen. Im Riechen fungiert zwar nicht das Subjekt, das durch die Fähigkeit zur Reflexion charakterisierte Selbst, wohl aber das Individuum in der Wortbedeutung des „ungeteilten" Menschen als Kommunikationspol. Das Subjekt bedarf der Distanz zur Welt, damit sich die Phänomene in stabile und geordnete Verhältnisse setzen lassen. Das riechende Selbst hingegen empfindet die Welt in sich und sich in der Welt, dies aber in einer Weise, die zugleich die Einmaligkeit und Nicht-Austauschbarkeit dieser Beziehung zum Ausdruck bringt.

Aufgrund des bruchlosen Entspringens scheinbar objektiver Gegebenheiten in der natürlichen Erfahrung lässt sich die phänomenologische Vorgängigkeit eines atmosphärischen Empfindens beim gesunden Menschen nur sehr schwer zeigen. Anders in der pathologischen Erfahrung, welche offenlegt, was die gesunde verbirgt. TELLENBACH beschreibt das Phänomen der „Wahnstimmung", mit der sich in vielen Krankheitsbildern der psychotische Schub ankündigt. Im Übergang zu einer neuen Bewusstseinsordnung, zu den Gestalten der manifesten Psychose, durchläuft der Kranke ein atmosphärisches Zwischenstadium, in dem die bisherigen Strukturen der Erfahrung ins Wanken geraten und sich schließlich ganz auflösen. Aus diesem ungegliederten, allgemeinen Erfahrungszustand heraus kristallisieren sich dann die neuen Bezüge und Strukturen heraus. TELLENBACH zitiert den an Schizophrenie erkrankten Dichter August STRINDBERGH mit seiner Beschreibung einer Wahnstimmung:

> … aber man ist nicht einsam in der Einsamkeit. Die Luft verdichtet sich und beginnt zu keimen; und Wesen entstehen, die man nicht sieht, die man aber wahrnimmt und die Leben haben (TELLENBACH 1968 S. 106)

Dieses atmosphärische Vorspiel zur Psychose ist zwar nicht ausschließlich, aber doch häufig mit abnormen Geruchs- und Geschmackserlebnissen verbunden. Besonders deutlich wird der Sinnzusammenhang zwischen Atmosphäre und Olfaktion in der Pathologie der sogenannten Eigengeruchspsychose. Die an ihr leidenden Patienten erfahren sich als Quelle übelriechender Ausdünstungen, die ihnen den sozialen Umgang unmöglich machen. Eigengeruchspsychosen treten oft im Kontext gesellschaftlicher Ausgrenzung und Stigmatisierung auf. Tellenbachs Fallbeispiele stammen aus dem Milieu Heimatvertriebener im Deutschland der 50er Jahre des letzten Jahrhunderts, die häufig durch Zuschreibung schlechter Gerüche diskriminiert wurden.[12] Bezeichnenderweise nahmen fast alle von Tellenbachs Patienten den Geruch vor dem Ausbruch der

Krankheit wahr, ordneten ihn aber in diesem Frühstadium nicht der eigenen Person zu. Erst mit der Konstitution der pathologischen Struktur erfahren sie sich selbst als Geruchsquelle. TELLENBACH schreibt:

> Diese Sensibilität für Disharmonisches im Atmosphärischen erfährt im Falle unserer Patienten eine oralsinnliche Konkretion, die als solche selten vorkommt, die aber ersichtlich werden lässt, was sich zumeist jenseits des Bereiches der Sinne, metasensorisch abspielt. Unsere Patienten erfahren sich von der üblen Atmosphäre her als Verursacher dieser Atmosphäre (TELLENBACH 1968: 145)

Ich bin mir nicht sicher, was Tellenbach hier mit „metasensorischem Bereich" meint. Unter „Empfinden einer Atmosphäre" verstehe ich den grundlegenden Modus der Kommunikation zwischen Mensch und Welt, gewissermaßen den Prototyp sinnlicher Erfahrung. Die Atmosphäre liegt im Diesseits der Erfahrung, nicht in deren Jenseits. Aber ansonsten möchte ich Tellenbachs Charakterisierung des Geruchssinnes als Sinn des atmosphärischen Übergangs übernehmen. Das Teilnehmen an einer Atmosphäre im Empfinden ist die erste, besser vielleicht: die primäre Phase im Erfahrungsprozess, der Geruchssinn dasjenige sinnliche Medium, in dessen Struktur diese Phase am deutlichsten hervortritt. Jeder Übergang von einer Situation der Erfahrung zur nächsten beruht auf einer Einstimmung der leiblichen Intentionalität auf die Atmosphäre der neuen Situation. Dass sich Schwellen, Übergänge und Wandlungen im Medium des Riechens ausdrücken sollten, wie etwa im „Wittern von Gefahr" oder in der pathologischen Wahnstimmung, ist daher aus phänomenologischer Perspektive nicht als Zufall, sondern als Sinnzusammenhang zu deuten.

7. Strukturelle Äquivalenzen

Die zentrale ritual- und kulturtheoretische These dieses Aufsatzes und, so glaube ich, das *Axiom einer empirischen Anthropologie der Sinne*, besteht in der Annahme der Existenz von kommunikativ wirksamen Äquivalenzen zwischen den phänomenologischen Strukturen der menschlichen Leiblichkeit und den Sinnstrukturen kultureller Darstellungs- und Praxisformen. Aus dieser Perspektive können kulturelle Bedeutungen nicht als willkürlich, weil rein auf konventioneller Übereinkunft beruhend betrachtet werden, wie dies der klassische Strukturalismus vorsieht. Vielmehr müssen sie sich letztlich durch sinnvolle Erfahrungszusammenhänge begründen lassen, die sich über Formen leiblicher Kommunikation zwischen dem Menschen und seiner physischen und sozialen Umwelt herausbilden. Die primären Medien dieser Kommunikation sind die menschlichen Sinne in ihrer Vielfältigkeit und gleichzeitigen Vereinigung im leiblichen Ganzen, ihr grundlegender Modus das sinnliche Empfinden. Bedeutung muss sich im Sinnlichen verankern, auf anderem Wege vermag sie keine Realität zu erlangen, bleibt sie leblos, unkommunizierbar, ein Hirngespinst. Ob es in jedem Fall möglich ist, zum leiblichen Fundament der Kultur durchzudringen ist mehr als unwahrscheinlich. Systeme kultureller Kommunikation, allen voran die Sprache, konstituieren sich im Laufe der Geschichte und nehmen im Prozess ihrer Entwicklung historisch gewachsene Bedeutungen in sich auf, deren Entstehung nicht mehr nachvollzogen werden kann, und die in diesem Sinne tatsächlich willkürlich sind (s.a. MERLEAU-PONTY 1966: 222). Die Genese *neuen* kulturellen Sinns beruht jedoch weiterhin auf der Fähigkeit des Menschen, seine Welt sinnlich zu erfahren, sie durch das Mittel seines Leibes zu verstehen. Die folgenden Seiten beinhalten den Versuch am Beispiel des Geruchssinnes zu zeigen, wie die Phänomene der Kultur der Besessenheit in Marokko zur Erscheinung kommen, indem in einer bestimmten Weise Gebrauch von der menschlichen Sinnlichkeit gemacht wird.

Die auffälligsten Äquivalenzen erschließen sich vielleicht auf der Ebene eines allgemeinen Vergleichs zwischen der kommunikativen Struktur der Olfaktion und der Konzeptualisierung von Trance und Besessenheit in Marokko. Der Mensch, so will es die Logik der Besessenheit, fällt in Trance, weil ein übernatürliches, körperloses Wesen von ihm Besitz ergreift und sich auf diese Weise in ihm verkörpert. Der Besessene steht dieser Invasion machtlos gegenüber, ist ihr ausgeliefert. In der Beziehung zum ǧinn ist er der passive Pol, während alle Aktivität von jenem ausgeht. Der ǧinn verdrängt temporär die Person des besessenen Menschen und macht dessen Körper zum Medium seiner Inkarnation. Der Mensch kann daher nicht für sein Verhalten in der Trance verantwortlich gemacht werden, so inakzeptabel und abstoßend dieses aus der Perspektive der marokkanischen Alltagsmoral auch manchmal erscheinen mag.[13]

Der Geruchssinn weist sich durch seine phänomenologische Struktur als exzellentes Medium aus, solche Konzepte in die leibliche Erfahrung zu transportieren (s.a. LEISTLE 2006a). Die Merkmale der Direktheit und der Lösung des Gegenstandsbezuges in der Riecherfahrung antworten auf die kulturelle Artikulation der Beziehungen zwischen Mensch und Geist in der Besessenheit. Mit dem Geruch kommt etwas Körperloses und zugleich Substantielles auf den empfindenden Menschen zu, dessen Quelle, wenn überhaupt, nur unter Einnahme einer äußerst konzentrierten Einstellung zu identifizieren ist. In der Olfaktion überschreitet die äußere Welt die Grenzen zur inneren, der Geruch dringt in das Selbst ein, homogenisiert dessen Erfahrung. Andere Sinnesmodalitäten wie Sehen und Hören, die das Riechen in der Alltagserfahrung in den Hintergrund des Bewusstseins drängen, werden nun ihrerseits temporär überblendet. Diese Umkehrung der „natürlichen" strukturellen Hierarchie der Sinnlichkeit verstärkt die Eindringlichkeit der Riecherfahrung noch. Die kommunikative Funktion des Geruchssinnes besteht in seiner Fähigkeit, das sinnliche Empfinden als grundlegenden Modus der Beziehungen zwischen Mensch und Welt selbst erfahrbar zu machen. Was in anderen Sinnen zumeist im Hintergrund verbleibt, wird in der Olfaktion zum Thema der Erfahrung.

In diesem Sinne lässt sich also sagen, dass sich der riechende Mensch in Beziehungen zur sinnlichen Welt versetzt findet, die den in der marokkanischen Besessenheitskultur formulierten Beziehungen zwischen Mensch und Geist strukturell äquivalent sind. Wie der ǧinn Besitz vom Menschen ergreift, so vermag der Geruch das Selbst in Besitz zu nehmen, da er schon angekommen ist, noch bevor eine Abwehr möglich ist, und er die Selbsterfahrung als ganze affiziert. Es ist daher kein Zufall, dass marokkanische ǧnūn symbolisch und performativ durch Räuchersubstanzen dargestellt werden, sondern eine sinnvolle Instrumentalisierung der menschlichen Leiblichkeit im Dienste der Kommunikation kultureller Bedeutung. Gut in dieses Bild fügt sich der Umstand, dass buḫḫūr in Marokko zwar nicht ausschließlich im rituellen Kontext der Geisterbeschwörung eingesetzt werden, dass es sich aber bei den verwendeten Essenzen (z.B. Weihrauch und Sandelholz) auch nicht um alltägliche Geruchsstoffe, sondern um Duftaromen handelt. Dadurch erfährt die phänomenologische Tendenz einer Autonomie des Geruchs vom Geruchsding eine Intensivierung, die jener gleicht, die der musikalische Ton im Verhältnis zum Geräusch bewirkt. Das Riechen des künstlichen Duftes, dessen Gegenstandsbezug auf ein Minimum reduziert wurde, eröffnet dem olfaktorischen Empfinden gewissermaßen eine poetische Dimension, in der sich virtuelle kulturelle Bedeutungen verankern können (HOLLEY 2002).

Was sich über die allgemeine Konzeption der Besessenheit sagen lässt, gilt auch für die Darstellung der ǧnūn im engeren Sinne. Viele der ihnen zugeschriebenen Eigenschaften lassen sich in sinnvolle Relation zu phänomenologischen Merkmalen der Olfaktion setzen. Ihr verborgenes Dasein entspricht der Latenz des Geruchssinnes im Wahrnehmungsbewusstsein. Die Launenhaftigkeit des ǧinn-Charaktes lässt sich mit der Unvorhersagbarkeit verbinden, mit der das Riechen plötzlich und unvermittelt in den Vordergrund der Sinnestätigkeit springt und alle anderen sensorischen Eindrücke zu verdrängen scheint. Auch die Unüberschaubarkeit der Konsequenzen menschlichen Handelns, welche die Beziehungen des Menschen zur Geisterwelt kennzeichnet, kann in einen Sinnzusammenhang mit der Olfaktion gestellt werden. Im Riechen vermag die bewusste Intentionalität, die das lebensweltliche Handeln erfordert, wenig zu erreichen. Ich kann mich der Welt der Gerüche aktiv öffnen, aber was mich de facto aus ihr erreicht, entzieht sich weitgehend meiner Kontrolle.

Eine Basis im Olfaktorischen kann auch die moralische Charakterisierung der ǧnūn beanspruchen. Wie gesagt werden die Geister oft mit Phänomenen und Ereignissen in Verbindung gebracht, die in irgendeiner Hinsicht gegen moralische Ideale der Gesellschaft verstoßen, wie etwa z.B. wenn aus marokkanischer Sicht a-soziale Verhaltensweisen wie sexuelle Abweichungen durch Geistbesessenheit erklärt werden. Durch seine Tendenz zur moralischen Bewertung von Erfahrungen bietet sich der Geruchssinn grundsätzlich als Ausdrucks- und Verankerungsmedium gesellschaftlicher Wertvorstellungen an, wie auch die erwähnten Diskriminierungsstrategien zeigen. Dass die Aromen der ǧnūn durchaus nicht als übelriechend bewertet werden müssen (ein weiblicher Geist verlangt von seinen Opfern gar ausdrücklich die Anwendung von Parfum), hängt mit ihrer Charakterisierung als nicht eindeutig bösen, sondern moralisch ambivalenten

Wesen zusammen. Ebenso begründet sich der spezifische Inhalt der Moralvorstellungen durch die historisch gewachsenen Bedeutungsstrukturen der marokkanischen Kultur, insbesondere natürlich durch die verbindlichen und anerkannten Werte des Islam. Eine allgemeine Verbindung zwischen den ǧnūn und der gesellschaftlichen Moral wird jedoch durch eine symbolische und performative Repräsentation der Geister durch Räuchersubstanzen sinnvoll zum Ausdruck gebracht. Die Wahl des Geruchssinnes als Medium für die Kommunikation von Wertvorstellungen scheint durchaus auch durch die phänomenologische Struktur dieses Sinnes motiviert, welche eine moralische Dimension mit einschließt.

ǧnūn werden allgemein mit Phänomenen der marokkanischen Lebenswelt assoziiert, die der Sphäre des unheimlichen Fremden zugeordnet werden können. Als Erklärung für diesen Aspekt bietet sich zunächst eine allgemeine Analogie zwischen Olfaktion und Fremdheit an. Ich möchte deren Feststellung in eine rhetorische Frage kleiden: Was könnte für die Repräsentation einer Sphäre, die dadurch definiert ist, dass sie sich den Ordnungen der Erfahrung entzieht, angemessener sein, als ein sinnliches Medium, dessen Botschaften plötzlich und ohne Vorwarnung auf den Menschen eindringen, welches kaum Voraussagen auf den Inhalt künftiger Mitteilungen erlaubt, weil es an einen Gegenstand gebunden bleibt, der ebenso vage wie konkret ist? Der Geruchssinn eignet sich zur sinnlichen Kommunikation des Fremden, weil er selbst arm an Ordnungsfunktionen ist, die Konstanz und Stabilität garantieren würden. Was vorwiegend empfunden wird, kann nur schwer durch Wahrnehmung überprüft oder gar durch Erkenntnis verifiziert werden. Das Riechen ist eine Form des sinnlichen Glaubens und es ist daher kaum ein Zufall, dass in den Ritualen so vieler Religionen Räucheressenzen Verwendung finden. In Marokko, wo die mit den ǧnūn verbundenen Phänomene so vielfältig und heterogen sind, gewinnt auf diese Weise das negative Merkmal eines Mangels an abstrahierenden sprachlichen Begriffen eine positive Funktion. Der Geruchssinn bietet sich für die paradoxe Aufgabe einer Symbolisierung des Fremden gerade deshalb an, weil sich die auf seinem Wege kommunizierten Empfindungen nur sehr schwer verbalisieren lassen. Eine vermeintliche Schwäche des Sinnes auf der konzeptuellen Ebene würde sich damit als eigentliche Stärke herausstellen, indem sie der charakteristischen Flexibilität und Variabilität der Besessenheitskultur in Marokko eine sinnliche Basis zur Verfügung stellt.

Auch die konzeptuelle Verbindung der ǧnūn mit dem Unheimlichen, Bedrohlichen, Furchteinflössenden findet in phänomenologischen Eigenschaften der Olfaktion eine Entsprechung. Im Riechen nähert sich die Welt dem Menschen an, er nimmt sie in sich auf, wie er sich umgekehrt als ein Teil von ihr erfährt. Diese Beziehung der Nähe kann dem Menschen sowohl Vertrauen und Sicherheit vermitteln, wie sie ihn aus genau dem gleichen Grund beunruhigen und in Angst zu versetzen vermag. Marokkanische buḫḫūr spielen auf beiden Tasten dieser Klavierur. Sie werden sowohl im Kontext der Geisterbeschwörung wie in dem der Heiligenverehrung verwendet und oft handelt es sich in beiden Zusammenhängen um die gleichen Substanzen, wie ja auch allgemein eine absolute Trennung zwischen beiden Gattungen des Übernatürlichen nicht möglich ist (s.o.). Die Differenzierung zwischen Heiligen und Geistern begründet sich wohl letztlich über ihre Zuordnung zu einer von zwei Bewertungen, die Fremdes vom Standpunkt lebensweltlicher Ordnung her erhalten kann, nämlich als Unheimliches, Bedrohliches oder Unterstützendes, Kraftbringendes. Dass sich beide Dimensionen auf komplexe Weise gegenseitig durchdringen, zeigen die vielen Idiosynkrasien und Synkretismen in der marokkanischen Besessenheitskultur. Ihre Verflechtung offenbart sich auch in der rituellen Therapie, die auf eine Stabilisierung der Beziehungen zwischen Mensch und Geist abzielt und die sich auch als Prozess der symbolisch-performativen Verwandlung eines bedrohlichen in ein unterstützendes Fremdes beschreiben lässt. Der Geruchssinn eignet sich aufgrund seiner kommunikativen Funktion in der sinnlichen Erfahrung, beiden Formen des Fremden Ausdruck zu verleihen.

Aber die menschliche Olfaktion vermag nicht nur Bedeutungen eine sinnliche Verankerung zu verleihen, die dem engeren Kontext der Besessenheitskultur angehören. Ich denke, das Riechen spielt durchaus auch eine Rolle bei der Kommunikation umfassenderer kultureller Themen. So lässt sich die Feststellung struktureller Äquivalenzen zwischen sinnlicher Form und kulturellem Inhalt auch auf den Individualismus der Mensch-Geist-Beziehung ausdehnen, welche ihrerseits ein zentrales Thema marokkanischer Sozialorganisation aufgreift. Das Riechen stellt den Menschen in einen individualistischen und zugleich unabweislichen Erfahrungsbezug zur physischen und sozialen Umwelt. Der riechende Mensch erfährt sich sowohl als einmaliges und ganzheitliches, als auch der Welt zugehöriges Selbst. Diese strukturelle Vereinigung von scheinbar widersprüchlichen Aspekten der Selbsterfahrung entspricht gewissermaßen der marokkanischen Idealvorstellung von Gesellschaftlichkeit. Das marokkanische Kulturideal bürdet dem Einzelnen große Verantwortung auf, indem es die Abhängigkeit seines Wohlergehens von seiner Initiative und Tatkraft betont. Mit der interpersonalen Beziehung als zentralem Ordnungsprinzip verleiht die marokkanische Gesellschaft diesem Anspruch an das Individuum Realität. Im alltäglichen sozialen Handeln erfährt sich der Einzelne oft auf sich gestellt und gleichzeitig als abhängig von anderen. Der Geruchssinn bietet sich zur Kommunikation solcher Verhältnisse an und enthält darüber hinaus ein Trostversprechen, indem er die Versöhnung impliziter Widersprüche in Aussicht stellt.

Die Olfaktion eröffnet damit durchaus auch eine utopische Dimension, die in der rituellen Performanz besonders deutlich hervortritt. Das Ritual kann phänomenologisch als Kommunikationsmodus gekennzeichnet werden, bei dem reale und virtuelle Dimensionen der Erfahrung in ein spezifisches Verhältnis gesetzt werden, welches die Reflexion und Manipulation kultureller Bedeutung ermöglicht (LEISTLE 2006a). Die rituelle Performanz spiegelt damit die gesellschaftliche Realität nicht nur in bestätigender Form wieder, sondern leistet auch einen aktiven Beitrag zu deren Gestaltung, indem sie kulturellen Idealen und Phantasien eine sinnlich wahrnehmbare Gestalt verleiht. Die Tranceauftritte von Besessenen auf *līlas* stellen einen solchen Fall dar: In der Identifikation mit dem ǧinn vollzieht sich die Verwandlung des Menschen von einer ausgesetzten, passiven Kreatur in ein aktives, machtvolles, sakrales Wesen. Die verschiedenen Einsatzformen von *buḫḫūr* im Rahmen der *līla* tragen diesem Vorgang durchaus auf sinnvolle Weise Rechnung. Tranceinduzierende Wirksamkeit entfalten die Räucheressenzen, wenn sie atmosphärisch verwendet werden, um dem rituellen Raum eine homogene olfaktorische Stimmung zu verleihen. Im Empfinden dieser Geruchsatmosphäre beginnt, in den Worten Strindberghs, „die Luft zu keimen", dem riechenden Menschen kommuniziert sich die unbestimmte Anwesenheit der ǧnūn. Er erfährt sich als Teil dieser Atmosphäre, empfindet sein Selbst als von ihr durchdrungen; die Grenzen, die seine alltägliche Erfahrung zwischen Innen und Außen zieht, verschwimmen. In Musik und Tanz gewinnt der Geist Gestalt, die Besessenheitsbeziehung manifestiert sich, indem das zunächst homogenisierte Selbst temporär die Sinnstruktur des Symbols ǧinn übernimmt. In diesem Sinne ist der Besessene tatsächlich nicht mehr er selbst, wird er zum ǧinn. Entsprechend dieser Transformation ändert sich auch der Gebrauch, der von den *buḫḫūr* gemacht wird. Diese werden nun mit Konzentration auf das Individuum eingesetzt, um den Trancezustand in geregelte Bahnen zu lenken. Anstelle der atmosphärischen Bedeutungsdimension des Sinnes tritt nun sein starker Substanzbezug. Der ǧinn hat sich im Körper des Besessenen manifestiert, die Beziehung hat sich individualisiert, ist aber noch instabil und disharmonisch. Die direkte Konfrontation mit der olfaktorischen Essenz des Geistes kommuniziert dem besessenen Leib die unmittelbare Anwesenheit des fremden Wesens und erleichtert so die – zumindest partielle – Substitution des personalen Selbst durch einen kulturellen Bedeutungszusammenhang.

Schließlich kommen Olfaktion und ǧnūn in einer gemeinsamen Beziehung zu liminalen Phasen und Übergängen im menschlichen Leben überein. Die marokkanische Volksreligion teilt mit vielen anderen Glaubenssystemen die Vorstellung, dass sich der Mensch in Zeiten, während derer sich sein biologischer und/oder sozialer Status ändert, in besonderem Maße dem Einfluss übernatürlicher Mächte ausgesetzt sieht. Die ǧnūn sind bevorzugt aktiv und können gefährlich werden, wenn die Menschen gebären, beschnitten werden, heiraten, sterben. Die liminale Dimension ihres Charakters findet erneut auch in ihrer symbolischen Darstellung Ausdruck. WESTERMARCK (1926:295) berichtet, dass Eingänge und Türschwellen zu den Orten zählen, die als von Geistern heimgesucht gelten. Niemand darf sich an diesen Orten des Überganges aufhalten, ansonsten riskiert er, krank zu werden oder der Behausung Unglück zu bringen. Unter den menschlichen Sinnestätigkeiten ist es die Olfaktion, die sich am besten für eine Kommunikation der Liminalität eignet. In seiner Eigenschaft als Sensorium des Überganges, in dem sich, wie TELLENBACH sagt, kritische Wandlungen der menschlichen Existenz ankündigen, bietet sich ein Appell an den Geruchssinn an, wenn es darum geht, die Realität der ǧnūn als liminalen Wesens in der Erfahrung zu bekunden. Hier wie bezüglich anderer Aspekte symbolischer Darstellung und ritueller Performanz erweist sich die Wahl dieses Sinnes nicht als willkürlich, sondern als gespeist von einem intuitiven Wissen um die kommunikative Funktion menschlicher Leiblichkeit.

8. Andere Sinnesmodalitäten

Eine Frage ist bei alldem so naheliegend, dass man sie auch stellen sollte: Wenn der Geruchssinn sich in so hervorragender Weise für die Kommunikation von mit dem Komplex Trance/Besessenheit verbundenen Bedeutungen anbietet, warum nimmt er dann nicht eine noch prominentere Stellung in der Darstellung und Performanz der ǧnūn ein? Warum bspw. werden die ǧnūn nicht ausschließlich durch buḫḫūr symbolisch repräsentiert, der Trancezustand nur im sinnlichen Medium des Riechens erzeugt etc.? Darauf sind mehrere Antworten denkbar. Zunächst muss wohl festgestellt werden, dass der an den Geruchssinn gerichtete Appell keine marginale Erscheinung der rituellen Praxis darstellt. In marokkanischen līlas werden buḫḫūr häufig und an zentralen Stellen des rituellen Geschehens eingesetzt. Besonders in Relation zum Trancezustand, der seinerseits eine zentrale Rolle für die Realisierung der Bedeutung ǧinn spielt, entfalten sie unmittelbare Effizienz. Räuchersubstanzen in ausreichender Menge und Qualität werden als Ausstattungselement betrachtet, dessen Vorhandensein für die gelungene Durchführung einer līla unverzichtbar ist. Die olfaktorische Dimension ist also keinesfalls so nebensächlich, wie die ethnographische Darstellung vielleicht den Anschein erweckte. Im Vergleich zum marokkanischen Alltagsleben wird der Geruchssinn in der līla akzentuiert, erhält einen höheren Wert in der Struktur der Sinnlichkeit als dies in der Erfahrung in „natürlicher Einstellung" der Fall ist. Gleichwohl wird die Aufgabe, die ǧnūn und die Bedeutungsinhalte der Besessenheitskultur sinnlich zu repräsentieren, nicht allein auf seine Schultern geladen. Der Grund hierfür ist einfach: Er vermöchte die Last nicht zu tragen. Kulturelle Bedeutung wird nie ausschließlich über ästhesiologische Strukturen kommuniziert, die sinnlichen und die semantischen Ebenen menschlicher Erfahrung fallen nicht einfach nur zusammen. Auszugehen ist vielmehr von einem dialektischen Verhältnis zwischen sprachlichem Denken und sinnlicher Erfahrung, indem im Ganzen der Erfahrung der Erlebnissinn der einen Ebene von der anderen übernommen wird (MERLEAU-PONTY 1966: 152ff.). Aus phänomenologischer Perspektive fundieren die sinnlichen Fähigkeiten allerdings das menschliche Vermögen zur Reflexion, da der Mensch sein fundamentales Weltverständnis über die leibliche Erfahrung seiner Umwelt gewinnt. Komplexe kulturelle Sinnzusammenhänge bedürfen auch einer sprachlichen Semantik, und sei es auch in so reduzierter Form wie im marokkanischen Beispiel. Die Worte der riyāḥ enthalten zwar nur vage Beschreibungen und Charakterisierungen, diese jedoch sind essentiell für die symbolische und performative Realisierung der ǧnūn. Die Geister müssen, wie unvollkommen und inkohärent auch immer, als Individuen identifiziert werden können, um dem System seine Flexibilität und Offenheit zu garantieren. Der Geruchssinn bietet in dieser Hinsicht nur begrenzte Möglichkeiten: Seine Verbindung zur sprachlichen Ebene ist zwar vorhanden, aber nicht sehr stabil. Die Fähigkeit des Sinnes zur Unterscheidung verschiedener Qualitäten ist hochentwickelt, nicht aber die zur Identifikation eines Geruchsobjekts.

Um seine kulturelle Repräsentationsfunktion voll entfalten zu können, bedarf der Geruchssinn also der Unterstützung durch andere Modalitäten. Zu diesem Ergebnis kommt auch eine Überlegung, die Merleau-Pontys Bestimmung der Realitätserfahrung als synästhetischem Weltbezug zum Ausgangspunkt nimmt. Phänomene, die nur in einem Sinnesfeld erscheinen, so hieß es dort, haben einen irrealen Aspekt an sich, gehören oft dem Bereich des Halluzinativen an. Brechen die ǧnūn in die alltägliche Erfahrung der Menschen ein, so geschieht dies oft in Form von kaum fassbaren Erscheinungen wie einem Lichtreflex, einem Windhauch oder einem Schatten. Um solchen Phantomen in der Besessenheit mit kulturellen Mitteln Herr zu werden, um das unheimliche Fremde in eine strukturierte Gestalt zu verwandeln, die rituell angeeignet werden kann, bedarf es zusätzlicher Ausdrucksformen, welche die Olfaktion alleine nicht bereitstellen kann. Ein nur gerochener Geist bliebe ein Phantom, Trance und Besessenheit aber erfordern, dass er reale körperliche Existenz erlangt und beziehen daher die anderen Sinne notwendigerweise mit ein.

VWB – Verlag für Wissenschaft und Bildung

9. Zwischen Relativismus und Universalismus

„Die Seele durch die Sinne heilen und die Sinne durch die Seele" lässt Oscar Wilde seinen Lord Henry sagen. Weder dieser Satz noch die Beschreibung des Verhaltens Dorian Grays ist aus einer phänomenologischen Perspektive als Ausdruck einer nicht weiter begründbaren dichterischen Imagination zu bewerten. Wottons Worte hatten Gray erstmals seine Subjektivität zu Bewusstsein gebracht und diese Erfahrung des Solipsismus hatte dem jungen Mann ungeahnte Perspektiven eröffnet, ihn aber auch in Angst versetzt. In den Begriffen leiblicher Intentionalität ist seine Reaktion auf den Schock durchaus sinnvoll: Er versucht das aufkommende Gefühl der Einsamkeit zu überwinden, indem er sich seiner sinnlichen Verbundenheit mit der Welt versichert. Die Wahl des Mediums zur Verwirklichung dieser Intention resultiert ebenfalls nicht aus einer Willkürentscheidung. Unter den menschlichen Sinnen ist es der Geruchssinn, welcher sich am besten für die Kommunikation einer existentiellen Beziehung zwischen Mensch und Welt eignet, wie sie aller Erfahrung zugrunde liegt. Aufgrund seiner phänomenologischen Struktur verfügt das olfaktorische Medium über ein einzigartiges Potenzial, Wandlungen und Übergänge in der Erfahrung als ganzer anzuzeigen. Indem der Mensch sich der kommunikativen Funktion dieses Sinnes bedient, vermag er auch, solche Transformationen in der Erfahrung zu initiieren, selbst zum Ausgangspunkt der Verwandlung zu werden. Dies geschieht meiner Ansicht nach in Ritualen, in denen Trance- und Besessenheitsphänomene eine Rolle spielen. Aber es handelt sich bei der initiierenden Instanz nicht um den mittels seines reflektierenden Bewusstseins denkenden Menschen, nicht um ein Subjekt in diesem Sinne, sondern um ein leibliches Selbst, das in seiner leiblichen Erfahrung über ein ursprüngliches, prä-verbales Verständnis seiner Umwelt verfügt.

Dieses Selbst fungiert überhaupt an der Basis der kulturellen Erfahrung und die Strukturen, derer es sich zur Konstitution kultureller Bedeutungen bedient, sind die der menschlichen Leiblichkeit, der Sinne in ihrer Mannigfaltigkeit und ihrem Zusammenspiel. Dieser Essay versuchte am Beispiel der Olfaktion einen Blick auf diesen „tätigen Grund kultureller Existenz" (MERLEAU-PONTY) zu eröffnen. Die Auswahl eines Einzelsinnes stellt angesichts der hohen Komplexität tatsächlicher Erfahrungswelten eine schwerwiegende Reduktion dar, auf deren Ausmaß und Bedeutung ich an verschiedenen Stellen hingewiesen habe. Diese Vereinfachung war gleichwohl aus empirischen wie methodischen Gründen notwendig, um die grundsätzliche Anwendbarkeit eines phänomenologischen Ansatzes auf hermeneutische Probleme in den Kulturwissenschaften zu demonstrieren. Die Suche nach strukturellen Äquivalenzen zwischen Appellen, die in Form symbolischer Darstellungen und performativen Praktiken an die menschliche Sinnlichkeit gerichtet werden und den Bedeutungsgehalten dieser Darstellungen und Performanzen erscheint mir auch für andere Sinnesmodalitäten, sowie für die Leiblichkeit insgesamt ein methodisch gangbarer und empirisch fruchtbarer Weg. Die hier skizzierte Perspektive unterscheidet sich signifikant von der gewöhnlich in der neueren Anthropologie der Sinne eingenommenen, welche gewöhnlich den Relativismus kultureller Erfahrungswelten betont (s. z.B. HOWES 1991). Thesen wie die von HOWES (2002), der behauptet, manche Gesellschaften würden ihr Universum vorwiegend in olfaktorischen Begriffen konzeptualisieren und erfahren, bedürfen zu ihrer Begründung dringend einer Theorie der menschlichen Leiblichkeit. Der Unterschied zwischen der eigenen und der fremden Erfahrungswelt kann nur *wissenschaftlich* formuliert werden, wenn er die Kriterien, auf denen ihr Vergleich beruht, offenlegt. Dies aber kann nur in Form einer Theorie geschehen, die sowohl für die eigene als auch für die fremde Erfahrung Gültigkeit beansprucht. Verweigert sich die Ethnologie dieser Aufgabe grundsätzlich, dann läuft sie Gefahr, unter dem Deckmantel epistemologischer Toleranz umso drastischere Aneignungen des Fremden zu vollziehen.

Aus dem vorliegenden Essay sollten nicht Schlussfolgerungen gezogen werden nach der Art: „Die Marokkaner riechen, hören, sehen genau wie wir, nur eben andere Dinge". Ich selbst bin der festen Überzeugung, dass kulturelle Erfahrungswelten dazu tendieren, die Sinne verschieden zu gewichten. Erfahrung ist insoweit kulturell relativ, als die menschliche Sinnlichkeit sich in einer kulturabhängigen Weise strukturiert. Der Variabilität dieser sensorischen Ordnungen sind allerdings Grenzen gesetzt, die mit der physischen Ausstattung des Menschen, seiner Existenz als Organismus zu tun haben. Vielleicht sollte man statt von einer psychischen von einer leiblichen Einheit der Menschheit sprechen, die den vielfältigen kulturellen Differenzierungen als gemeinsame Basis dient. Das Vorhandensein einer sinnlichen Grundlage der Kultur ist vielleicht nicht in einem streng empiristischen Sinne beweisbar, aber sie kann zum Gegenstand kulturwissenschaftlicher Interpretation werden. Dass (und wie) dies denkbar ist, sollte hier demonstriert werden.

Kein Mensch, egal welcher Kultur er auch angehören mag, vermag sich seines Geruchssinnes zu bedienen, wie ein Tier dies tut. Beim Menschen hat die Sinnlichkeit immer schon eine Beziehung zu den sog. höheren geistigen Funktionen, ebenso wie diese im Bereich des Sinnlichen verwurzelt bleiben. Eine rein animalische Ebene lässt sich im Ganzen menschlicher Existenz nicht isolieren. Aber daraus lässt sich nicht der Umkehrschluss ableiten, dass der Mensch in dem Gebrauch seiner Sinne uneingeschränkt frei wäre, wie ein radikaler Kulturrelativismus implizit annehmen muss. Menschen sind sicherlich in der Lage, ihre sinnlichen Fähigkeiten in Einklang mit praktischen und kulturellen Erfordernissen zu verfeinern, dies aber stets im Rahmen einer vorgeordneten leiblichen Ganzheit, der eine grundlegend synästhetische Erfahrung korrespondiert und in Übereinstimmung mit den kommunikativen Möglichkeiten des jeweiligen sensorischen Mediums. Thesen über die Dominanz eines Sinnes in einer bestimmten Kultur müssen vor diesem strukturellen Hintergrund betrachtet werden.

Eine umfassende phänomenologische Konzeption des kulturellen Prozesses müsste sich also zwischen Relativismus und Universalismus ansiedeln. Die historisch gewachsenen, leiblich fundierten Sinnstrukturen der Kultur dienen der konkreten Erfahrung als orientierender Leitfaden, Norm und Maßstab. Faktische Realität erlangen diese Strukturen erst im Akt der intentionalen Übernahme durch ein leibliches Selbst. Das heißt nicht, dass jeder Mensch von jeder kulturellen Sinnstiftung direkte Erfahrung haben muss, damit man diese als existent bezeichnen kann, wohl aber, dass eine gemeinsame Orientierung an den der konkreten Bedeutung zugrundeliegenden strukturellen Normen stattfinden muss. Nicht jeder, der in einer marokkanischen *līla* den sinnlichen Aufruf zur Trance vernimmt, muss ihm folgen; er kann, wie der Ethnologe, aus persönlichen und kulturellen Gründen völlig außerstande dazu sein. Aber fehlende Disposition oder Unfähigkeit auf seiten des Einzelnen invalidiert die Trance nicht als sinnvolle kulturelle Praxis, solange der rituelle Appell der Erfahrung eine Richtung zu geben vermag. In diesem Fall ist selbst eine ablehnende Bewertung durch eine Mehrzahl der Teilnehmer denkbar, ohne dass das Ritual (oder der Prozess kultureller Sinnstiftung allgemein) zum Scheitern verurteilt sein muss.

Irgendeine Form intentionaler Stellungnahme durch das Selbst ist essentieller Bestandteil der Genese kultureller Bedeutung in der Erfahrung. Und ebenso notwendig findet diese Positionierung in Relation zu Ordnungen statt, deren Ursprung außerhalb des Selbst liegt. Strebt der Mensch tatsächlich danach, sich seiner fundamentalen Kontingenz zu entledigen, indem er diese Ordnungen aus sich selbst heraus zu entwerfen versucht, wie dies manche Strömungen philosophischen und wissenschaftlichen Denkens behaupten, so betritt er in Wahrheit das Reich der Halluzination und des Wahns. Dies ist die Geschichte des Dorian Gray: Sein Bestreben, eine auf ästhetischen Prinzipien gegründete Realität zu erschaffen, lässt nur das eigene Erleben als Maßstab gelten. Er wendet sich dem Ritual zu, erforscht die Funktionsweise der Sinne, beschäftigt sich mit Düften, Musik, Juwelen, kunstvollen Teppichen. Aber bei aller Intensität, mit der er sich seinem jeweiligen Thema widmet, bleibt er unverbindlich. Seine Erkenntnisse verpflichten ihn zu nichts, keiner Richtung vermag er sich anzuschließen oder sich ihr zu verweigern. Seine Unfähigkeit zur Stellungnahme führt ihn in die A-Moralität und schließlich in den Untergang. Er ermordet seinen Freund Hallward, nachdem er diesem sein Geheimnis enthüllt hat. Und er tötet sich selbst, als er das Bild zerstört, das die Tatsache seiner Kontingenz für andere sichtbar darstellt.

Anmerkungen

1. Diese Arbeit entstand im Rahmen des von der DFG geförderten Sonderforschungsbereiches „Ritualdynamik" der Universität Heidelberg (SFB 619). Das zugrundegelegte ethnographische Material resultierte aus einem Feldforschungsaufenthalt von Mai 2002 bis Mai 2003 in Fes, Marokko, der von Mai 2002 bis Oktober 2002 durch ein DAAD-Stipendium gefördert wurde.

2. Die *ğinn* – so lautet die Kollektivform im Hocharabischen – werden an mehreren Stellen im Koran erwähnt (speziell Sure 72). Sie bilden neben Menschen und Engeln die dritte Klasse intelligenter Wesen, wurden aber im Gegensatz zu jenen nicht aus Lehm und Licht, sondern aus Feuer und Luft erschaffen. Aufgrund ihrer Erwähnung in der Offenbarung kann aus muslimischer Perspektive kein genereller

Zweifel an ihrer Existenz bestehen. Allerdings gibt es erhebliche Differenzen zwischen den Gläubigen, wie man sich ihre Beziehungen zu den Menschen vorzustellen hat. Wie in anderen regionalen Varianten islamischer Volksreligiosität ist in Marokko der Glaube weitverbreitet, dass die Geister Abläufe in der menschlichen Welt beeinflussen, etwa, indem sie Besitz vom Körper eines Menschen ergreifen. Allerdings bleibt diese Auffassung selbst im Milieu der populären Sufi-Gruppen nicht unwidersprochen.

Es liegt nicht in meiner Absicht, mit solchen Äußerungen in die Debatte um das „Wesen des marokkanischen Islam" einzugreifen, in der sich Ethnologen und Islamwissenschaftler gegenüber stehen. Während die Philologen, was diese Frage betrifft, die Bedeutung der Schrifttradition und die intellektuellen Verbindungen zu den Zentren der islamischen Welt betonen (s. z.B. CORNELL 1998), rücken die Feldforscher den Glauben an wunderwirkende heilige Männer und übernatürliche Wesen in den Mittelpunkt (s. z.B. GEERTZ 1968). Meiner Ansicht nach lässt sich diese Opposition auf zwei unterschiedliche Gegenwartsweisen von Religion im menschlichen Leben zurückführen. Ihrem Fachgebiet gemäß betonen die Philologen den religiösen Schriftdiskurs, während sich die Ethnologen auf Religion als lebensweltliche Praxis konzentrieren. Obwohl ich selbst mich in dieser Auseinandersetzung auf der ethnologischen Seite positionieren muss, erscheint mir jede Verabsolutierung eines einzelnen Gesichtspunktes als Sackgasse. Zwischen den sprachlichen Figuren und poetischen Metaphern der religiösen Schriften und den körperlichen Praktiken in Alltag und Ritual besteht ein untrennbarer Sinnzusammenhang, der sich letztlich nur einer ganzheitlichen wissenschaftlichen Perspektive erschließt.

3. Er trägt den Namen Šamhārūš. Als sein Kultort fungiert eine Höhle im Hohen Atlas.

4. Dem von CRAPANZANO portraitierten Tuhami (CRAPANZANO 1983) wurde diese Form der Verbindung mit einem ǧinn nachgesagt.

5. Marokkaner besitzen natürlich ein klares Bewusstsein der Tatsache, dass nicht alle Beeinträchtigungen des Gesundheitszustandes auf die gleiche Ursache zurückgeführt werden können. So bewegen sich die mit den ǧnūn in Verbindung gebrachten Störungen oft in den Phänomenbereichen, die in unserer Kultur durch die Begriffe Psychosomatik und Psychopathologie umrissen werden. Für die Behandlung „rein" körperlicher Beschwerden wie bspw. einer Erkältung steht neben der westlichen eine reiche Tradition marokkanischer Volksmedizin zur Verfügung.

6. Im Hocharabischen bedeutet das Wort fiqh „religiöse Rechtslehre", der fāqih ist also ein Gelehrter in dieser Disziplin. Das marokkanische fqīh hingegen bezeichnet den Koranlehrer, der aufgrund der magischen Kraft, die der Volksglaube der heiligen Schrift des Islam zuschreibt, in vielen Kontexten auch als Ritualspezialist praktiziert.

7. Für eine detailliertere Beschreibung des Aufbaus einer zeitgenössischen līla der Ḥamadša, s. LEISTLE 2006b.

8. Meine Beobachtungen suggerieren ein ambivalenteres Verhältnis zwischen Trancetanz und Besessenheitszustand, als die indigene Theorie anzuerkennen bereit ist. In vielen Fällen schien mir der Tanz selbst das Mittel zur Herbeiführung der Besessenheitstrance zu sein, durch welche der ǧinn seine Anwesenheit bekundet. Auch unterscheiden sich die Abläufe der Tranceauftritte individuell voneinander. Die Performanz eines Ritualteilnehmers, der eine stabile und dauerhafte Beziehung der Besessenheit unterhält, entspricht dem kulturellen Ideal in höherem Maße als die eines Anfängers, der erst seit kurzem Kontakt zu den ǧnūn hat.

9. Die ḥaḍra bildet sowohl bei Hamadsha als auch bei 'Īsāwā dasjenige performative Element, welches am engsten mit der Sufi-Tradition verbunden ist. In der Terminologie des marokkanischen Sufismus bezeichnet der Begriff oft das bruderschaftliche Ritual als ganzes. Beide Gruppen vollführen zwei ḥaḍras, davon eine zu Beginn der līla. Bei den 'Isawa bildet die zweite ḥaḍra den rituellen Abschluss der līla, die Ḥamadša führen sie im Anschluss an die konventionell religiösen Teile und noch vor den riyāḥ durch. Obwohl nominell den Heiligen und nicht den ǧnūn gewidmet, sind ḥaḍras musikalisch wie räumlich als Trancesequenzen gekennzeichnet, indem die Musiker den Rhythmus der Musik beschleunigen und eine Aufstellung einnehmen, die den Teilnehmern das Tanzen in ihrer Mitte ermöglicht.

10. Fritz KRAMER hat in seiner bemerkenswerten Untersuchung afrikanischer Besessenheitskulte (KRAMER 1987) viele Einsichten formuliert, die diesen Gedanken stützen. Unter anderem gelang es ihm zu zeigen, dass sich die rituelle Praxis und die Ikonographie der Besessenheit häufig mit tatsächlichen historischen Begegnungen zwischen einander fremden Völkern in Beziehung setzen lässt, Besessenheitskulte also eine Funktion bei der Bewältigung von Fremdheitserfahrungen innehaben.

11. In struktualer Hinsicht gleichen die sensorischen Verhältnisse, die Roman JAKOBSON für die sprachliche Kommunikation beschrieben hat. Die sechs verschiedenen Funktionen der Sprache sind an jedem Sprechakt beteiligt, aber in verschiedenen Gewichtungen und Akzentuierungen. Die „poetische Funktion" definiert das Wortkunstwerk nicht etwa dadurch, dass die anderen Sprachfunktionen gänzlich unbeteiligt blieben, sondern indem sie den poetischen Kommunikationsmodus dominiert (JAKOBSON 1985: 153).

12. Diese besonders perfide Form der Diskriminierung stellt bekanntermaßen keineswegs einen seltenen Fall dar. Sehr häufig werden Minderheiten, von denen sich eine Mehrheit in irgendeiner Form bedroht fühlt durch das Stigma des Gestanks von der gesellschaftlichen Partizipation ausgeschlossen (s.a. SYNNOTT 1993: 195ff.).

13. Auch dieser Aspekt der Besessenheitsideologie wird in der rituellen Praxis nicht durchgehend umgesetzt. Das Tranceverhalten von Besessenen ist besonders im Falle von Frauen durchaus Gegenstand der Diskussion und der Kritik. Dies verweist meiner Ansicht nach auf den für die Ethnologie zentralen Punkt, dass auch innerhalb der erforschten Kultur Unbestimmtheiten und Ambivalenzen auftreten, die der wissenschaftliche Interpret zu berücksichtigen hat. Er wird seiner Aufgabe nicht gerecht, wenn er einfach die indigenen Konzeptionen beim Wort nimmt, indem er bspw. kommentarlos behauptet, die ǧnūn seien schlichte Gegebenheiten der marokkanischen Erfahrung. Die rituelle Praxis liefert meiner Ansicht nach überzeugende Hinweise darauf, dass auch die ǧnūn als kulturelle Erzeugnisse betrachtet werden müssen, als Element einer Realität, an deren Entstehen und Bestehen der Mensch aktiven Anteil hat.

Literatur

BRUNEL René 1926. *Essai sur la Confrèrie religieuse des 'Aissaoua au Maroc.* Paris: Paul Geuthner

CORNELL Vincent 1998. *The Realm of the Saint. Power and Authority in Moroccan Sufism*. Austin: Univ. of Texas Press.

CRAPANZANO Vincent 1981. *Die Hamadsha. Eine ethnopsychiatrische Untersuchung in Marokko*. Stuttgart: Klett-Cotta.

――― 1983. *Tuhami. Portrait eines Marokkaners*. Stuttgart: Klett-Cotta

DUBOIS Danièle & ROUBY Catherine 2002. "Names and Categories for Odors: The Veridical Label". In ROUBY *et al.* (Eds), op. cit.: 47-66.

EICKELMAN Dale 1976. *Moroccan Islam. Tradition and Society in a Pilgrimage Center*. Austin: University of Texas Press

GEERTZ Clifford 1968. *Islam Observed. Religious Development in Morocco and Indonesia*. New Haven: Yale University Press

―――1979. Suq: The Bazaar Economy in Sefrou. I: GEERTZ Clifford & GEERTZ Hildred & ROSEN Lawrence. *Meaning and Order in Moroccan Society*. Cambridge: Cambridge University Press:123-244.

HERZ Rachel S. 2002. Influences of Odors on Mood and Affective Cognition. In ROUBY *et al.* (Eds), op.cit.: 160-177.

HOLLEY André 2002. Cognitive Aspects of Olfaction in Perfumer Practice. In ROUBY *et al.* (Eds), op.cit.: 16-26.

HOWES David (Ed) 1991. *The Varieties of Sensory Experiences. A Source Book in the Anthropology of the Senses*. Toronto.

――― 2002. Nose-wise: Olfactory Metaphors in Mind. In ROUBY *et al.* (Eds), op. cit.: 67-81.

HUDSON Robin & DISTEL Hans 2002. The Individuality of Odor Perception. In ROUBY *et al.* (Eds), op. cit.: 408-420.

JAKOBSON Roman 1985. Closing Statement: Linguistics and Poetics. In INNIS Robert E. 1985. *Semiotics. An Introductory Anthology*. Bloomington: Indiana University Press: 147-175.

KÖSTER Egon Peter 2002. The Specific Characteristics of the Sense of Smell. In ROUBY *et al.* (Eds), op. cit.: 27-43.

KRAMER Fritz 1987. *Der rote Fes. Über Besessenheit und Kunst in Afrika*. Frankfurt: Athenäum

LEISTLE Bernhard 2006a. Ritual as Sensory Communication. A Theoretical and Analytical Perspective. In KÖPPING Klaus Peter & LEISTLE Bernhard & RUDOLPH Michael 2006. *Ritual and Identity*. Münster: LIT: 33-73

――― 2006b. Menschliche Existenz und rituelle Verwandlung in Marokko. Ein Essay in phänomenologischer Anthropologie. In ASSMANN Aleida & ASSMANN Jan 2006. *Verwandlungen. Archäologie der literarischen Kommunikation IX*. Paderborn: Fink: 153-180.

LEWIS Ioan M. 1978. *Ecstatic Religion. An Anthropological Study of Spirit Possession and Shamanism* Harmondsworth: Penguin.

MERLEAU-PONTY Maurice 1966. *Phänomenologie der Wahrnehmung*. Berlin: de Gruyter.

PHILLIPS Mary L. & HEINING Maike 2002. Neural Correlates of Emotion Perception: From Faces to Taste. In ROUBY *et al.* (Eds), op. cit.: 196-208.

ROUBY Catherine, SCHAAL Benoist, DUBOIS Danièle, GERVAIS Rémi & HOLLEY André (Eds) 2002. *Olfaction, Taste and Cognition*. Cambridge: Cambridge University Press

ROUGET Gilbert 1990. *Music and Trance. A Theory of the Relations between Music and Possession*. Chicago: Chicago University Press

SCHECHNER Richard 1988. *Performance Theory*. London: Routledge

STRAUS Erwin 1956. *Vom Sinn der Sinne. Ein Beitrag zur Grundlegung der Psychologie*. Berlin: Springer

SYNNOTT Anthony 1993. *The Body Social. Symbolism, Self, Society*. London: Routledge

TELLENBACH Hubert 1968. *Geschmack und Atmosphäre*. Salzburg: Müller

TRIMINGHAM John S. 1971. *The Sufi Orders in Islam*. Oxford: Oxford University Press

WALDENFELS Bernhard 1997. *Topographie des Fremden. Studien zur Phänomenologie des Leibes Bd.1*. Frankfurt: Suhrkamp

――― 2000. *Das leibliche Selbst. Vorlesungen zur Phänomenologie des Leibes*. Frankfurt: Suhrkamp

WESTERMARCK Edward 1926. *Ritual and Belief in Morocco*, Bd1. London: MacMillan

WILDE Oscar 1985. *The Picture of Dorian Gray*. London: Penguin

Artikel eingegangen: Dezember 2006
Artikel angenommen: Februar 2007

Bernhard Leistle (Jg. 1968) Dr. phil., Ethnologe; wissenschaftlicher Angestellter im SFB 619 „Ritualdynamik" der Universität Heidelberg. Spezielle Arbeitsgebiete (special branches of research): Marokko, Nordafrika, Ritualtheorie, philosophische Anthropologie, Semiotik. Sprachstudium Kiswahili Juli bis Oktober 1995 in Tansania; Feldforschung in Fes/Marokko von Mai 2002 bis Mai 2003. Ab 01.07.2007 Assistant Professor für Kulturanthropologie an der Carleton University in Ottawa.

Department of Sociology and Anthropology, Carleton University
1125 Colonel By Drive, Ottawa, Ontario, Canada
e-mail: bernhard_leistle@yahoo.de

Der Kontext Migration, Sozialmedizin, Public Health und Kultur in Stichworten. Ein Arbeitspapier in Entwicklung.

Zusammenfassung Diese themenbezogene Material- und Stichwortsammlung entstand als Multiautorenwerk für den Thementeilbereich Migration im Rahmen des ersten Wörterbuches "Sozialmedizin" in deutscher Sprache, das die Deutsche Rentenversicherung (DRV, ex BfA) in Zusammenarbeit mit dem de Gruyter-Verlag in Berlin als einen neuen „Pschyrembel Sozialmedizin" bearbeitet hat. Hier werden die kompletten dem Auftraggeber hierfür vorgeschlagenen Schlagwörter dokumentiert. Das Wörterbuch ist im Februar 2007 erschienen*.

Abstract This paper contains a selection of keywords contributing to the quest of culture in the context "Migration, Social Medicine and Public Health" and presents a working paper in progress. The keywords, here in complete version with different spaces, served as collection of material for the first German dictionary on "Sozialmedizin", published February 2007 in the series of the well known "Pschyrembel" by de Gruyter, Berlin, and the Deutsche Rentenversicherung.

Die Stichworte Aberglaube – Abschiebung – Akkommodation – Akkulturation – Amulett – Anamnese, kultuspezifische - Arbeitnehmer – Assimilation – Asylrecht – Aufnahmeland – Ausgrenzung – Ausgrenzungspotential – Ausländerbeauftragter – Ausländerfeindlichkeit – Ausländerrecht – Aussiedler – Ausweisung – Böser Blick – *Derwisch* – Dolmetscherdienst – *Eingliederung – Ethnie – Ethnisierung – Ethnizität – Ethnomedizin – Ethnozentrismus* – Exklusion – *Exorzismus* – Flüchtling – Flüchtlingshilfegesetz (FlüHG) – *Flüchtlingskinder* – Folter – Gastarbeiter – *Geistheilung* – Genfer Flüchtlingskonvention – *Ghettoisierung – Globalisierung – Heiler – Heilkundiger – Heimweh* – Hoca – Immigration – Integration – Intergovernmental Committee for European Migration (ICEM) – International Organisation for Migration (IOM) – *Interview, kultursensibles* – Kontingentflüchtling – *Kulturalisierung – Kulturgebundenes Syndrom – Kulturschock – Magie – Medizinethnologie* – Menschenhandel – Migranten – Migration – *Migrantengeneration* – Multikulturalität – Parallelgesellschaften – *Prostitution* – Residenzpflicht – Ritual – Rückwanderung – Saisonarbeitnehmer – Schamane – Segregation – Seelenverlust – Sheik – *Spirituelle Krise* – Spätaussiedler – Staatsbürgerschaft – Therapeutische Gemeinschaft – *Trauma, psychosoziales* – Belastungsstörung, posttraumatische – PTBS – Verfolgung, politische – *Vertriebene – Volksheiler – Volksmedizin (inkl. türkische)* – Wodu – Zuwanderung – Zuwanderungsgesetz**

Aberglaube § (lat. superstitio), ursprünglich kirchlich geprägter Begriff, der besagt, dass etwa Falsches für wahr gehalten wird, auch allgemeine Bezeichnung eines als Irrglauben deklarierten und abgelehnten Wissens oder eines Glaubensinhaltes, zumeist mit fließenden Grenzen. Im wissenschaftlichen Rahmen wird damit ein Glaube bezeichnet, der nicht auf einer Glaubenstatsache basiert (eingeschlossen solcher aus den naturwissenschaftlichen Bereichen), sondern auf einem Irrtum. Wird seit dem 19. Jh. auch synonym zur Bezeichnung der Inhalte des sog. Volksglaubens gebraucht und umfassend und jegliche Bewertungen auslassend im zehnbändigen „Handbuch des Deutschen Aberglaubens" (siehe BÄCHTOLD-STÄUBLI 1927-1942, 10 Bde., de Gruyter-Vlg, Reprint 1987) dargestellt. (SCHRÖDER)

Abschiebung ! (**inkl. Abschiebungsschutz**) Eine Abschiebung ist, juristisch gesprochen, die zwangsweise Durchsetzung der Ausreisepflicht. Anders gewendet: Hält sich ein Ausländer unerlaubt in Deutschland auf, weil er nicht (mehr) über einen Aufenthaltstitel verfügt, und reist er nicht freiwillig aus, kann er unter Anwendung von Zwang – unter Umständen sogar gewaltsam – außer Landes geschafft werden. Der Begriff der „Abschiebung" ist mit zahlreichen negativen historischen Konnotationen verbunden und nicht zuletzt deshalb umstritten. Die bisher entwickelten Alternativen (etwa die im

---

* Siehe Schlussbemerkung
** Legende: ! = im Pschyrembel erschienenes Schlagwort; § = Stichwort des Herausgebers, das nicht im Pschyrembel aufgenommen wurde; # Stichwort der Redaktion *curare*, das nicht im Pschyrembel aufgenommen wurde, *kursiv:* = von der Redaktion *curare* vorgeschlagene Stichwörter, * im Text = interne Verweisschlagwörter innerhalb dieser Materialsammlung.

Ministerialdeutschen gerne verwendete „Rückführung" oder das schweizerische „Ausschaffung" bei Landesverweisung, bzw. beim Asylverfahren „Wegweisung") sind aber nicht überzeugend. Deshalb wird hier der auch im Gesetz benutzte Begriff gebraucht. Nach einem feststehenden Grundsatz des Völkerrechts haben die einzelnen Staaten, vorbehaltlich ihrer Verpflichtungen aus internationalen Verträgen einschließlich der Menschenrechtsabkommen, das Recht, die Einreise, den Aufenthalt und die Ausweisung von Ausländern zu regulieren. Die Abschiebung gilt dabei als legitimes Mittel zur Durchsetzung der jeweiligen Migrationsregelungen. Sie darf allerdings nicht willkürlich gegen eine größere Gruppe verhängt und nur unter Wahrung der fundamentalen Menschenrechte des Abzuschiebenden vollzogen werden.

Rechtsgrundlage für die Abschiebung ist in Deutschland § 58 AufenthG. Nach dessen Absatz 1 ist ein Ausländer abzuschieben, „wenn die Ausreisepflicht vollziehbar ist und die freiwillige Erfüllung der Ausreisepflicht nicht gesichert ist oder aus Gründen der öffentlichen Sicherheit und Ordnung eine Überwachung der Ausreise erforderlich erscheint." Dem betroffenen Ausländer ist in der Regel eine Frist zur freiwilligen Ausreise zu geben und ihm die Abschiebung anzudrohen. Ist der Ausländer auch nach Ablauf der Ausreisefrist nicht ausgereist, ist er abzuschieben. Dieser Grundsatz gilt allerdings nicht absolut. Der Abschiebung können Hürden rechtlicher oder tatsächlicher Art im Wege stehen (die so genannten *Abschiebungshindernisse*). Tatsächliche Abschiebungshindernisse können etwa eine fehlende Flugverbindung zum Zielstaat der Abschiebung oder das Nichtvorhandensein der erforderlichen Ausweisdokumente sein.

Rechtliche Abschiebungshindernisse ergeben sich vor allem aus § 60 AufenthG. Hiernach darf eine Abschiebung im Fall drohender politischer Verfolgung (Abs. 1), Folter* (Abs. 2) oder Todesstrafe (Abs. 3) nicht vollzogen werden. Dasselbe gilt, wenn sich aus der Anwendung der Europäischen Menschenrechtskonvention ergibt, dass die Abschiebung unzulässig ist (§ 60 Abs. 5). In der Praxis von großer Bedeutung ist die Vorschrift in § 60 Abs. 7 Satz 1 AufenthG. Hiernach soll von einer Abschiebung in einen Staat abgesehen werden, „wenn dort für diesen Ausländer eine erhebliche konkrete Gefahr für Leib, Leben oder Freiheit besteht." Die Gefahr muss direkt mit der Person des Betroffenen verknüpft sein. Denn allgemeine Gefahren – wie Krieg oder Naturkatastrophen –, denen eine Bevölkerung oder eine Bevölkerungsgruppe ausgesetzt sind, werden ausschließlich bei Abschiebestopperlassen der Länderinnenminister und -senatoren berücksichtigt; der Einzelne kann sich hierauf nicht berufen (§ 60 Abs. 7 Satz 2 AufenthG).

Eine die Abschiebung hindernde Gefahr kann auch von einer physischen oder psychischen Krankheit ausgehen. Sie muss aber Leib oder Leben (mitzudenken: Seele) des Betroffenen in erheblichem Maße gefährden und mit seiner Abschiebung in zeitlichem Zusammenhang stehen. ((Die Zuordnung der Krankheit zu den rechtlichen oder den tatsächlichen Abschiebungshindernissen hängt von den Umständen des Einzelfalls ab)). Überspitzt formuliert: Ein einfacher Schnupfen oder die November-Melancholie reichen nicht aus, ebenso wenig eine Erkrankung, die irgendwann einmal eintreten könnte. In den Worten eines Gerichts heißt dies: „Es muss das ernsthafte Risiko bestehen, dass unmittelbar durch die Abschiebung der Gesundheitszustand des Ausländers wesentlich oder gar lebensbedrohlich verschlechtert wird. Die Abschiebung muss den Ausländer krank oder kränker machen" (Verwaltungsgericht Frankfurt am Main, Beschluss vom 5.6.2003).

Damit ein Ausländer sich nicht der Abschiebung entzieht, kann er in *Abschiebungshaft* genommen werden. Die gesetzliche Grundlage für die Abschiebungshaft ist im Wesentlichen § 62 AufenthG, der verschiedene Arten der Haft mit unterschiedlichen Höchstdauern regelt. Der wichtigste Fall ist die sogenannte Sicherungshaft im Falle vollziehbarer Ausreisepflicht und bei Bestehen von Haftgründen (Höchstdauer: 6 bis 18 Monate). Von Abschiebungshaft sind nach Schätzung des Jesuiten-Flüchtlingsdienstes ca. 40.000 Menschen in Deutschland pro Jahr betroffen. Vollstreckt wird sie entweder in selbständigen Einrichtungen (wie die Polizeigewahrsame in Berlin oder die Haftanstalten in Rendsburg und Büren) oder in Justizvollzugsanstalten (wie in München-Stadelheim), in denen auch Strafhaft vollzogen wird.

Verantwortlich für die Durchführung einer Abschiebung ist im wesentlichen die jeweilige Ausländerbehörde. Sie bedient sich dabei – vor allem wenn es sich um Abschiebungen auf dem Luftweg handelt – der Amtshilfe durch den Bundesgrenzschutz. Gleichwohl bleibt die Ausländerbehörde während des gesamten Abschiebungsvorgangs „Herrin des Verfahrens", kann und muss die Abschiebung also abbrechen, etwa wenn sich ihre Unzumutbarkeit für den Betroffenen erweist.

Bezahlen muss die Abschiebung der Betroffene. Hierbei kann es sich um beträchtliche Summen handeln, bei denen nicht nur das (Flug-)Ticket, sondern beispielsweise die Kosten für die Begleitung durch Bundesgrenzschutzbeamte oder für die Abschiebungshaft auf der Rechnung stehen. Der Betrag wird von den Mitteln, über die der Betroffene in Deutschland verfügt, einbehalten und/oder von ihm die nachträgliche Bezahlung eingefordert, bevor er ein (erneutes) Visum für die Bundesrepublik Deutschland erhalten kann. Hat sich jemand durch die Abgabe einer entsprechenden Erklärung verpflichtet, für die Kosten aufzukommen, die im Zusammenhang mit dem Aufenthalt eines Ausländers in Deutschland stehen, wird ihm an Stelle des nicht zahlungsfähigen Ausländers die Rechnung über die Abschiebungskosten präsentiert. (KESSLER)

Kommentar während der redaktionellen Zusammenarbeit an den Kompilator: **Abschiebung:** (engl.) deportation; syn. Rückführung, Deportation; (juristisch) ... Ist die Erkrankung des Betroffenen ein tatsächliches oder ein rechtliches Hindernis? Antwort: Siehe oben Einschub als Doppelklammer. Manchmal sind auch rechtliche Umstände Tatsachen. Sie wollen doch keine zu spitzfindige Debatte, damit das Lexikon wieder dicker wird.

Akkommodation ! *(lat. accommodatio – Anpassung)*. Als Akkommodation werden Anpassungsprozesse bei Personen bezeichnet, die sich im Rahmen einer Migration* Mittel und Regeln der Kommunikation, Kenntnisse über die Institutionen, die Glaubenssysteme und die Sprache der Aufnahmegesellschaft u.a.m. aneignen müssen, um in dieser fremden Gesellschaft interaktions- und arbeitsfähig zu werden. Sie umfasst also das Erlernen von Fähigkeiten und Fertigkeiten, die für das tägliche Leben in der Aufnahmegesellschaft wichtig sind. Diese Akkommodationsprozesse können ablaufen, ohne dass die Migranten ihre grundlegenden Überzeugungen und Wertvorstellungen ändern. Die Akkommodation als verkehrs- und verhaltensfunktionale Anpassung kann zunächst also auch nur kommunikationstechnisch sein. Die Akkommodation wird als erste Stufe des migrationsbedingten individuellen Anpassungsprozesses des Zuwanderers an die Aufnahmegesellschaft angesehen, Möglicherweise folgt im weiteren die Akkulturation*, ehe diese Veränderungen über eine weitere Stufe zur vollständigen Assimilation* von Migranten mit der Mehrheitsgesellschaft führen. (DAVID)

Akkulturation ! ist ein Prozess der Angleichung, in dessen Verlauf Migranten* oder Zuwanderergruppen im Rahmen eines längeren Aufenthaltes Elemente der fremden Kultur (kulturelle Orientierungsmuster, Eigenschaften, Verhaltensweisen) der Aufnahmegesellschaften teilweise oder gänzlich übernehmen. Die Akkulturation ist die zweite Stufe des migrationsbedingten individuellen Anpassungsprozesses des Zuwanderers an die Aufnahmegesellschaft. Sie geht über die Akkommodation* hinaus und setzt diese voraus. Ergebnis des Akkulturationsprozesses können im weiteren Integration, Segregation, Marginalisierung oder auch Assimilation des Zuwanderers in die Aufnahmegesellschaft sein. Typisch ist, dass die sog. zweite Migrantengeneration* in zwei Kulturen mit gemischten Wertestandards lebt, woraus sich Kulturkonflikte zwischen der Heimatkultur (der Eltern) und der Kultur des Aufnahmelandes ergeben. Zumeist versucht die Elterngeneration in der Familie, die Herkunftskultur zu bewahren, während die Migranten der zweiten Generation sich in Schule und Beruf die Kultur des Aufnahmelandes aneignen bzw. außerhalb der Familie mit dieser konfrontiert sind. (DAVID)

Amulett # Das Wort Amulett ist am ehesten aus dem Lateinischen abgeleitet (*amuletum, amoliri* – „wegdrängen") und wohl nicht dem Arabischen entlehnt (*hamalet* – „Obliegenheit" [nicht mit „Anhängsel" zu übersetzen]). Es wurde erst zu Anfang des 18. Jahrhunderts in der deutschen Sprache verwendet. Ein Amulett bezeichnet einen meist leicht tragbaren, krafterfüllten Gegenstand, dessen Kraft dort wirksam werden soll, wo er aufgehängt oder befestigt wird. Durch magisches Besprechen gewinnt das Amulett erst Zauberkraft. Die Wirkung von Amuletten bezieht sich auf vier Ebenen: Das Amulett kann dazu dienen, „böse Geister" oder „böse Einflüsse" abzuwehren (*apotropäische Wirkung*). Es wird zu „*Analogiezauber*" verwendet, soll die Kraft des Trägers steigern (*sakramentale Wirkung*) oder die Macht göttlicher Wesen verstärken bzw. diese erfreuen (*energetische Wirkung*). Der Ursprung des Amuletts geht wohl auf die *sakramentale Wirkung* zurück, bei der die Erwartung des Trägers an den als Schmuck getragenen Gegenstand besteht, seine Kraft zu stärken (z.B. durch Tragen einer Kralle eines Leoparden auf der Jagd). Das Wesentliche am Amulett ist der Glaube an dessen magische Kraft. Verschiedenste Gegenstände können zu einem Amulett werden (Haare, Knochen, Pflanzen, Steine, Metalle, etc.) und in Form, Größe und Aussehen vielfältig variieren. Bestimmte Formen und Motive sind aber häufig, wie Augen-, Hand- und Mondamulette. Zu erwähnen sind die geschriebenen Amulette (Himmelsbriefe, Gichtzettel, magische Quadrate, etc.), wobei der Glauben an die magische Kraft von Buchstaben, Zahlen oder Wörter entscheidend ist. Dabei werden auch Gebete, Bibel- oder Koranzitate aufgeschrieben. Ein besonderes Amulett ist das *Komposit-Amulett*, das aus vielen Bestandteilen besteht.

Amulette werden am Brautbett eingenäht, um Glück und Fruchtbarkeit zu gewähren, am Körper eines Säuglings, einer Schwangeren oder eines Kranken getragen, um Dämonen, Hexen oder Krankheiten, auch Unwetter, wie Stürme oder Blitzschläge abzuwehren.

Insbesondere bei Krankheiten verschiedenster Art werden Amulette in allen Kulturen seit Jahrtausenden empfohlen. *Indikationsamulette* sollen die Krankheiten anzeigen und auf Veränderungen aufmerksam machen, damit der Träger gewarnt ist, wenn z.B. der *böse Blick* auf ihn fällt. Amulette wurden zu früheren Zeiten auch den Toten mit ins Grab gegeben, um den Toten und dessen Seele vor magischen Einflüssen auf der Jenseitsreise zu schützen.

Ein weiterer Brauch zum Einverleiben der Kraft eines Amuletts ist das Essen eines solchen (*Esszettel*). Meist sind diese Amulette mit magischen Wörtern (Korantexte, Worte aus heiligen Schriften) beschriebene Zettel, die pulverisiert eingenommen oder in Wasser getaucht werden, das dann getrunken wird. Hierzu gehört auch die Möglichkeit, sich durch Küssen des Amuletts dessen Kraft anzueignen. *Analogie-Zauber* bewirken Amulette mit bildlichen Darstellungen, deren Erfüllung erhofft wird. Die Kraft eines Amuletts wird durch das Material selbst, die aufgezeichneten Bilder oder Worte, Zauber, eine magische Handlung eines Heilers (Priester, Hoca) oder durch Berühren geweihter Gegenstände verliehen. Die in der islamischen Kultur und bei türkischen Heilern verbreiteten Amulette können entsprechend vielfältiger Art sein. Sie werden in einem rituellen Akt angefertigt. Die Hauptbestandteile des Amuletts sind üblicherweise in Stoff oder Leder eingenähte, mit Koransuren, Texten aus den heiligen Schriften, magischen Wörtern, Zahlen oder Zeichen beschriftete Zettel, die entsprechend einer symbolträchtigen Zahl (z.B. drei- oder siebenmal) gefaltet werden. Die Amulette selbst haben oft eine Dreiecksform. (ASSION)

Amulett (Kurzfassung) # bezeichnet in der traditionellen Volksmedizin einen meist leicht tragbaren Gegenstand unterschiedlichster Art, der durch magisches Besprechen Zauberkraft gewinnen und dessen Kraft am Ort seiner Befestigung wirksam werden soll. Die Wirkung von Amuletten bezieht sich auf vier Ebenen: 1. Abwehrung „böser Geister" oder „böser Einflüsse" 2. Erfüllung einer bildlichen Darstellung 3. Steigerung der Kraft des Trägers 4. Erfreuung und Stärkung göttlicher Wesen. Das Wesentliche am Amulett ist der Glaube an dessen magische Kraft. Insbesondere bei Krankheiten verschiedenster Art werden Amulette in allen Kulturen von je her eingesetzt (siehe auch Volksmedizin*). (ASSION)

Anamnese, migrationsspezifische # Die Anforderungen an die Arzt-Patienten-Interaktion im Migrationskontext sind vielfältig: Nicht nur sozioökonomischer Status, Sprachkenntnisse oder Schulbildung, sondern auch Erfahrungen im Umgang mit medizinischen Institutionen im Herkunftsland, Einstellungen gegenüber der Krankenrolle sowie subjektiven Krankheitskonzepten sind Faktoren, welche die Behandlung zugewanderter Patientinnen und Patienten beeinflussen. Es empfiehlt sich deshalb, die herkömmliche Krankengeschichte um migrationsspezifische Aspekte zu erweitern. In Ergänzung zur Sozialanamnese werden mit Hilfe der migrationsspezifischen Anamnese die aktuelle Lebenssituation der hilfesuchenden Patientinnen und Patienten, ihr soziokultureller Hintergrund und die Umstände der Migration eruiert. Dabei werden drei sich gegenseitig beeinflussende biographische Dimensionen erfasst: Integrationsgeschichte (soziodemographische Angaben, internationale Netzwerke, ökonomische Situation, Gesundheitsverhalten und rechtlicher Status), Herkunftsgeschichte (soziale Lage, ökonomische Situation und Gesundheitsverhalten) sowie Migrationsgeschichte (Motivation, Verlauf und allenfalls Traumatisierungen) der Patientin oder des Patienten. Diese migrationsspezifischen Daten werden in Bezug zur aktuellen Krankheit gesetzt. Es ist dies eine an den Patienten orientierte Vorgehensweise, wie sie auch für einheimische Patienten mit komplexen Problemlagen empfohlen wird. Die Erhebung dieser biographischen Informationen soll Ärzte dazu verhelfen, die Lebenssituation ihrer Patienten und damit ihre eigenen Handlungsmöglichkeiten besser einschätzen zu können. Die migrationsspezifische Anamnese findet über mehrere Konsultationen hinweg statt. (VERWEY)

Arbeitnehmer, ausländische ! Mit der Anwerbevereinbarung zwischen der Bundesrepublik Deutschland und Italien, der weitere mit Spanien, Griechenland, der Türkei, Marokko, Portugal, Tunesien und Jugoslawien folgten, begann 1955 eine nahezu 20jährige Geschichte der Zuwanderung von Arbeitnehmern und Arbeitnehmerinnen aus dem Mittelmeerraum. Der 1973 beschlossene Anwerbestop löste eine Welle des Nachzugs von Familienangehörigen, aber auch von Rückwanderungen aus und förderte im Effekt die dauerhafte Niederlassung. Eine der Bedingungen, die die Gewerkschaften an die Anwerbung von Arbeitskräften in den 50er Jahren stellten, war deren volle Mitgliedschaft in den sozialen Sicherungssystemen. Alle ausländischen Arbeitnehmer und Arbeitnehmerinnen wurden Mitglieder der gesetzlichen Kranken- und Pflegeversicherung sowie der Rentenversicherung. Dies gilt auch für ihre Familienangehörigen und im Falle von Arbeitslosigkeit oder Rente. Die meisten ehemaligen Anwerbeländer gehören heute zur Europäischen Union. EU-Bürger genießen seit 1997 innerhalb der EU Freizügigkeit, sofern sie ihren Lebensunterhalt aus eigenen Mitteln sichern können; in rechtlicher und sozialer Hinsicht sind EU-Ausländer und Inländer weitgehend gleichgestellt. In mehrfacher Hinsicht anders stellt sich die Situation der Zuwanderer aus der Türkei und dem früheren Jugoslawien dar: Beide Länder gehören nicht zur EU. Ihre Bürger unterliegen den ausländerrechtlichen Regelungen für Drittstaatsangehörige; aufgrund des Assoziationsabkommens der EU mit der Türkei haben türkische Arbeitnehmer und ihre Familienangehörigen eine Rechtsstellung, die der von EU-Bürgern angenähert ist, aber nicht die volle Freizügigkeit umfasst. Aus beiden Ländern ist die Mehrheit der Zuwandernden als Arbeitskräfte angeworben worden beziehungsweise als deren Familienangehörige zugezogen oder bereits in Deutschland geboren worden. Aus der Türkei kommt jedoch auch ein großer Anteil der Asylsuchenden*, deren sozialrechtlicher Status nach dem Asylbewerberleistungsgesetz geregelt ist. Aus dem früheren Jugoslawien waren in den 90er Jahre in hoher Zahl Bürgerkriegsflüchtlinge* aufzunehmen, die inzwischen zumeist zurück gekehrt oder weiter ausgewandert sind. Weiteres siehe Migranten* und Migration* (siehe auch Gastarbeiter*). (BRUCKS†)

Assimilation ! *(lat. assimilatio – Ähnlichmachung).* Mit der Assimilation kommt es zur vollkommenen Angleichung, Anpassung bzw. Verschmelzung der Migranten mit der Mehrheitsgesellschaft, deren dominante Kultur unter Aufgabe der eignen übernommen wird. Sie ist die letzte Stufe des Anpassungsprozesses im Rahmen der Zuwanderung. Zumeist ist damit eine Auflösung der ethnischen Identifikation verbunden. Neben dieser identifikativen Assimilation kann man weitere drei Dimensionen der Assimilation unterscheiden: die kognitive A. (Wissen, Kenntnisse), die strukturelle A. (berufliche Eingliederung, Wohnsituation, Bildung, Ausbildung) und die soziale A. (Kontakte, Netzwerke). Selbst bei Migranten mit intensiven Kontakten zur einheimischen Bevölkerung kommt es jedoch nicht zwingend zur Assimilation.

Zeitlich gesehen benötigt die Angleichung der ethnische Unterschiede zwischen Zuwanderergruppen und Aufnahmegesellschaft meist zwei bis vier Generationen, ehe kulturelle Besonderheiten in immer mehr Bereichen des gesellschaftlichen Zusammenlebens an Gewicht und Bedeutung verlieren (siehe auch Akkulturation). (DAVID)

Asyl § (griech. asylos). Ursprünglich sakraler Ort oder Gebäude, an dem die weltliche Macht keinen Zugriff mehr hat und der dahin Flüchtende Schutz vor der Gewalttätigkeit oder Rache seiner Verfolger findet; Mittlerweile wird A. als ein Akt begriffen, mit dem einem Verfolgten Zuflucht außerhalb des ihn verfolgenden Staates gewährt wird; s. auch Asylrecht*, Genfer Flüchtlingskonvention*, Verfolgung, politische*. (KESSLER)

Asylbewerber, siehe Asylrecht !

Asylrecht ! Mehrdimensionaler Begriff mit den Bedeutungen 1. Grundsatz, einem Verfolgten Schutz durch Gewährung eines Bleiberechts im Zufluchtsstaat zu gewährleisten 2. das Derivat völkerrechtlicher Souveränität eines Staates, einen Verfolgten nicht ausliefern zu müssen (Schutzgewährung als Recht des Staates) 3. die Gesamtheit aller die Gewährung des Asylschutzes und den damit verbundenen Aufenthalt im Zufluchtsland betreffenden Normen. Im Grundsatz ist ein solcher Aufenthalt immer nur vorübergehend für die Dauer der Verfolgungsgefahr. In der Bundesrepublik Deutschland genießt das Asylrecht Verfassungsrang (Artikel 16a des Grundgesetzes), 1993 wurde der Kreis der Anspruchsberechtigten jedoch eingegrenzt (vor allem Ausschluss von Personen, die über einen „sicheren Drittstaat" einreisen). Das Asylrecht ist ein einklagbares, andererseits aber antrags- und verfahrensabhängiges Grundrecht. Der Antragsteller hat seine reale oder drohende politische Verfolgung* im Heimatland aufgrund seiner politischen Überzeugung, seiner Religion oder Weltanschauung bzw. seiner Zugehörigkeit zu einer bestimmten ethnischen oder sozialen Gruppe glaubhaft zu machen; s. auch Flüchtling*, Genfer Flüchtlingskonvention*, Zuwanderungsgesetz*. (KESSLER)

Aufnahmeland ! Im Unterschied zum Einwanderungsland* handelt es sich hier um einen Begriff, der für Flüchtlinge* wichtig ist. Ein Aufnahmeland ist der Staat, in dem ein Flüchtling letztendlich Aufnahme und Schutz vor Verfolgung oder anderen Menschenrechtsverletzungen findet. Im Gegensatz zum Durchgangsland handelt es sich um einen auf Dauer – zumindest so lange wie die Gefahr im Herkunftsland besteht – angelegten Aufenthalt. Nach den Zahlen des Hochkommissariats der Vereinten Nationen für Flüchtlinge (UNHCR) waren im Jahre 2003 weltweit die fünf wichtigsten Aufnahmeländer für Asylbewerber:

• Land	• Gesamtzahl
• Pakistan	• 1,1 Mio. (nach UNHCR-Schätzung)
• Iran	• 985.000 (nach UNHCR-Schätzung)
• Deutschland	• 960.000 (nach amtl. Angaben)
• Tanzania	• 650.000 (nach amtl. Angaben)
• Vereinigte Staaten von Nordamerika	• 452.000 (nach UNHCR-Schätzung)

Legt man allerdings die Zahlen über die Wiederansiedlung (*resettlement*) von Flüchtlingen zugrunde, waren im Jahre 2003 die wichtigsten Aufnahmeländer (nach amtlichen Angaben):

Land	Gesamtzahl
Vereinigte Staaten von Nordamerika	28.420
Australien	11.860
Kanada	10.730
Norwegen	1.630
Schweden	940

(KESSLER)

Ausgrenzung ! beschreibt einen multidimensionalen Prozess, in dessen Verlauf Individuen bzw. Bevölkerungsgruppen auf Grund ihrer benachteiligten sozioökonomischen Lage an gesellschaftlichen Entwicklungen immer weniger partizipieren und aus gesellschaftlichen Teilbereichen wie Arbeit, Wohnen, Gesundheit und/oder Bildung ausgeschlossen werden. Damit bezeichnet der Begriff den gegenläufigen Prozess zu gesellschaftlicher Integration. In der Literatur wird in der Regel von sozialer Ausgrenzung gesprochen. Andere zentrale Begriffe im Zusammenhang mit Ausgrenzung sind gesellschaftliche Benachteiligung, Marginalisierung und Armut, wobei Ausgrenzung über traditionelle Armutskonzepte hinaus geht und weitere Dimensionen einschließt. Charakteristisch für den Prozess der Ausgrenzung ist, dass durch die Interdependenzen der relevanten Lebensbereiche, Benachteiligung in einem gesellschaftlichen Teilsystem die Marginalisierung in einem anderen nach sich ziehen kann. Zentrale Bereiche sind der Bildungs-, Arbeits- und Wohnungsbereich. Im Einzelnen sind folgende Dimensionen für den Prozess der Ausgrenzung relevant und gelten als Indikatoren sozialer Ausgrenzung: a.) Ausgrenzung durch (staatliche) Institutionen: Besonders Ausländer, d.h. Migranten ohne deutsche Staatsangehörigkeit, sind z.T. vom Ausschluss sozialstaatlicher Transferleistungen sowie vom Arbeitsmarkt (gilt für bestimmte Ausländergruppen wie Asylbewerber) betroffen. Ebenso bewirkt die soziale Selektion in der Institution Schule die Verstärkung sozialer Benachteiligung und hat negativen Einfluss auf andere Dimensionen. Der Ausschluss vom Wahlrecht - die politische Exklusion - hat für Migranten ohne deutsche Staatsangehörigkeit weitreichende Folgen im Hinblick auf ihre Interessenvertretung. b.) Sozialstrukturelle Dimension: Hierbei ist der Arbeitsmarkt zentral. Armut und die Abhängigkeit von Sozialleistungen sind häufig die Folge von dauerhafter Ausgrenzung vom Arbeitsmarkt. c.) Gesellschaftliche Isolation: Die

Abnahme der Intensität und Qualität sozialer Beziehungen kann zum Rückgang sozioökonomischer Möglichkeiten und Alternativen führen. d.) Räumliche Ausgrenzung durch Segregation: Die Ausgrenzung vom Arbeitsmarkt wirkt sich mit abnehmender staatlicher Regulierung des Wohnungsmarktes besonders auf die Wohnsituation von Langzeitarbeitslosen und sozial Schwachen aus und führt zu einer ökonomisch erzwungenen Segregation. e.) Kumulation von Benachteiligungen: Damit sind negative Sickereffekte gemeint. Die Problemlagen in den verschiedenen Lebensbereichen stehen in einem Wirkungszusammenhang zueinander und führen nicht nur zur bloßen „Anhäufung" von Problemlagen, sondern können in einem sich selbst verstärkenden Prozess zu einem circulus vitiosus führen. Durch die anhaltende Krise auf dem Arbeitsmarkt und die zunehmende sozialräumliche Polarisierung in den Städten tritt die Frage nach Ausgrenzungsprozessen zunehmend in den gesellschaftlichen Blickpunkt. Hohe Arbeitslosigkeit sowie die starke Armutsbetroffenheit der ausländischen Bevölkerung in Deutschland führt zu einem vergleichsweise hohen „Ausgrenzungspotential". Ein unterdurchschnittliches Bildungs- und Ausbildungsniveau der Bevölkerung mit Migrationshintergrund führt im Bereich der Arbeit zu Benachteiligungen und gleichzeitig zu einer Unterversorgung in anderen gesellschaftlichen Bereichen wie der gesundheitlichen Versorgung. Besonders nachteilig wirken sich spezifische diskriminierende Mechanismen auf die Lebenslage der Migrantenbevölkerung aus, so dass die Verbesserung der Bildungssituation nicht automatisch eine Verbesserung der Ausbildungs- und Arbeitssituation mit sich bringt. „Ethnische Faktoren" wie Aussehen und der Name und damit die ethnische Diskriminierung wirken somit im Hinblick auf Ausgrenzungsprozesse als weitere Kumulationsfaktoren. (BORDE/BUNGE)

Literatur: BREMER Peter 2000. Ausgrenzungsprozesse und die Spaltung der Städte. Zur Lebenssituation von Migranten. Opladen: Leske + Budrich // http://www.uni-oldenburg.de/stadtforschung/1509.html#projektbeschreibung; Zwischen Integration und Ausgrenzung. Lebensverhältnisse türkischer Migranten der zweiten Generation, Stand: 30.08.2004

Ausgrenzungspotential # Im Zusammenhang mit Ausgrenzung beschreibt der Begriff den Mechanismus, der unter der Bevölkerung mit Migrationshintergrund im Bereich der Arbeit zu Benachteiligungen und gleichzeitig zu einer Unterversorgung in anderen gesellschaftlichen Bereichen wie der gesundheitlichen Versorgung führt. Besonders nachteilig wirken sich spezifische diskriminierende Mechanismen auf die Lebenslage der Migrantenbevölkerung aus, so dass die Verbesserung der Bildungssituation nicht automatisch eine Verbesserung der Ausbildungs- und Arbeitssituation mit sich bringt. „Ethnische Faktoren" wie Aussehen und Name und damit die ethnische Diskriminierung* wirken somit im Hinblick auf Ausgrenzungsprozesse als weitere Kumulationsfaktoren. Hohe Arbeitslosigkeit und zumeist unterdurchschnittliche Bildungs- und Ausbildungschancen der zugewanderten Bevölkerung in Deutschland schaffen dabei den Ausgangspunkt für diesen oft als circulus vitiosus wirkenden Prozess. (BORDE/BUNGE)

Ausländerbeauftragter ! = Migrantenbeauftragter Dies sind Stellen mit einer vorwiegend politischen Bedeutung. Ausländerbeauftragte (oder Migrations-, Integrationsbeauftragte) sind haupt- oder zum Teil auch ehrenamtlich Tätige, die auf verschiedenen Ebenen (Bezirk/Stadtteil, Kommune, Land oder Bund) für die Belange ausländischer Bewohnerinnen und Bewohner eintreten sollen. Die wohl bekannteste Stelle ist die der Beauftragten der Bundesregierung für Migration, Flüchtlinge und Integration (siehe zu dieser auch die Internetseite www.integrationsbeauftragte.de). Rechtsstellung und Funktion dieser Beauftragten sind seit einiger Zeit gesetzlich geregelt (§§ 91a - 91c AuslG bzw. §§ 92 - 94 AufenthG). Die Geschichte des Amtes reicht bis in die siebziger Jahre zurück, als der ehemalige Ministerpräsident des Landes Nordrhein-Westfalen, Heinz Kühn, zum ersten Beauftragten ernannt wurde. Kühn begründete auch eine Tradition, die seine Nachfolgerinnen (bislang stets Damen) fortsetzten: Die Ausländerbeauftragte der Bundesregierung ist eine unabhängige, „quer-denkende" Persönlichkeit, die auch durchaus gegen den Stachel löcken kann. Gegenwärtig ist die Bremer Lehrerin und Bundestagsabgeordnete Marieluise Beck (Bündnis 90/Die Grünen) Inhaberin des Amtes. In ihre Zeit fällt auch eine gewisse Aufwertung der Funktion: Im Oktober 2002 wurde Beck gleichzeitig zur Parlamentarischen Staatssekretärin im Bundesministerium für Familie, Senioren, Frauen und Jugend ernannt.

Die Beauftragte wird von der Bundesregierung ernannt. Ihr Stab ist beim Bundesministerium für

Familie, Senioren, Frauen und Jugend angesiedelt und wird aus dessen Etat bezahlt. Die Aufgaben der Beauftragten sind – kurz zusammengefasst – die folgenden:
- Beratung und Unterstützung der Bundesregierung und anderer Stellen auf nationaler und europäischer Ebene bei der Integration der ausländischen Bevölkerung;
- Förderung eines spannungsfreien Zusammenlebens zwischen MigrantInnen und Deutschen sowie Bekämpfung der Fremdenfeindlichkeit;
- Diskriminierungen von MigrantInnen entgegenzutreten;
- Information der MigrantInnen über deren Rechte und Pflichten.

Zur Erfüllung dieser Aufgaben ist die Beauftragte an allen Rechtsetzungsvorhaben und sonstigen Aktivitäten der Bundesregierung und einzelner Bundesministerien, die ihren Arbeitsbereich betreffen, zu beteiligen. Sie darf Vorschläge und Stellungnahmen der Bundesregierung übermitteln. Alle zwei Jahre muss sie dem Deutschen Bundestag Bericht über die Situation der ausländischen Bevölkerung in Deutschland erstatten. In Fällen von Diskriminierungen durch öffentliche Stellen kann die Beauftragte Stellungnahmen anfordern und Empfehlungen an die jeweils vorgesetzte Stelle richten. Die öffentlichen Stellen des Bundes sind verpflichtet, der Beauftragten Auskunft zu erteilen und Fragen zu beantworten. Die Beauftragte ist schließlich auch mit zahlreichen Aktivitäten auf dem Gebiet der Öffentlichkeitsarbeit präsent. Die konkrete Hilfsmöglichkeit der Beauftragten in Einzelfällen ist begrenzt. Allerdings kann hin und wieder ein Schreiben mit dem Briefkopf der Beauftragten der Bundesregierung bei einem Beamten Wunder wirken ... Wichtiger ist gleichwohl ihre und die Rolle der anderen Ausländerbeauftragten: "Watch dog" der offiziellen Politik zu sein und auf vielfältige Weise – zumindest in Ansätzen – Einfluss zugunsten von MigrantInnen zu nehmen. (KESSLER)

Ausländerfeindlichkeit ! Negative Zuschreibungen und vorurteilhafte, feindselige Verhaltensweisen, die zugewanderte Personen in einer Mehrheitsgesellschaft wegen anderer Herkunft, Sprache, Religion oder Kultur diskriminieren. Die Abwertung des Fremden geht einher mit einer Aufwertung der Eigengruppe (zum Beispiel in Form von Rassismus). Solch eine stigmatisierende Vorurteilsideologie kann der Legitimation bestehender sozialer Ungleichheit und der Rechtfertigung von Aggressionen dienen. Stereotypen, wie etwa die einheimische Bevölkerung werde durch die ausländische Minderheit kulturell, demographisch oder aufgrund eines angeblich erhöhten Gewaltpotenzials bedroht, polarisieren ebenso wie die verallgemeinernde Behauptung, Ausländer seien eine Belastung für die soziale Sicherheit, nähmen Einheimischen Arbeitsplätze weg und verursachten Probleme auf dem Wohnungsmarkt sowie im Bildungs- und Gesundheitswesen. Xenophobie meint das Gleiche. (VERWEY)

Ausländerrecht ! Das Ausländerrecht kann definiert werden als die Gesamtheit der Normen, welche die Einreise und den Aufenthalt von Ausländern in der Bundesrepublik Deutschland regeln.

Dabei handelt es sich auch nach der „Reform" durch das am 1.1.2005 in Kraft getretene Zuwanderungsgesetz um ein Gestrüpp verschiedenartiger Vorschriften, zu dem die bissige Bemerkung Hans Heinz Heldmanns über das damalige Ausländergesetz passt: „Anstelle dieses Gesetzes sollte es ein Gesetz geben, welches dem Gesetzgeber verbietet, ein Gesetz zu beschließen, dessen Aussagen dem Gesetzesadressaten verschlossen bleiben."

Gesetzesadressat des Ausländerrechts ist der Ausländer. Dieser wird ausschließlich negativ definiert, nämlich als „jeder, der nicht Deutscher im Sinne des Artikels 116 Abs. 1 des Grundgesetzes ist" (§ 2 Abs. 1 AufenthG). Damit fallen auch alle Staatenlosen, d. h. alle Personen, die überhaupt keine Staatsangehörigkeit besitzen, unter den Ausländerbegriff. Nicht erfasst werden jedoch Deutsche, die neben der deutschen noch eine weitere Staatsangehörigkeit besitzen.

Die Grundlagen für das deutsche Ausländerrecht lassen sich in die folgenden Gruppen einteilen:
- Völker(vertrags)recht, etwa die Genfer Flüchtlingskonvention (Asylrecht*, Flüchtlinge*) oder die Europäische Menschenrechtskonvention, aber auch das Staatenlosenübereinkommen;
- europäisches Gemeinschaftsrecht, zum Beispiel Bestimmungen aus dem EG-Vertrag, Verordnungen (etwa die Freizügigkeitsverordnung für Unionsbürger) und Richtlinien (beispielsweise über Mindestbedingungen für die Aufnahme von Flüchtlingen), Assoziationsrecht (von Bedeutung vor allem das Abkommen EWG/Türkei und die darauf beruhenden Beschlüsse des Assozia-

tionsrates) und das Schengener Abkommen zur Aufhebung der innereuropäischen Grenzen sowie das Schengener Durchführungsübereinkommen;
- nationales Verfassungsrecht, vor allem Artikel 16a des Grundgesetzes (Asylrecht);
- nationale Gesetze, vor allem das Aufenthaltsgesetz, das Freizügigkeitsgesetz/EU, das Asylverfahrensgesetz (Asylrecht), das Staatsangehörigkeitsgesetz, das Asylbewerberleistungsgesetz sowie zahlreiche einzelne Bestimmungen in anderen Gesetzen (etwa des Bundessozialhilfegesetzes, des Dritten Buches Sozialgesetzbuch);
- Verordnungen zur Durchführung von Bestimmungen aus den Gesetzen;
- Rechtsprechung des Europäischen Gerichtshofes, des Europäischen Gerichtshofes für Menschenrechte, des Bundesverfassungsgerichts, des Bundesverwaltungsgerichts sowie der übrigen Verwaltungsgerichtsbarkeit sowie zum Teil der ordentlichen Gerichtsbarkeit.
- Zu den für Ausländer in Deutschland wichtigsten Regelungen gehören die Vorschriften des Aufenthaltsgesetzes über die Aufenthaltstitel. Ausländer benötigen für die legale Einreise und den legalen Aufenthalt im Bundesgebiet einen Aufenthaltstitel, sofern nicht anderes Recht (etwa Rechtsakte der Europäischen Union) etwas anderes vorsieht. Insgesamt kennt das Ausländerrecht – neben der Freizügigkeitsbescheinigung für EU-Unionsbürger – ab dem 1.1.2005 vier Aufenthaltstitel:
- die *Niederlassungserlaubnis*, die zeitlich und räumlich unbeschränkt ist, nicht mit einer Nebenbestimmung versehen werden darf und von Gesetzes wegen zur Aufnahme einer Erwerbstätigkeit berechtigt;
- die *Aufenthaltserlaubnis*, die zu bestimmten Aufenthaltszwecken und zeitlich beschränkt erteilt und verlängert wird; je nach Fallkonstellation ist mit ihr eine *Arbeitsgenehmigung* verbunden oder nicht;
- das *Visum*, das einem Ausländer für die Durchreise oder kurzfristige Aufenthalte (bis zu drei Monate) bzw. in bestimmten Fällen auch für längerfristige Aufenthalte erteilt werden kann;
- die *Aufenthaltsgestattung* für *Asylbewerber** zur Durchführung des Asylverfahrens.
- Keinen Aufenthaltstitel stellt die *Duldung* dar. Hierbei handelt es sich vielmehr um eine Bescheinigung über die Aussetzung der Abschiebung*. Der Aufenthalt des Ausländers bleibt unerlaubt, allerdings straffrei. Er kann durch die Abschiebung jederzeit beendet werden, auch wenn die Duldung noch gültig ist. Eine Duldung kann mit zahlreichen Nebenauflagen versehen werden, die den räumlichen Aufenthalt des Ausländers und seine Erwerbstätigkeitsmöglichkeiten einschränken. (KESSLER)

Aussiedler ! umgangssprachlich, siehe Flüchtling* und Spätaussiedler*. Im *Pschyrembel Sozialmedizin* ist das Stichwort Spätaussiedler hier abgehandelt, das in dieser Zusammenstellung unter Spätaussiedler läuft (siehe dort).

Ausweisung # Die Ausweisung stellt wohl die einschneidendste ausländerrechtliche Maßnahme dar. Mit ihr wird die inländische Existenz beendet und der Ausländer* zum Verlassen des Bundesgebietes gezwungen. Voraussetzung für die Ausweisung ist die Beeinträchtigung der öffentlichen Sicherheit und Ordnung oder erheblicher Interessen der Bundesrepublik Deutschland durch den weiteren Aufenthalt des Ausländers. Durch die Ausweisung soll künftigen Störungen dieser Rechtsgüter vorgebeugt werden. Dabei können zwei Motivgruppen unterschieden werden:
- Soll der Ausländer daran gehindert werden, erneut im Bundesgebiet Rechtsverstöße zu begehen, erfolgt die Ausweisung aus *spezialpräventiven* Gründen.
- Soll die Ausweisung hingegen der Abschreckung anderer Ausländer dienen, also dazu führen, letztere von der Begehung ähnlicher Straftaten abzuhalten, handelt es sich um eine *generalpräventiv* motivierte Ausweisung.

Damit handelt es sich bei der Ausweisung formal nicht um eine Strafe, sondern um eine ordnungsrechtliche Maßnahme, die sich an einem polizeirechtlichen Gefahrentatbestand orientiert.

Das Ausländerrecht* unterscheidet je nach Ausweisungsanlass drei Arten der Ausweisung:
- Die *Ist*-Ausweisung muss zwingend erfolgen, die Ausländerbehörde hat, wenn die Gründe für die Ist-Ausweisung vorliegen, keinen Ermessensspielraum.
- Die *Regel*-Ausweisung sieht vor, dass bei Vorliegen der Ausweisungsgründe im Regelfall die

Ausweisung auszusprechen ist, hier gibt es allerdings Ausnahmemöglichkeiten.
- Bei der *Ermessens*-Ausweisung muss die Ausländerbehörde bei der Entscheidung, ob sie den Ausländer ausweist, das schutzwürdige Interesse des Ausländers am weiteren Verbleib in Deutschland und das öffentliche Interesse an der Aufrechterhaltung von Sicherheit und Ordnung gegeneinander abwägen und dabei den Grundsatz der Verhältnismäßigkeit beachten.

Bestimmte Gruppen von Ausländern (beispielsweise *Asylberechtigte*) genießen einen erhöhten Ausweisungsschutz. Bei ihnen müssen also besonders schwerwiegende Umstände eingetreten sein, um eine Ausweisung zu rechtfertigen.

Durch die Ausweisung wird der Aufenthalt des Betroffenen nicht unmittelbar beendet, sie löst aber die Ausreisepflicht aus sowie ein Verbot des weiteren Aufenthalts und der (Wieder-)Einreise. Erforderlichenfalls kann die eingetretene Ausreisepflicht durch die Abschiebung* durchgesetzt werden. Die Ausweisung wird zunächst unbefristet ausgesprochen. Ihre Wirkung – d.h. das Aufenthalts- und Wiedereinreiseverbot – kann aber auf Antrag nachträglich befristet werden, siehe auch Ausländerrecht*. (KESSLER)

Böser Blick # Dem volkstümlichen Glauben an den *bösen Blick* liegt die Vorstellung zugrunde, dass eine Person durch das Anschauen bei einem anderen Unheil auslösen kann. Auch die bloße Anwesenheit einer Person mit einer solchen Fähigkeit soll dazu führen können. Seit Jahrtausenden ist dieser Glaube in vielen Kulturen bedeutsam. Archäologische Funde in Kleinasien weisen daraufhin, dass dieser Glaube bereits vor 6000 Jahren bestanden haben soll. Historische Dokumente liegen von dem Volk der Akkader aus dem 7. Jahrhundert v. Chr. vor. Aus dem klassischen Altertum, altnordischen Sagen und der mittelalterlichen Literatur liegen reichliche Dokumente darüber vor. Bis heute ist der *böse Blick* aktuell, wie sich an jüngsten Veröffentlichungen ablesen lässt. Entsprechend gibt es in vielen Sprachen Begriffe und Redewendungen für den *bösen Blick*. Im Deutschen *Augenzauber, Zauberblick, Basiliskenblick, jemanden mit giftigem Blick ansehen, wenn Blicke töten könnten*; im Englischen *evil eye, bad eye* oder *ill eye*; in Süditalien ist er als *malocchio* oder *occhio cattivo* bekannt. Die Personen, denen die Fähigkeit zugesprochen wird, heißen dort *jettatori*. Im Arabischen und Türkischen ist die Bezeichnung *nazar* verbreitet, was sowohl lediglich Blick als auch in magischem Verständnis *böser Blick* bedeuten kann. Eine besondere Bedeutung wird kulturübergreifend den Motiven Neid und Böswilligkeit zugesprochen. Erfolgreiche, intelligente, gesunde und attraktive Menschen setzen sich in höherem Maße Eifersucht und Neid aus, besonders wenn sie übermäßige Bewunderung und bewundernde Blicke auf sich ziehen. Aus psychoanalytischer Sicht wirkt dabei die Projektion als Abwehrmechanismus, wobei eigene negative Gefühle und Hassgefühle anderen unterstellt werden.

In der Türkei und den arabischen Ländern ist der Glaube an den *bösen Blick* regional und in verschiedenen Bevölkerungsschichten bis heute weit verbreitet. Niedriger Bildungsstand und geringe Urbanisation sind wesentliche Faktoren für die Verbreitung. In ländlichen Regionen oder sozial schlechter gestellten Schichten ist er häufiger anzutreffen.

Personen mit blauen oder grünen Augen und hellen Haaren wird – besonders in muslimischen Gesellschaften – die Fähigkeit des *bösen Blicks* zugesprochen. In dem Komplex von Neid, Bewunderung und Feindschaft existiert erstaunlicherweise die Vorstellung, dass gerade die nächste und engste Bezugsperson durch einen bewundernden Blick einen Nachteil (zum Beispiel für das eigene Kind) bewirken kann. So gibt es den Glauben, dass eine Mutter ihr Kind nicht mit Bewunderung und Stolz anschauen oder lobend hervorheben soll, um es vor Gefahren zu bewahren. Schädigende Einflüsse sollen demnach nicht nur visuell, sondern auch verbal vermittelt werden können.

Der Glaube an den *bösen Blick* geht davon aus, dass er Auswirkungen auf soziale Beziehungen hat und z.B. die Trennung eines Ehe- oder Liebespaars zur Folge haben kann. Er wird als Erklärung für verschiedene Erkrankungen angesehen: Kopfschmerzen, Erkältungen, Übelkeit, Müdigkeit, Schwindel, Störungen der Konzentration, Ruhelosigkeit, Verwirrtheitszustände, unerwartete Kinderkrankheiten, Auffälligkeiten der Persönlichkeit, Unfälle, schließlich schwere Krankheit und Tod, werden darauf zurückgeführt. Um von einem neidvollen Blick oder bewundernden Worten abzulenken, wird (mehrfach) das Wort *Mashallah* (*Gottes Wille, Gott soll es schützen*) ausgesprochen. Auch (dreimaliges) Ausspucken, das Herausstrecken der Zunge oder Abschirmen des Blicks mit der erhobenen rechten

Hand werden praktiziert. In dörflichen Regionen werden Babys oder Kleinkinder vor fremden Personen ferngehalten und Gegenstände mit blauer Farbe bemalt; am verbreitetsten ist das Tragen eines Amuletts. Kenntnisse über volksmedizinische Vorstellungen gehören zu einem kultursensiblen Umgang und einem umfassenden sozialmedizinischen Verständnis. (ASSION)

Blick, böser (Kurzform) # (Syn: *Basiliskenblick,* im Englischen *evil eye, nazar* türk., arab.), volkstümlicher Glauben, an die Fähigkeit einer Person, durch Anschauen bzw. allein durch ihre Anwesenheit bei einem anderen Unheil auslösen zu können. Kulturübergreifend werden der Person mit dem bösen Blick als Motive Neid und Böswilligkeit zugesprochen. Niedriger Bildungsstand und geringe Urbanisation sind auch heute noch wesentliche Faktoren für die Verbreitung des Glaubens an die Wirkung des *bösen Blicks,* Auswirkungen auf soziale Beziehungen zu haben und Erklärung für verschiedene Erkrankungen bis hin zu Unfällen und Tod zu sein. Als Schutz werden verschiedene Rituale* durchgeführt, am weitesten verbreitet ist das Tragen eines Amuletts*; s. auch Volksmedizin*. (ASSION)

Derwisch, siehe Heiler #

Dolmetscherdienst § Um die Verständigung zwischen Patient bzw. Klient und Arzt, Behörde oder Sozialinstitution sicherzustellen, ist bei Problemen mit der sprachlichen Verständigung die Hinzuziehung eines Dolmetschers notwendig. Gerichte verfügen über einen Stamm vereidigter Dolmetscher, die mit den Gepflogenheiten und der zugrundeliegenden Problematik vertraut sind. Bei freiberuflichen Dolmetschern besteht häufig die Gefahr, dass sie den besonderen Anforderungen einer medizinischen oder psychologischen Fragestellung nicht gewachsen sind. Daher wurden vielerorts Dolmetscherdienste eingerichtet, die im Liaisondienst arbeiten, d. h. dass sie im Bedarfsfall als Dritte hinzugezogen werden können. Diese Dolmetscherdienste sind entweder regional organisiert (z.B. Ethnomedizinisches Zentrum Hannover) oder an Kliniken angesiedelt (z.B. Freiburg im Breisgau). Durch Schulungen und Kurse wird sichergestellt, dass die Dolmetscher den besonderen Anforderungen der betreffenden Fragestellung gewachsen sind. Hörbehinderte Menschen oder Menschen mit besonders starker Beeinträchtigung der Sprachfähigkeit erfahren eine gesonderte Förderung (§ 57 SGB IX), indem „ihnen die erforderlichen Hilfen zur Verfügung gestellt oder angemessene Aufwendungen hierfür erstattet" werden. Dies beinhaltet auch den Einsatz von Gebärdendolmetschern. (JOHN)

Eingliederung § (Im Pschyrembel Sozialmedizin in aller Breite dargestellt für die nicht migrationsspezifischen Bedeutungsbereiche, für diese siehe dort Integration). E. beschreibt als älterer Begriff den komplexen Prozess der sozialen Integration von zugewanderten Personen in die Aufnahmegesellschaft. Während der Begriff der Assimilation* einen einseitigen Prozess der Angleichung bzw. Anpassung der Zugewanderten an die Aufnahmegesellschaft bei Auflösung jeglicher (kultureller u.a.) Unterschiede beschreibt, wird Integration* als wechselseitiger Prozess von Zuwanderern und Aufnahmegesellschaft auf dem Weg zu einer gemeinsamen Gesellschaft verstanden. Mit der Einsetzung der Unabhängigen Kommission „Zuwanderung" zur Entwicklung des Zuwanderungsgesetzes in Deutschland im Jahr 2000 und der darauf einsetzenden gesellschaftlichen Debatte wurde das Ausmaß der Versäumnisse der vergangenen Jahrzehnte und die Notwendigkeit verstärkter Bemühungen um die Integration der Migranten wahrgenommen, was nicht zuletzt auf den Druck der Wirtschaft vor dem Hintergrund einer alternden Gesellschaft und dem Bedarf an jungen Migranten als Arbeitskräften zurückzuführen ist. Integration* stellt eine gesamtgesellschaftliche Querschnittaufgabe staatlicher und nichtstaatlicher Organisationen dar, wobei die Förderung interkultureller Kompetenz in der Aufnahmegesellschaft an Bedeutung gewinnt. (BRUCKS†)

Einwanderungsland # Entgegen Verlautbarungen einzelner Politiker ist die Bundesrepublik Deutschland seit langem ein Einwanderungsland. Hier leben ca. 7,3 Millionen Ausländer, was einen Anteil an der Gesamtbevölkerung mit 8,9 % ausmacht. Schwerpunkte sind die Stadtstaaten Berlin und Hamburg sowie die Flächenländer Baden-Württemberg, Hessen, Nordrhein-Westfalen und Bayern. Mit 43,3 % ist die Erwerbsbeteiligung der Ausländer mit der der Deutschen vergleichbar (45 %). Somit gewinnen die Betroffenen und ihre Familien Anschluss an das deutsche Sozialsystem. Die hieraus resultierenden Leistungen sind in der Regel deutlich besser als in den Heimatländern, so dass hieraus trotz Rückkehrwunsch eine der Ursachen des Verbleibens im Gastland liegt. Renten wegen Alters- oder wegen Erwerbsminderung (SGB IV) können genauso wie Unfallrentenberufsgenossenschaften auch in das Ausland mit dem Postrentendienst transferiert werden. Leistungen der Krankenversicherung (SGB V) werden jedoch regelhaft nur im Inland erbracht, ähnlich den Leistungen der Agentur für Arbeit (SGB III), die an die tatsächliche Vermittelbarkeit geknüpft sind. Auch Grundsicherung und Sozialhilfe werden regelhaft nicht ins Ausland transferiert (SGB XII). Der Charakter eines Einwanderungslandes schlägt sich auch in anderen Lebensbereich nieder. So wird nach einer Hochrechnung des Statistischen Bundesamtes in mehreren Jahren jede 8. Wehrdienstleistende ausländischer Herkunft sein. Schon jetzt gibt es Programme zur Integration alter und gebrechlicher Ausländer in die Versorgungsstrukturen der Senioren. Die Zahl der Einbürgerungen im Jahr 2001 lag bei 178.100 (davon 42,4 % Türken) und weist auf die Bedeutung für den demographischen Faktor hin. (JOHN)

Ethnie ! *(griech. ethnos – Volk(sstamm))*. Eine Ethnie oder ethnische Gruppe ist eine familienübergreifende und familienerfassende Gruppen, die sich selbst eine kollektive Identität, welche eine tatsächliche oder fiktive Grundlage haben kann, zuspricht. Diese wirklichen und vermeintlichen Gemeinsamkeiten umfassen Sprache, Geschichte und Kultur, historische und aktuelle Erfahrungen aber auch Vorstellungen von einer gemeinsamen Herkunft bzw. Abstammung. Der Begriff Ethnie geht über den engeren Begriff der Abstammungsgemeinschaft hinaus und kennzeichnet Gruppen von Menschen, die durch gemeinsame Eigenschaften verbunden sind und ein Gemeinschaftsbewusstsein besitzen. Neben der Selbstdefinition werden diese Gruppen auch in der Fremdwahrnehmung als kulturell anders angesehen. Die jeweils aktuelle Bedeutung der Ethnizität* (z.B. bei Migrantengruppen) wird abhängig von den politischen, sozialen (in vielen Ländern verbunden mit Rassenkonzepten), strukturellen und kulturellen Bedingungen in der Mehrheits- bzw. Aufnahmegesellschaft variieren. Ethnizität wird heute zumindest im deutschsprachigen Raum häufig synonym und dies analog zur heutigen anglophonen sozialwissenschaftlichen Terminologie bzw. als Ersatz für den belasteten Begriff „Rasse" verwendet,

Vws Rassismus*. Als Reaktion auf Fremdenfeindlichkeit* und Ausgrenzungserfahrungen können ethnische Grenzen bewusst betont und ethnisches Bewusstsein besonders befördert werden. (DAVID)

Ethnisierung Der Begriff Ethnisierung bezeichnet analog zur Kulturalisierung* jenen Vorgang der gesellschaftlichen Etikettierung, bei dem Personen aufgrund ihrer Zugehörigkeit zu einer Ethnie* oder einer Bevölkerungsgruppe stereotype Verhaltensweisen und Vorstellungen zugeschrieben werden. (VERWEY)

Ethnizität beinhaltet eine Wechselwirkung zwischen sozialen Strukturen und subjektivem Bewusstsein und lässt sich definieren als die gesellschaftliche Konstruktion oder das Ergebnis der Selbst- und Fremdzuschreibung zu einer sich ethnisch* definierenden Gemeinschaft. Die Grenze kann etwa entlang historisch begründeter gesellschaftspolitischer, rechtlicher, territorialer, ökonomischer, linguistischer oder religiöser Kriterien gezogen werden. Solche Differenzierungskriterien entwickeln sich z.B. der umweltbedingten und gesellschaftlichen Produktionsweise entsprechend und konkretisieren sich in Normen, Regeln und Überlieferungen. (VERWEY)

Ethnomedizin ! Ethnomedizin (gr.ethnos Volk): als anthropologische Disziplin setzt E. einen interdisziplinären Ansatz voraus und beschreibt in Anlehnung an ethnologische Methoden i.e.S. Konzepte von Gesundheit, Krankheit u. Heilung in Ethnien* u. Populationen jeglicher Provenienz, also auch in der eigenen Kultur. I.w.S. vergleicht E. verschiedene Heilweisen und untersucht deren Interaktion durch ihre Träger in Kontaktsituationen. Eine bes. Aufgabe bildet neben dem sammelnden Beschreiben der Heilmittel, -techniken u. -konzepte heute vor allem im Rahmen moderner Gesundheitsplanung für die E. die Konfliktanalyse in medizinischen Transfersituationen u. die wissenschaftliche fundierte Neubewertung der Heilkunden und Volksmedizinen, die nicht mit den Begriffen der akademischen naturwissenschaftlichen Schulmedizin erfasst werden können. Heute wird hierfür auch der ebenfalls aus der Ethnologie stammende Begriff Medizinethnologie* (engl.: medical anthroplology) vermehrt gebraucht. (SCHRÖDER, in geringfügiger Überarbeitung der ersten lexikalischen deutschsprachigen Definition im Pschyrembel „Klinisches Wörterbuch", 1977, 253. Auflage)

Ethnozentrismus # bezeichnet ein Denken und Verhalten, das die Werte und Normen der Eigensozialisationen bzw. der eigenen Kultur als natürlich, selbstverständlich, angemessen und allgemeingültig voraussetzt, wodurch Normen und Wertorientierungen, Erlebens- und Handlungsweisen anderer Kulturen und Sozialzusammenhänge als abweichend negativ, fragwürdig oder sogar krankhaft empfunden werden. Normen, die in der eigenen Gesellschaft gelten, werden auf Menschen anderer Gemeinschaften übertragen und bestimmen das Verhältnis zu diesen anderen Gruppen. Als Referenzsystem fungiert die eigene Ethnie*, die eigene Gruppe*. Der Ethnozentrismus birgt immer die große Gefahr in sich, die eigene Kultur zu überbewerten bzw. deren Überlegenheit zu betonen und andere, insbesondere fremde Gruppen herabzuwürdigen, siehe auch Kulturalismus*. Ethnozentrismus stellt meist ein Konglomerat aus Vorurteilen einer Mehrheitsgruppe dar, die sich ethnisch* definiert. (DAVID)

Exklusion, siehe Ausgrenzung !

Exorzismus # Unter dem Begriff Exorzismus (griech.: exorkizein – Dämonen durch Beschwören austreiben) ist das Austreiben von bösen Geistern aus dem menschlichen Körper mittels ritualisierter Formeln durch Priester, Medizinmänner, Heiler oder Schamanen zu verstehen. Grundlage ist der seit Jahrtausenden verbreitete Glaube an die Existenz dämonischer Mächte. Im schamanischen Glauben ist das Universum erfüllt von allgegenwärtigen, mächtigen und teils übelwollenden Geistern. In fast allen (Natur-)Religionen sind daher Vorgehensweisen zur Beeinflussung von Geistern bekannt. Dazu dienen verschiedene Techniken, wie die schamanische Reise, das Herbeiführen veränderter Bewusstseinszustände, Trance oder Orakelsprüche. In der katholischen Kirche gilt das Exorziat als eine Weihestufe zum Priestertum und wird als göttlicher Auftrag verstanden („Weiche Satan!"). Exorzistisches Wirken geschieht im Rahmen einer Taufspendung, Weihwasser- oder Ölweihe und ist von dem nur bestimmten Priestern vorbehaltenen Exorzismus bei Besessenheit zu unterscheiden (Rituale Romanum, 1614). Dabei werden Kruzifix, Rosenkranz, Weihwasser und geweihte Gegenstände als Hilfsmittel verwendet. Die Besessenheit galt bis zum 19. Jahrhundert als Erklärungsmodell für Geistesstörungen, entsprechend wurde die Austreibung von Geistern auch als Heilmethode praktiziert. Bis heute kommt es regional (z.B. Südamerika) zu exorzistischen Praktiken, vereinzelt auch in westlichen Industrieländern. Der Vatikan weist in seinen aktualisierten Regeln zur Teufelsaustreibung (de Exorcismis, 1999) darauf hin, dass medizinische Heilmethoden vor einem priesterlichen Exorzismus ausgeschöpft sein sollten („Und durch die, die zum Glauben gekommen sind, werden folgende Zeichen geschehen: In meinem Namen werden sie Dämonen austreiben." Mk 16,17). (ASSION)

Flüchtling ! (engl. Refugees). Def.: nach Artikel 1 A Nr. 2 der Genfer Flüchtlingskonvention* ist ein Flüchtling eine Person, die sich aus begründeter Furcht vor Verfolgung wegen ihrer Rasse, Religion, Nationalität, Zugehörigkeit zu einer bestimmten sozialen Gruppe oder wegen ihrer politischen Überzeugung außerhalb des Landes befindet, deren Staatsangehörigkeit sie besitzt, und den Schutz dieses Landes nicht in Anspruch nehmen kann oder wegen dieser Befürchtungen nicht in Anspruch nehmen will. In Deutschland wird der Begriff nicht nur analog dieser Definition für ausländische Staatsangehörige oder Staatenlose verwendet. „Flüchtlinge" waren außerdem in den Jahren nach dem Zweiten Weltkrieg sowohl die aus ihren Heimatgebieten vor den sowjetischen Truppen geflohenen Ostdeutschen als auch die aufgrund der Ergebnisse der Potsdamer Konferenz aus der Tschechoslowakei und Südosteuropa nach Deutschland ausgewiesenen Volksdeutschen. Etwa ab 1947 kommt für diese Gruppe auch der Begriff „Vertriebene" zur Anwendung; noch später wurde in den Bestimmungen des Bundesvertriebenengesetzes, in Verwaltungsvorschriften sowie Urteilen des Bundesverwaltungsgerichts unterschieden zwischen Vertriebenen, Umsiedlern, Aussiedlern, Spätaussiedlern, Übersiedlern, Flüchtlingen, Sperrebrechern und Sonstigen. „Flüchtling" war nach dieser Einteilung jemand, der die DDR bzw. Ost-Berlin ohne Genehmigung verlassen und in der Bundesrepublik bzw. West-Berlin seinen ständigen Wohnsitz genommen hatte (damalige Terminologie: Sowjetzonenflüchtling). Zwischen 1949 und 1986 waren nach der amtlichen Statistik 2.890.000 Personen solche Flüchtlinge; nationale und internationale rechtliche Regelungen s. unter Asylrecht* und Genfer Flüchtlingskonvention*. *Kontingentflüchtling** ist ein Flüchtling aus einer Krisenregion, der ohne individuelle Fallprüfung i.R. internationaler humanitärer Hilfsaktionen aufgenommen wird. Als *De-facto-Flüchtling* wird eine Person bezeichnet, die zwar nicht als politisch verfolgter Flüchtling (s. Verfolgung) anerkannt wird, jedoch aus stichhaltigen Gründen, z.B. (Bürger-) Krieg od. kriegsähnliche Zustände, Besetzung durch eine ausländische Macht sowie Ereignisse, welche die öffentliche Ordnung in Teilen od. im gesamten Gebiet des Landes schwerwiegend stören (z.B. Naturkatastrophen), nicht bereit ist, in seine Heimat zurückzukehren, u. bei dem aus rechtlichen Gründen eine Abschiebung* auch nicht möglich ist. *Bürgerkriegsflüchtling* ist eine Untergruppe des De-facto-Flüchtlings. *Asylberechtigter* ist ein Flüchtling, der als politisch Verfolgter Asylrecht* genießt. Er hat als Asylbewerber einen Antrag gestellt, der in einem förmlichen Verfahren geprüft worden ist u. zu seiner Anerkennung geführt hat. Rechtliche Grundlage: Nationale u. internationale rechtliche Regelungen im Asylrecht u. in der Genfer Flüchtlingskonvention* enthalten; ferner das Flüchtlingshilfegesetz als Teil des Lastenausgleichsrechts, das soziale Leistungsansprüche deutscher Vertriebener u. Flüchtlinge nach dem Ende des Zweiten Weltkrieges regelt, vgl. auch Flüchtlingskinder*. (KESSLER)

Flüchtlingshilfegesetz (FlüHG) § Teil des Lastenausgleichsrechts, das soziale Leistungsansprüche deutscher Vertriebener und Flüchtlinge nach dem Ende des Zweiten Weltkrieges regelt. Betrifft nicht ausländische Flüchtlinge. (KESSLER)

Flüchtlingskind(er) # Im deutschen Sprachraum nach dem 2. Weltkrieg entstandene Bezeichnung; ursprünglich für Kinder von Eltern (aus ehemaligen deutschen Ostgebieten), die durch Kriegseinwirkung, politische Zwangsmaßnahmen und/oder existenzgefährdende Notlagen gezwungen wurden, vorübergehend oder auf Dauer ihre Heimat zu verlassen, jetzt internationaler Begriff.

Flüchtlingskinder sind häufig kumulativ und/ oder sequentiell durch Gewalterlebnisse- und Einwirkungen traumatisiert. Sie leiden unter dem Verlust naher Angehöriger, werden früh parentifiziert, sind aus familiären Bindungen, sozialer und kultureller Sicherheit herausgerissen, geraten in Armut und sozialen Abstieg. Durch Unterbringung in Massenunterkünften und Lagern geraten die Kinder zusätzlich in die Gefahr der Vermassung. Kriegspsychotraumatisierungen hinterlassen bei den Kindern entsprechend ihrem Alter, der Reife ihrer Persönlichkeit und ihrer prätraumatischen Gesundheit unterschiedliche Posttraumatische Belastungsstörungen mit Auswirkungen noch nach Jahrzehnten in die nächste Generation als transgenerationale Transmission.

„Unbegleitete" Flüchtlingskinder sind nach dem 2. Weltkrieg in großer Zahl ohne Eltern aufgefunden und in Transporten zusammengefasst, teils zur Adoption weitergegeben oder ins Ausland gebracht worden. Heute sind es meistens Kinder aus Krisengebieten, die sich selbständig aus ihrer Heimat hier nach Europa begeben und häufig illegal leben, da sie nach dem 16. Lebensjahr. wieder in ihre Heimat abgeschoben werden können. Der Verein *Kriegskind.de e.V.* www.kriegskind.de widmet sich der Diagnose, Behandlung und Erforschung von Spätfolgen kriegstraumatisierter Menschen aus dem Zweiten Weltkrieg, aber auch seelischen Schädigungen durch gegenwärtige Kriege. (SPRANGER)

Folter ! „Jede Handlung, durch die einer Person vorsätzlich große körperliche oder seelische Schmerzen oder Leiden zugefügt werden, zum Beispiel um von ihr oder einem Dritten eine Aussage oder ein Geständnis zu erlangen, um sie für eine tatsächlich oder mutmaßlich von ihr oder einem Dritten begangene Tat zu bestrafen, um sie oder einen Dritten einzuschüchtern oder zu nötigen, oder aus einem anderen, auf irgendeiner Art von Diskriminierung beruhenden Grund, wenn diese Schmerzen oder Leiden von einem Angehörigen des öffentlichen Dienstes oder einer anderen in amtlicher Eigenschaft handelnden Person, auf deren Veranlassung oder mit deren ausdrücklichem oder stillschweigendem Einverständnis verursacht werden; der Ausdruck umfaßt nicht Schmerzen oder Leiden, die sich lediglich aus gesetzlich zulässigen Sanktionen ergeben, dazu gehören oder damit verbunden sind" (Übereinkommen gegen Folter und andere grausame, unmenschliche oder erniedrigende Behandlung oder Strafe, Vereinte Nationen, 10. Dezember 1984).

Vorkommen und Häufigkeit. Folter ist immer wiederkehrender Bestandteil von politischer Verfolgung und Terror. Gefoltert wird in repressiven Systemen bei Hausdurchsuchungen, Razzien u.ä., außerdem regelmäßig im Rahmen von Verhaftung, Haft und bei Verhören. Obwohl verschiedene internationale Konventionen Folter verbieten, liegen laut Amnesty International doch aus mehr als der Hälfte der Staaten der Erde Berichte von stattfindenden Folterungen vor (Jahresbericht 2000). In der jüngeren Vergangenheit wurden auch in der ehemaligen DDR Menschen verfolgt und gefoltert. Die meisten Folterüberlebenden in Deutschland sind jedoch asylsuchende Flüchtlinge. Es gibt bisher keine epidemiologische Untersuchung darüber, wie viele der Flüchtlinge, die in Deutschland Asyl suchen, in ihren Herkunftsländern gefoltert wurden. In skandinavischen Studien mit Flüchtlingen aus der Nah-Ost Region waren etwa 20% der Untersuchten in ihren Herkunftsländern gefoltert worden (NORDSTRÖM & PERSSON 1988, MONTGOMERY & FOLDSPANG 1994). JACOBSEN & VESTI (1990) schätzen, daß zwischen 10% und 30% der Flüchtlinge, die in westeuropäischen und skandinavischen Ländern ankommen, Folter erlitten haben.

Die **Methoden der Folterer** sollen maximalen Schmerz auslösen und dabei minimale und unspezifische Spuren hinterlassen, hier gewinnen psychologische Methoden zunehmend an Bedeutung. Körperliche Gewaltanwendung zieht immer auch psychische Schmerzen nach sich und ist mit psychischer Gewalt kombiniert (z.B. Bedrohungen), daher ist eine Unterscheidung zwischen psychischer und körperlicher Folter nur begrenzt möglich. Folgende Praktiken der vorwiegend körperlichen Schmerzverursachung werden häufig berichtet: Schläge, Zwangshaltungen (in enge Gegenstände oder Räume gesperrt werden, gefesselt werden), an Händen oder Füßen aufgehängt werden; Hitze, Sonne, Nässe oder Kälte ausgesetzt werden, mit dem Kopf unter Wasser getaucht werden, gewürgt oder gedrosselt werden, Verbrennungen, Schlafentzug, Hungern und Dursten lassen, sexualisierte Gewalt (Gewaltanwendung im Bereich der Genitalien, Vergewaltigung), Elektrofolter, schwere Zwangsarbeit leisten müssen, nicht-therapeutisch chemische Substanzen verabreicht bekommen, u.a. Daneben kommen folgende Praktiken psychischer Schmerzverursachung häufig vor: stundenlange Verhöre, wiederholtes Unterschreiben-Müssen von Geständnissen, Bedrohungen, Demütigungen, sexualisierte Gewalt (erzwungenes Nacktsein, sexualisierte Drohungen und Demütigungen), starkem Licht oder Lärm ausgesetzt werden. Neben körperlichen und psychopharmakologischen Methoden sind u.a. die besonders gravierenden psychologischen Methoden Scheinhinrichtungen, verbundene Augen, Isolationshaft; zusehen oder zuhören müssen, wie andere gefoltert werden oder sich daran beteiligen müssen; Tote in Zellen liegen lassen, Verletzung von kulturspezifischen Tabus; widersprüchliche Anforderungen mit massivem Druck, sich zwischen verschiedenen negativen Konsequenzen zu entscheiden (doublebind; z.B. Bedrohung, Familienangehörige zu foltern, wenn keine Information preisgegeben wird, gleichzeitig bedeutet die gewünschte Aussage den Verrat und die Verhaftung von Freunden).

Die Folter beginnt meistens damit, daß ihr Opfer überfallen und überwältigt oder gefangen genommen wird. Die Verhaftung ist ein abrupter und totaler Bruch mit dem bestehenden sozialen Umfeld. Terrorregime versuchen, ihr Opfer in der Verhaftungssituation maximal zu verunsichern (es wird nachts aus dem Schlaf gerissen, mit verbundenen Augen an einen unbekannten Ort abgeführt, unklare Anklage und zu erwartende Strafe; keine Gelegenheit, jemanden zu informieren oder sich zu verabschieden etc.). Unmittelbar an die Verhaftung folgen oft lange andauernde nächtliche Verhöre mit Folterungen. Zwischen den wiederholten Verhören werden Gefangene oft von der Außenwelt, aber auch von Mitgefangenen isoliert, häufig werden sie auch von allen Umweltreizen abgeschirmt (Dunkelzellen oder gleichförmiges Licht, Schallisolation). Damit ist die Haftsituation von starker sozialer und sensorischer Deprivation (Reizentzug) gekennzeichnet und führt bei Menschen nach wenigen Tagen zu schweren psychischen Störungen (Orientierungsverlust, Angst, Depression, Halluzinationen u.a.). Durch diese Methoden wird eine fundamentale Orientierungslosigkeit und Ohnmacht erzeugt, ihr Opfer wird nachhaltig verwirrt und destabilisiert. Dies kann bis zur Auflösung innerer Bezugssysteme, zur Zerstörung des Erlebens von Identität und zum psychischen Zusammenbruch führen. Die Dokumentation von Folter und ihren Spuren wird beschrieben in GRAESSNER & WENK-ANSOHN (2000) und im Manual on the Effective Investigation and Documentation of Torture (The Istanbul Protocol, 1999).

Die Folterer. In vielen Staaten, in denen gefoltert wird, existieren Ausbildungssysteme, die Menschen in die Lage versetzen sollen, andere zu foltern. Ihre Schüler sind überwiegend junge Männer, immer mehr auch Frauen. Die Ausbildung in militärischen Elite-Einheiten bildet in der Regel die Grundlage für die Ausbildung zum Folterer: Die Ausbildung zur Folter stellt eine Intensivierung der Ausbildung in diesen Spezialeinheiten dar; ihre Grundprinzipien lassen sich bis in den „normalen Wehrdienst" verfolgen. (BOPPEL 1996: 126). Die Ausbildung beginnt meist im Jugendalter. Während der Grundausbildung ist jeder einzelne extremen Schikanen, Schlägen u.a. traumatisierenden Gewalterfahrungen ausgesetzt. Gleichzeitig wird über den Gruppenmythos eine Entindividualisierung erreicht. Absoluter Gehorsam gegenüber dem Vorgesetzten und der Organisation wird durch das Ausführen-Müssen sinnloser Befehle trainiert, eine sukzessive Gewöhnung an und Einübung von Grausamkeiten findet statt, Verweigerung wird brutal bestraft, erwünschtes Folter-Verhalten wird belohnt. Der Gegner wird als minderwertig und bösartig dargestellt, um die Gewalt gegen ihn zu rechtfertigen (zur Sozialisation von Folterern vgl. BOPPEL (1996) und KRAAK (1996).

Das *Ziel der Folterer* ist es, ihr Opfer in eine Situation extremer Ohnmacht und größtem Schmerz zu bringen. Das Erhalten einer Aussage ist bloß vordergründiges Ziel der Folterungen. Bei Geständnissen unter Folter handelt es sich um mehr als um die Preisgabe von Informationen und den Verrat von Menschen, d.h. er soll gestehen, was beinhaltet, den Folterer als Herrscher anzuerkennen. Im Geständnis breche der letzte Widerstand, werde das letzte ihm (dem Gefangenen, Anm. d.V.) noch Eigene entfremdet. Unter der Folter nicht zu sprechen ist die letzte Möglichkeit, um die eigenen Grenzen und die eigene Identität zu wahren. Die Folterer versuchen gezielt, diesen Widerstand zu brechen, um damit das Erleben von Identität zu zerstören. Deshalb geht die totale Demütigung und Zerstörung der Person auch dann weiter, wenn die angeblich gesuchten Informationen von ihr längst gegeben wurden. Folter ist ein Angriff auf die grundlegenden menschlichen psychischen und sozialen Funktionen. Die Zufügung von Schmerz hat den Zweck, letztendlich die Persönlichkeit des Opfers zu zerstören. Folter soll das Empfinden ihres Opfers, Teil einer menschlichen Gemeinschaft zu sein, Pläne und Hoffnungen für die Zukunft zu haben, vernichten. Die Destruktion der Persönlichkeit des Opfers betrifft auch jene, die mit ihm zusammen leben. Indem Beziehungen des Folterüberlebenden zu seiner Familie, seinen Freunden und Kollegen nachhaltig gestört werden, wird sein soziales Umfeld in Mitleidenschaft gezogen. So kann Folter den Zusammenhalt von Familien und ganzen Gemeinden beschädigen.

Akute Folgen der Folter sind neben körperlichen Folgen der Gewalteinwirkungen, extremen Schmerzen, Angst und Ohnmacht außerdem Beeinträchtigungen der Aufmerksamkeit und Veränderungen des Bewusstseins (oft verbunden mit einem Gefühl der Unwirklichkeit oder Betäubung), Verlust der Orientierungsfähigkeit (in Raum und Zeit), Beeinträchtigungen der Wahrnehmungsfähigkeit bis zum Verlust der Kontrolle über Sinneseindrücke (Realitätsverlust) und der Verlust der Kontrolle über den eigenen Körper (Stehen bis zum Umfallen, Versagung von Zugang zur Toilette, sexualisierte Gewalt). Diese Kontrollverluste werden von den Folterern bewusst herbeigeführt. Sie führen zu massiven Schuld- und Schamgefühlen und zur Ent-Persönlichung: die Realität kann nicht mehr wahrgenommen und kontrolliert werden, sondern unterliegt der Herrschaft der Folterer.

Langfristige Folgen. Folter kann alle psychischen Funktionen nachhaltig beeinträchtigen (Istanbul Protocol: Psychological evidence of torture, 1999). Sie beschädigt meist nicht nur den einzelnen Menschen, der ihr unterworfen wurde, in seiner körperlichen und seelischen Gesundheit, in seinen Emotionen und seinem Verhalten, in seinen sozialen Beziehungen, seinen kognitiven Überzeugungen und ethischen Grundsätzen, seinen Zukunftsperspektiven und seinem Ich-Erleben, sondern auch die soziale Gruppe, in der sich der Folterüberlebende bewegt. Die häufigsten psychischen Störungen, die Folterüberlebende entwickeln, sind posttraumatische Belastungsstörungen und depressive Störungen. (Istanbul Protocol, Psychological Evidence of Torture, 1999). Die einfache Posttraumatische Belastungsstörung (PTBS) ist gekennzeichnet durch unkontrollierbares, überschwemmendes Wiedererinnern des Traumas (Alpträume, ständig wiederkehrende Gedanken und Bilder; emotionalen Zustände, als ob sich das Erlittene erneut hier und jetzt zutragen würde u.a.), ein andauernd erhöhtes Erregungsniveau (Schreckhaftigkeit, Nervosität, Konzentrationsstörungen, Schlafstörungen, Angstzustände, Panikattacken u.a.) sowie Bemühungen, das Erlittene zu vergessen (bis hin zu dissoziativen Amnesien) und Situationen oder Reize, die an das traumatische Geschehen erinnern, zu vermeiden. Nach einer lange andauernden oder sich wiederholenden, chronischen Traumatisierung, wie sie bei Folterüberlebenden aufgrund der meist lange andauernden Verfolgungssituationen mit wiederholtem Gewalterleiden oft besteht, ist eine komplexe PTBS (HERMAN 1992) zu beobachten, die durch folgende zusätzliche Symptome gekennzeichnet ist: unspezifische somatische Beschwerden, Veränderungen des Bewusstseins (Depersonalisation, Derealisation u.a.), affektive Störungen (dysphorische Verstimmung, Depression, chronische Beschäftigung mit suizidalen Gedanken, explosive oder extrem unterdrückte Wut u.a.), veränderte Wahrnehmung des Täters (paradoxe Dankbarkeit, Übernahme seiner Weltbilder und Wertesysteme, ständige Rachegedanken u.a.), verändertes Selbstbild (Scham, Schuld, Empfinden eigener Wertlosigkeit und Stigmatisierung, Gefühl völliger Einsamkeit und Entfremdung anderen gegenüber) und die Veränderung sozialer Beziehungen (Probleme der Nähe-Distanz-Regulierung, Verletzung eigener und fremder Grenzen, sozialer Rückzug und Isolation u.a.). Neben den posttraumatischen Störungen werden häufig psychosomatische Störungen (z.B. chronische Schmerzen ohne ausreichenden Organbefund), Angststörungen, dissoziative Störungen u.a. diagnostiziert (TURNER & GORST-UNSWORTH 1990; GOLDFELD, MOLLICA & PESAVENTO 1988). Dennoch entwickelt nicht jeder Mensch, der Folter überlebt hat, eine diagnostizierbare klinische Störung.

Neben den beschriebenen klinischen Folgen führt Folter zu gravierenden sozialen Konsequenzen. Ihre Überlebenden sind im Heimatland weiteren Repressionen ausgesetzt (Arbeitsverbot, Überwachung, sich ständig bei der Polizei melden müssen etc.). Der andauernde Terror dehnt sich häufig auf die gesamte Familie aus. Um ihm zu entgehen, wechseln Verfolgte ihren Aufenthaltsort, flüchten in andere Dörfer und in andere Länder. Folter führt dazu, dass Menschen vertrieben werden und in anderen Staaten asylrechtlichen Schutz suchen müssen. Als Asylsuchende sind sie schweren Belastungen und oft erneuten Traumatisierungen ausgesetzt (Arbeitsverbot, beengte Wohnsituation, eingeschränkte Gesundheitsversorgung, Gewalt gegen Ausländer, drohende Abschiebung*). Folter erlitten zu haben gilt in Deutschland nicht als Asyl*grund, sondern lediglich als Abschiebehindernis.

Geschlechtsspezifik. Frauen werden nicht nur aufgrund eigener politischer Aktivität, wegen ihrer Zugehörigkeit zu einer bestimmten Gruppe oder als Angehörige von Verfolgten gefoltert, sondern auch aufgrund ihrer Geschlechtszugehörigkeit und wegen Verstößen gegen die damit verbundenen geschlechtsspezifischen Normen (z.B. Berufsverbote, Kleiderordnung). Die Folter von Frauen ist regelmäßig mit sexualisierter Gewalt verbunden. In traditionellen Gesellschaften zerstört sexualisierte Gewalt gegen Frauen die Ehre der Frauen, die auf ihrer Reinheit basiert, ebenso wie die Ehre ihrer männlichen Familienangehörigen, die sie nicht beschützen konnten. Damit beschädigt sie sowohl die Einzelne als auch das Kollektiv, dem sie angehört. Die Entehrung und Entwertung ist nicht umkehrbar und zieht für die Frauen, wenn sie bekannt wird, oft existenzgefährdende Konsequenzen nach sich (z.B. Verstoßung aus dem Familienverband). Es besteht eine gesellschaftliche Tendenz, sexualisierte Gewalt gegen Frauen auch dann nicht als Folter zu begreifen, wenn sie von staatlichen Funktionsträgern ausgeht. Stattdessen werden schwere Menschenrechtsverletzungen gegen Frauen oft im nicht-politischen Bereich angesiedelt und als „privat" angesehen (Vergewaltigung, genitale Verstümmelung, Zwangsverheiratung, Züchtigungsrecht des Ehemannes etc.). Dabei wird missachtet, dass der Staat seinen Bürgern und Bürgerinnen gegenüber eine Schutzfunktion inne hat. Wenn ein Staat verfolgten Frauen den erforderlichen Schutz verweigert, weil systematische Gewalt gegen Frauen nicht gesetzlich verboten, nicht strafrechtlich verfolgt oder nicht bestraft wird, muss von seinem stillschweigenden Einverständnis mit den Verletzungen ausgegangen werden, insofern sind solche geschlechtsspezifischen Menschenrechtsverletzungen als Folter zu bezeichnen. Auch Männer werden häufig sexualisiert gefoltert, in der Regel von männlichen Tätern. Dies stellt in traditionellen Gesellschaften einen Bruch des Tabus der Homosexualität dar, der für den Betroffenen oft massive Folgen nach sich zieht (Verwirrung der sexuellen Identität, Selbstentwertung, Schuldgefühle etc.).

Hilfen für Folterüberlebende. Die besonderen Probleme und Bedürfnisse von Folterüber-lebenden können im Rahmen der allgemeinen Gesundheitsversorgung nicht genügend berücksichtigt werden, denn meist fehlen die dazu notwendigen Kenntnisse (Psychotraumatologie u.a.) und Ressourcen (z.B.

Dolmetscher, intensive Supervision). In vielen Ländern der Welt und auf allen Kontinenten wurden daher unterschiedliche Beratungs- und Behandlungseinrichtungen speziell für Folterüberlebende gegründet. Die meisten dieser Zentren verfügen nicht über eine langfristig gesicherte Finanzierung. Knappe personale Ressourcen führen oft zu langen Wartezeiten, auch wenn akuter Leidensdruck und Behandlungsbedarf besteht. In Ländern, in denen die Mehrzahl der Folterüberlebenden Flüchtlinge sind, bestehen neben den Folgen der Folter meist gravierende durch die Migration bedingte soziale Probleme (unsicherer Aufenthalt, Arbeitslosigkeit, etc.). In Behandlungszentren in Ländern, in denen Menschen politisch verfolgt und gefoltert werden, ist die Dokumentation von Folterspuren und die Beratung und Behandlung von Folterüberlebenden meist mit hohen Gefahren für die Helfer verbunden. Viele Einrichtungen für Folterüberlebende kooperieren über das internationale Netzwerk IRCT (International Rehabilitation Council for Torture Victims, Borgergade 13, P.O.Box 2107, 1014 Copenhagen, Dänemark, E-mail: irct@irct.org). In Deutschland haben sich die psychosozialen Zentren für Folterüberlebende ebenfalls zu einer Arbeitsgemeinschaft zusammengeschlossen (BAFF, Bundesweite Arbeitsgemeinschaft der psychosozialen Zentren für Flüchtlinge und Folteropfer e.V.). Informationen zu Zentren für Folterüberlebende im deutschsprachigen Raum gibt es zum Beispiel beim Behandlungszentrum für Folteropfer Berlin, (Spandauer Damm 130, D-14050 Berlin, E-Mail: mail@bzfo.de), beim Therapiezentrum des Schweizer Roten Kreuzes für Folteropfer in Bern (Freiburgstraße 44a, CH-3010 Bern, E-Mail: therapiezentrum@redcross.ch) oder beim Zentrum zur sozialmedizinischen, rechtlichen und kulturellen Betreuung von Ausländern und Ausländerinnen in Österreich (Zebra, Pestalozzistraße 59, A-8010 Graz, E-Mail: zebra@zebra.or.at). Weitere Informationen sind bei der International Society for Health and Human Rights (P.O. Box 13318, NL-3507 Utrecht) erhältlich. (BIRCK †)

Literatur: Amnesty International 2000. *Jahrbuch 2000*. Frankfurt: Fischer // BOPPEL P. 1996. Ausbildung, Sozialisation und Persönlichkeit von Folterern. Psychoanalytisch-sozialisationstheroretische Aspekte einer „Anthropologie des Bösen". *Zeitschrift für Politische Psychologie* 4,2: 121-134 // GOLDFELD A., MOLLICA R., PESAVENTO B. & FARAONE S. 1988. The physical and psychological sequelae of torture. *The Journal of the American Medical Association* 259,18: 2725-2729 // GRAESSNER S. & WENK-ANSOHN M. 2000. *Die Spuren von Folter. Eine Handreichung*. Berlin: Verlag des Behandlungszentrum für Folteropfer // GRAESSNER S., GURRIS N. & PROSS C. 1996. *Folter. An der Seite der Überlebenden. Unterstützung und Therapien*. München: Beck // HERMAN J.L.1992. Complex PTSD: A syndrome in survivors of prolonged and repeated trauma. *Journal of Traumatic Stress* 5,3: 377-391 // JACOBSON L. & VESTI P. 1990. *Torture survivors. A new group of patients*. Copenhagen: Danish Nurses Organization // KRAAK B. 1996. Was motiviert Folterer? Eine handlungstheoretische Analyse. *Zeitschrift für Politische Psychologie* 4,2: 155-161 // Manual on the Effective Investigation and Documentation of Torture and Other Cruel, Inhuman or Degrading Treatment or Punishment. (The Istanbul Protocol). Submitted to the United Nations High Commissioner for Human Rights, 9th August 1999 // MONTGOMERY E. & FOLDSPANG A.1994. Criterion-related validity of screening for exposure to torture. *Torture* 4: 115-118 // NORDSTRÖM A. & PERSSON A. 1988. Fängelse och tortyr vanliga orsaker till psykiska och somatiska symptom hos flyktingar i Sverige. *Läkartidiningen* 3560-3561 // TURNER S. & GORST-UNSWORTH C. 1990. Psychological sequelae of torture. A descriptive model. *British Journal of Psychiatry* 157: 475-480 // Vereinte Nationen 1984. Übereinkommen gegen Folter und andere grausame, unmenschliche oder erniedrigende Behandlung oder Strafe. 10. Dezember 1984. *BGBl*. 1990 II 246.

Gastarbeiter ! In den 60er Jahren geprägter Begriff für Arbeitnehmer*, ausländische, der unterstellte, dass der Aufenthalt der Arbeitnehmer ein vorübergehender sein würde. Damit sollte aber auch erzieherisch eine neue Sicht- und Umgangsweise gegenüber dem im Nazideutschland diskriminierend gebrauchten Begriff Fremdarbeiter eingeführt werden, der eher ein Zwangsarbeiter war. (BRUCKS †)

Geistheilung # Bei diesem nicht-schulmedizinischen Verfahren soll durch paranormale Einflüsse ein Heileffekt erzielt werden. Üblicherweise sind sowohl der jeweilige Heiler als auch die Person, die sich der Geistheilung unterzieht, von der (therapeutischen) Wirkung der Geistheilung überzeugt. Zugrunde liegt meist der Glaube an eine göttliche, universelle oder andersgeartete Lebenskraft. Die Verfahren haben religiösen bis spiritistischen Charakter. Eher religiös motiviert sind das Gesundbeten und Heilversuche mittels Ritualen, eher einem spiritistischen Umfeld entstammen das Auflegen der Hände oder die Praxis, dass sich ein Heiler als „Medium" bzw. „Kanal" für heilende Energien versteht (channeling) und negative oder böse Kräfte von dem Ratsuchenden wegleiten kann. Im Englischen ist der Begriff des "spiritual healing" verbreitet. Es gibt einen Dachverband für geistiges Heilen (DGH), der auf „seriöse arbeitende Heiler" aufmerksam macht (www.dgh.de) und Forschungsinstitute, die Studien und Veröffentlichungen zu diesem Thema vorlegen (Healing Science International, Orinda/ Kalifornien). Eine derzeit in westlichen Industrieländern populäre Heilmethode ist das aus Japan stammende Reiki. Nicht-schulmedizinische Heilmethoden haben in allen westlichen Gesellschaften eine weite Verbreitung, deren sozialmedizinische Bedeutung nicht unterschätzt werden sollte. (ASSION)

Geistheilung, gekürzt # Im Glauben an eine göttliche, universelle oder anders geartete Lebenskraft durchgeführtes nicht-schulmedizinisches, eher religiöses bis mitunter spiritistisches Verfahren mit dem Ziel, durch paranormale Einflüsse einen Heileffekt zu erzielen. Eher religiös motiviert sind Gesundbeten und Heilversuche mittels Ritualen*, eher spiritistischen Ursprungs das aber auch universell verbreitete Auflegen der Hände oder die Praxis, die den Heiler* als „Medium" bzw. „Kanal" für heilende Energien versteht (channeling) zwecks Ableitung negativer oder böser Kräfte von dem Ratsuchenden; s. auch Volksmedizin* und im weiteren Sinn mit dem Schamanismus* strukturähnlich (ein aktiver in Trance arbeitender Heiler). (ASSION, etwas ergänzt SCHRÖDER)

Genfer Flüchtlingskonvention ! (Abk. GFK), wichtigste Grundlage internationalen Rechts zum Umgang mit Flüchtlingen* ist das *Abkommen über die Rechtsstellung der Flüchtlinge* (vom 28. Juli 1951, geändert durch ein Protokoll aus dem Jahre 1967). Dieses durchbricht für Flüchtlinge* die staatlichen Rechtsnormen der Vertragsstaaten über den Zuzug und die Rechte von Ausländern. Im Gegensatz zum nationalen Asylrecht* in Deutschland macht die GFK keine Aussage über den *Akteur* der Verfolgung: nicht allein vom Staat ausgehende oder ihm zuzurechnende Verfolgung ist relevant im Sinne der GFK, z.B. auch in Bürgerkriegssituationen oder bei der Verfolgung durch Clans wegen der Verletzung von Moralvorstellungen kommt sie zum Tragen. Versuche, eine völkerrechtlich verbindliche Pflicht zur Asyl*gewährung festzuschreiben, sind bislang gescheitert. Ein Recht auf Verbleib im Zufluchtstaat zumindest in Form eines Abschiebungsschutzes entsteht jedoch durch das so genannte Refoulement-Verbot des Artikels 33 Absatz 1: Keiner der vertragsschließenden Staaten wird einen Flüchtling auf irgendeine Weise über die Grenzen von Gebieten ausweisen oder zurückweisen, in denen sein Leben oder seine Freiheit wegen seiner Rasse, Religion, Staatsangehörigkeit, seiner Zugehörigkeit zu einer bestimmten sozialen Gruppe oder wegen seiner politischen Überzeugung bedroht sein würde. Damit ist zwar keine bindende Aufnahmeverpflichtung des Zufluchtstaates verbunden. Das Völkerrecht verbietet jedoch, einen Flüchtling im Sinne des Artikel 1 A Nr. 2 Flüchtlingskonvention – auch nicht über nicht sichere Drittstaaten – in den Verfolgerstaat zurückzuweisen. Die GFK enthält außerdem einen Anspruch des Asylsuchenden auf Zugang zu einem Überprüfungsverfahren im Zufluchtstaat. Ferner regelt sie die konkreten Rechte und Pflichten der Flüchtlinge im Zufluchtstaat in Fragen von Personalstatut, Eigentum, Urheberrechten, Zugang zu den Gerichten, Möglichkeit zur Erwerbstätigkeit und Ansprüchen auf Leistungen der öffentlichen Wohlfahrt*; s. auch Abschiebung, Asylrecht*, Flüchtling*, Verfolgung, politische*, Zuwanderungsgesetz*. Am 1. Oktober 2004 waren nach Angaben des UN-Hochkommissariats für Flüchtlinge 139 Staaten weltweit Vertragspartner der GFK und des Protokolls von 1967; sechs weitere hatten entweder nur die Konvention von 1951 oder nur das Protokoll von 1967 unterschrieben. Der erste Staat, der die Konvention ratifizierte, war 1952 Dänemark, der jüngste das gerade 2003 unabhängig gewordene Timor-Leste. (KESSLER)

Ghettoisierung # Ursprünglich ist die erstmals in Venedig Anfang des 16. Jhdt. behördlich erzwungene und mit restriktiven Auflagen belegte räumlich konzentrierte Zusammenfassung städtischer jüdischer Bevölkerungsgruppen gemeint (Ghetto, ital.), die weltweit Nachahmung fand. Heute wird der Begriff Ghettoisierung als Metapher für strukturell vergleichbare Entwicklungen verschiedenster Migranten*- und Immigranten*gruppen benutzt, wenn durch soziale Entwicklungen sowie behördliche und verwaltungstechnische Massnahmen eine entsprechende Entwicklung begünstigt oder angeordnet wird, siehe auch Ausgrenzung*, Ethnisierung*, Parallelgesellschaft*, Segregation*... (SCHRÖDER)

Globalisierung # bezeichnet die Vorherrschaft einer Wirtschaftspolitik, welche ein globales Handelssystem nach dem neoliberalen Kriterium durchsetzt, demzufolge das organisierende Prinzip jeder Gemeinschaft der Markt sei. Erweiterte Kommunikationsmöglichkeiten und transnationale Kontakte sind Begleiterscheinungen des Globalisierungsprozesses. (VERWEY)

Heiler ! sind Personen, denen eingetretene Heilungen zugeschrieben werden, mit denen sie nicht unbedingt etwas zu tun haben. In diesem Zusammenhang wird in der Umgangssprache auch von Wunderheilern und von Geistheilung* gesprochen. Ihre Heilwirkung geht ausschliesslich auf die soziokulturelle Zuschreibung zurück. Davon zu unterscheiden sind Heilkundige* verschiedenster Provenienz in allen Kulturen, siehe auch Schamane*,Volksmedizin*. (SCHRÖDER, in Anlehnung an FIGGE)

Aus dem Arbeitsprozess: Kommentar der Redaktion: Bitte an Autor: Bitte das Stichwort mit dem Stichwort Volksmedizin abgleichen; dort wird ebenfalls das Wort Heiler benutzt, wobei der Kontext anders erscheint. Antwort: Ja, die Begriffe werden im allgemeinen Sprachgebrauch wenig getrennt. Es wurde hier bei Heiler eine rein psychologische und soziale Definition gebildet. In den anderen Stichworten muss es in der Regel (traditionelle) Heilkundige heißen. Übersetzungen bleiben etwas unbefriedigend, wenn es um die Differenzieren geht. Lit.: FIGGE HORST H. 2004.Wörterbuch zur Psychologie des Magischen. Berlin: VWB – Verlag für Wissenschaft und Bildung

Heilkundige ! synonym traditionelle H., indigene H., volkstümliche H., u.a. sowie die spezifischen ethnischen Benennungen derselben. In der allgemeinen Diskussion wird hier allerdings nicht immer scharf zum Heiler* getrennt. Traditionelle H. haben eine Ausbildung verschiedener Dauer und Qualität durchlaufen und nehmen einen definierten Status in ihrer jeweiligen Gemeinschaft oder Ethnie* ein. Der Grad der Professionalisierung*, des Ausbildungsganges, der Vergütung und des Fachwissens ist meist dabei von Kultur zu Kultur variabel. H. sind dafür ausgebildet, die körperliche Heilungsfähigkeit eines Menschen anzuregen, zu unterstützen und zu lenken und ebenso die psychische Heilungsbereitschaft zu wecken und zu potenzieren. Das Wissen wird meist familiengebunden tradiert und ist oft im Gegensatz zur Schulmedizin und den ausgebauten Medizinsystemen (Ayurveda, Unani, Traditionelle chinesische Medizin u.a.) der klassischen komplexen Schriftkulturen (früher irreführend Hochkulturen genannt) nicht öffentlich zugänglich (so in vielen afrikanischen Medizintraditionen). Oft sind diese H. auch religiöse Führer und Autoritäten (zum Beispiel Hoca*, Sheikh, Sufi aus dem islamischen Bereich, weltweit Schamanen*) und heilen in der Regel unter Einbezug spiritueller Dimensionen, jedoch ebenso unter Mitverwendung von substantiellen Mitteln aus den empirischen Heiltraditionen (Kräuterkunde, Naturheilkunden, physiotherapeutische Methoden usw). Mitunter handelt es sich um sehr komplexe Behandlungsprozeduren und Heilzeremonien (Ritual*isierter Aspekt), deren korrekte Beachtung sozialer Kontrolle unterliegt. Im Zuge der Globalisierung sowie des beschleunigten Transfers von Heilmitteln und Heilweisen in allen Richtungen werden heute die traditionellen Heilkundigen und Heilkunden neu bewertet und in vielen Staaten, angeregt durch entsprechende Bestrebungen der WHO, in neue Gesundheitsstrategien mit Kooperationsmodellen einbezogen, da diese H. in vielen Teilen der Welt unverändert mehrheitlich weite Teile der Bevölkerung versorgen und zumeist ein hohes Ansehen geniessen. Die verschiedenen Heilkunden und ihre Heilkundigen werden heute auch im Rahmen des kulturellen Welterbes neu gewürdigt. Die Evaluierung ihrer Kenntnisse unter schulmedizinischer Perspektive hat ihre Berechtigung im Rahmen der erklärenden naturwissenschaftlichen Logik, auch wenn dem oft Grenzen gesetzt sind. Am ehesten lassen sich ihre Methoden aber verstehen und ihre Heilergebnisse interpretieren, wenn sie im Rahmen einer kultur- und sozialwissenschaftlichen Perspektive dargestellt werden (Medizinethnologie*, Ethnomedizin*, sowie sozialwissenschaftliche und psychologische Ansätze). In vielen Ländern findet sich eine parallele Praxis der verschiedenen H., was mit dem Begriff medizinischer Pluralismus beschrieben wird. Dies lässt sich im Grunde in jeder Gesellschaft beobachten. Sozialmedizinische Bedeutung: angeregt durch entsprechende Bestrebungen der WHO werden Heilkundige in neue Gesundheitsstrategien mit Kooperationsmodellen einbezogen. Methoden des Heilkundigen u. seine Heilergebnisse lassen sich verstehen u. interpretieren, wenn sie i.R. einer kultur- u. sozialwissenschaftlichen Perspektive dargestellt werden (siehe Ethnomedizin*, Medizinethnologie*). (SCHRÖDER)

Heimweh # Ein unangenehmes beklemmendes Grundgefühl in der Fremde mit dem Wunsche, in vertraute, angestammte Umgebungen zurückkehren zu wollen. Wichtig als psychisches Phänomen bei Menschen mit Migrationshintergrund, das zum Teil Fähigkeiten hemmt, sich an das Gastland zu gewöhnen, aber auch Anreiz ist, dies in verschiedenen zumeist künstlerischen Formen zu verarbeiten. Der

Begriff wurde durch H.J. Jung-Stillings gleichnamige Romantetralogie geprägt (1794-97) und weltweit verbreitet. Wichtig zum Beispiel als Erinnerungskultur und Heimwehtourismus. (englisch: Homesickness) (SCHRÖDER)

Hoca # Ein *Hoca* (*Hodja, Hodscha*) ist im wörtlichen Sinn ein *Korankundiger* oder *Koranleher*. Im weiteren Sinn ist er ein *islamischer Religionsvertreter*, *nicht-ärztlicher Heilkundiger* oder *Magier*. Entsprechend wird der Begriff *Hoca* unterschiedlich verwendet. Er bezeichnet sowohl einen mit dem Koran Vertrauten einer islamischen Gemeinde, als auch Heilerfiguren, deren Kenntnisse vom Koran und den heiligen Schriften nicht im Vordergrund stehen. Diese zeichnen sich vornehmlich durch das Ausüben von magisch-religiösen Praktiken aus. Die Art der Ausbildung eines solchen *Magier-Hocas* ist dabei üblicherweise nicht bekannt. Zwischen diesen Prägnanztypen finden sich fließende Übergänge und viele Schattierungen. Strenggläubige und modern orientierte *Hocas* grenzen sich in Übereinstimmung mit einer orthodoxen Religionsauffassung von solchen magischen Praktiken ab. Zu den *rechtgläubigen Hocas* gehören als höhergestellte Personen der Vorbeter *(Imam)*, dem wiederum ein Schriftgelehrter oder geistliches Oberhaupt *(Mufti)* vorsteht. *Hocas* werden als befähigt angesehen, den *bösen Blick*, *böse Geister* oder *schwarze Magie* als Ursache einer Erkrankung erkennen zu können. Einige *Hocas* gelten als hohe Autoritäten, denen übernatürliche Heilkräfte zugesprochen werden. So besteht auch die Vorstellung, dass einigen *Hocas* Armeen von Geistern *(Djinnen)* zur Seite stehen, die gegen *böse Geister* eingesetzt werden können. *Hocas* werden wegen eines breiten Spektrums unterschiedlicher Probleme aufgesucht. Sie behandeln seelische, neurologische und psychosomatische Beschwerden oder Erkrankungen, wie z.B. Depression, Epilepsie oder chronische Leiden, sowie körperliche Krankheiten. Ebenso befassen sie sich mit familiären, beruflichen oder wirtschaftlichen Schwierigkeiten. Es gibt eine Vielzahl unterschiedlicher Vorgehensweisen traditioneller Heiler, um eine magische Beeinflussung zu erkennen. Dabei können ähnliche Praktiken eine jeweils individuelle Ausprägung erfahren. Zumeist besteht die Erkennung des Unheils in einem Orakel-Ritual. Der Heiler versucht, durch einen Blick in den Koran, in andere heilige Schriften oder auf einen Gegenstand (z.B. ein Glas Wasser oder ein gefärbtes Ei) die Ursache der Erkrankung zu erkennen, wobei meditative Gebete gesprochen werden. Zur Behandlung und Linderung von Beschwerden werden verschiedene magische Praktiken durchgeführt, wobei das Lesen heiliger Schriften, Inkorporieren krafttragender Substanzen (Inhalieren von Rauch, Essen oder Trinken geheiligter Essenzen), Reinigen des Körpers, Verbrennen von Gegenständen mit magischer Bedeutung (Buchseiten aus heiligen Schriften, Einstreuen von Salz, etc.) einen besonderen Stellenwert haben. Wasser mit beschrifteten Zetteln dient auch zur Waschung und Reinigung. Die rituelle Waschung (*kirklama*) hat zum Schutz vor magisch ausgelösten Erkrankungen ebenfalls Bedeutung. Mit Suren beschriebene Zettel werden verbrannt, damit der „koranhaltige Rauch" eingeatmet wird (*tütsüleme*). Bei anderen Ritualen bläst der Hoca Rauch eines verbrannten Koranpapiers ins Gesicht des Ratsuchenden oder pustet und haucht den Hilfesuchenden an. Häufig werden krafttragende Gegenstände, wie *Amulette* (*muscas*) verordnet. Die Beschäftigung mit der türkischen Volksmedizin sowie Kenntnisse über die Tätigkeit eines Hocas sind zum besseren Verständnis des kulturellen Hintergrunds der mehr als 3 Millionen Muslime in Deutschland wichtig. (ASSION)

Hoca, Kurzform # im wörtlichen Sinn ein Korankundiger oder Koranlehrer, im weiteren Sinn ein nicht-ärztlicher Heilkundiger*, Heiler* oder Magier in der türkischen Volksmedizin*.

Integration, soziale ! Synonym für Eingliederung, (lat. integratio = Wiederherstellung eines Ganzen, die Erneuerung eines Ganzen oder die Einbeziehung in ein größeres Ganzes). Der Begriff der Integration wird in der Regel im Zusammenhang mit der Eingliederung von gesellschaftlichen Minderheiten bzw. Randgruppen wie etwa Migranten und Menschen mit Behinderungen in die wichtigen gesellschaftlichen Bereiche Arbeitsmarkt und Bildungssystem verwendet. Soziale Integration bezeichnet in Bezug auf Migranten in Deutschland den komplexen Prozess der Eingliederung von zugewanderten Personen in die Aufnahmegesellschaft. In Abgrenzung zum Begriff der Assimilation* wird unter Integration ein wechselseitiger Prozess von Zuwanderern und Aufnahmegesellschaft auf dem Weg zu einer gemeinsamen Gesellschaft verstanden, wohingegen Assimilation als ein einseitiger Prozess der Angleichung bzw. Anpassung der Zugewanderten an die Aufnahmegesellschaft bei Auflösung jeglicher (kultureller u.a.) Unterschiede charakterisiert ist. In der sozialwissenschaftlichen Literatur wird soziale Integration meist auf die soziale Dimension von Integration beschränkt und umfasst Kontakte bzw. soziale Beziehungen zwischen den Einheimischen und Migranten und deren Zugang zu Primärgruppen wie Kollegen, Vereinen und Nachbarschaften. Soziale Integration stellt eine gesamtgesellschaftliche Aufgabe dar und zielt darauf ab, Zuwanderern eine gleichberechtigte Teilhabe am sozialen, wirtschaftlichen, kulturellen und politischen Leben unter Respektierung kultureller Vielfalt zu ermöglichen und damit den gleichberechtigten Zugang vor allem zum Bildungssystem, Arbeits- und Wohnungsmarkt zu gewährleisten. Von Seiten der Zugewanderten wird in erster Linie die Bereitschaft zum Erwerb deutscher Sprachkenntnisse sowie die Anerkennung des Grundgesetzes und der Rechtsordnung – als „kleinsten gemeinsamen Nenner" – erwartet. Soziale Integration erfordert rechtliche Regelungen und praktische Maßnahmen wie etwa Antidiskriminierungsgesetze, das Angebot von Sprachkursen und weitere spezifische Förderprogramme für Migranten. Das begriffliche Gegenteil von Integration ist die Marginalisierung bzw. Ausgrenzung*, d.h. der Ausschluss von Minderheiten aus den sozialen Zusammenhängen und das Versagen von Zugangschancen zu allen wichtigen gesellschaftlichen Bereichen (Berufspositionen, Einkommensverhältnisse, Wohnqualität, politische Beteiligungsrechte usw.). Mit Niederlassung der ehemaligen „Gastarbeiter" und ihrer Familien in der Bundesrepublik Deutschland seit Ende der 1970er Jahre gewann der Begriff der Integration in Politik, Wissenschaft und im alltäglichen Sprachgebrauch zunehmend an Bedeutung. Seit dieser Zeit ist er jedoch je nach ideologischer Zielsetzung und wissenschaftlicher Ausrichtung sehr unterschiedlich definiert worden und wird immer noch oftmals mit dem Begriff der Assimilation als Prozess der Anpassung gleichgesetzt. Der Integrations-Begriff ist zu einem der zentralen Schlagworte in Politik und Wissenschaft in Bezug auf Migranten in Deutschland geworden. Infolge der jahrelangen Tabuisierung und rechtlichen Abwehr der de facto Einwanderung nach Deutschland mangelt es noch an einer konzeptionellen Ausarbeitung sowie einer systematischen Förderung der (nicht nur sprachlichen) Integration von Migranten, die von zahlreichen Experten bereits seit langem gefordert wird. Mit der Einsetzung der Unabhängigen Kommission „Zuwanderung" zur Entwicklung des Zuwanderungsgesetzes in Deutschland im Jahr 2000 und der darauf einsetzenden gesellschaftlichen Debatte wurde das Ausmaß der Versäumnisse der vergangenen Jahrzehnte und die Notwendigkeit verstärkter Bemühungen um die Integration der Migranten wahrgenommen, was nicht zuletzt auf den Druck der Wirtschaft vor dem Hintergrund einer alternden Gesellschaft und dem Bedarf an jungen Migranten als Arbeitskräften zurückzuführen ist. Integration stellt eine gesamtgesellschaftliche Querschnittsaufgabe staatlicher und nichtstaatlicher Organisationen dar, wobei die Förderung interkultureller Kompetenz in der Aufnahmegesellschaft an Bedeutung gewinnt. (BORDE/BUNGE)

Literatur: BREMER Peter 2000. *Ausgrenzungsprozesse und die Spaltung der Städte. Zur Lebenssituation von Migranten.* Opladen: Leske + Budrich // Bundesamt für Flüchtlinge: Integration – zusammenfinden und miteinander leben –, http://www.bafl.de/template/index_integration.htm, Stand: 14.09.2004 // HAN Petrus 2000. *Soziologie der Migration.* Stuttgart: Lucius & Lucius // SEIFERT Wolfgang 2000. *Geschlossene Grenzen – offene Gesellschaften? Migrations- und Integrationsprozesse in westlichen Industrienationen.* Frankfurt a.M./New York. // TREIBEL Annette 1997. *Migration in modernen Gesellschaften. Soziale Folgen von Einwanderung und Gastarbeit.* Weinheim und München: Juventa Verlag

Immigration ! umschreibt den Prozess der Einwanderung (im Gegensatz zu Emigration = Abwanderung), wobei es sich um einen Wohnortwechsel von relativer Dauer (zeitweilig oder dauerhaft) handelt; bezieht den damit einhergehenden Niederlassungsprozess mit ein (siehe Migration* und Zuwanderung*). (BORDE/BUNGE)

Intergovernmental Committee for European Migration (ICEM) § Vorläuferorganisation der heutigen Internationalen Organisation für Migration* (IOM), 1951 auf Initiative der USA und Belgiens als zwischenstaatliches Komitee für europäische Auswanderung gegründet mit der Aufgabe, die Weiterwanderung von Vertriebenen, Flüchtlingen und Arbeitsmigranten aus Europa zu organisieren. (VERWEY)

International Organisation for Migration (IOM) § 1989 aus dem Intergovernmental Committee for European Migration (ICEM*) hervorgegangene zwischenstaatliche Organisation mit über 100 Mitgliedstaaten zur Planung und Steuerung von globalen Migrationsbewegungen; im Rahmen des Migrationsmanagements u.a. in den Bereichen Bekämpfung des Menschenhandels*, der Arbeitsmigration, Ausbildung, Gesundheit und Migrationsforschung tätig. Link: http://www.iom.int (VERWEY)

Interview, kultursensibles # In Anlehnung an die CFD (engl. Cultural Formulation of Diagnosis) – als Beilage Teil des DSM-IV (engl. Diagnostic and Statistical Manual of mental disorders) – im Rahmen der psychiatrischen und psychotherapeutischen Behandlung traumatisierter Flüchtlinge und Asyl Suchender entwickelter strukturierter Gesprächsleitfaden. Ziel dieses Arbeitsinstruments ist, im transkulturellen psychodiagnostischen Prozess in Ergänzung zur standardisierten Beurteilung des DSM den Einfluss kultureller Faktoren auf Diagnostik, Therapie und Kommunikation zwischen behandelnder Fachperson und Patienten zu inventarisieren, ohne dabei ethische, politische und ökonomische Dimensionen des sozial erlittenen Leidens zu vernachlässigen. Das kultursensible Interview wird nicht automatisch bei jedem Intake eingesetzt, sondern erst in zweiter Instanz, wenn die psychotherapeutische Fachperson merkt, dass die Behandlung nicht erfolgreich ist und vermutet wird, dass soziale und kulturelle Faktoren dabei eine Rolle spielen. Als Arbeitsmodell ist es ein phasengebundenes Element im Prozess der transkulturellen Diagnostik und ein ethnologisch ausgerichteter erster Schritt zu einer Cultural Formulation oder einer Mini-Ethnografie, um mehr über den kulturspezifischen und psychosozialen Kontext des Patienten in Erfahrung zu bringen. (VERWEY)

Kontingentflüchtling (gekürzt bei Flüchtlinge !) Hierbei handelt es sich um Flüchtlinge* aus Krisenregionen, die ohne individuelle Fallprüfung im Rahmen internationaler humanitärer Hilfsaktionen aufgenommen werden. Ihr Status richtet sich nach dem Gesetz über Maßnahmen für im Rahmen von humanitärer Hilfsaktionen aufgenommenen Flüchtlinge (HumHAG). In Deutschland haben auf diese Weise seit 1973 vor allem Flüchtlinge aus Indochina (insbesondere Vietnam, sog. Boat people) und aus Chile Aufnahme gefunden. Hingegen war die vorübergehende Schutzgewährung an Bürgerkriegsflüchtlinge aus dem ehemaligen Jugoslawien keine Aktion im Rahmen des HumHAG. Zu den Kontingentflüchtlingen werden auch jüdische Zuwanderer aus der ehemaligen Sowjetunion gezählt, deren Aufnahme aufgrund eines Beschlusses der Regierungschefs des Bundes und der Länder vom 9. Januar 1991 in entsprechender Anwendung des HumHAG erfolgte. Hierbei handelt es sich allerdings wieder um Einzelfallentscheidungen, bei denen Fälle der Familienzusammenführung und sonstige Härtefälle im Vordergrund stehen sollen sowie die Erhaltung der Lebensfähigkeit jüdischer Gemeinden in Deutschland ein wichtiger Gesichtspunkt ist. Jüdische Zuwanderer genießen die Rechtsstellung nach der Genfer Flüchtlingskonvention (Flüchtlinge*). Sie erhalten Eingliederungshilfen und können Maßnahmen der Sprachförderung und der Hilfe bei der Ausbildung sowie Leistungen nach dem Bundessozialhilfegesetz in Anspruch nehmen. (KESSLER)

Kulturalisierung # bezeichnet den Vorgang der gesellschaftlichen Etikettierung, indem ein Phänomen – beispielsweise unverständlicher Umgang mit Behinderung – auf die Zugehörigkeit zu einer Ethnie* oder Bevölkerungsgruppe mit spezifischen kulturellen Symbolsystemen, wie etwa Sprache oder Religion, zurückgeführt wird. Ein mögliches Beispiel: Nicht-kooperative Verhaltensweisen ausländischer Eltern eines behinderten Kindes erklären manche Fachleute mit dem Hinweis auf deren Religionszugehörigkeit. Zu vermeiden ist deshalb, soziale und biographische Dimensionen von Krankheit in einer kulturalisierenden Weise jenen Menschen zuzuweisen, von denen aufgrund ihres speziellen Status' als Zugezogene erwartet wird, dass sie sich abweichend äussern oder verhalten. Statt eines Verständnisses von Kultur als bedeutungsgebender Prozess wird Kultur oft statisch betrachtet und als Argumentationsstrategie benutzt, um von existentiellen Fragen des sozial erlittenen Leidens abzulenken. Sozial erlittenes Leiden wird vielfach gleichsam auf die Wahrnehmung von Beschwerden beschränkt und in der Folge medikalisiert. (VERWEY)

Kulturgebundenes Syndrom # Auch kulturabhängiges oder kulturspezifisches S. (engl. cultural bound syndrome = CBS). Ein in der Medizinethnologie* bzw. Ethnomedizin* entwickelter Begriff, mit dem eine bestimmte kulturell konstruierte Krankheitsvorstellung charakterisiert wird. Diese erklärt im Rahmen einer kulturimmanenten Logik bedrohliche Krankheitszeichen bzw. Symptome oder Verhaltensweisen in einem sinngebenden Kontext – zum Beispiel der bekannte Amoklauf – und ordnet diese in ein kohärentes Bedeutungssystem ein, das Diagnose und Therapie ermöglicht. Die einzelnen Symptome sind in der Regel transkulturell verständlich, die Kombination zu einem Syndrom jedoch kulturspezifisch. In der WHO wurde dies bei der Entwicklung der neuen DMS-Manuale berücksichtigt, um kulturspezifische Krankheitskonstellationen zu verorten. CBS werden im körperlichen organischen Bereich beschrieben, aber vor allem im psychologischen Bereich. Bekannt ist „Susto" aus dem lateinamerikanischen Bereich geworden, den man auch zum Komplex der „Schreckkrankheiten" zählen kann. (SCHRÖDER)

Kulturschock # Kultur ist ein Komplex überlieferter Erfahrungen, Vorstellungen und Werte sowie von gesellschaftlichen Ordnungen und Verhaltensregeln, mit dem die Menschen ihre Welt interpretieren, wonach sie ihr Handeln ausrichten und nach der die sozialen Beziehungen in einer Gruppe strukturiert und geformt sind. Ganz allgemein ist unter einem Kulturschock das Auftreten verschiedener Anpassungsschwierigkeiten (verwandt mit der diagnostischen Kategorie der Anpassungsstörungen, ICD Kap. F43) zu verstehen, wenn sich ein Individuum in einer unbekannten kulturellen Umgebung zurechtfinden muss. In seiner stärksten Form umfasst der Begriff „Kulturschock" eine ausgeprägte Überforderungsreaktion, die mit einer starken psychischen Belastung des Zuwanderers verbunden ist und folgende charakteristische Merkmal hat: Angestrengtes Bemühen, die neuen Eindrücke zu verarbeiten; Angst vor der fremden Kultur; das Gefühle der Isolation, Hilflosigkeit, Ohnmacht, Verlust und Entwertung; Unsicherheit bezüglich der eigenen Identität und der eigenen Rollenvorstellungen; Gefühl der Ablehnung durch die Einheimischen. Dieser Zustand kann mit psychischen bzw. psychosomatischen Krankheitssymptomen einhergehen. Der Schockbegriff ist eine Sammelbezeichnung für eine Reihe psychischer Reaktionen (Stress) auf die notwendigen Anpassungsleistungen. Der Kulturschock wird als eine erste, von der Dauer her individuell variierende Phase der Auseinandersetzung des Migranten* mit der Kultur der Aufnahmegesellschaft angesehen; es folgt eine zweite längere Periode des kulturellen Wandlungsprozesses, die auch als Akkulturation* bezeichnet wird. (DAVID)

Magie (inklusive Schwarzmagie) ! Im Altertum und Mittelalter entsprachen Magier weitgehend dem heutigen Wissenschaftler, doch ohne Trennung von Glaubenstatsachen und Wissen. In der Magie geht es um Erkenntnisgewinnung und Manipulation übermenschlicher Kräfte mit nicht natürlichen Mitteln unter Herstellung eines ritualisierten Kontextes für die Lösung interpersoneller Spannungen im psychosozialen Bereich. Dazu gehört auch die Furcht, magisch durch eine Person geschädigt werden zu können. In der schwarzen Magie werden magische Handlungen durchgeführt, bei denen negativ bewertete Dinge eingesetzt werden. Dies geschieht, – zum Teil im Gegensatz zum Schadenszauber – um positive Ziele anzustreben, weil die angewandten schwarzmagischen Mittel als stärker gelten als die der weißen Magie. Schwarzmagische Praktiken geben Möglichkeiten, sozial schädliche Affekte wie Hass und Wut abzureagieren. Heute wird Magie als zentraler Bestandteil in jeder Kultur angenommen. Abwehrmagie ist der Versuch, sich gegen böse Einflüsse zum Beispiel durch Amulette* zu schützen. (ASSION)

Medizinethnologie # Teilgebiet der Ethnologie, das sich in den letzten 20 Jahren im Rahmen der Ethnologie als interdisziplinäres Arbeitsfeld entwickelte und sich weitgehend mit dem älteren und aus wissenschaftshistorischen Gründen häufiger verwendeten in der Ethnologie entstandenen Begriff Ethnomedizin deckt und heute viele Bereiche erforscht, die früher vor allem von der Religionsethnologie abgedeckt wurden, zum Beispiel Schamanismus*. Wichtig und neu ist heute die medizinethnologische Forschung an Migrantengruppen und der Medikalkultur auch speziell in Deutschland, insbesondere aber auch am anthropologischen Kontext der eigenen Schulmedizin, siehe auch Ethnomedizin*. (SCHRÖDER)

Menschenhandel ! ist eine gravierende Menschenrechtsverletzung und ein Verbrechen gegen die Menschlichkeit. Gemäß dem Uno-Protokoll vom 15. November 2000 zur Verhütung, Bekämpfung und Bestrafung des Menschenhandels in Ergänzung des Übereinkommens der Vereinten Nationen gegen die grenzüberschreitende organisierte Kriminalität (Palermo-Protokoll) umfasst Menschenhandel die Anwerbung, Beförderung, Verbringung, Beherbergung oder den Empfang von Personen durch die Androhung oder Anwendung von Gewalt oder anderen Formen der Nötigung, durch Entführung, Betrug, Täuschung, Missbrauch von Macht oder Ausnutzung besonderer Hilflosigkeit oder durch Gewährung oder Entgegennahme von Zahlungen oder Vorteilen zur Erlangung des Einverständnisses einer Person, die Gewalt über eine andere Person hat, zum Zweck der Ausbeutung. Diese Definition umfasst nebst dem Menschenhandel zum Zweck der sexuellen Ausbeutung (Ausnutzung der Prostitution* anderer oder andere Formen sexueller Ausbeutung) ebenfalls die Ausbeutung der Arbeitskraft (Zwangsarbeit oder -dienstbarkeit, Sklaverei oder sklavereiähnliche Praktiken, Leibeigenschaft) sowie den Organhandel. Weitere internationale Richtlinien zur Bekämpfung des Menschenhandels: Fakultativprotokoll vom 25. Mai 2000 zur Uno-Kinderrechtskonvention betreffend Kinderverkauf, -prostitution und -pornografie; EU-Rahmenbeschluss vom 19. Juli 2002; OSZE-Aktionsplan vom 24. Juli 2003 und Konvention des Europarates, Entwurf 2004. Wirksame Bekämpfung beinhaltet Prävention, Entkriminalisierung und Unterstützung der Opfer (Opferschutz und Zeugenschutzprogramme) sowie Strafverfolgung der Täter. Die Internationale Organisation für Migration (IOM*) schätzt, dass jährlich bis 500.000 Frauen und Kinder zum Zwecke der Prostitution* von Mittel- und Osteuropa nach Westeuropa gehandelt werden. Nach Schätzungen der Internationalen Arbeitsorganisation (ILO) von 2003 werden weltweit jährlich 1,2 Millionen Kinder Opfer von Kinderhandel. Menschenhandel ist von Menschenschmuggel zu unterscheiden. Letzterer bezeichnet die Beihilfe zur illegalen Einreise und/ oder zum illegalen Aufenthalt in einem anderen Land, i.d.R. mit dem Einverständnis der geschmuggelten Person, und führt vielfach zu Menschenrechtsverletzungen. Schmuggel von und Handel mit Menschen fließen aber ineinander über, wenn der Preis der Schleusung von Kriminellen genutzt wird, um die betroffene Person unter Verletzung ihrer Selbstbestimmung in ein Abhängigkeits- und Ausbeutungsverhältnis zu zwingen. Zunahme von Menschenhandel kann eine ungewollte, jedoch direkte Folge restriktiver Migrationspolitik sein. (VERWEY)

Menschenhandel (Pschyrembel Sozialmedizin) (engl.) *slave trade*; gemäß Protokoll vom 15.11.2000 zur Verhütung, Bekämpfung u. Bestrafung des Menschenhandels in Ergänzung des UN-Übereinkommens gegen die grenzüberschreitende organisierte Kriminalität (sog. Palermo-Protokoll) die „Anwerbung, Beförderung, Verbringung, Beherbergung od. der Empfang von Personen durch die Androhung od. Anwendung von Gewalt od. anderen Formen der Nötigung, durch Entführung, Betrug, Täuschung, Missbrauch von Macht od. Ausnutzung besonderer Hilflosigkeit od. durch Gewährung od. Entgegennahme von Zahlungen od. Vorteilen zur Erlangung des Einverständnisses einer Person, die Gewalt über eine andere Person hat, zum Zweck der AusbeutungÅg; diese Definition umfasst neben dem Menschenhandel zum Zweck der sexuellen Ausbeutung (z.B. Prostitution) ebenfalls die Ausbeutung der Arbeitskraft (z.B. Zwangsarbeit, Leibeigenschaft) sowie den Organhandel; Menschenhandel ist eine gravierende Menschenrechtsverletzung u. ein Verbrechen gegen die Menschlichkeit. Relevante **internationale Richtlinien zur Bekämpfung** von Menschenhandel: Fakultativprotokoll vom 25.5.2000 zur UN-Kinderrechtskonvention betreffend Kinderverkauf, -prostitution u. -pornographie; EU-Beschluss vom 19.7.2002; OSZE-Aktionsplan vom 24.7.2003 u. Konvention des Europarates, Entwurf 2004. Die International* Organization for Migration schätzt, dass jährlich bis 500 000 Menschen nach Westeuropa gehandelt werden. Nach Schätzungen der International* Labour Organization von 2003 werden weltweit jährlich 1,2 Mio. Kinder Opfer von Kinderhandel. Wirksame Bekämpfung muss v.a. Prävention, Entkriminalisierung u. Unterstützung der Opfer (Opferschutz) sowie Strafverfolgung der Täter beinhalten. (Version Pschyrembel Sozialmedizin)

Migranten ! Personen, die entweder selbst ihren Lebensmittelpunkt über Landesgrenzen hinweg verlegt haben, oder deren Kinder. Die Einbeziehung der „dritten" Generation, also der Enkel, ist sinnvoll, falls diese die ausländische Staatsangehörigkeit beibehalten haben. Mit rund 2 Millionen Menschen sind die in Deutschland lebenden Türkinnen und Türken die größte Gruppe mit einer ausländischen Staatsangehörigkeit. Hinzu kommen 425.000 aus der Türkei stammende Personen, die zwischen 1972 und 2000 eingebürgert wurden. Die zweitgrößte Migrantengruppe sind mit 2,1 Millionen die Spätaussiedler*, die zwischen 1990 bis 2000 zugezogen sind, davon 1,7 Millionen aus der ehemaligen Sowjetunion. Nach ihrer Zuwanderungsgeschichte, ihrem Rechtsstatus und ihrer aktuellen sozialen Lage sind fünf Gruppen von Migranten besonders hervor zu heben: 1. Arbeitsmigranten* und ihre Familienangehörigen. Die ehemaligen Anwerbeländer haben heute einen quantitativ bedeutsamen Anteil am Ehegatten- und Familiennachzug aus Drittstaaten und an der EU-Binnenmigration. 2. Saison-, Gast - und Werkvertragsarbeitnehmer. Sie sind die historischen Nachfolger der Anwerbung von Arbeitskräften im Ausland, aber mit einem deutlich schlechteren Rechtsstatus. 3. Spätaussiedler*, die in den 90er Jahren den Hauptanteil der Zuwanderung stellten 4. Asylsuchende* und Flüchtlinge* 5. Zuwanderer ohne Aufenthaltsrecht. Über ihre Zahl liegen nur Schätzungen vor, aber die Dringlichkeit ist hoch, die sozialen und besonders die Gesundheitsprobleme dieser Gruppe stärker zu beachten. Zum Themenbereich gehört auch die Rückwanderung*. (BRUCKS †)

Migranten (Pschyrembel Sozialmedizin) (engl.) *migrants*; Menschen, die ihren Lebensmittelpunkt über Landesgrenzen hinweg verlegt haben, sowie deren Kinder; die Einbeziehung der sog. dritten Generation (Enkel) ist sinnvoll, sofern diese die ausländische Staatsangehörigkeit beibehalten haben. **Einteilung:** 1. Arbeitsmigranten: Migration zum Zweck der Aufnahme einer Beschäftigung; die ehemaligen Anwerbeländer haben heute einen quantitativ bedeutsamen Anteil am Ehegatten- u. Familiennachzug aus Drittstaaten u. an der EU-Binnenmigration; **2.** Saison-*, Gast-* u. Werkvertragsarbeitnehmer*: historische Nachfolger der Anwerbung von Arbeitskräften im Ausland mit deutlich schlechterem Rechtsstatus; **3.** Spätaussiedler (s. Aussiedler, Flüchtlinge); **4.** Asylbewerber (s. Asylrecht) u. Flüchtlinge; **5.** Zuwanderer ohne Aufenthaltsrecht: Über ihre Zahl liegen nur Schätzungen vor; es besteht eine hohe Dringlichkeit, die sozialen u. besonders die Gesundheitsprobleme dieser Gruppe stärker zu beachten. In Deutschland bilden ca. 2 Mio. Türken die größte Gruppe der Migranten mit einer ausländischen Staatsangehörigkeit. Hinzu kommen 425 000 aus der Türkei stammende Personen, die zwischen 1972 u. 2000 eingebürgert wurden. 2,1 Mio. Spätaussiedler (davon 1,7 Mio. aus der ehemaligen Sowjetunion) die zwischen 1990 u. 2000 zuzogen. **Sozialmedizinische Bedeutung:** Der unterschiedliche Bezug zur Herkunftsgesellschaft, verschiedene Sozialisations- u. Integrationsbedingungen kennzeichnen die Lebenssituation von Migranten, insbes. auch unterschiedlicher M.-Generationen. Mangel an Sprach- u. Bildungsvoraussetzungen sowie an Integrationsbemühungen seitens der Aufnahmegesellschaft u. der Migranten charakterisieren z.T. noch nach Jahrzehnten die Situation der ersten Migrantengeneration. Die Integrationsbedingungen der Migranten der zweiten u. dritten Generation beinhalten ein Konfliktpotential durch den Zwiespalt zwischen den Traditionen der Herkunftsgesellschaft der Eltern bzw. Großeltern u. den kulturellen Werten u. Normen der Aufnahmegesellschaft. Vgl. Multikulturalität, Integration, Diskriminierung, Ausgrenzung, soziale. (Endversion Pschyrembel)

Migration ! Räumliche Bewegung zur Veränderung des Lebensmittelpunktes von Individuen oder Gruppen über eine bedeutsame Entfernung. Die Verlagerung des Lebensmittelpunktes über die Grenzen eines Nationalstaates ist dabei kennzeichnend für internationale Migration. Räumliche Bewegungen im Zusammenhang mit Freizeitbeschäftigung, Reisen, Sport, Tourismus und Pendeln sind nicht als Migration zu bezeichnen. (Bundesbeauftragte für Ausländerfragen, Migrationsbericht, 1999). (BRUCKS †)

Nach SLUZKI (2001) durchlaufen fast alle Migranten im Migrationprozess, verschiedene innerpsychische Phasen. Nach einer Vorbereitungsphase folgt dem Migrationsakt selbst danach eine Phase der Überkompensierung, eine Phase der Dekompensation und eine Phase generationsübergreifender Anpassungsprozesse, siehe auch Migrantengeneration*. Diese Phasen können jeweils unterschiedlich lange andauern und sind mit spezifischen Belastungsfaktoren verbunden, die abhängig von individuellen und Ressourcen, Netzwerken und Strategien unterschiedlich bewältigt werden. (BORDE/BUNGE).

Bei der räumlichen Bewegung zwischen verschiedenen Kontexten wird unterschieden zwischen Struktur- und Kulturdistanzen. Beim ersteren handelt es sich um ein Entwicklungsniveau mit Kategorien wie z.B. Grad der Urbanisierung, Höhe der Schulbildung oder Mediendichte. Beim zweiten handelt es sich um Wertvorstellungen, Familien-

und Geschlechterkonzepte, normative Präferenzen etc. "Migrancy", übernommen aus der britischen Sozialanthropologie, bezeichnet den dynamischen über Etappen verlaufenden Charakter von Wanderungsbewegungen und ihren Akteuren. "Migrancy" konnotiert den fortwährenden Migrationsprozess im Gegensatz zur Sicht auf Migration als eine lineare Bewegung von einem Typus sozialen Systems zu einem anderen. Fragen der Migration werden so nicht länger als Abweichungen von territorial gebundenen Zugehörigkeits- und Identitätskonzepten, sondern unter dem Aspekt transnationaler Netzwerke diskutiert. (VERWEY)

Migration (Pschyrembel Sozialmedizin): *migration*; (allg.) räumliche Bewegung zur Veränderung des Lebensmittelpunktes von Individuen od. Gruppen über eine bedeutsame Entfernung; i.e.S. ist internationale Migration gekennzeichnet durch die Verlagerung des Lebensmittelpunktes über die Grenzen eines Nationalstaates; **Einteilung: 1. Einwanderung:** syn. Immigration; Form der Migration, bei der eine Person aus einem Land auswandert u. dauerhaft ihren Wohnsitz in ein anderes Land verlegt; vgl. Einwanderungsland; **2. Zuwanderung:** Oberbegriff für alle Arten der Migration, auch derjenigen, die nur vorübergehenden Charakter haben; wird gleichbedeutend mit Migration verwendet. Zuwanderung bezeichnet jedoch nur die Richtung, während Migration im Prinzip auch die Weiter- od. Rückwanderung einschließt. Zuwanderung ist daher als politischer Begriff zu verstehen, der den Ordnungsbedarf des Staates kennzeichnet, z.B. durch das Zuwanderungsgesetz*; vgl. Ausländerrecht. **3. Rückwanderung:** Migration zurück ins Heimatland; besonders mit der Anwerbung von ausländischen Arbeitnehmern* verbundene Vorstellung eines nur vorübergehenden Aufenthalts im Land mit späterer Rückkehr ins Heimatland. Familienzusammenführung, Integration* der Kinder in das deutsche Bildungswesen u. wachsende soziale Bindungen haben dazu geführt, dass Rückwanderungspläne häufig nicht verwirklicht werden. Vgl. Migranten; Aussiedler, Flüchtling, Asylrecht, Ausländerbeauftragter. (Endversion Pschyrembel)

Migrantengeneration (in Migration teilweise!) #
Der Begriff der Migrantengeneration skizziert eine Differenzierung innerhalb der Gruppe der Migranten nach der Generationenabfolge und damit nach dem Zeitpunkt der Immigration und dem Geburtsort. Man unterscheidet zum jetzigen Zeitpunkt zwischen der ersten, zweiten und dritten Generation der in Deutschland lebenden Migranten. Das Immigrationsgeschehen nach Deutschland seit den 1960er Jahren war zunächst durch die Anwerbung von Arbeitsmigranten bestimmt. Die Generation der „Gastarbeiter", die bis zum Anwerbestopp im Jahr 1973 nach Deutschland kamen und ihren Lebensmittelpunkt nach Deutschland verlegten, wird rückwirkend als so genannte erste Migrantengeneration bezeichnet. Mit dem Niederlassungsprozess der ersten Generation begann das eigentliche Immigrationsgeschehen, denn im Zuge der Familienzusammenführung zogen zahlreiche Ehefrauen bzw. Ehemänner der ehemaligen „Gastarbeiter" und „Gastarbeiterinnen" sowie deren bisher im Herkunftsland verbliebene Kinder nach Deutschland nach. Mit der zweiten Migrantengeneration sind diese Kinder, die dann in der Aufnahmegesellschaft aufwuchsen sowie die in Deutschland geborenen Kinder der ersten Migrantengeneration gemeint, mit der dritten Migrantengeneration wiederum deren Nachkommen. Der unterschiedliche Bezug zur Herkunftsgesellschaft, unterschiedliche Sozialisations- und Integrationsbedingungen kennzeichnen die Lebenssituation der jeweiligen Migrantengeneration. So verfügen Angehörige der ersten Einwanderergeneration, die als un- bzw. angelernte Arbeiter meist aus ländlichen Gebieten ihrer Herkunftsländer nach Deutschland angeworben wurden, über deutlich geringere Bildungsvoraussetzungen als die folgenden Generationen. Sie lebten zunächst ohne eine dauerhafte Bleibeperspektive in Deutschland. Seitens der Aufnahmegesellschaft gab es seinerzeit kaum Integrationsbemühungen mit der Folge, dass spezifische Probleme (wie z.B. geringe Deutschkenntnisse) bei Migrantinnen und Migranten der ersten Generation auch im Zuge des über mehrere Jahrzehnte andauernden Niederlassungsprozesses fortbestehen. Die Integrationsbedingungen der Migrantinnen und Migranten der sog. zweiten und dritten Generation unterscheiden sich deutlich von denen ihrer Eltern und denen der durch Familienzusammenführung neu nach Deutschland immigrierten Ehepartner/innen. In der sozialwissenschaftlichen Literatur und in der Politik wird in Bezug auf zweite bzw. dritte Migrantengeneration immer wieder darauf hingewiesen, dass sich diese in ihrem Denken und Handeln und nicht zuletzt in der äußeren Wahrnehmung „zwi-

schen den Stühlen" oder „zwischen den Kulturen" befinde. In einem solchen statischen Kulturverständnis, dass die Möglichkeit einer Synthese kultureller Elemente bzw. einen Kulturwandel negiert, leben diese jungen Migrantinnen und Migranten ständig in einem Zwiespalt zwischen den Traditionen der Herkunftsgesellschaft der Eltern bzw. Großeltern und den kulturellen Werten und Normen der Aufnahmegesellschaft. Zwar kann die zweite und dritte Migrantengeneration ihre verbesserten Bildungschancen im Vergleich zur älteren Generation in größerem Umfang in sozialen Aufstieg umsetzen, jedoch ist die Tatsache unstrittig, dass auch sie vor allem im Bildungswesen und auf dem Arbeitsmarkt immer noch benachteiligt und den Mechanismen ethnischer Diskriminierung unterworfen und sind. (BORDE/BUNGE)

Migrantengeneration (Kurzfassung) # skizziert eine Differenzierung innerhalb der Gruppe der Migranten nach der Generationenabfolge und damit nach dem Zeitpunkt der Immigration und dem Geburtsort. Man unterscheidet zum jetzigen Zeitpunkt zwischen der ersten, zweiten und dritten Generation der in Deutschland lebenden Migranten. Das Immigrationsgeschehen nach Deutschland seit den 1960er Jahren war zunächst durch die Anwerbung von Arbeitsmigranten bestimmt. Die Generation der „Gastarbeiter", die bis zum Anwerbestopp im Jahr 1973 nach Deutschland kamen und ihren Lebensmittelpunkt nach Deutschland verlegten, wird rückwirkend als so genannte erste Migrantengeneration bezeichnet. Zwar sind für die zweite und dritte Migrantengeneration im Vergleich zur ersten Generation bessere sozialen Aufstiegschancen zu verzeichnen, jedoch sind sie vor allem im Bildungswesen und auf dem Arbeitsmarkt benachteiligt und den Mechanismen ethnischer Diskriminierung unterworfen. (BORDE/BUNGE)

Literatur: Beauftragte der Bundesregierung für Ausländerfragen (Hg) 2002. *Zur Lage der ausländischen Bevölkerung in Deutschland*. Bonn // BORDE Theda 2002. *Patientinnenorientierung im Kontext der soziokulturellen Vielfalt im Krankenhaus*. Dissertation. Technische Universität Berlin, Fakultät VIII – Wirtschaft und Management, Berlin // Bundesministerium für Familie, Senioren, Frauen und Jugend (Hg) 2001. Dritter Bericht zur Lage der älteren Generation in der Bundesrepublik Deutschland. Deutscher Bundestag 14. Wahlperiode, Drucksache 14/5130 // TREIBEL Annette 1997. *Migration in modernen Gesellschaften. Soziale Folgen von Einwanderung und Gastarbeit*. Weinheim und München: Juventa Verlag.

Migrationsbeauftragter, siehe Ausländerbeauftragter!

Multikulturalität # Multikulturalität beschreibt Gesellschaften, die durch die kulturelle und ethnische Vielfalt der Bevölkerung geprägt sind. Der Begriff wurde in den 1960er Jahren in Kanada geprägt und bezeichnet eine gesellschaftliche Realität in Immigrationsländern, welche die einzigartigen Charakteristika verschiedener Kulturen betont. Diese Sicht auf die soziale Realität als Vielfalt kultureller Differenziertheit geht von der Existenz klar voneinander abgrenzbarer homogener Kulturen in einem gesellschaftlichen Gebilde und damit von einem statischen Kulturbegriff aus. Kulturen erscheinen darin als geschlossene Systeme. Menschen gelten danach als Träger einer nationalen und kulturellen Identität. Darüber hinaus steht Multikulturalität auch für ein gedankliches Modell bzw. Konstrukt, d.h. für die Vorstellung von einer multikulturell geprägten Gesellschaft. In der sozialwissenschaftlichen Literatur herrscht weitgehend Einigkeit darüber, dass moderne Gesellschaft generell multikulturelle Charakteristika aufweisen, unabhängig davon, ob sie über ein multikulturelles Selbstverständnis verfügen oder nicht. Seit Mitte der 1980er Jahre werden in Deutschland kontroverse Diskussionen über die Idee der multikulturellen Gesellschaft geführt, was im Wesentlichen durch die zunehmende ethnische Pluralisierung als Folge von Zuwanderung und Niederlassung von Arbeitsmigranten, Familienzusammenführung, Aussiedlern und Asylsuchenden ausgelöst wurde. Diese Entwicklung veranlasste die politischen Parteien und gesellschaftliche Interessengruppen, in Deutschland sich mit dem bisherigen Selbstverständnis und mit Veränderungen des ethnographischen Gefüges auseinanderzusetzen. Auch in der jüngeren Vergangenheit haben die Debatten um „Leitkultur" und das Ringen um das Zuwanderungsgesetz in Deutschland gezeigt, dass die Anerkennung von Multikulturalität als gesellschaftliche Realität noch heftig umstritten ist. Die Betonung von Buntheit, Vielfalt und Voneinander Lernen auf der einen Seite und die Angst vor „Überfremdung", sozialer Differenzen, „Ghettoisierung" und „Parallelgesellschaften"* auf der anderen Seite charakterisieren diese ideologischen Grabenkämpfe zwischen Verfechtern und Gegnern eines multikulturellen Selbstverständnisses in Deutschland. Grundsätzlich ist jedoch das zu Grunde liegende statische Kulturverständnis als zentrale Prämisse der Idee der Multikulturalität innerhalb einer Gesellschaft kritisch zu hinterfragen, da damit der Ethnisierung der Gesellschaft Vorschub geleistet wird. Vom Begriff der Multikulturalität ist der Multikulturalismus* als politisches Programm zu unterscheiden. (BORDE/ BUNGE)

Literatur: HAN Petrus 2000. *Soziologie der Migration.* Stuttgart: Lucius & Lucius // MINTZEL Alf 1997. *Multikulturelle Gesellschaft in Europa und Nordamerika. Konzepte, Streitfragen, Analysen, Befunde.* Passau: Wissenschaftsverlag Rothe. // TREIBEL Annette 1997. *Migration in modernen Gesellschaften. Soziale Folgen von Einwanderung und Gastarbeit.* Weinheim und München: Juventa Verlag.

Parallelgesellschaften # Unter „Parallelgesellschaften" wird die Gefahr der ethnisch-kulturellen sozialräumlichen Segregation in multikulturellen Städten mit den daraus möglicherweise erwachsenen sozialen Konflikten zwischen ethnischen Minderheiten und der Mehrheitsbevölkerung verstanden. Bei dem Begriff handelt es sich jedoch weder um einen soziologischen Fachterminus noch um eine empirische Tatsache, sondern vielmehr um einen in der politischen Auseinandersetzung um die Integration von Zuwanderern vor allem von Vertretern des konservativen Lager verwendetes Schlagwort, das zur Kennzeichnung der Gefahr der Bildung „ethnischer Kolonien", „Ausländerghettos" und „Überfremdung" gebraucht und damit die gescheiterte Integration der Zuwanderer festgestellt wird. In der sozialwissenschaftlichen Literatur wird dagegen in der Regel von „quasi" „Parallelgesellschaften" gesprochen. Der Begriff impliziert die Vorstellung von hoher Kriminalität und Regellosigkeit in den ethnisch-kulturell abgegrenzten Sozialräumen. Die Bildung ethnischer Gemeinschaften und Netzwerke und die Ausbildung einer entsprechenden eigenen rundum versorgenden Infrastruktur, die zur Binnenintegration und kulturellen Sicherheit innerhalb der Gruppe der Zugewanderten beitragen kann, wird im Begriff der „Parallelgesellschaft" ausschließlich negativ konnotiert und im Gegenteil als Integrationshemmnis wahrgenommen. Das Konzept der „Parallelgesellschaft" basiert auf der Vorstellung einer homogenen Kultur als normative Grundlage in der Einwanderungsgesellschaft („Leitkultur"). Städtische Viertel, in denen zahlenmäßig große Migrantengemeinden, wie z.B. die türkeistämmige Migranten in Deutschland, eine eigene Ökonomie und ein eigenes Sozialsystem entwickeln, werden aus dieser Perspektive als Orte der Fremdheit für die einheimische Bevölkerung bzw. die Mehrheitsgesellschaft wahrgenommen. Sie widersprechen einer ethnisch und kulturell homogen gedachten Stadt und behindern die gesamtgesellschaftliche Integration. Anzeichen einer nachlassenden Sprachkompetenz von Erstklässlern, sinkende Chancen auf dem Arbeitsmarkt und zunehmend auch ein für die zweite und dritte Generation geltendes unterdurchschnittliches Qualifikationsniveau werden als Folgewirkungen der Ausbildung von „Parallelgesellschaften" aufgeführt. Es ist unstrittig, dass die räumliche Segregation der Migranten, die sowohl durch die Diskriminierung der Zugewanderten auf dem Wohnungsmarkt als auch auf Grund der freiwilligen Ansiedlung in Wohngebieten mit Migranten in westdeutschen Städten entstanden ist, die deutliche Gefahr in sich birgt, dass die räumliche Segregation in Verbindung mit sozialer Benachteiligung der Migranten zu einer strukturellen Benachteiligung anwachsen und damit zur Verfestigung der Marginalisierung und Ausgrenzung* der Migranten führen kann. Jedoch ist festzustellen, dass die massenmedial produzierte Etikettierung von „Ausländerghettos" und „Parallelgesellschaften" nicht zuletzt der Durchsetzung restriktiver politischer Interventionsstrategien dient und kaum zur Lösung sozialer Konflikte beiträgt. (BORDE/BUNGE)

Literatur: LANZ St. 2002. *Mythos europäische Stadt – Fallstricke aktueller Rettungsversuche.* In BUKOW W.-D./ YILDIZ E. (Hg) 2002. *Der Umgang mit der Stadtgesellschaft. Ist die multikulturelle Stadt gescheitert oder wird sie zu einem Erfolgsmodell?* Opladen: Leske + Budrich: 63-77 // HÄUBERMANN H. & SIEBEL W. 2004. *Die Stadt als Ort der Integration zu Zuwanderern.* Vorgänge 165, 43(2004)1, Wiesbaden: Leske+Budrich: 9-19 // HEITMEYER W. 1998. Versagt die »Integrationsmaschine« Stadt? Zum Problem der ethnisch-kulturellen Segregation und ihrer Konfliktfolgen. In HEITMEYER W., DOLLASE R. & BACKES O. (Hg). *Die Krise der Städte. Analysen zu den Folgen desintegrativer Stadtentwicklung für das ethnisch-kulturelle Zusammenleben.* Frankfurt am Main: Suhrkamp: 443-467.

Prostitution ! liegt vor, wenn eine Person wiederholt gegen Geld oder andere materielle Vorteile zum Ausführen oder Dulden sexueller Handlungen bereit ist. Der Begriff Sexgewerbe betont den wirtschaftlichen Zusammenhang von Prostitution mit Parametern wie Arbeitsmarktanteil und Umsatz. "Sexworker" steht für alle weiblichen und männlichen Prostituierten. Der Begriff Milieu wird einerseits räumlich verwendet, wenn das Umfeld, das mit dem Sexgewerbe verknüpfte Berufe und Lokalitäten einschließt, aber auch die Strichzonengegend oder das Vergnügungsviertel gemeint ist. Andererseits meint Milieu das soziale Umfeld der Prostitution, das eine Subkultur mit Werten und Regeln darstellt und eine Art Selbstkontrolle, wie etwa Preisabsprachen, ausübt. Sexarbeiterinnen, die ihrer Tätigkeit auf Anruf im privaten Umfeld oder in Hotels nachgehen, stellen die höchste soziale Stufe innerhalb des Milieus dar. Fenster- und Salonprostitution unterscheiden sich von der weniger angesehenen Straßenprostitution. Unter Sexarbeitern stehen Callboys an erster, einheimische und ausländische Barstricher an zweiter und Stricher, die sich auf öffentlichen Plätzen anbieten, womöglich um ihre Drogensucht zu finanzieren, an letzter Stelle der Hierarchie. Das traditionelle Sexgewerbe grenzt sich ab von Sexarbeiterinnen aus Lateinamerika, der Karibik, Südostasien, Afrika und Osteuropa, welche in Massagesalons, mit beschränkter Aufenthaltsgenehmigung als Gogo-, Cabaret- und Nachtclubtänzerinnen, oder auf der Strasse arbeiten. Unter ihnen befinden sich auch Transsexuelle. Drogenkonsumierende Sexarbeiterinnen sind stark mit Gewalt von Seiten der Freier konfrontiert. Inwiefern Sexworker Repressalien der Konsumenten gewachsen sind, ist eine Frage von Macht, Selbstbestimmung und Professionalität. Je mehr auch Gelegenheitsprostituierte ihre Arbeit als Beruf betrachten, desto eher vermeiden sie Risiken und arbeiten professionell. Kondomgebrauch ist nirgendwo so selbstverständlich wie gerade im Sexgewerbe. Beschaffungsprostitution, finanzielle Not von Migrantinnen, die illegal der Prostitution nachgehen, und erzwungene Prostitution sind Gründe dafür, dass Kunden ungeschützten Geschlechtsverkehr durchsetzen können. Immer mehr junge zwangsprostituierte Frauen kommen aus Mittel- und Osteuropa, meist unter falschen Versprechungen und brutaler Gewalt. Kinderprostitution im Rahmen von Sextourismus und sexuelle Ausbeutung von Heranwachsenden bringen diese in Gefahr, sich mit dem HI-Virus und Geschlechtskrankheiten zu infizieren. Gewerbsmäßige Prostitution einerseits und Zwangsprostitution und im Menschenhandel* tätige transnationale kriminelle Organisationen andererseits müssen auseinander gehalten werden. Nicht alle in der Prostitution tätigen Frauen sind Opfer von Menschenhandel*. Entscheidend ist, ob sie gegen ihren Willen im Sexgewerbe tätig sind. Ehedem verstanden als Handel mit Frauen, welche der Prostitution zugeführt werden, umfasst Menschenhandel* heute strafbare Handlungen, mit denen Frauen, Männer und Kinder unter Verletzung ihrer Selbstbestimmung in ein Ausbeutungsverhältnis (jegliche Form der sexuellen Ausbeutung, Ausbeutung der Arbeitskraft oder Entnahme menschlicher Organe) vermittelt werden. Trotz der Liberalisierung des am 1. Januar 2002 in Deutschland in Kraft getretenen Prostituiertengesetzes braucht es weiterhin nebst gesellschaftlicher Anerkennung der Arbeits- und Lebensumstände von Prostituierten Rückhalt durch Verbesserung ihres rechtlichen Schutzes und ihrer sozialen Sicherheit. (VERWEY)

Residenzpflicht # Die Residenzpflicht ist eine räumliche Aufenthaltsbeschränkung für Flüchtlinge* im Asylverfahren* und geduldete Flüchtlinge, siehe http://deutschland-lagerland.de/index.php?residenzpflicht. (Das gesamte AsylVfG zum Downloaden: http://www.gesetze-im-internet.de/bundesrecht/asylvfg_1992/gesamt.pdf) (SCHRÖDER)

Ritual # Festgelegte, regelhafte, meist an Ort und Zeit gebundene Handlungen (Zeremonien, Gebräuche, Übungen), die typischerweise im religiösen oder kultischen Brauchtum anzutreffen sind (Ritus; lat. *ritualis* – zum religiösen Brauch gehörig). Gebets- und Opferrituale sind seit Jahrtausenden in allen Kulturen verbreitet, um Götter und Geister wohl zu stimmen und diese mit der Natur und den Menschen zu versöhnen. Es lassen sich kalendarisch orientierte Rituale (z.B. Sonnenwendfest, Karneval, etc.), lebenszyklische Rituale (z.B. Initiationsriten, Bestattungsriten, etc.) und ereignisbezogene Rituale (z.B. Schutzrituale, Wetterzauber, etc.) unterscheiden. Diese verfolgen unterschiedliche Ziele, wie Hilfe, Fruchtbarkeit und Genesung, Schutz vor Unwetter, Krankheit und Gefahren. Im übertragenen Sinn meint der Ritualbegriff einen stereotypen Handlungsablauf oder ein Vorgehen nach einem festgefügten Ordnungsschema. Entsprechend lassen sich ritualisierte Praktiken in Sport, Werbung und Zeitgeist erkennen. Das Wort *Ritualisierung* beinhaltet die Verselbständigung von bestimmten Verhaltensformen. Eine Extremform ist der in Satanistenkreisen praktizierte „satanisch rituelle Missbrauch" (satanic ritual abuse, SRA) mit pervers-gewaltsamen Methoden.

Rituale und Ritualisierung finden in allen Lebensbereichen ihre kulturelle Entfaltung – auch in unserer eigenen Medizinkultur –, weswegen diese Begriffe zur kritischen Reflektion des eigenen ärztlichen Handelns gehören. (ASSION)

Rückwanderung # Besonders mit der Anwerbung von Arbeitnehmern*, ausländischen, war die Idee verbunden, dass diese sich nur vorübergehend im Land aufhalten. Tatsächlich haben Familienzusammenführung, Integration der Kinder in das deutsche Bildungswesen und wachsende soziale Bindungen dazu geführt, dass Rückwanderungspläne oft nicht verwirklicht werden, auch wenn dazu Förderungsprogramme entwickelt wurden. Vor allem die älteste Generation realisiert heute eher einen Lebensstil der transnationalen Migration oder „doppelten Lebensmittelpunkte", das heißt, sie entscheiden sich nicht für einen Wohnsitz, sondern haben in beiden Ländern individuelle oder Familienwohnsitze, die sie beide nutzen. Jedoch ist dieser Lebensstil nicht immer ein frei gewählter, sondern die Konsequenz langfristig eingegangener Verpflichtungen, z.B. Besitz im Herkunftsland. Hinzu kommen Behinderungen der vollen Freizügigkeit, denn nicht zur EU gehörende Ausländer geben bei einer definitiven Rückkehr in das Herkunftsland ihren Anspruch auf eine Aufenthaltsberechtigung in Deutschland auf, siehe auch Migration* und Staatsbürgerschaft*. (BRUCKS †)

Saisonarbeiter ! Umgangssprachlicher Gebrauch für Saisonarbeitnehmer und Werkvertragsarbeitnehmer. Diese stellen neue Formen der Migration* (Arbeitsmigration) innerhalb der Europäischen Union dar, die zeitlich eng befristet sind. Werkvertragsarbeitnehmer sind Beschäftigte von Firmen mit Sitz im Ausland, die auf der Grundlage eines Werkvertrages in Deutschland arbeiten. Sie sind in ihren jeweiligen Heimatländern sozialversichert (siehe auch Ausländerbeschäftigung bei www.Arbeits agentur.de). Die sie beschäftigenden Firmen sind jedoch verpflichtet, die in Deutschland geltenden Vorschriften des Arbeits- und Gesundheitsschutzes einzuhalten und ihre Arbeitnehmer gegen Arbeitsunfälle zu versichern. Ausländische Gast- und Saisonarbeitnehmer haben im Unterschied zu den Werkvertragsarbeitnehmern einheimische Arbeitgeber. Gastarbeitnehmer sollen sich hauptsächlich zum Zweck der eigenen Fortbildung im Gastland aufhalten; sie haben daher zumeist eine höhere berufliche Qualifikation. Saisonarbeitnehmer dürfen in den Bereichen Land-, Wein- und Forstwirtschaft, im Hotel- und Gaststättengewerbe, in der Obst- und Gemüseverarbeitung sowie in Sägewerken beschäftigt werden. Sie können eine Arbeitserlaubnis für eine Beschäftigung von maximal drei Monaten im Kalenderjahr erhalten, seit 1.1.2005 in land- u. forstwirtschaftlichen Betrieben des Obst-, Gemüse- u. Weinanbaus für 4 Monate. Ihre Beschäftigung ist sozialversicherungspflichtig. (BRUCKS †, rev.)

Schamane # Aus der evenkischen Sprache (šaman, Eigenbezeichnung der Nordtungusen) in Sibirien ein in vielen Kulturen beheimateter Heilkundiger*, Wahrsager und Priester, meist zentrale Autoritätsperson mit langer Ausbildung, der im Gegensatz zu anderen traditionellen Heilkundigen, früher auch Medizinmänner genannt, unter Gesang und der immer eingesetzten Schamanentrommel in Ekstase gehen, um im Kontakt mit dem Jenseits bzw. in einer Himmelsreise Erkenntnisse und Fähigkeiten für die Heilung ihres Patienten oft unter Beteiligung der Dorfgemeinschaft zu gewinnen bzw. mitzubringen. Der Schamanismus wurde ursprünglich als die Religion der zirkumpolaren Völker (*insbesondere Sibirien*) beschrieben. Heute werden schamanische Elemente weltweit in verschiedenen traditionellen Psychotherapieformen dargestellt und in alternative moderne Heilungskonzepte integriert (verschiedene Formen des Neoschamanismus). Der Schamanismus hat eine breite Aufwertung erfahren, Schamanen werden nicht mehr im Kontext psychopathologischer Entwicklungen interpretiert. (SCHRÖDER)

Segregation # *(lat. segregatio – Trennen)*. Unter Segregation versteht man eine gesellschaftliche und/oder räumliche Absonderung, Ausgrenzung oder Abschottung von Individuen oder gesellschaftlichen Gruppen aufgrund ihrer Ethnizität*, Sprache oder Schichtzugehörigkeit innerhalb einer größeren Gemeinschaft, die diese als fremd bzw. anders empfindet. Die Segregation kann auch von Minderheiten, z.B. Migranten, ausgehen, wenn sie nämlich ihre Herkunftskultur aufrechterhalten bzw. als Minderheitensubkultur betonen, ohne eine tiefergehende Kommunikation bzw. einen Austausch mit der Mehrheitskultur der Aufnahmegesellschaft zu versuchen. Integration und Segregation bedingen sich gegenseitig, d.h. ein bestimmtes Maß von Segregation limitiert das Maximum an zugelassener Integration. Von Segregation spricht man, wenn eine bestimmte Gruppe oder ein spezifisches Merkmal in Teilen des Beobachtungsgebietes, z.B. in einem Stadtteil, konzentriert auftritt, in anderen dagegen unterrepräsentiert ist. Ziel soziologischer Untersuchungen sind zunehmende Segregationsprozesse nach Bildungs- und Einkommensniveau innerhalb von Großstädten. Dabei kann das Ausmaß der Segregation als ein Indikator für die Polarisierung der Gesellschaft dienen, wobei die forcierte Trennung der einzelnen ethnischen und/oder sozialen Gruppen die Gefahr der Herausbildung konfliktreicher Teil- bzw. Parallelgesellschaften* in sich birgt. (DAVID)

Seelenverlust ! Der Seelenverlust ist eine weltweit verbreitete, besonders aber in Mittel- und Südamerika bekannte volkstümliche Vorstellung, die dort das Ausmaß einer Volkskrankheit* hat. Sie ist auch unter dem Namen „susto" bekannt und als ein Beispiel kulturgebundener Syndrome* in die Forschungsliteratur eingegangen. Zahlreiche andere Bezeichnungen sind in Südamerika verbreitet („"espanto", „pasmo", „perdida del alma", „perdida del la sombra"). „Susto" bedeutet „Schreck". Hinter dieser Begrifflichkeit steht die Vorstellung, dass durch ein Schreckerleben oder traumatisches Ereignis die Seele verloren geht, aus dem Körper entweicht und von Geistern in Besitz genommen wird. Ein solches Schreckerlebnis muss nicht zwingend der Person zugestoßen sein, die unter dem Seelenverlust leidet. Es reicht bereits, wenn ein Verwandter Erschreckendes erlebt. Zum Phänomen des Seelenverlustes sollen unerwartete Kränkungen, körperliche Misshandlungen, der Verlust eines vertrauten Menschen oder Kriegserfahrungen führen, es reicht wohl auch die Begegnung mit einem wilden Tier, der Sturz in ein kaltes Gewässer oder die Geburt eines Kindes. Die dem Ereignis des „susto" zugesprochenen Krankheitszeichen sind vielfältig und reichen von dem Gefühl der Unvollständigkeit, Trauer, Schwermut, Motivations- und Antriebslosigkeit, bis hin zu Appetit- und Schlafstörungen, Kopf-, Magen- und Muskelschmerzen. Selbst relevante medizinische Krankheiten werden auf den Seelenverlust zurückgeführt. Zur Heilung werden Schamanen und Volksheiler aufgesucht, die mittels Ritualen versuchen, die Seele wieder aufzufinden und in den Körper zurückzuführen. Es kommen von den zahlreichen regional unterschiedlichen Praktiken besonders Reinigungsrituale, Schwitzkuren, Massagen und Diäten zur Anwendung. (ASSION)

Sheik # traditioneller Heiler* in arabischen Ländern

Spirituelle Krise # Der Begriff bezeichnet eine kritische Entwicklung eines Menschen in einem lebensgeschichtlichen und geistig-spirituellem Sinne. Dabei leitet sich das Wort „Krise" aus dem Griechischen ab (*kríno* – scheiden, auswählen, beurteilen, entscheiden) und wurde in der Antike für ein Geschehen verwendet, dass unerwartet auftritt, zu einer Katastrophe führen kann und eine Entscheidung zwischen Heil und Unheil mit sich bringt. Das aus dem Lateinischen stammende Wort spirituell (*spiritus* – Geist, Atem) ist eine Übersetzung aus dem Griechischen (*pneumatikós, pneuma* – Luft, Atem, Wind) und spielt auf den Atem Gottes an, in christlichem Verständnis auf den Heiligen Geist. Der Begriff spirituelle Krise hat demgemäss in religiösem Sinne Bedeutung. In der transpersonalen Psychologie und Psychotherapie beleuchteten besonders Stanislav und Christina Grof den Begriff spirituelle Krise („Spirituelle Krisen. Chancen der Selbstfindung", 1990), womit sie bestimmte mystische Erfahrungen und außergewöhnliche Bewusstseinszustände bezeichneten. Als typische Auslöser der überraschend und unvorhersehbar auftretenden spirituellen Krisen nannten sie traumatische Trennungen, der Verlust einer Bezugsperson, schwere operative Eingriffe, die Geburt eines Kindes, intensive sexuelle Erfahrungen, traumatische Beziehungen, das Üben einer spirituellen Technik oder eine intensive Selbsterfahrung. Die Ausgestaltung spiritueller Krisen gilt als vielgestaltig und von kulturellen, biographischen und individuellen Faktoren abhängig. Wesentliche Formen sind Hellsichtigkeit, visionäre Zustände und Telepathie, Erfahrungen von Besessenheit, paranormale Erfahrungen, schamanische Krisen, die Dynamik von Tod und Wiedergeburt, das Auftauchen „karmischer Muster" usw. Sie gehen einher mit einem veränderten Lebensgefühl, einer Änderung in der Einstellung zum Welt- und Gottesbild, können verbunden sein mit körperlichen oder psychischen Symptomen, wirken verwirrend, ängstigend und berühren die eigene Identität. In der psychiatrischen Nosologie bekommen diese Zustände rasch krankheitswertige Bedeutung, wovon sich die Autoren Grof kritisch distanzieren, vor einer vorschnellen Pathologisierung von mystischem

Erleben warnen und auf das positive Potential von spirituellen Krisen verweisen. Damit sollen spirituelle Krisenphänomene entpathologisiert werden. (ASSION)

Spätaussiedler # Die gesetzliche Grundlage für den Zuzug von Aussiedlern* (seit 1993 Spätaussiedlern) ist das Bundesvertriebenen- und Flüchtlingsgesetz (BVFG). Spätaussiedler und Spätaussiedlerinnen sind Deutsche im Sinne des Art. 116 Abs. 1 Grundgesetz (GG). Die deutsche Staatsangehörigkeit erhalten bei der Einreise auch die Kinder und nichtdeutschen Ehegatten, wenn die Ehe zum Zeitpunkt des Verlassens der Aussiedlungsgebiete mindestens drei Jahre bestanden hat. Die Zuwanderung von Aussiedlern aus den osteuropäischen Ländern begann unmittelbar nach Gründung der Bundesrepublik. Zwischen 1950 und 1987 sind insgesamt ca. 1,4 Millionen Aussiedler und ihre Angehörigen eingereist. In dieser Zeit war Polen das Hauptherkunftsland. Ihre Integration vollzog sich weitgehend unauffällig.

Ab 1987 stieg die Zahl der Aussiedler sprunghaft an, so dass bis Ende 2000 ca. 2,7 Millionen weitere Personen nach Deutschland kamen, überwiegend aus der ehemaligen Sowjetunion. Das Anteilsverhältnis der eigentlichen Spätaussiedler zu ihren mitreisenden Familienangehörigen hat sich von 75:25 % im Jahre 1993 umgekehrt auf 25:75% im Jahre 2000 (Bundesverwaltungsamt, Der Aussiedlerbeauftragte der Bundesregierung, 2001).

Die Versorgung der Aussiedler im Krankheitsfall ist durch das BVFG (§ 11) geregelt. Sie sind während der halbjährigen Phase der Eingliederungshilfe Mitglied der gesetzlichen Krankenversicherung und erhalten deren Leistungen analog zu ihrem Status vor der Einwanderung. Nach Ablauf dieser Phase müssen sie sich entsprechend ihrem neu erreichten Erwerbsstatus weiter versichern.

Spätaussiedler bringen je nach ihrer Herkunftsregion ein deutlich erhöhtes Erkrankungsrisiko an Tuberkulose mit. Die Prävalenz wird für die Bundesrepublik Deutschland auf 13,6 Tuberkulose-Fälle je 100.000 Einwohner geschätzt, für die Ukraine hingegen auf 53, die russische Föderation auf 82 und Kasachstan auf 101 Tuberkulose-Fälle je 100.000 Einwohner (www.bmi.bund.de/aussiedler/statistik, 2002). Besonders männliche jugendliche Spätaussiedler haben ein erhöhtes Risiko, in den Konsumentenkreis harter Drogen zu geraten. Ursache ist in erster Linie soziale Desintegration; daher ist für die Prävention vorrangig, Ausbildungs- und Arbeitsmöglichkeiten sowie strukturierte Freizeitangebote zu schaffen. (BRUCKS †)

Staatsbürgerschaft # Arbeitsmigranten sind zumeist mit dem Ziel gekommen, nach einigen Jahren der Arbeit zu remigrieren und behalten daher mit ihrer kulturellen Identität auch die Staatsangehörigkeit des Herkunftslandes. Vor den Erwerb der deutschen Staatsbürgerschaft hat der Gesetzgeber relativ hohe Hürden aufgerichtet. So ist der Antrag erst nach acht Jahren Aufenthalt im Gastland möglich. Eine doppelte Staatsbürgerschaft wird nur in Ausnahmefällen zugelassen, wenn eine Entlassung aus der ursprünglichen Staatsbürgerschaft nicht möglich war. Allerdings gibt es bei einigen Herkunftsländern das Verfahren nach Entlassung aus deren Staatsbürgerschaft nach einer gewissen Frist einen Neuantrag auf Wiedereinbürgerung zu stellen, so dass faktisch mehr Doppelstaatler existieren, als vom deutschen Gesetzgeber vorgesehen. Eine entsprechende Regelung der Türkei wurde mittlerweile aufgehoben. Der Wunsch zur Einbürgerung in die deutsche Staatsangehörigkeit ist mitunter aber nicht Ausschluss einer Integrationsbemühung, sondern häufig Zeichen der Entfremdung mit dem Herkunftsland. (JOHN)

Therapeutische Gemeinschaft # Die Therapeutische Gemeinschaft (TG) wurde Ende der vierziger Jahre des vorigen Jahrhunderts von Maxwell Jones im Nachkriegsengland konzipiert (Jones 1953) und von dort auf die USA, die Niederlanden, die skandinavischen Länder, Deutschland und mit starkem politischen Impetus auf Italien (BASAGLIA 1971) übertragen und dort weiterentwickelt. Die Initiatoren verbanden eine politische und eine therapeutische Zielsetzung mit der Etablierung der TGs, nämlich zum einen die Öffnung und Demokratisierung der psychiatrischen Anstalten (insgeheim wohl auch der gesamten institutionalisierten Medizin), zum anderen deren „Therapeutisierung". Die Haltung des Personals sollte sich an der Psychoanalyse orientieren.Die Patienten – zumeist Schizophrene – wurden sehr individuell nach dem Grad ihrer Ich-Störung, d.h. ihrer primärprozesshaften Bedürfnisse und ihrer sekundärprozesshaften Möglichkeiten über eine Bezugsschwester-Beziehung in Richtung auf Überwindung ihrer Ich-Spaltung „gesteuert". (FREEMEN, CAMERON, MCGHIE 1969: 193 ff.)

Die TGs waren Verhaltensbeobachtungsfelder und Realitätsanpassunginstrumente (soziale Rehabilitation) von tiefenpsychologisch und psychoanalytisch fort- und weitergebildeten Teams. WULFF (1971) und PLOEGER (1972) waren in Deutschland die ersten Psychiater, die ausführlich über den Aufbau von TGs berichteten und damit auch auf die Konfliktfelder hinwiesen, welche mit diesen Ansätzen zur traditionellen stationären Psychiatrie entstanden: ging es doch darum, den Patienten nicht nur zu einem mündigen Mitwirkenden an seinem Genesungsprozess zu machen sondern auch darum, ihn als gleichberechtigten Bürger in unserem demokratischen System zu respektieren. Im „Heidelberger sozialistischen Patienten-Kollektiv" entstand Mitte der siebziger Jahre des vorigen Jahrhunderts im Missverständnis der Idee der TG eine dekompensierte Form eines Therapeuten-Patienten-Bündnisses, das seinerzeit mit seinen kriminellen Grenzüberschreitungen großes öffentliches Aufsehen erregte. Heute wird die TG in aller Welt als therapeutisches Rahmenkonzept in psychiatrischen, psychosomatischen und in einigen Rehabilitationskliniken sowie vor allem in Kliniken für Suchtkranke praktiziert.Dieser Rahmen wird in der Regel mit Gruppentherapie-Konzepten ausgefüllt (RUDNITZKI 1994). In den Suchtkliniken (wie z.B. in der psychosomatischen Klinik Münchwies im Saarland) regulieren die Patienten ihren Alltag im Rahmen einer selbstverwalteten Struktur. Ein akzentuierter politischer Anspruch wird mit den TGs nirgends mehr verbunden. (RUDNITZKI)

Literatur: BASAGLIA F (Hg) 1971. *Die negierte Institution* . Frankfurt/Main: Suhrkamp // FREEMAN Th., CAMERON J.L., MCGHIE A. 1969. *Studie zur chronischen Schizophrenie*. Frankfurt/Main: Suhrkamp // JONES M. 1953. *The therapeutic community*. New York: Basic Books // PLOEGER A. 1972. *Die therapeutische Gemeinschaft in der Psychiatrie und Psychotherapie*. Stuttgart: Thieme // RUDNITZKI G. 1994. Modelle analytischer Gruppentherapie – Zur Geschichte und Entwicklung der Therapie in der Gruppe. In H. SCHNEIDER (Hg). *Therapie in der Gruppe*. Heidelberg: Mattes // WULFF E. 1971. Über den Aufbau einer therapeutischen Gemeinschaft in Gießen. *Sozialpsychiatrische Informationen* 6: 78-98

Trauma, psychosoziales # Ausgelöst durch ein extremes Gewaltereignis oder eine Reihe von Ereignissen, welche vertraute Normen übersteigen, gefährdet eine psychosoziale Traumatisierung die körperliche und psychische Unversehrtheit. Eine Verschiebung sozial erlittenen Leidens in eine psychiatrische Nomenklatur ist nur bedingt hilfreich (siehe Belastungsstörungen). Trauma als soziale Erfahrung wird so zum psychiatrischen Krankheitsbild transformiert und Kultur erscheint vor allem als jeweilige Umhüllung universell gültiger Krankheitsbilder. Kultur und Trauma sind aber untrennbar miteinander verbunden. Kern traumatischer Erfahrungen sind die Vernichtung von Bedeutung und die Zerstörung von sozialer Interaktion, innerhalb der Bedeutung hergestellt wird. Formen organisierter Gewalt wie Folter* zielen gerade auf die Zerstörung der Zugehörigkeit zu einer Gemeinschaft. Bezogen auf Gesundheitsfragen traumatisierter Flüchtlinge* interessiert, was Individuen trotz Belastungen gesund hält und welchen Anteil daran ihre soziokulturellen Ressourcen haben. Beispiele dafür sind Bewältigungsstrategien wie sinngebende Deutungsmuster und Rituale zur Verarbeitung von Leid und Trauer sowie soziale Netze. Diese Potenziale gilt es als gesundheitliche Schutzfaktoren zur Linderung nachwirkender psychosozialer Traumatisierungen freizulegen, damit sie im Sinne der Salutogenese einem Individuum für die Stärkung seiner psychischen Spannkraft und Eigeninitiative zur Verfügung stehen. Je nach biografischem und sozialem Hintergrund, Kontext traumatischer Situationen sowie Dauer und Charakter der Gewalteinwirkung verfügt eine Person über unterschiedliche Ressourcen. Die Chancen, die Lebensqualität aktiv zu beeinflussen, werden freilich oft durch politische und asylrechtliche Realitäten eingeschränkt. Da bei diesem Sachverhalt eine Behinderung eingetreten ist oder eine Behinderung droht (vergleiche § 1 SGB IX) ist hiermit der Zugangsweg zu Rehabilitationsmaßnahmen anderer Kostenträger (beispielsweise im Sinne § 40, Absatz 1 und 2, SGB V oder § 10 SGB VI) gegeben. (VERWEY)

Belastungsstörung, posttraumatische (Pschyrembel Sozialmedizin) (engl.) *posttraumatic stress disorder*; Abk. PTBS; verzögerte od. protrahierte Reaktion auf extreme Bedrohungen wie Terroranschläge, Naturkatastrophen, Folter, Vergewaltigung, Kriegshandlungen u. schwere Unfälle; zwischen dem Trauma u. dem Beginn der Störung liegt eine Latenz von Wochen bis Monaten (selten mehr als 6 Monate). **Ätiologie:** ein extrem belastender Auslösefaktor trifft auf eine Person, deren individuelle psychische Verarbeitungskapazität dadurch überschritten wird u. die nach einer Latenz typische Symptome entwickelt: **1.** Flashbacks (wiederholte Trauma-Erinnerungen) bei gleichzeitigem Versuch, jegliche Erinnerung an das Geschehene zu vermeiden; **2.** Alpträume; **3.** sozialer Rückzug; **4.** emotionale Abstumpfung bei gleichzeitig erhöhtem psychovegetativem Erregungsniveau. Je schwerwiegender die ursächliche Belastung war, umso geringer ist die Bedeutung der individuellen Vulnerabilität für die Entwicklung einer posttraumatischen Belastungsstörung. **Epidemiologie:** Lebenszeitprävalenz 2-7 %; Prävalenz nach Vergewaltigung ca. 50 %, nach anderen Gewaltverbrechen ca. 25 %, bei Kriegsopfern ca. 20 %, bei Opfern schwerer Verkehrsunfälle ca. 15 %. Es besteht ein erhebliches Komorbiditätsrisiko für affektive Störungen, Abhängigkeitserkrankungen u. Somatisierungsstörungen. **sozialmedizinische Bedeutung:** Bei etwa der Hälfte der Betroffenen klingt die posttraumatische Belastungsstörung innerhalb des ersten Jahres ohne Behandlung ab, in einem Drittel der Fälle entwickeln sich chronische Verläufe, v.a. bei ausgeprägter initialer Symptomatik. Von großer Bedeutung ist die Prävention des Auftretens einer posttraumatischen Belastungsstörung bei Risikopersonen (= hohe individuelle Vulnerabilität) nach Traumaexposition. Die bislang eingesetzten psychologischen Frühinterventionsmethoden haben überwiegend unbefriedigende Ergebnisse erzielt. Die Behandlung bereits manifest Erkrankter wird je nach Schweregrad ambulant od. stationär überwiegend nach einem dreistufigen Konzept durchgeführt: traumaspezifische Stabilisierung, Traumabearbeitung, psychosoziale Reintegration. Antidepressiva kommen unterstützend zum Einsatz, während die Verordnung von Tranquilizern wegen des Suchtpotentials zurückhaltend erfolgen sollte. Bei chronifizierten Verläufen mit sozialem Rückzug können stationäre medizinische Leistungen zur Rehabilitation angezeigt sein. In Einzelfällen kann auch eine Leistung zur Teilhabe am Arbeitsleben erforderlich sein, z.B. wenn wiederholte Retraumatisierungen durch besondere berufsspezifische Gegebenheiten hervorgerufen werden. Nur selten führt eine posttraumatische Belastungsstörung (ohne Komorbidität) zu einer überdauernden Erwerbsminderung, Pflegebedürftigkeit tritt ebenfalls in der Regel aufgrund dieser Störung nicht ein. Die Gewährung von Leistungen erfolgt nach Opferentschädigungsgesetz u. Schwerbehindertenrecht. (DEUTSCHE RENTENVERSICHERUNG (DRV) 2006)

Verfolgung ! Politische Verfolgung ist eine Maßnahme, die die Menschenwürde des Opfers verletzt und von der Gefahren für Leib, Leben oder Freiheit des Betroffenen ausgehen. Die Verfolgung von Andersdenkenden unter dem nationalsozialistischen Regime war einer der Gründe, der zur Verankerung des Asylrechts* im deutschen Grundgesetz führte. Kernelement des Asylrechts* in Deutschland ist die „politische Verfolgung", die allerdings nicht im Grundgesetz oder einfachen Recht definiert wird, sondern deren Kriterien durch die Rechtsprechungung entwickelt worden sind. Um als politische Verfolgung im Sinne des deutschen Asylrechts* zu gelten, muss sie vom Staat ausgehen oder ihm zuzurechnen (Billigung) sein sowie an bestimmte Merkmale des Opfers (politische oder religiöse Überzeugung, Hautfarbe, Zugehörigkeit zu einer ethnischen oder sozialen Gruppe). Bei Verfolgung durch nichtstaatliche Akteure erhält der Bedrohte nach dem neuen Zuwanderungsgesetz* seit 01.01.2005 Abschiebungsschutz wegen drohender politischer Verfolgung und Rechtstellung als Flüchtling* nach der Genfer Flüchtlingskonvention* (siehe auch Folter*). (KESSLER)

Vertriebene, siehe Flüchtlinge* !

Volksheiler, siehe Heiler*

Volksmedizin ! (inkl. türkische Volksmedizin)
Volksmedizin beinhaltet traditionelle Heilmethoden verschiedenster Ansätze einerseits mit empirischem Hintergrund und andererseits solche, die die Verbindung zu übernatürlichen und außerirdischen Kräften einbeziehen, deren Verbreitung in der Regel der offiziellen religiösen und staatlichen Auffassung widerspricht, die aber bis heute in traditionellen magischen Praktiken wie meditativen Gebeten, dem Lesen heiliger Schriften verbunden mit dem Inkorporieren bzw. Tragen vermeintlich Kraft tragender Substanzen oder Gegenstände (z.B. Amulette*), Reinigen des Körpers, Verbrennen von Gegenständen mit ihnen zugeschriebener magischer Bedeutung ihre Anwendung finden. Dies gilt vor allem für Volksmedizinen der zahlenstarken islamischen Migrantengruppen in Deutschland. Als die wesentliche und einzige Erklärung für Krankheit gilt hierbei

Gottes Wille bzw dem Willen einer göttlichen Instanz, der es sich zu fügen gilt. Zum Spektrum traditioneller Experten gehören spirituelle Heiler wie *Hocas (türkischer Kulturraum), Sufis, Derwische (vor allem türkischer und iranischer Kulturraum) und Sheiks (arabischer Kulturraum) zum Teil mit Parallelen zum Schamanismus** in profaner, sakraler, magischer und heilkundlicher Hinsicht. Sie werden als befähigt angesehen, den *bösen Blick*, böse Geister* oder *schwarze Magie** als Ursache einer seelischen, neurologischen, psychosomatischen und körperlichen Erkrankung zu erkennen und sie mit übernatürlichen Heilkräften mittels vornehmlich magisch-religiöser Praktiken zu behandeln. Ebenso befassen sie sich mit familiären, beruflichen oder wirtschaftlichen Schwierigkeiten. Im weiteren Sinne als volksmedizinische Behandler angesehen werden *Gelbsuchtheiler, Knochenheiler* („Knochenbrecher", bone-setter), *Barbiere, traditionelle Hebammen, weise Frauen, Spritzenfrauen* und *Herbalisten*, die als säkulare Heiler mitunter auch mehr oder weniger magisch-religiöse Praktiken anwenden und auch körperliche Erkrankungen behandeln. Allerdings verfügen viele der genannten Heilkundigen auch über ein oft sehr beachtliches empirisches Wissen und arbeiten nicht unbedingt auf einer spirituellen Basis. Dies gilt auch für viele Heilkundige, insbesondere Herbalisten in Afrika, die man bis kurzem mit dem heute umstrittenen Begriff des Medizinmannes beschrieben hat (in Ostafrika z.B. die Sangoma, die eine langjährige Ausbildung durchlaufen). Wallfahrtsstätten oder geweihte, heilige Orte werden auch oft von der in der Volksmedizin lebenden Bevölkerung zu Heilzwecken aufgesucht. Sozialmedizinische Bedeutung: Die traditionellen Heilangebote werden häufig parallel zur modernen Medizin wahrgenommen, weswegen in Fachkreisen der Begriff „medizinischer Pluralismus" üblich ist, siehe auch Ethnomedizin*; ebenso s. auch Aberglauben*, böser Blick*, Hexenkult, Heiler*, Heilkundige*, Magie, schwarze*, Seelenverlust* (Überarb. Mai ASSION/SCHRÖDER)

Volksmedizin, türkische # Bis heute werden traditionelle Praktiken bei den in Deutschland lebenden Migranten türkischer Herkunft angewendet. Deshalb führt die Beschäftigung mit der türkischen Volksmedizin zur Optimierung der Leistungen des hiesigen Gesundheitssystems bei der Versorgung der türkisch-stämmigen Mitbürger. Die traditionellen Heilmethoden in der Türkei und den islamischen Ländern umfassen verschiedene Ansätze, die nicht als ein geschlossenes System zu verstehen sind. Wegen des animistisch-religiösen und magisch-mystischen Hintergrunds sind volkstümliche Praktiken letztlich nicht mit den Lehren der *Sunna* zu vereinbaren. Die offizielle islamische Auffassung verbietet nämlich ausdrücklich die Auseinandersetzung mit übernatürlichen und außerirdischen Kräften. Als die wesentliche und einzige Erklärung für Krankheit gilt Gottes Wille, dem es sich zu fügen gilt. Entsprechend werden magische Praktiken mit Hilfe von Geistern (*djinnen*), dem bösen Blick* (*nazar*) oder schwarzer Magie (*büyü*) von der orthodoxen islamischen Seite als reiner Aberglaube angesehen und verboten. Auch von staatlicher Seite sind volksmedizinische Praktiken in der Türkei nicht gestattet. Sie wurden durch den Staatspräsidenten *Mustafa Kemal Pascha* (*Atatürk*) bereits 1925 gesetzlich explizit unterbunden. Unbeachtet dessen gibt es in der Türkei und im vorderen Orient nach wie vor eine Vielzahl traditioneller Heilangebote. Den Glauben an Magie teilen viele Muslime und es gibt eine große Zahl von Personen, die sich diesem Bereich widmen. Von dem Spektrum traditioneller Experten haben bestimmte spirituelle Heiler (*Hocas*, Sufis, Sheiks*, etc.) eine besondere Bedeutung. Bezüglich der *Hocas* bestehen Gemeinsamkeiten mit dem Schamanismus*. Auch wenn sie keine Schamanen im engeren Sinne sind, lassen sich Parallelen in profaner, sakraler, magischer und heilkundlicher Sicht erkennen. *Sufis* und *Derwische* (*Dervishs*) bieten ähnliche Heilverfahren an. In den arabischen Ländern sind *Sheiks* und *Hakim arabi* als Heiler tätig. Auch Wallfahrtsstätten, geweihte, heilige Orte oder Stätten werden von der türkischen Bevölkerung zu Heilzwecken aufgesucht. Weiterhin gibt es volksmedizinische Behandler, wie die *Gelbsuchtheiler* (*Ocakli*), *Knochenheiler, Barbiere, traditionelle Hebammen, weise Frauen, Spritzenfrauen* und *Herbalisten*, die als säkulare Heiler mehr oder weniger magisch-religiöse Praktiken anwenden und auch körperliche Erkrankungen behandeln. Die traditionellen Heilangebote werden häufig parallel zur modernen Medizin wahrgenommen (sog. Medizinischer Pluralismus, siehe auch Ethnomedizin*). (ASSION)

Wodu # Die Schreibweise ist in fast jedem Wörterbuch anders (!), auch als Vodu, Vodoun, Voodoo =

eig. die engl. Form, aus der westafrikanischen Fon-Sprache in Benin, bezeichnet hier Gott, Geist, Schutzgeist . W. wird die komplexe, zum Teil synkretistische Volksreligion der Afro-Haitianer genannt, die teilweise als Geheimkult praktiziert wurde und heute zur Staatsreligion erklärt worden ist. W. bezeichnet auch das Verschmelzen christlicher und von den Sklaven mitgebrachter westafrikanischer Elemente in Lateinamerika, wozu Trance, Besessenheit, Traum, Trommel, Tanz und die kultische Verwendung von Tieren gehört. Die Religion besitzt zu Unrecht einen dubiosen Ruf. Sozialmedizinisch bedeutsam ist, dass sich manchmal illegale Migranten, zum Beispiel Zwangsprostituierte (Prostitution*) auf W. berufen, um sich als Verzauberte auszugeben, die nicht sprechen können. Dabei darf nicht übersehen werden, dass dies zumeist nachvollziehbare Überlebensstrategien in Lebenswelten in illegalen Kontexten meint. (SCHRÖDER)

Zuwanderung # wird gleichbedeutend mit Migration* als Oberbegriff verwendet zur Bezeichnung aller Arten der Migration, auch derjenigen, die nur vorübergehenden Charakter haben, während unter „Einwanderung" bzw Immigration* die dauerhafte Niederlassung zu verstehen ist. Jedoch ist anzumerken, dass der Begriff Zuwanderung nur eine Richtung bezeichnet, während Migration im Prinzip auch die Weiter- oder Rückwanderung einschließt. Zuwanderung ist daher als politischer Begriff zu verstehen, der den Ordnungsbedarf des Staates kennzeichnet, zum Beispiel das 2002 im Bundestag verabschiedete, im Bundesrat 2004 gescheiterte Zuwanderungsgesetz. (BRUCKS †)

Zuwanderungsgesetz ! Nach jahrelangen Verhandlungen im Sommer 2004 verabschiedetes Artikelgesetz, mit dem das bisher seit 1965 bestehende Ausländergesetz durch ein Aufenthaltsgesetz abgelöst, ein neues Freizügigkeitsgesetz für EU-Staatsangehörige (Unionsbürger) eingeführt sowie mehrere Vorschriften (etwa das Asylverfahrensgesetz) geändert wurden. Wichtigster Bestandteil ist das Aufenthaltsgesetz, das neue Aufenthaltstitel (Visum, Aufenthaltserlaubnis, Niederlassungserlaubnis) schafft und sie gleichzeitig mit der Entscheidung über den Arbeitsmarktzugang verbindet. Für Flüchtlinge sind etwa die erstmalige Bezeichnung nichtstaatlicher und geschlechtsspezifischer Verfolgung als politische Verfolgung* (mit der Folge, dass der Betroffene den Status eines Flüchtlings* erhält) sowie die ausdrückliche Einführung von Härtefallkommissionen von Bedeutung. Das Zuwanderungsgesetz wird allerdings bald wieder überarbeitet werden müssen, um die von der Europäischen Union beschlossenen Richtlinien in deutsches Recht umzusetzen, siehe auch Ausländerrecht*. (KESSLER)

* Schlussbemerkung:

Das vorliegende Stichwortmaterial ist aus einer konstruktiven Zusammenarbeit zwischen dem Verlag De Gruyter und mir als Koordinator entstanden, nachdem ich gefragt worden bin, ob ich der Autor des Stichwortkomplexes Migration werden könnte. Die DRV hatte schon länger geplant, ein spezielles Wörterbuch zum Gesundheitswesen herauszugeben, aus dem nun der PSCHYREMBEL SOZIALMEDIZIN in Zusammenarbeit mit dem Verlag De Gruyter entstanden ist. Mit Stichwort war nicht ein einzelnes gemeint, sondern ein Themenkomplex aus einem für die Sozialmedizin wichtig gewordenen Lebensbereich unserer Tage. Aus ursprünglich mir 45 vorgelegten Stichworten zu dem Komplex erwuchs in gemeinsamer Diskussion ein Stichwortkatalog von über 80 Begriffen, die vor allem aus dem Bereich der Soziologie und der Kulturwissenschaften stammen. Als ich dem Auftrag zusagte, war mein erster Gedanke, da muss Kulturschock, Multikulturalität und Kulturgebundenes Syndrom hinein. Ausgerechnet diese Stichworte fielen dann am Schluss dem Rotstift zum Opfer, da das Lexikon immer umfangreicher zu werden drohte. Das Lexikon baut auf 14 Großthemenbereichen auf, wobei Migranten der 50. aus 67 Stichwortbereichen war. Es soll vor allem Ärzten und Menschen dienen, die im sozialen Bereich und im Gesundheitswesen arbeiten. Daher entstand die Frage, nimmt man wenige längere Stichworte oder wie im klassischen Lexikon viele kleine Stichworte und Querverweise. Der PSCHYREMBEL besteht nun aus Beidem, längeren (zentralen) und kürzeren (peripheren) Stichworten mit gegenseitigen Verweisen.

Mit dieser Sammlung gelang es, die Gesellschaftswissenschaft und die Kulturwissenschaften als für eine moderne Sozialmedizin notwendige Grundlagenwissenschaften darzustellen. Die Stichworte wurden auf die Zielgruppe hin, also nicht Fachleute aus den Kultur- und Sozialwissenschaften selbst, abgefasst, worauf insbesondere die sozialmedizinische Relevanz beachtet wurde. Diese sinnvolle Vorgabe vom Verlag und von der DRV war verbindlich. Entsprechend den Aufgaben der DRV sollten die Stichworte auch ausführlich über rechtlich relevante Hinweise und Aussagen informieren. Die Korrespondenz wurde mit den drei Bearbeitern der DRV, Silke Brüggemann, Hanno Irle und insbesondere Helga Mai (als meiner direkten Ansprechpartnerin) geführt. Bei dieser regen Korrespondenz ging es auch darum, Inhalte von Stichworten, die als Ganzes nicht aufgenommen wurden, in andere zu verpflanzen. Für diese gute Zusammenarbeit sei an dieser Stelle gedankt. Ich danke insbesondere auch Eckhart Koch, der mir half, sachkundige Autoren für einzelne Stichworte rasch zu finden. So präsentiert sich hier ein Konvolut, das als Multiautorenwerkstattpapier aufgefasst werden darf. Auch hier war viel Begeisterung dabei, alles das in einem Lexikon lesen zu wollen, was man für diesen Bereich für wichtig hält. Entsprechend war die Auswahl zum Teil gesellschaftskritisch gemeint, weswegen zum Beispiel zum Stichwort „Ethnie" deutlich differenziert wurde. Entsprechend der Wichtigkeit für unsere Gesellschaft hier sind Begriffe aus dem islamischen Bereich umfangreicher ausgeführt, die in unserem Gesundheitswesen eine Rolle spielen können. Auch hier gab es eine gute Zusammenarbeit, für die ich danke.

Dass nun manche von uns hier zusammengetragenen Stichworte nicht übernommen wurden, hängt mit verschiedenen Gründen zusammen, die nichts mit der Qualität dieser Stichworte zu tun haben. Darunter wurden Materialien aus diesen Stichworten in ganz anderen Bereichen eingearbeitet, was das gute Recht der Redaktion eines Lexikons ist. Zum Beispiel wurden Gesichtspunkte aus dem Stichwort „Globalisierung" in einem anderen Kontext verwendet, wo der Gedanke noch nicht enthalten war. Das von der DRV gewünschte Stichwort „Therapeutische Gemeinschaft" taucht nun irgendwo ganz anders auf, wo es unter diesen redaktionellen Gesichtspunkten nicht mehr direkt rekonstruierbar ist. In die hier vorliegende Sammlung wurden einige Stichworte doppelt dokumentiert, einmal die vorgeschlagene Version und einmal die Endversion der Herausgeber des PSCHYREMBEL. Bei eingereichten langen Stichworten, die zur Diskussion standen, wurden im Zuge der Korrespondenz beim Überarbeiten Kurzfassungen verfasst. Ich meine, dass beides von Interesse sein kann für den Benutzer dieser Sammlung hier. Das sehr lange Stichwort

„Folter" wurde in der vollen Länge belassen. Auch im Lexikon selbst ist es eines der längeren, da es von zentraler Bedeutung. Wer den Großen Brockhaus aufschlägt, wird auch dort einen extra ausgewiesenen „Schlüsselbegriff" dazu finden, ebenso zu „ausländische Arbeiter" usw. Der hier vorliegende Text von ANGELIKA BIRCK war ursprünglich für den Vorläufer dieses Lexikons gedacht, eines „Lexikons Gesundheitswesen", was bereits Anfang 2000 angedacht wurde. Hier möge er als Erinnerung an die früh verstorbene Autorin einen guten Platz gefunden haben. Nicht zuletzt sei letztlich auch dem De Gruyter Verlag gedankt, mit dessen Redaktion ebenso eine konstruktive Korrespondenz bestand. Es ist sehr zu begrüßen, dass ein PSCHYREMBEL zu diesem Themenbereich nun extra zusammengestellt worden ist. In diesem Lexikon mit über 5.000 Stichworten, die von „ABDA" (Abkürzung für Arbeitsgemeinschaft der Berufsvertretung Deutscher Apotheke) bis zu „Zwangsunterbringung" und „Zweitmeinung" gehen, ist nun eine wahre Fundgrube für diesen wichtigen zentralen Lebensbereich entstanden, die sicher für den einen oder anderen überraschende Funde enthält. Es finden sich nicht nur Stichworte wie „häusliche Gewalt", „Hort" und „Menschenwürde", es ist auch der Väter der Sozialmedizin gedacht, so „Manfred Pflanz", dem früh verstorbenen Mitbegründer der Zeitschrift Ethnomedizin und Mitglied des wissenschaftlichen Beirats der Zeitschrift *curare*, ebenso „Hans Schäfer" aus Heidelberg und „Rudolf Virchow", dem Vater der Sozialmedizin, der als Arzt, Pathologe, Anthropologe und Politiker dieses Fach begründet hat.

Diese ausführliche hier vorliegende Sammlung mag Anregung für weitere Ausgaben des PSCHYREMBEL SOZIALMEDIZIN[1] geben. Dem Wörterbuch ist zu wünschen, dass es in solchen zahlreichen Auflagen erscheinen wird wie das berühmte Vorbild „Klinisches Wörterbuch", das derzeit in 259. Auflage vorliegt. Vielleicht ist die Materialsammlung auch ein Nucleus für ein Wörterbuch der Medizinethnologie oder Ähnlichem. Auch dieser Gedanke hat Vorläufer in der Arbeitsgemeinschaft Ethnomedizin, wo in den 70er Jahren ein ethnomedizinisches Wörterbuch angedacht und angeregt wurde, allerdings noch nicht auf fruchtbaren Boden gestoßen ist. In diesem Sinne versteht sich die vorliegende Materialsammlung auch als ein Papier in einem Arbeitsprozess.

EKKEHARD SCHRÖDER

Die Autorinnen und Autorem

Hans-Jörg Assion (Jg. 1964) PD Dr. med., Facharzt für Psychiatrie und Psychotherapie. Arbeitete in Kenya und beschäftigt sich mit Problemen der Migrationspsychiatrie, dem islamisch-arabischen und türkischen Kulturraum und der Transkulturellen Psychiatrie, dazu Veröffentlichungen (u.a. als Hrsg.: „Migration und seelische Gesundheit", Springer, Heidelberg 2005). Hochschullehrer, Oberarzt am Westfälisches Zentrum für Psychiatrie, Klinik der Ruhr-Universität Bochum, Alexandrinenstr.1, 44791 Bochum, E-mail: Hans-Joerg.Assion @wkp-lwl.org

Angelika Birck (1971-2004) Dr. phil. , Psychologin, arbeitete als Psychotherapeutin am Berliner Zentrum für Folteropfer.

Theda Borde (Jg. 1954) Prof. Dr. phil., MPH, Politologin, Gesundheitswissenschaften. Spezielle Arbeitsgebiete: Migration und Gesundheit, Versorgungsforschung; Forschungsprojekte u.a. Versorgungssituation gynäkologisch erkrankter deutscher und türkischer Patientinnen im Krankenhaus (1996-1999). 2003-2005 Vorsitzende des Committee of Experts on Health Services in a Multicultural Society (Europäischer Gesundheitsausschuss) Europarat; umfangreiche Publikationen, seit 2004 Hochschullehrerin an der Alice Salomon Fachhochschule Berlin. Alice Salomon Fachhochschule Berlin, Alice-Salomon-Platz 5, 12627 Berlin, E-mail: borde@asfh-berlin.de

Christiane Bunge (Jg. 1968) Sportlehrerin, Soziologin, M.A. (Diplomarbeit „Zum Mythos des Mittelmeer-Syndroms – zur Bedeutung von Kultur und Migration auf das Schmerzerleben und Schmerzverhalten"). Derzeit Mitarbeiterin in der Geschäftsstelle des „Aktionsprogramms Umwelt und Gesundheit (APUG)" im Umweltbundesamt, in diesem Zusammenhang migrationsspezifische Aspekte bei der sozialräumlichen Verteilung von Umweltbelastungen. Heimstr. 19, 10965 Berlin, E-mail: christianebunge@web.de

Ursula Brucks-Wahl (1949-2004) PD Dr. phil., Soziologin, arbeitete als Dozentin an der Univ. Hamburg.

Matthias David, PD Dr. med., Charité Berlin. Spezielle Arbeitsgebiete: Migration und Gesundheit, Versorgungsforschung; Forschungsprojekte u.a. Versorgungssituation gynäkologisch erkrankter deutscher und türkischer Patientinnen im Krankenhaus (1996-1999). Umfangreiche Publikationen in diesem Themenbereich. E-mail: matthias.david@charite.de

Detlef John, Dr. med., Neurologe und Psychiater. Fachgutachter bei der Deutschen Rentenversicherung in Darmstadt. Spezialgebiet: Geschichte der Psychiatrie. DRV Hessen, Landgraf-Philipps-Anlage 42-46, 64283 Darmstadt, E-mail: drv-john@drv-hessen.de

Stefan Kessler (Jg. 1964) M.A., Policy Officer beim Jesuiten-Flüchtlingsdienst Deutschland. Witzlebenstr. 30 A, 14057 Berlin, Tel. 030/ 32 60 25 90, Fax 030/32 60 25 92, E-mail: stefan.Kessler@jrs.net Homepage: www.jesuiten-fluechtlingsdienst.de

Gerhard Rudnitzki (Jg. 1937) Dr. med., FA für Neurologie u. Psychiatrie u. Psychotherapie, u. f. Psychotherapeutische Medizin, Psychoanalytiker, Gruppenanalyse, für beides Lehranalytiker, 1973-2002 ltd. Arzt in versch. Einrichtungen der Stiftung Rehabilitation Heidelberg, Redakteur der Ethnomedizin, 2.Vors. AGEM 1970-74, Mitbegründer der curare, berufspolitische Aktivitäten, Mitarbeit in zahlreichen psychotherapeutischen Fachzeitschriften. Kirschgartenstraße 41a, 69126 Heidelberg, E-mail: gerhard_rudnitzki@freenet.de

Ekkehard Schröder (Jg. 1944) Nervenarzt, FA für Psychosomatik und Psychotherapie. Studium der Ethnologie und Philosophie. Schwerpunkte: Marokko, Publikationen zur Ethnomedizin u. Ethnobotanik, 1.Vors. AGEM 1986-93, Mitbegründer und derzeit Herausgeber der Zeitschrift curare. Niedergelassen in eigener psychotherapeutische Praxis, hier Geschäftssitz AGEM ab 2003. Spindelstrasse 3, 14482 Potsdam. E-mail: ee.schroeder@t-online.de

Helga Spranger (Jg. 1934) Dr. med., Psychiatrie und Psychotherapie. Suchttherapie, Kriegstraumatisierungen, frühe Störungen, Mitglied, Gründerin von „Kriegskind.de e.V." in Kooperation mit dem INTERFEW, (International Federation of Evacuees and Warchildren), Umfangreiche Projekt- und Öffentlichkeitsarbeit und Publikationen in diesem Themenbereich seit 1990. www.kriegskind.de. Fritz Reuter Weg 17, 24229 Strande, E-mail: hspra@t-online.de

Martine Verwey, Medizinethnologin, Lic. phil. I, Ernährungsberaterin. Lehrbeauftragte u.a. am ethnologischen Seminar in Zürich; Interessenschwerpunkte: Resilienz traumatischer Flüchtlinge, transkulturelle Pflegedidaktik, derzeit 1. Vorsitzende der MAS (Medical Anthropology Switzerland). Caritas, Felsenstraße 11, Pf, Ch-8570 Weinfelden, E-mail: verwey@active.ch

Anmerkung:

1. PSCHYREMBEL SOZIALMEDIZIN 2007. Lexikon. Berlin, New York: de Gruyter. 5000 Stichwörter, XXIV, 552 S., auch als Online Version erhältlich. ISBN 978-3-11-017605-6 www.pschyrembel.de

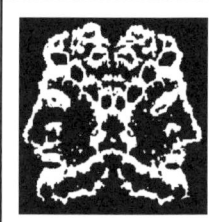

Das transkulturelle Psychoforum

herausgegeben von Thomas Heise & Judith Schuler

Band 1:
Transkulturelle Begutachtung. Qualitätssicherung sozialgerichtlicher und sozialmedizinischer Begutachtung für Arbeitsmigranten in Deutschland
hrsg. von J. Collatz, E. Koch, R. Salman & W. Machleidt
1997 • ISBN 3-86135-130-7

Band 2:
Psychiatrie im Kulturvergleich. Beiträge des Symposiums 1994 des Referats transkulturelle Psychiatrie der DGPPN im Zentrum für Psychiatrie Reichenau
hrsg. von K. Hoffmann & W. Machleidt
1997 • ISBN 3-86135-131-5

Band 3:
Psychosoziale Betreuung und psychiatrische Behandlung von Spätaussiedlern
hrsg. von Thomas Heise & Jürgen Collatz
2002 • ISBN 3-86135-132-3

Band 4:
Transkulturelle Psychotherapie. Hilfen im ärztlichen und therapeutischen Umgang mit ausländischen Mitbürgern
hrsg. von Thomas Heise
1998 • ISBN 3-865135-133-1

Band 5:
Transkulturelle Beratung, Psychotherapie und Psychiatrie in Deutschland
hrsg. von Thomas Heise
2. Aufl. 2002 • ISBN 3-86135-138-2

Band 6:
ZHAO Xudong: Die Einführung systemischer Familientherapie in China als ein kulturelles Projekt
2002 • ISBN 3-86135-135-8

Band 7:
Hamid Peseschkian: **Die russische Seele im Spiegel der Psychotherapie.** Ein Beitrag zur Entwicklung einer transkulturellen Psychotherapie
2002 • ISBN 3-86135-136-6

Band 8:
Thomas Heise: **Qigong in der VR China.** Entwicklung, Theorie und Praxis
1999 • ISBN 3-86135-137-4

Band 9:
Andreas Heinz: **Anthropologische und evolutionäre Modelle in der Schizophrenieforschung**
2002 • ISBN 3-86135-139-0

Band 10:
Julia Kleinhenz: **Chinesische Diätetik.** Medizin aus dem Kochtopf
2003 • ISBN 3-86135-140-4

Band 11:
Hans-Jörg Assion: **Traditionelle Heilpraktiken türkischer Migranten**
2004 • ISBN 3-86135-141- 2

In Vorbereitung:

Murat Ozankan: **Verhaltensauffälligkeit türkischer Kinder im Einschulalter im Urteil der Eltern aus transkultureller Sicht.** Ergebnisse der Kölner Einschulstudie

Thomas Heise: **Qigong und Maltherapie.** Komplementärtherapien Psychosekranker

Thomas Heise: **Das Yijing in der Psychotherapie**

VWB – Verlag für Wissenschaft und Bildung, Amand Aglaster

Postfach 11 03 68 • 10833 Berlin
Tel. 030 - 251 04 15 • Fax 030 - 251 11 36
e-mail: info@vwb-verlag.com • www.vwb-verlag.com

Migration und Museum,
Tagungsbericht zur 16. Tagung der Arbeitsgruppe „Sachkulturforschung und Museum" in der Deutschen Gesellschaft für Volkskunde, Ulm 2004.

HENRIKE HAMPE

Vom 7. bis zum 9. Oktober 2004 fand die 16. Tagung der Arbeitsgruppe Sachkulturforschung und Museum in der Deutschen Gesellschaft für Volkskunde statt. Gastgeber war das Donauschwäbische Zentralmuseum in Ulm (www.dzm-museum.de), die Organisation der Tagung lag bei HENRIKE HAMPE[1].

Das Tagungsthema „Migration und Museum" war aus zwei Gründen gewählt worden. Zum einen bildet Migration einen thematischen Schwerpunkt des gastgebenden Hauses: Es zeigt die Geschichte der so genannten Donauschwaben, beginnend mit der Auswanderung deutscher Siedler nach Ungarn vom 17. bis 19. Jahrhundert, über die Darstellung ihres Lebens als Minderheit im multiethnischen Raum, bis hin zu Flucht und Vertreibung als Folgen des Zweiten Weltkriegs und schließlich zum massenhaften Exodus rumäniendeutscher Aussiedler nach 1989.

Der zweite Grund lag in der offenkundigen Aktualität des Themas *Migration* für die Museumsarbeit. Mehrere Sonderausstellungen haben sich in den letzten Jahren mit Migrationsaspekten auseinandergesetzt. Aktuell finden die Diskussionen um die Schaffung eines „Migrationsmuseums" (vgl. www.migrationsmuseum.de) und eines „Zentrums gegen Vertreibungen" (vgl. www.z-g-v.de) eine breite Öffentlichkeit. Den stadt- und heimatgeschichtlichen Museen, denen eine Neukonzeption bevorsteht, stellt sich die Frage, wie sie den Migrationsphänomenen des 20. Jahrhunderts Rechnung tragen können. Auf der anderen Seite sind in Deutschland lebende Migrantinnen und Migranten als Zielgruppe von Museen noch kaum entdeckt worden (eine Ausnahme bildet z.B. das Berliner Nachbarschaftsmuseum, vgl. http://nmuseum.org).

Im Vorfeld der Tagung fand am 7. Oktober 2004 eine Mitgliederversammlung der Arbeitsgruppe Sachkulturforschung und Museum statt. Am 8. Oktober begann das Vortragsprogramm: Nach der Begrüßung der 52 Teilnehmerinnen und Teilnehmer durch Dr. Kirsten Fast (die Präsidentin des Museumsverbandes Baden-Württemberg), Dr. Jan Carstensen (den Vertreter der Museen im Hauptausschuss der DGV) und Christian Glass (den Leiter des Donauschwäbischen Zentralmuseums, Ulm) wandte sich Prof. Dr. GOTTFRIED KORFF (Universität Tübingen) in seinem Eröffnungsvortrag dem Tagungsthema zu. Er führte eingangs aus, wie sehr die aktuelle Debatte über ein Migrationsmuseum geprägt ist von der Uneindeutigkeit von Begriffen (Migration, Museum) und Zielen (Museum für, von oder über Migranten). Zudem stellte er die grundsätzliche Frage, ob Migration im Museum überhaupt vermittelt werden könne: einerseits die permanent in Bewegung befindliche Migrationskultur, andererseits eine Ausstellung, in der kondensierte Erfahrung vermittelt wird. Korff benannte aktuelle internationale Impulse in der Diskussion und resümierte, dass es teils um einen Museumstyp gehe (Migrationsmuseum), teils um ein Museumsthema. Die beiden Zielrichtungen seien keineswegs als Entweder-Oder zu sehen, sondern ergänzten sich. Korff warnte jedoch grundsätzlich vor einer „Folklore des Halbwissens" und forderte dazu auf, neuere Migrationskonzepte einzubeziehen.

Das anschließende Programm gliederte sich in drei Themenblöcke, betitelt „Grundsatzfragen", „Grenzüberschreitungen" und „Erfahrungen". Die Sektion „Grundsatzfragen" eröffnete Prof. Dr. Max Matter (Universität Freiburg) mit einer Überblicksdarstellung über „Migration als volkskundliches Forschungsthema". Matter sah den Beginn volkskundlicher Migrationsforschung in Deutschland in den Nachkriegsstudien zur Volkskunde der Heimatvertriebenen. Die Arbeitsmigration der „Gastarbeiter" rückte in den 1960er Jahren ins Blickfeld (u.a. durch Ina-Maria Greverus); wie Matter an Beispielen verdeutlichte, reagierte das Fach – verglichen mit anderen Disziplinen – schon früh auf diese Migrationsphänomene. Nach 1990 verlagerte sich der Forschungsschwerpunkt auf Spätaussiedler. Auf theoretischer Ebene wurde über den auf kulturelle Unterschiede fixierten Forscherblick debattiert, der selbst erst den Anderen zum „Anderen" mache ("Othering").

Im Anschluss referierte Dr. JÜRGEN STEEN (Historisches Museum Frankfurt) über „Migration und Lebenswelt oder: Das Museum der Zukunft in erweiterter Sicht". Er definierte „Migration" als multiperspektivischen Begriff eines tiefgreifenden, auch historischen Wandels der heutigen Lebenswelt. Diesen Begriff in die Museumsarbeit zu integrieren, heiße, sich von der Vorstellung der Monokulturalität zu verabschieden. Veranschaulicht wurden diese Überlegungen durch das Beispiel eines 2002 vom Historischen Museum erworbenen Altars einer bengalischen Vereinigung aus Frankfurt: Dieser war dem Museum übereignet worden, anstatt auf traditionelle Weise einem Fluss übergeben und damit vernichtet zu werden. Steen schloss mit einem Appell an die Museen, sich mit der selben Intensität der Gegenwart zuzuwenden wie der Vergangenheit.

Dr. MATHILDE JAMIN (Ruhrlandmuseum, Essen) stellte in ihrem Beitrag „Deutschland braucht ein Migrationsmuseum. Erfahrungen und Schlussfolgerungen aus einem Ausstellungsprojekt" die Ausstellung „Fremde Heimat" vor, die das Ruhrlandmuseum 1998 in Kooperation mit dem Kölner Verein DOMiT (Dokumentationszentrum und Museum über die Migration aus der Türkei) konzipiert hat. Jamin zog aus ihren Erfahrungen den Schluss, dass die museale Aufarbeitung der Einwanderung nach Deutschland von Wissenschaftlern mit Migrationshintergrund geleistet werden sollte: Diese können dank sprachlicher und kultureller Kompetenzen die Kluft zwischen Museum und Migranten überbrücken. Sie plädierte außerdem für die Schaffung eines zentralen Migrationsmuseums, da dieses die offizielle Anerkennung der Nachkriegs-Einwanderung als Teil der Geschichte Deutschlands ausdrücken würde. Ein solches Museum stände nicht im Widerspruch zur Aufgabe der lokalen Museen, sich mit Migration auseinander zu setzen.

Danach hielt CHRISTIAN GLASS (Donauschwäbisches Zentralmuseum, Ulm) eine gekürzte Fassung seines ursprünglich für den folgenden Tag geplanten Referates „Migration – eine taugliche Kategorie für die so genannten Vertriebenenmuseen?" Er kam zu dem Schluss, dass alle diese Museen – die von Heimatvertriebenen eingerichteten Heimatstuben, die von der öffentlichen Hand finanzierten Landesmuseen und auch das derzeit diskutierte „Zentrum gegen Vertreibungen" – auf der Kategorie Migration aufbauen: Sie definieren eine Bevölkerungsgruppe über ihren Migrantenstatus. Gleichzeitig greift aber diese Kategorie für die Museumsarbeit zu kurz, denn weitere Aspekte (wie Akkulturation und Interethnik) müssten ebenfalls berücksichtigt werden.

Die zweite Sektion „Grenzüberschreitungen" widmete sich internationalen Kooperationen und dem Umgang mit Aspekten des Tagungsthemas außerhalb Deutschlands. Vier ReferentInnen kamen zu Wort. Zuerst berichtete Dr. DAGMAR NEULAND-KITZEROW (Museum Europäischer Kulturen, Berlin) unter dem Titel „,Diese Fremden sind von hier.' Innensichten auf das EU-Projekt 'Migration, Work and Identity'" über ihre Erfahrungen mit einem internationalen Kooperationsprojekt. Sieben Museen aus sechs europäischen Ländern haben in drei Jahren jeweils vor Ort Ausstellungen und Veranstaltungen zum Projektthema entwickelt. Ein gemeinsames Ergebnis war eine Wanderausstellung ("Crossing Borders—An International Exhibition on Migration in Europe"). Das Projekt ließ ein funktionierendes Netzwerk entstehen, sowohl international als auch innerhalb Berlins, wo weitere Kultureinrichtungen und MigrantInnen einbezogen waren. Diese Kontakte sollen in Zukunft für neue Kooperationsvorhaben genutzt werden.

Im Anschluss daran stellte MONIKA LACKNER (Ethnographisches Museum, Budapest) unter dem Titel „Das Ethnographische Museum und Ungarns ethnische Minderheiten" den Umgang dieses volks- und völkerkundlichen Museums mit dem multiethnischen Kulturerbe Ungarns vor. Sie berichtete, dass das Museum seit seiner Gründung (1872) auch Objekte der in Ungarn lebenden Minderheiten sammelt und dokumentiert; auch die Sachkultur der ungarischen Minderheiten außerhalb Ungarns ist seit dem Ersten Weltkrieg ein Sammlungsgegenstand. Verschiedene Publikationen und Ausstellungen haben sich mit Minderheitenthemen befasst, z.B. über die ungarischen Roma (1993). In den 1970er Jahren wurden „Basismuseen" für einzelne ethnische Gruppen an verschiedenen Orten Ungarns eingerichtet (z.B. ein ungarndeutsches Museum in Tata). Lackner resümierte jedoch, dass sich diese Dezentralisierung letztlich nicht bewährt habe, v.a. aus finanziellen und personellen Gründen.

Aus Frankreich berichtete Dr. CATHERINE HOMO-LECHNER (Musée des Civilisations de l'Europe et de la Méditerranée, Marseille). Mit der Frage „Wie kann ein Museum Migration vermitteln? Der Ansatz des Marseiller Projektes MCEM" stellte sie das in Marseille im Aufbau befindliche (National-) „Museum der Zivilisationen Europas und des Mittelmeerraums" vor, das bewusst in der Hafenstadt Marseille verortet wurde. Eine von fünf Themeneinheiten der ständigen Ausstellung soll sich der Mobilität (von Menschen, Gütern und Wissen) widmen. Die Konzeption steht noch an Anfang, Homo-Lechner stellte aber eine Reihe interaktiver, zum Teil stark konfrontativer Vermittlungsformen vor, die Migrationsaspekte wie Fremdheit und Ausgrenzung aufgreifen können.

Schließlich referierte JOACHIM BAUR (Tübingen) über sein derzeitiges Dissertationsprojekt: In seinem Beitrag „Standpunkte und Standorte. 'Points of Departure' in drei New Yorker Immigrationsmuseen" stellte er das "Ellis Island Immigration Museum", das "Lower Eastside Tenement Museum" und das "Museum of the Chinese in the Americas" vor. Auf anschauliche Weise analysierte er Gemeinsamkeiten und Unterschiede im Umgang mit dem Thema Migration in diesen Einrichtungen, vor allem hinsichtlich der Museumsmacher und -besucher. Dabei arbeitete er die Bedeutung des Standortes für die Positionierung des jeweiligen Museums heraus.

Am nächsten Tag kamen unter dem Sektionstitel „Erfahrungen" fünf Museumswissenschaftler zu Wort, die ihre praktischen Erfahrungen mit Migrationsprojekten reflektierten. Den Anfang machte Dr. JÜRGEN ELLERMEYER (Museum der Arbeit, Hamburg) mit seinem Vortrag „Geteilte Welten – mitgeteilte Welten – miteinander geteilte Welten? Eine Sonderausstellung zu Geschichte und Gegenwart der Einwanderung nach Hamburg". Die Ausstellung „Geteilte Welten – Einwanderung in Hamburg" (Teil des EU-geförderten Projektes "Migration, Work and Identity") sollte auf die multiethnische Prägung der Hansestadt aufmerksam machen, in der Migration bisher v.a. mit Auswanderung assoziiert worden war. Es wurde deutlich, dass museumspädagogische Programme einen wesentlichen Teil der Vermittlung dieses Themas ausmachen.

An diese Feststellung schloss ich der folgende Beitrag der Museumspädagogin RITA KLAGES (Nachbarschaftsmuseum, Berlin) an. Sie hielt unter dem Titel „Das Museum als Integrationsort. Interkulturelle Kooperationen gestalten" ein engagiertes Plädoyer für die Entdeckung von MigrantInnen als Museumsbesucher. Die von ihr beschriebenen Erfahrungen in der Zusammenarbeit mit mehreren Berliner Institutionen - von Veranstaltungen, die gezielt den interkulturellen Austausch förderten, bis zu verschiedensprachigen Führungen – zeigten, dass Museen auch für Zugewanderte zu sinn- und identitätsstiftenden Orten werden können.

Dr. BEATE WILD (Museum Europäischer Kulturen, Berlin, vorher Siebenbürgisches Museum, Gundelsheim) setzte ihren Fokus auf die Schwierigkeiten eines Museums, dass sich mit einem Migrationsthema befasst. Unter dem Titel „Ein Museum für jeden oder jedem sein Museum? Zur Zielgruppenproblematik eines ‚ostdeutschen' Museums" reflektierte sie ihre Erfahrungen im Siebenbürgischen Museum im Zuge der Neukonzeption der dortigen Dauerausstellung (eröffnet 1997). Die Reaktionen der (siebenbürgisch-sächsischen) Besucher teilten sich in Extreme – Begeisterung auf der einen Seite, Ablehnung auf der anderen: Die MuseumswissenschaftlerInnen hätten die 850-jährige Kultur der Siebenbürger Sachsen durch die neue Präsentation vernichtet. (Dass es solche emotionalen Abwehrreaktionen der im Museum „Gezeigten" auch in anderen Häusern gibt, zeigte die nachfolgende Diskussion.) Wild sprach sich für die Gegenwartsorientierung der Museumsarbeit und gegen eine ausschließlich rückwärts gewandte, Vergangenes fixierende Zielrichtung aus.

Die Wanderausstellung „Fremde in Deutschland – Deutsche in der Fremde", die 1999 vom Museumsdorf Cloppenburg in Zusammenarbeit mit weiteren Museen konzipiert worden ist, bot den Hintergrund für das folgende Referat. FRANK LANG (Württembergisches Landesmuseum, Stuttgart) sprach unter dem Titel „Nur geliehen. Zu einem Sammelkonzept für biografische Objekte von Migranten" über seine Erfahrungen bei der Kontaktaufnahme mit Migranten und beim Sammeln von Objekten. Die genannten Beispiele verdeutlichten

Henrike Hampe, M.A., Volkskundlerin (Europäische Ethnologie). Studierte in Göttingen Volkskunde, Germanistik und Geschichte. Spezialgebiete: Ungarn, Interethnik, Migration, Kleidungsforschung. Seit 1998 wiss. Mitarbeiterin am Donauschwäbischen Zentralmuseum in Ulm www.dzm-museum.de

Donauschwäbisches Zentralmuseum, Schillerstr. 1, 89077 Ulm
e-mail: henrike.hampe@dzm-museum.de

die enge, oft emotional geprägte Verbindung der Exponate mit der Biografie ihrer Besitzer (z.B. ein Kopftuch der durch das „Kopftuchurteil" bekannt gewordenen Lehrerin Fereshda Ludin). Lang reflektierte aber auch die Schwierigkeit, an solche Objekte heranzukommen und sie dauerhaft ins Museum zu übernehmen.

Im letzten Beitrag unter dem Titel „‚... und wollen gar noch schneller sein, die Steine!' Bewegungen von Menschen, Orten und Räumen in der statischen Sicht ausgewählter rheinisch-westfälischer Museen" bot Prof. Dr. Dr. MARKUS WALZ (Hochschule für Technik, Wirtschaft und Kultur / FH, Leipzig) einen amüsanten – wie die Reaktion von ZuhörerInnen zeigte, auch provokanten – Einblick in den (fehlenden) Umgang von Museen mit der Tatsache, dass nicht nur Menschen, sondern auch ganze soziale Räume wandern können. Mehrere Beispiele (umgesiedelte Dörfer im Tagebaugebiet, Grenzverschiebungen historischer Territorien, ein komplett umgesiedelter Handwerksbetrieb) machten bewusst, dass solchen Mobilitätserscheinungen bisher wenig Aufmerksamkeit gewidmet worden ist.

Anmerkung

1. Dieser Bericht ist, geringfügig überarbeitet, mit freundlicher Genehmigung aus den dgv-Nachrichten [114,1(2005):4-8] übernommen. Der Tagungsband ist im August 2005 im LIT Verlag erschienen.

Forum Migration Gesundheit Integration

herausgegeben von:
Ramazan Salman, Dr. Thomas Hegemann,
Prof. Dr. Wielant Machleidt & Dr. Jürgen Collatz

Begutachtung im interkulturellen Feld. Zur Lage der Migranten und zur Qualität
ihrer sozialgerichtlichen und sozialmedizinischen Begutachtung in Deutschland
Jürgen Collatz, Winfried Hackhausen & Ramazan Salman (Hg.)
Band 1 • 267 Seiten • ISBN 978-3-86135-290-7

Interkulturelle Beratung. Grundlagen, Anwendungsbereiche und Kontexte
in der psychosozialen und gesundheitlichen Versorgung
Thomas Hegemann & Britta Lenk-Neumann (Hg.)
Band 2 • 197 Seiten • ISBN 978-3-86135-291-4

Gertrud Wagemann
Verständnis fördert Heilung. Der religiöse Hintergrund von Patienten aus
unterschiedlichen Kulturen. Ein Leitfaden für Ärzte, Pflegekräfte, Berater und Betreuer
Band 3 • 123 Seiten • ISBN 978-3-86135-292-1

Sonnenberger Leitlinien. Integration von Migranten in Psychiatrie und Psychotherapie.
Erfahrungen und Konzepte in Deutschland und Europa
Wielant Machleidt, Ramazan Salman & Iris T. Calliess (Hg.)
Band 4 • 302 Seiten • ISBN 978-3-86135-293-8

---

mehr Information zu den genannten sowie weiteren Titeln finden Sie unter:
www.vwb-verlag.com
VWB – Verlag für Wissenschaft und Bildung, Amand Aglaster
Postfach 11 03 68 • 10833 Berlin • Tel. 030-251 04 15 • Fax 030-251 11 36
e-mail: info@vwb-verlag.com

Deutsch-Türkische Perspektiven.
10 Jahre Deutsch-Türkische Gesellschaft für Psychiatrie, Psychotherapie und psychosoziale Gesundheit e. V. (DTGPP). Marburg 12. März 2005

ECKHARDT KOCH & NORBERT HARTKAMP

Am 12. März 2005 fand in der Alten Aula der Universität Marburg ein Jubiläums-Symposium zum 10-jährigen Bestehen der DTGPP (in der Türkei TAP-Der genannt) statt, das im Sinne des interdisziplinären Ansatzes der Gesellschaft vor allem kulturelle und kulturgeschichtlichen Themen sowie einen Rück- und Ausblick der Tätigkeit der Gesellschaft präsentierte. Die DTGPP hat sich nach der Organisation von bislang fünf Deutsch-Türkischen Psychiatriekongressen und intensivem Bemühen um die sozialmedizinische Versorgung von Migranten und deren Integration in die psychosoziale Versorgung in den vergangenen zehn Jahren als psychiatrische Fachgesellschaft etabliert, die in beiden Ländern an nationalen und internationalen Kongressen mit eigenen Symposien teilnimmt.[1] Dies wurde mit Grußworten des Marburger Oberbürgermeisters Egon Vaupel, der Referentin des Hessischen Sozialministeriums Susanne Nöcker und des President-elect der DGPPN, Prof. Dr. Wolfgang Gaebel, gewürdigt.

Zunächst gab der Vorsitzende der DTGPP Dr. ECKHARDT KOCH einen Überblick über Geschichte und Aufgaben der Gesellschaft, bei deren Gründung persönliche kollegiale Beziehungen eine wichtige Rolle gespielt haben. Danach stellte er aktuelle Daten der Arbeitsgruppe „Psychiatrie und Migration" der Bundesdirektorenkonferenz Psychiatrischer Kliniken in Deutschland vor. Diese von der DTGPP initiierte Pilotstudie hatte in 12 Kliniken der psychiatrischen und psychotherapeutischen Versorgung Angaben zur Behandlung von Patienten mit Migrationshintergrund erhoben. Hierbei wurde deutlich, dass fast die Hälfte der türkeistämmigen Migranten in Deutschland geboren ist und ein Drittel von ihnen die deutsche Staatsbügerschaft besitzt. Diagnostisch trat bei den türkeistämmigen Migranten der Anteil von affektiven Störungen und psychotischen Erkrankungen in den Vordergrund, während bei den Aussiedlern aus der ehemaligen Sowjetunion v.a. Sucht- und Abhängigkeitserkrankungen vorherrschten. Im Unterschied zu früheren Untersuchungen, die niedrigere Zahlen aufweisen, entsprachen die stationären Behandlungen von Patienten mit Migrationshintergrund mit ca. 17% ihrem Anteil an der

Festredner Prof. Dr. METIN ÖZEK, re. E. KOCH.   Foto: © E. SCHRÖDER

Wohnbevölkerung. Dabei wurden Migranten seltener als erwartet tagesklinisch, dagegen häufiger langfristig und intensiv behandelt als Deutsche.

Der Ehrenvorsitzende der DTGPP, Prof. Dr. METIN ÖZEK[2] aus Istanbul erörterte in seinem Vortrag die historische und die gegenwärtige Beziehung zwischen Deutschen und Türken vor dem Hintergrund des aktuellen Bemühens der Türkei um Aufnahme in die EU. Dabei machte er deutlich, dass die heutige Türkei schon seit Jahrhunderten ein Einwanderungsland ist, und zeichnete die frühen Einwanderungen von nomadischen Turkvölkern nach Anatolien, die nach dem siebten Jahrhundert mit den ortsansässigen Ethnien verschmolzen, die Ausdehnungen unter den Seldschuken besonders im 11. Jahrhundert und den späteren Einfluss der herrschenden Osmanen nach. Aber auch andere asiatische, semitische, aramäische, persische und kaukasische Völkerschaften oder auch die sephardischen Juden aus Spanien und Einwanderer aus den Balkanländern prägten über die Jahrhunderte das multikulturelle Gesicht der Türkei. So stelle die heutige Türkei ein Kulturkonglomerat dar, welches unter einem vorherrschenden islamisch-vorderorientalischen Deckmantel durchaus auch unter anderem schamanische und manichäistische Traditionen bewahrt habe. M. Özek verdeutlichte, wie die Verwestlichung der Türkei schon zum Ende des 17. Jahrhunderts einsetzte, wie sich diese aber v.a. auf die Bereiche technischer Errungenschaften und des Militärwesens beschränkte, während die gesellschaftliche Modernisierung mit diesem Prozess nicht Schritt hielt. Das gegenwärtige Bemühen um Aufnahme in die EU ist in dieser Tradition der angestrebten Verwestlichung der Türkei zuzuordnen. Dem stand auf der Seite westlicher Länder vielfach jedoch eine der Türkei ablehnende Haltung gegenüber, wie sie sich schon in den Schriften von Piscatorius, Luther, Erasmus von Rotterdam, Goethe und anderen findet. Heute gründe sich in Deutschland die Ablehnung gegenüber der Türkei auf die Inkompatibilität der Lebenswelten, die vielfach zwischen türkeistämmigen Ausländern und deutschen Inländern bestehe. Mit durchaus kritischer Haltung kommentierte Özek, dass türkische Staatsbürger durch ihr Verhalten im Einwanderungsland die Wirkung ihres Fremdseins verstärken statt sich um Annäherung zu bemühen. Dem stellte er eine Reihe von Beispielen gelungener Integration in den Bereichen Politik, Kunst und Wirtschaft gegenüber.

Der Berliner Musikethnologe Priv.-Doz. Dr. MARTIN GREVE zeigte anhand von Musik- und Videobeispielen, dass es bereits im 18. und 19. Jh. intensive Kontakte zwischen europäischer Musik und dem osmanischen Hof gab und auch im 20. Jh. türkische Musiker in Europa ausgebildet wurden, die westliche Musiktraditionen in den türkischen Metropolen bekannt machten. Er zeigte dann die Entwicklung moderner türkischer Musik und ihre Wandlung und Beeinflussung durch die Migration auf. In der Musik fand gerade in der Zeit zwischen 1961 und 1973 die Auseinandersetzung mit Migrationsthemen statt, bspw. in traurigen Liedern, in denen die Trennung von der Familie und der Heimat besungen wurde, aber auch in Liedern, in denen auf witzige Art die den türkischen Migranten fremd erscheinenden Bräuche der Deutschen, etwa im Rheinischen Karneval kommentiert wurden. In der Zeit nach dem Anwerbestopp 1973 entwickelte sich eine Mischform aus türkischer Volksmusik und westlichen Arrangements, die als „arabeske" Musik eine zunehmende Verbreitung fand. Bei dieser Musik standen v.a. Klagen über das Fremdsein in Deutschland im Vordergrund. Gleichzeitig entwickelte sich nun unter türkischen Rockmusikern in Deutschland und Europa eine eigenständige türkische Pop- und Rockmusik mit Anteilen traditioneller Musik, die in den letzten Jahren zu internationalem Erfolg kam.[3]

Der Beitrag des Vorstandsmitgliedes Dr. FRIEDHELM KATZENMEIER über die „Geschichte des Asyls" gab einen Überblick zur Rechtsgeschichte, beginnend mit der Asylpraxis des Alten Israel über die Hellenistisch-Römische Periode, das Mittelalter und weiter bis zur Neuzeit. Über die Station des Kirchenasyls schlug er eine Brücke zum heutigen politischen Asyl. Hervorzuheben ist der eigentlich göttliche Ursprung des Asylgedankens, gleichsam als „Ur-Spruch" und damit verbundener Sonderstellung geheiligter Stätten, die der Gottheit und später der Kaiserlich-Königlichen Majestät „von Gottes Gnaden" zugehörten. Die Geschichte der Psychiatrischen Klinik als eines anders gearteten Asyls gehört in diesen Zusammenhang und weist auf die Priesterärzte der Antike zurück.

Abschließend berichtete die Sozialwissenschaftlerin Dr. Regine ERICHSEN über die Emigration von überwiegend jüdischen Wissenschaftlern während der Nazi-Herrschaft in die Türkei. Deren Lebensbedingungen waren keinesfalls einfach, ermöglichten aber vielen zu überleben oder in ein anderes sichere

Land zu gelangen. Auf diese Weise kam ein Transfer von methodischem und inhaltlichem Wissen zu Stande, was wesentlich zur Modernisierung der Türkei nach dem Ende des osmanischen Reiches beigetragen hat. Besonders zu erwähnen ist auch die Tatsache, dass die Türkei gegen Pressionen der Deutschen Reichsregierung Tausenden von zumeist jüdischen Flüchtlingen, darunter zahlreiche Kinder, Transitvisa erteilte, um so wenigstens auf dem Landweg z.B. nach Palästina entkommen zu können.

Die Feststimmung der Veranstaltung wurde durch den „Bazar der Sinne" in der Mittagspause unterstrichen. Neben einem türkischen Buffet gab es Musik, Tanz und Trommeln einer Mädchengruppe von deutschen und türkischen Schülerinnen, eine Fotoausstellung, einen Büchertisch sowie Posterpräsentation. Ein Highlight war die Lesung von Geschichten über Nasreddin Hodscha, der ja nicht nur so etwas wie ein türkischer Till Eulenspiegel, sondern auch ein philosophierender Mystiker gewesen ist. Die Vorträge des Jubiläumssymposiums wurden 2006 in einem Jubiläums-Rundbrief[4] der DTGPP veröffentlicht. Manche der bei dieser Tagung angerissenen Themen werden auch beim VI. Deutsch-Türkischen Psychiatriekongress unter dem Titel „Identität(en)" im September 2007 in Istanbul fortgesetzt. Informationen zu dieser und anderen Tagungen finden sich auf der Homepage der Gesellschaft unter www.dtgpp.de.

Anmerkungen der Redaktion curare

1. Frühere Berichte in *curare*: Özek M., Pfeiffer W.M., Koch E. 1993. Ergebnisse des 1. Türkisch-Deutschen Psychiatriekongresses (inkl. vorläufiger Resolution). Antalya 1994. *curare* 16,3+4: 201-202 // Koch E., Heilbronn K., Schouler-Ocak M. 2001. Die Deutsch-Türkische Gesellschaft für Psychiatrie, Psychotherapie und Psychosoziale Gesundheit (DTGPP e.V.). Entstehungsgeschichte, Entwicklung, Ziele und Ausblick (mit Anhang, Resolution von Antalya 1994). *curare* 24,1+2: 183-89 // Koch E. 2003. Deutsch-Türkischer Psychiatriekongress, Essen 2003. "Ver-rückte Grenzen – Interkulturelle Begegnungen". Anhang: Resolution zum Kongress. *curare* 26,1+2: 131-136, Anhang 137-138 (als pdf-Datei www.agem-ethnomedizin.de).
2. Prof. Dr. med. Metin Özek, *29.6.1930, arbeitete nach seinem Medizinstudium in den 1970er Jahren in der Arbeitsgruppe von Prof. Heinz Häffner in Mannheim und wirkte an den damaligen Pionierstudien zur psychischen Gesundheit von Migranten mit, vgl. z.B. Häfner H., Moschel G. & Özek. M. 1977: Psychische Störungen bei türkischen Gastarbeitern. Eine prospektiv-epidemiologische Untersuchung der Reaktion auf Einwanderung und partielle Anpassung. *Nervenarzt* 48: 268-275. Nach dem Militärputsch von 1980 war er in der Türkei mehrere Jahre inhaftiert. Nach seiner Freilassung setzte er sich in vielen Vorträgen, Aktivitäten und Workshops besonders für die kulturelle Verständigung zwischen Deutschen und Türken insbesondere in Deutschland ein.
3. Hinweis: Martin Grewe hat u.a. 1997 im Auftrag der Ausländerbeauftragten des Senats von Berlin (Hrsg.) eine bemerkenswerte Broschüre geschrieben: *alla turca, Berliner Musik aus der Türkei.* 80 S., illustriert // und 2003. *Die Musik der imaginären Türkei. Musik und Musikleben im Kontext der Migration aus der Türkei in Deutschland.* Stuttgart: Metzler.
4. Der erste zweisprachige Rundbrief 1/1997 erschien Anfang 1997, seither bis 2005 zweimal jährlich und nach einer kurzen Unterbrechung der zitierte Jubiläumsrundbrief zum10jährigen Bestehen der DTGPP im November 2006.

Eckhardt Koch (Jg. 1951) Dr. med., Facharzt für Neurologie, Psychiater und Psychotherapie. Seit Januar 1991 Abteilungsleitender Arzt „Ambulante und teilstationäre Psychiatrie" und stellv. ärztlicher Direktor der Klinik für Psychiatrie und Psychotherapie Marburg-Süd. Aufbau und Leitung einer zentralen, allgemeinpsychiatrischen Tagesklinik. Leitung und Organisation des Institutsambulanz. Ab1992 Aufbau und Leitung einer vorwiegend psychotherapeutisch / psychosomatisch ausgerichteten Station für interkulturelle Psychiatrie. Seit Gründung im November 1994 erster Vorsitzender der „Deutsch-Türkischen Gesellschaft für Psychiatrie, Psychotherapie und psychosoziale Gesundheit e.V. (DGTPP)". In dieser Funktion Organisation von bislang fünf Deutsch-Türkischen Psychiatrie-Kongressen in Deutschland und der Türkei. Buch- und Zeitschriftenpublikationen.

Klinik für Psychiatrie und Psychotherapie Marburg-Süd
Cappeler Str. 98, 35039 Marburg
eckhardt.koch@t-online.de

Norbert Hartkamp (Jg. 1958) Dr. med., Facharzt für Psychosomatische Medizin und Psychotherapie, Psychoanalytiker und Gruppenanalytiker. Chefarzt der Klinik für Psychosomatik des Stiftungsklinikum Mittelrhein, Standort Boppard. Arbeitsgebiete: Persönlichkeitsstörungen, Kurzzeitpsychotherapie, somatoforme Störungen, Dokumentation und Qualitätssicherung von stationärer Psychotherapie. Aufbau eines Behandlungsschwerpunkts für psychosomatische Krankenhausbehandlung türkeistämmiger Migranten.

Gesundheitszentrum zum Hl. Geist, Stiftungsklinikum Mittelrhein,
Hospitalgasse 2, 56154 Boppard
norbert.hartkamp@stiftungsklinikum.de

Transkulturelle Psychotherapie mit Familien: Rotterdamer Masterclass 2005 mit Marie-Rose Moro
MARTINE VERWEY

Das holländische Wissenszentrum für transkulturelle psychische Gesundheitsversorgung, Mikado, organisiert jährlich mehrere die Fachkompetenz stützende Symposien. Expertise aus dem Ausland vermittelten seit Herbst 2004 Derrick Silove (Australien), Leslie Swartz (Südafrika) und Arthur Kleinman (USA) (vgl. Verwey 2003 in dieser Zeitschrift). Am 10. März 2005 fand in Rotterdam eine Masterclass mit der französischen Kinder- und Jugendpsychiaterin Marie-Rose Moro statt. Prof. Dr. Marie-Rose Moro konzentriert sich auf Therapie, Aus- und Weiterbildung sowie Forschung und ist an der Universität Paris 13 seit 1998 für die postdoktorale Ausbildung in transkultureller Psychiatrie verantwortlich. Am Hôpital Avicenne im Pariser Vorort Bobigny vertritt sie seit 1989 mit der ethnopsychiatrischen Konsultation für Familien und als Vorsteherin der Abteilung Psychopathologie des Kindes- und Jugendalters nach Tobie Nathan die zweite Generation des transkulturellen Zugangs. Die Abteilung wurde vor zwanzig Jahren durch Serge Lebovici gegründet und durch Philippe Mazet weitergeführt. Theoretisch und methodisch stützt sich die transkulturelle Psychotherapie in Frankreich auf Georges Devereux als Gründer der Ethnopsychoanalyse (www.clinique-transculturelle.org).

An der Weiterbildungsveranstaltung in Rotterdam mit über 130 Teilnehmenden führte der Gesundheitspsychologe Hacène Seddik in das Thema *Transkulturelle (System)therapie mit Familien* ein und berichtete über seinen von Mikado finanzierten Forschungsaufenthalt am Spital Avicenne. Seit Abschluss des Studiums in Paris ist er als Psychotherapeut in einem multidisziplinärem Team der ambulanten psychiatrischen Gesundheitsversorgung in Utrecht tätig und deshalb besonders geeignet, eine Brücke zu schlagen zwischen Erfahrungen in Frankreich und der klinischen Arbeitssituation mit zugewanderten Familien in den Niederlanden.

Nach Seddiks Einführung erklärte Marie-Rose Moro, wie am Spital Avicenne mit Kindern im Familienverband transkulturell gearbeitet wird. Die Grundlage der therapeutischen Methodik hat Devereux gelegt. Aufbauend auf Theorien der Ethnologie und Psychoanalyse entwickelte er die Methode der Komplementarität, wobei sowohl mit der Annahme der kulturspezifischen Krankheitserklärungen als auch mit der psychoanalytischen Methode gearbeitet wird. Weitere Prinzipien des transkulturellen psychotherapeutischen Settings sind das Konzept des Andersseins (*l'altérité*), die Berücksichtigung möglicher dem Migrationsprozess inhärenter Probleme und das Konzept der (sozialen) Einbettung oder des schützenden kulturellen Rahmens (*l'enveloppement*). Theoretisch wird ferner von der psychischen Universalität und der universellen kulturspezifischen Kodierung ausgegangen.

Kern des Behandlungsdispositivs ist Arbeit in einer Gruppe in der Sprache des Klienten mit der Technik der freien Assoziation und der kulturellen Gegenübertragung sowie mit Analogien. Dolmetscher oder mehrsprachige Schlüsselpersonen sind deshalb sehr wichtig. Der ethnopsychoanalytische Zugang will die Klienten dabei unterstützen, ihre eigenen Bedeutungssysteme innerhalb des therapeutischen Rahmens zu nutzen, indem diese Bedeutungen in die Therapie integriert werden. Ausgehend von der kulturellen Ebene und fortschreitend zur individuellen Ebene wird gemeinsam eine komplexe Logik konstruiert, welche den Konflikten einen Sinn verleihen soll. Die transkulturelle Therapie zielt darauf ab, den Klienten abhanden gekommene Referenzrahmen wieder herzustellen. Mitglieder einer Familie sollen sich durch die Migration verloren gegangene ursprüngliche (ätiologische) Aspekte wieder zu Eigen machen können. Das psychotherapeutische Setting passt sich dementsprechend an. Anstelle mit dem individuellen Klienten wird als therapeutische Technik mit der Familie und der Dynamik dieser Gruppe gearbeitet.

Es gibt zwei Formen der Gruppenarbeit: entweder eine Großgruppe mit einem Haupttherapeuten, einem Dolmetscher oder einer Dolmetscherin und etwa zehn Co-Therapeuten, oder eine kleine Gruppe mit einem Haupttherapeuten, einem Dolmetscher oder einer Dolmetscherin und einem oder zwei Co-Therapeuten. Die Gruppe setzt sich pluridisziplinär und multikulturell zusammen. In einer Konsultation kommen nach der Vorstellungsrunde zuerst Familienmitglieder zu Wort. Dann fragt der Haupttherapeut den Co-Therapeuten, auf die Erzählung des Klienten zu reagieren. Zumeist wird der angefragte Co-Therapeut eine Geschichte aus der eigenen Kultur erzählen in der Form eines Ausdrucks, einer Redensart, einer Metapher, eines Sprichworts oder eines Ereignisses. Im therapeutischen Prozess geht es darum, anfänglich Bilder hervorzurufen, damit die Erzählung darauf folgen kann. Ziel ist, den Klienten die Möglichkeit zum Assoziieren anzubieten und ihrer eigenen Geschichte einen Sinn zu geben. Mittels Arbeitshypothesen betritt man mit kleinen Schritten die Welt des Klienten. In einer nächsten Phase geht es darum, die Differenz oder das Anderssein (*l'altérité*) zu bearbeiten. Am Schluss der Sitzung schlägt der Haupttherapeut Verbindungen zwischen den verschiedenen evozierten Vorstellungen vor, macht eine Deutung oder erwähnt die Verbindungsmechanismen direkt oder in Form eines Bildes. Diese Technik der Kontextualisierung und der Co-Konstruktion erlaubt es, ohne Fragen auszukommen, die als Aggression, Intrusion oder Unhöflichkeit erfahren werden können.

Das Konsultationsteam von Moro behandelt an drei Vormittagen pro Woche Klientensysteme. Pro Vormittag sind zumeist zwei Sitzungen eingeplant. Frequenz der zweistündigen Sitzungen ist etwa einmal pro sechs Wochen. Weil die transkulturelle Therapie im Rahmen eines Spitals stattfindet, werden ihre Kosten zu 70% durch die Krankenversicherung übernommen. Die Überweisung geschieht fast zur Hälfte (42%) durch Ärzte. Es stehen Dolmetscher in bis zu 25 Sprachen zur Verfügung.

Lehnen jugendliche Klienten die Arbeit in Gruppen ab, finden individuelle Sitzungen statt. Marie-Rose Moro reagiert mit dem Konzept *Metissage* oder Mischung auf Bedürfnisse der zweiten und dritten Migrationsgeneration. Sie betont, dass die Arbeit in der Großgruppe erst dann indiziert ist, wenn quasi alle Stricke gerissen sind und alle anderen therapeutischen Maßnahmen nicht gefruchtet haben. In Anlehnung an Donald Winnicott und Wilfried Bion kann eine Gruppe eine *Holding*- oder *Containing*-Funktion haben. Welches Setting auch gewählt wird – alles zielt darauf ab, Klienten dabei zu unterstützen, ihre Geschichte zu erzählen und einen gemeinsamen Bedeutungszusammenhang zu finden.

Anschließend an das Hauptreferat ging die Psychologin, Ausbildnerin und Supervisorin Anke Savenije der Frage nach, welchen Platz Kultur in der Systemtherapie in den Niederlanden einnimmt. Sie stellte fest, dass viel von Werten und wenig von Wissen die Rede ist. Aber auch in der holländischen narrativen Systemtherapie ist es wie im französischen Kontext wichtig, eine therapeutische Realität zu kreieren, welche Klienten ermöglicht, ihre Geschichte so erzählen zu können, dass ihre Sinngebung darin einen Platz hat. In der therapeutischen Arbeit mit Kindern und Jugendlichen geht es dabei genauso um die Erzählung der Eltern über ihre Migration und ihre Enttäuschungen. Savenije sprach von der Möglichkeit einer zwei- oder dreifachen Identität in den Niederlanden.

Einen Einblick in die ethnpsychiatrische Sprechstunde am Hôpital Avicenne gab die Filmdokumentation *Ich habe von einer weiten Wasserfläche geträumt* von Laurence Petit-Jouvet. In jeder der gezeigten drei Familiensitzungen geht es darum, die innere Gedanken- und Gefühlswelt zu ergründen, Erlebnisse aus der Vergangenheit aufzuarbeiten und Träume zu deuten. Abgeschlossen wurde der Weiterbildungstag mit vier Workshops über Familientherapie.

In der hier vorgestellten transkulturellen Psychotherapie werden der Sprache und der gemeinsamen

Martine Verwey, Lic. phil. I, Ethnologin, dipl. Ernährungsberaterin. Tätig im Projekt-, Forschungs-, Evaluations-, Fort- und Weiterbildungsbereich, u.a. in der Fachstelle Gesundheit und Integration, Caritas Schweiz. Lehrbeauftragte am Ethnologischen Seminar der Universität Zürich für Medizinethnologie von 1987 bis 1992, zu „Migration, Integration und Gesundheit" von 1993 bis 1995 und im Jahr 2003 sowie am Psychologischen Institut zu Problemen der mehrkulturellen Identitätsbildung von 1992 bis 1994. Thematische Schwerpunkte: Resilienz traumatisierter Flüchtlinge; transkulturelle Pflegedidaktik; Diversität, Krankheitsklassifikation und Diagnose. Gründungsmitglied und seit 2005 Präsidentin der Interdisziplinären Kommission für Medizinethnologie *Medical Anthropology Switzerland* (MAS) der Schweizerischen Ethnologischen Gesellschaft; Mitglied der Sektion *Transkulturelle Psychiatrie* der Niederländischen Vereinigung für Psychiatrie, Research Group *Culture, Health & Illness,* Leiden University Medical Center NL.

Felsenstrasse 11, Postfach, CH-8570 Weinfelden
e-mail: martine.verwey@caritas-thurgau.charburg

Herstellung der Erzählung große Aufmerksamkeit gewidmet. Moro wies darauf hin, dass durch das Switchen-Können von der einen in die andere Sprache und durch die an einer Sitzung potentielle Verfügbarkeit mehrerer Sprachen verschiedene Teile einer Persönlichkeit repräsentiert werden. Eine dolmetschgestützte Therapie vergrößert Moro zufolge die psychische Freiheit des Klienten.

An der Masterclass in Rotterdam bestand das Publikum fast ausschließlich aus Systemtherapeutinnen und -therapeuten, einigen Psychiatern und relativ wenigen Fachleuten aus der Sozialwissenschaft. Aufschlussreich war Moros Antwort auf die Frage, ob die klinische Ethnologie eine Zukunft hat. Moro unterstrich zwar die Vorteile der interdisziplinären Zusammenarbeit mit Fachleuten aus der Ethnologie, grenzte sich aber berufspolitisch deutlich ab, indem sie die klinische psychologische und psychiatrische Arbeit von der theoretischen Ethnologie unterschied. Ethnologie wird auf diese Weise definiert von anderen Disziplinen – hier der Psychiatrie – ohne selber aktiv eine Selbstdefinition vorzunehmen. Was heißt dies für die Qualität der Zusammenarbeit? Ethnologie als Disziplin, welche kulturspezifisches Wissen zur Verfügung stellt, findet Akzeptanz. Wird der Ethnologie aber darüber hinaus mehr Beweglichkeit zugestanden? Dürfte Devereux zu seiner Zeit neue Einsichten der Ethnologie in seiner Theorie integriert haben, fragt es sich aber heute, ob die transkulturelle Psychotherapie sich für die weitere Entwicklung der Ethnologie und eine kritische Sicht auf Kultur interessiert.

Literatur

VERWEY M. 2003. Bericht zu Masterclasses und Vorträgen mit Arthur Kleinman in den Niederlanden 2005. *curare* 26,1+2: 142

---

curare-**Sonderband 16/2001**

Martine Verwey (Hg.)
358 Seiten • 17 x 24 cm • Hardcover • ISBN3-86135-752-6

Trauma und Ressourcen

Trauma and Empowerment

Martine Verwey (Hg./Ed.)

Die Diskussion über Trauma und Flüchtlinge wird stark vom medizinischen Diskurs geprägt. Trauma als soziale Erfahrung und als eine ständige Anklage gegen Unrecht wird transformiert zur psychischen Störung oder posttraumatischen Belastungsstörung (PTSD). In diesem Kontext erscheint Kultur vor allem als jeweilige Umhüllung universell gültiger Krankheitsbilder. Kultur und Trauma sind aber untrennbar miteinander verbunden. Kern traumatischer Erfahrungen sind die Vernichtung von Bedeutung und die Zerstörung von sozialer Interaktion, innerhalb der Bedeutung hergestellt wird. Die zunehmend restriktive Flüchtlingspolitik hat negativen Einfluss auf die Gesundheit der Asylsuchenden. Aber der Gesundheitssektor ist nur zum Teil in der Lage, ihre gesundheitlichen Probleme zu verstehen und zu lösen. Denn die Hauptursachen dieser Probleme sind soziopolitischer Natur. Die Artikel in diesem Band verdeutlichen, dass soziale, politische, kulturelle und geschlechtsspezifische Faktoren gleichermassen in die Diagnostik psychischer Störungen einfliessen müssen. In der Gesundheitsförderung mit traumatisierten Gewaltflüchtlingen geht es darum, der Gefahr von Chronifizierungen mit Sekundärprävention entgegenzuwirken. Jede und jeder Überlebende hat Ressourcen, um ein zwar von den schweren Erlebnissen geprägtes, aber doch erfülltes Leben leben zu können. Wirksame Gesundheitsförderung für Flüchtlinge ist nur möglich, wenn in interdisziplinärer Zusammenarbeit ihre Fähigkeiten zum *coping* richtig erkannt und gestärkt werden. Dies bedingt eine neue Sichtweise auf die Probleme von Flüchtlingen, und zwar seitens von Behörden, seitens der Öffentlichkeit und seitens der Institutionen der Gesundheitsversorgung.

VWB – Verlag für Wissenschaft und Bildung

Tagungsbericht zum 4. Treffen des Europäischen Netzwerks "Medical Anthropology at Home" in Seili, Finnland, 16. - 18. März 2006.

KATARINA GREIFELD

Seit 1998 findet regelmäßig alle zwei Jahre eine Konferenz des europäischen Netzwerkes "Medical Anthropology at Home" statt (Zeist, Niederlande 1998; Tarragona, Spanien 2001; Perugia, Italien 2003; Seili, Finnland 2006). Sie dient dazu, laufende Arbeiten vorzustellen und zu diskutieren. Dabei stehen theoretische, methodologische und praktische Fragen in Bezug auf Gesundheit und Kultur „zu Hause" im Vordergrund.

Der Ort Seili in Finnland war interessant gewählt, handelt es sich doch dabei um eine ehemalige Spitalinsel, die zu Beginn des 17. Jahrhunderts eingerichtet wurde, als sich an der Südwestküste Finnlands die Lepra ausbreitete. König Gustav II Adolf von Schweden ließ dort ein Spital errichten. Während die Leprakranken auf einer kleineren Nebeninsel (der letzte Leprakranke starb dort 1785) konzentriert wurden, diente die Hauptinsel wenige Jahre später als Standort eines Pfarrhauses und weiterer Wohn- und Wirtschaftshäuser sowie einer Anstalt für Geisteskranke, die dort auf Dauer weggesperrt wurden. Diese existierte noch bis 1962, wobei in den letzten siebzig Jahren nur noch Frauen verwahrt wurden. Heute gibt es noch eine Krankenzelle, die zu Demonstrationszwecken (inklusive Zwangsjacke) erhalten wurde. Die Universität Turku erbte die Anlage und richtete dort ihr Seeforschungsinstitut ein.

Die rund 30 Teilnehmerinnen und Teilnehmer waren alle aktiv an der Gestaltung der Tagung beteiligt, ist doch eine Voraussetzung, einen Beitrag zu präsentieren, wobei auf Parallelveranstaltungen gänzlich verzichtet wird. Dies führt dazu, dass alle in direkte Kommunikation zueinander treten können, was auch hier wieder aufs angenehmste geschah.

Schwerpunkt der diesjährigen Tagung war, das "at home" im Titel des Netzwerkes zu reflektieren, ob und wie es sich in den letzten Jahren seit der Gründung verändert hat. Hier wurden u.a. gesundheitliche Probleme von MigrantInnen präsentiert, die z.T. außerhalb der Biomedizin bzw. bei sich zuhause (z.B. in Somalia) Hilfe suchen, was methodologisch mit der "multi sited ethnography", also Forschungen an verschiedenen Orten, angegangen wurde. Dazu gehörten auch ethnografische Beiträge zur Behandlung von Drogensüchtigen. Ein weiterer Schwerpunkt war die Anthropologie/Ethnologie der Psychiatrie, wobei u.a. Ansatzpunkte der forensischen Psychiatrie und allgemeiner gesellschaftlicher Werte in Dänemark diskutiert wurden, bzw. psychiatrisches Handeln als soziale Kontrollinstanz am Beispiel Lettlands und seiner Sozialpolitik thematisiert wurde. Der dritte Schwerpunkt umfasste das Thema der Wahrnehmung von Krankheit außerhalb der Biomedizin. Die Beiträge gingen von unterschiedlichen Normsetzungen und ihrer Verhandlung zwischen Ärzten und Patienten über Wahrnehmungen zur sexuellen Gesundheit bei ekuadorianischen Frauen in Spanien, die der Straßenprostitution nachgehen bis zur Teilhabe von Männern an In-Vitro-Fertilisationen. Die Aufzählung der Themen hier ist zufällig und soll zeigen, wie unterschiedlich "at home" interpretiert werden kann und dass recht divergente Themen entstehen.

Schlussendlich wurde festgestellt, dass die "at home" – Metapher genau deswegen interessant und sinnvoll ist, um die Grenzen des "at home" auszuloten. Während vor acht Jahren "at home" wichtig war zur geografischen Verortung, wird dies zunehmend

Katarina Greifeld (Jg. 1956) Dr. phil., Ethnologin. Medizinethnologin und unabhängige Gutachterin in der gesundheitlichen Entwicklungszusammenarbeit. Arbeitet für bilaterale und internationale Organisationen vorwiegend in Asien und Afrika, wobei HIV/Aids einer der Schwerpunkte ist. Seit 2004 im wissenschaftlichen Beirat der Arbeitsgemeinschaft Ethnomedizin, in den neunziger Jahren im Vorstand. In der Lehre im deutschsprachigen Ausland vielfach eingesetzt wird das von ihr herausgegebene Buch *Ritual und Heilung. Eine Einführung in die Medizinethnologie*. Dritte, grundlegend überarbeitete und erweiterte Fassung des Werkes *Krankheit und Kultur*, Reimer, Berlin 2003.

Mauerweg 10, D-60316 Frankurt
e-mail: greifeld@gmx.de

schwieriger auf Grund der Öffnung des Ostens, aber auch der weiter zunehmenden Mobilität zwischen Ländern und Kontinenten. "At home" bedeutet heute auch, über Flüchtlinge und Migranten und deren gesundheitlichen Wahrnehmungen und Probleme nachzudenken, nämlich in einem zweifachen "at home" bei ihnen und bei uns zu hause.

Die Tagung wurde gekennzeichnet durch eine lockere, aber konzentrierte Atmosphäre, wobei leider der Arbeitsplan etwas überladen war, so dass die für die Kommunikation so wichtigen Pausen zum Teil ausfallen mussten. Die nächste Konferenz wird voraussichtlich 2008 zum zehnjährigen Bestehen des europäischen Netzwerkes in Dänemark stattfinden.

The social dimensions of understanding illness and healing: Islamic societies from Africa to Central Asia.
Report of a workshop at the Orientwissenschaftliches Zentrum, Martin-Luther-Universität Halle-Wittenberg, Halle/S. Germany, 31th march - 1st april 2006
ILDIKÓ BÉLLER-HANN & HANNE SCHÖNIG

The workshop was funded by the Fritz Thyssen Stiftung and the Martin Luther University Halle-Wittenberg. Due to cancellations, out of the originally invited seventeen academics, including some PhD students, twelve scholars based in Finland, France, Germany, the Netherlands, Poland, Russia, the United Kingdom, Uzbekistan, and the United States with an interest in health, illness and healing in Islamic societies participated at the workshop. Unfortunately, Pawel Jessa cancelled his participation in the last minute, so his paper was not presented in spite of its being included in the programme. The sessions were also attended by PhD students and post-doctoral fellows from Berlin, the Martin Luther University and the Max Planck Institute for Social Anthropology in Halle.

The workshop had a pronounced exploratory character. To the best of our knowledge this was the first attempt to bring together scholars working on this topic in two large regions, the Middle East and North/West Africa on the one hand and Central Asia on the other.

Interdisciplinary co-operation was emphasised throughout, and social/cultural anthropologists were joined by scholars representing Islamic and Oriental Studies, demography and history. We have also invited Dr. Mona Schrempf from the Humboldt University in Berlin, to chair the Central Asian panels and act as discussant. Dr. Schrempf was the only participant with a research interest outside the Islamic world. A medical anthropologist of Tibet, her fresh insights made invaluable contributions to the discussion. All speakers contributed to the lively discussions, which throughout the sessions remained amicable. In fact, the discussions were so lively, that they amply compensated for the cancellation of several papers.

The choice of two core regions connected through Islam worked out very well: in the discussion of all papers comments and questions were coming from researchers of both areas; as the organisers had hoped, a real dialogue developed both between researchers of different regions and between representatives of the various disciplines.

SARA RANDALL from University College London presented the results of her demographic research in Senegal, arguing that Wolof women's fertility decisions are embedded in a discourse on health. EKATERINA RODIONOVA from Saint Petersbourg State University gave a historical account based mostly on travelogues of traditional ways of caring from the newborn and new mothers in Iran. ANNE REGOURD from the Sorbonne talked about wet-cupping and the representation of blood in Yemen. MARJA TILIKAINEN from the University of Helsinki presented ethnographic materials about witch and spirit beliefs in Somalia. A similar perspective was pursued by SYLVIA ÖNDER from

Georgetown University, who was looking at modern manifestations of the evil eye in a Turkish village by the Black Sea. Her paper was nicely complemented by Gerda Sengers' (free-lance consultant) account of Zar ceremonies which she observed in the slums of Cairo. Spiritual healing was also addressed by a number of scholars working in Central Asia. HABIBA FATHI based at the French Research Institute in Taschkent looked at traditional curative practices among Muslim women in Central Asia, while KRISZTINA KEHL from the Max Planck Institute for Social Anthropology in Halle focused on women healers in post-socialist Uzbekistan. MATHIJS PELKMANS also from the Max Planck Institute for Social Anthropology analysed how healers establish their credibility in post-Soviet Kyrgyzstan. ANNETTE KRÄMER from the Humboldt University in Berlin addressed the issue of medical pluralism in contemporary Central Asia and pointed out new directions for research. DANUTA PENKALA GAWĘCKA from the Adam Mickiewicz University in Poznan considered the diversity of complementary medicine in Post-Soviet Kazakhstan. While most of the Central Asian papers addressed the contemporary situation, PAULA MICHAELS from the University of Iowa gave an account of the state of Soviet biomedicine and Kazakh ethnomedicine under Stalin, thus providing a historical depth for the final discussion.

To start the final discussion, MONA SCHREMPF summarised a number of important points which emerged during the earlier debates. These were later augmented by participants during the final discussion, and further suggestions have been sent by some participants by e-mail following the workshop. We have established that the workshop has indeed identified a significant research gap: in the core regions attitudes and practices related to illness and health, healing and curing have so far been seriously understudied. Several participants have displayed an interest for comparison. It has been decided that if a further collaborative research is to emerge, it is essential that basic terminology should be clarified. The necessity to focus on everyday practice while taking into account state policy, religious and political contexts as well as the impact of diverse medical traditions was emphasised. Further suggestions for a future directions of a collaborative research included: Local discourses on health Modernity vs. Tradition / Patient/client-centred Approach / Domestic Medicine, Family Medicine / Encounters between Patient and Healer.

Extending the unit of analysis from a patient-centred one to include the role of informal networks, family kin neighbours etc. in giving advice and providing care.

It has also been suggested that a comparative project could have a major focus different from Islam, even though Islam continues to provide an important backdrop to such research.

Most of the participants were women, which may be a reflection of the gender imbalance characteristic of this field of research. This was also, to some extent, reflected in the materials presented. To redress the balance, it has been suggested that in future work the gender question should be explicitly addressed and equal attention should be paid to women and men.

While the question of developing a major collaborative research project from the results of this workshop needs to be discussed and considered further, most participants are very keen on contributing to a collective volume to be published in the Orientwissenschaftliche Hefte, the publication series of the Orientwissenschaftliches Zentrum in Halle. For such a volume we are also planning to ask for contributions from those researchers who were unable to participate in the workshop, but who have expressed an interest in future cooperation. This is all the more important, since after the workshop was announced on the Internet (OWZ homepage; AGEM – Arbeitsgemeinschaft Ethnomedizin e.V.; Harvard Central Asian Newsletter), we received many mails from people who could not participate in the conference but who were asking about the availability of the papers and future publication plans. Both this public response as well as the lively and stimulating discussions during the workshop have confirmed the need for such a publication and for future cooperation of researchers, who to some extent are doing pioneering work and who have so far worked in relative isolation.

So, concrete plans for the future which have directly emerged from the workshop include the above mentioned publication. Furthermore, Hanne Schönig und Anne Regourd (Sorbonne) have started preliminary discussions concerning the possibility of organising another international workshop focusing on Yemen, their research area. The planned workshop would comprise both a historical as well as a contemporary socio-political perspective, and would include migrant communities outside Yemen. The working title of the workshop at present is: The development of healing with herbs embedded in Yemenite socio-political contexts.

We are hoping to introduce a new lecture series within the framework of the regular Tuesday lectures of the Orientwissenschaftliches Zentrum at our university with a focus on "Illness and healing in the Orient".

Die Autorinnen im Feld:
Ildikó Béllér-Hann

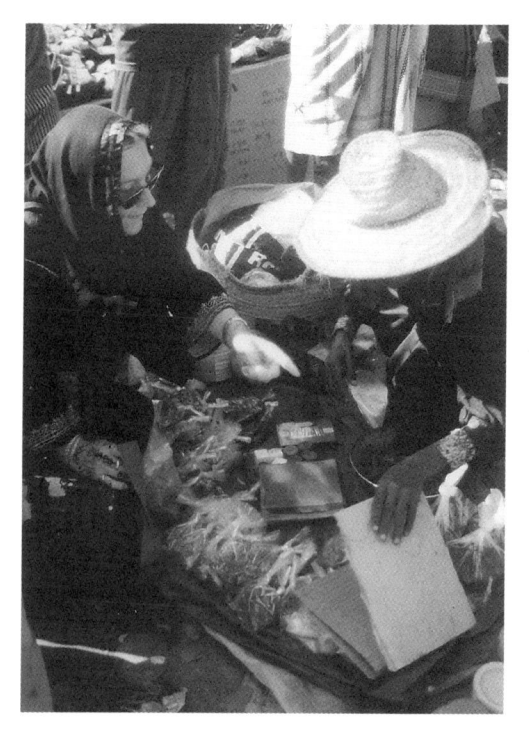

Hanne Schönig, Donnerstagmarkt in Tihana, Yemen

Ildikó Bellér-Hann (Jg. 1956) PD Dr. phil., Islamwissenschaftlerin. Studierte und lehrte Turkologie und Zentralasienwissenschaften in Budapest, Cambridge und Berlin; Feldforschungen: Türkei, Xinjiang (VR China), Kasachstan; spez. Arbeitsgebiete: Geschichte und Ethnologie der Turkvölker. Wissenschaftliche Mitarbeiterin am Orientwissenschaftlichen Zentrum Martin-Luther-Universität Halle-Wittenberg.
e-mail: ildiko.beller-hann@owz.uni-halle.de

Hanne Schönig (Jg. 1953) Dr. phil., Orientalistin. Studierte in Mainz Arabistik, Islamwissenchaften und Semitistik. War u.a. Referentin am Orient-Institut der DMG in Beirut 1995-1999 und unternahm mehrere Feldforschungen im Jemen zwischen 1993 und 2000. Spezialgebiet derzeit mit Publikationen zu allen Bereichen der Alltagskultur Jemen. Wissenschaftliche Mitarbeiterin am Orientwischaftlichen Zentrum der Martin-Luther-Universität Halle-Wittenberg
e-mail: hanne.schoenig@owz.uni-halle.de

Orientwissenschaftliches Zentrum der Martin-Luther-Universität Halle-Wittenberg
Mühlweg 15, 06114 Halle, www.owz.uni-halle.de

VWB – Verlag für Wissenschaft und Bildung

Vom Umgang des Menschen mit dem Menschen.
Tagung „Medizin und Gewissen: Im Streit zwischen Markt und Solidarität" in Nürnberg (20.-22. Oktober 2006).

ASSIA HARWAZINSKI

Abstract The Way Humans Treat Each Other. The conference "Medicine and Conscience: The struggle between market and solidarity". Report on the Five-Year-Conference of the German Section of International Physicians for the Prevention of a Nuclear War/Physicians in Social Response, of October 2006 at Nuernberg.

Keywords (Schlagwörter) biomedicine (Moderne Medizin) – conscience (Gewissen) – solitarity (Solidarität) – social responsibility (soziale Verantwortung) – nuclear war (Atomkrieg) – IPPNW – Deutsche Sektion der Internationalen Ärzte für die Verhütung des Atomkrieges/Ärzte in sozialer Verantwortung e.V.

In Nürnberg fand 60 Jahre nach den Nürnberger Ärzteprozessen vom 20.-22. Oktober 2006 nach 1996 in Nürnberg und 2001 in Erlangen die dritte Tagung der *Deutschen Sektion der Internationalen Ärzte für die Verhütung des Atomkrieges/Ärzte in sozialer Verantwortung e.V.* statt (vgl. www.medizinundgewissen.de). Nach Viktor von Weizsäckers Motto „Medizin ist der Umgang des Menschen mit dem Menschen" war das beherrschende Thema die kritische Auseinandersetzung mit dem Kurs der aktuellen Gesundheitspolitik in Deutschland, die bei gleichzeitiger stärkerer Privatisierungstendenz zunehmend kommerzialisiert wird. Nebenschwerpunkt waren Ausblicke auf die Situation in anderen Ländern, besonders den USA. Bereits im gewählten Motto klingt an, die Medizin als Kulturwissenschaft zu behandeln, was im gängigen Medizinverständnis eher ungewöhnlich erscheint.

Im Historischen Rathaus unterhalb der Burg begann die Tagung mit der Anhörung der Zeitzeugen der Ärzteprozesse 1946/1947. Hedy EPSTEIN, Mitglied des St. Louis Holocaust Museum & Information Center in Missouri, sowie Arno S. HAMBURGER, 1. Vorsitzender der Israelitischen Kultusgemeinde Nürnberg, leiteten die Tagung im Gespräch mit PD Dr. Hannes WANDT ein. Hedy Epstein war früher Mitarbeiterin der Anklageerhebung im Nürnberger Ärzteprozess, Arno Hamburger als damaliger britischer Soldat und Dolmetscher daran beteiligt. Beide beschäftigten sich mit der Lektüre der Protokolle über Menschenversuche. Hamburger ist bis heute geprägt von der Erfahrung, dass die „Ärzte", die Versuche an menschlichen Wesen in jener Form durchgeführt haben, genau und exakt schildern und protokollieren, ohne Regung, emotionslos; es sprengt bis heute sein Vorstellungsvermögen. Auch Epstein, die im Bunker von Berlin-Dahlem Akten unter Verschluss über das kühle Quälen von Menschen bis zur Tötung auswertete, bestätigte Hamburgers Eindruck, dass die angeklagten Ärzte in den Prozessen vollkommen reguglos waren und kein Anzeichen von Reue zeigten. Paul WEINDLING vom Centre for Health, Medicine and Society/School of Arts and Humanities der Oxford Brookes University berichtete über die Auswirkungen der Nürnberger Ärzteprozesse auf die Medizin- und Pflegeethik heute. Unter Berufung auf Martin Buber und der „communio" zwischen Arzt und Patient verwies er auf die theologischen Grundlagen der Begrifflichkeit in der Medizin. Nach dem Ende des Dritten Reiches hätten sich neue Formen der Pflege mit alten Menschen und behinderten Jugendlichen entwickelt, die – als Gegenstück zu einem KZ – in speziellen Heimen und Siedlungen leben und mit dem medizinischen Personal eine therapeutische Gemeinschaft bilden. Diese Form von „heilenden Gemeinschaften" und „Hospizen" seien die neuen Modelle nach dem Zweiten Weltkrieg.

Nachmittags referierten Alice RICCIARDI VON PLATEN, Ärztin und Psychoanalytikerin aus Cortona, Italien, und Mitglied der deutschen Ärztekommission beim Nürnberger Ärzteprozess, über ihre Erinnerungen an denselben und an die Patientenmorde, sowie Hans-Walter SCHMUHL, Abteilung Geschichtswissenschaft der Universität Bielefeld, über den Mord an psychisch kranken und behinderten Menschen. Horst-Eberhard RICHTER stellte die alle Tagungsteilnehmer umtreibende Frage „Wie kann Medizin angesichts der sich verschärfenden Ökonomie menschlich bleiben?" und stellte in den Raum: „Medizin hat kein Gewissen, aber diejenigen, die Medizin ausüben, sollten eines haben". Empathie und mitfühlende Sorge werden zusehends durch Rationalisierungsmaßnahmen und den Druck der Pharmaindustrie erschwert. Er spickte seinen Beitrag mit kleinen biographischen Anekdoten über seine damaligen Schwierigkeiten bei der Anerkennung seiner Habilitation und den weiteren im Berufsleben, sowohl im Bereich der Medizin als auch der Psychiatrie; zeitweise habe er unter dem Zutrittsverbot zur Bibliothek gelitten.

„Alles, was wir tun oder nicht tun, zählt!"
Zweifellos ein Höhepunkt war der Vortrag von Robert Jay LIFTON, Psychiater und Mitbegründer der IPPNW, aus

Cambridge/USA, mit dem Beitrag "Nazi Doctors and the World" – dem ersten Vortrag seines Lebens in einem Opernhaus. Er sprach über das zentrale Thema seiner gesamten Forschungsarbeiten: den Gegensatz von „Heilen" und „Töten" im Bereich der Medizin und umgebender Berufe mit besonderem Augenmerk auf der Perversion der Dichotomie: „Heilen durch Töten" (healing by killing). Er kritisierte den gefährlichen Szientismus und stellte die unbeantwortete Frage, ob es Beweise/Erhebungen dafür gäbe, dass jemand, der sein Leben lang kontinuierlich beschädigt, brutalisiert und gequält wurde, so bleiben würde oder ob er „zurückkehren" könne in die Zivilgesellschaft, um wieder eine emotionale, einfühlsame Person zu werden. Lifton hatte in den 70er und 80er Jahren in Haifa/Israel mit Auschwitz-Überlebenden sowie mit Ärzten gearbeitet, Interviews durchgeführt und ausgewertet. Dank seiner Freundschaft zu Alexander und Margarete Mitscherlich entkam er dem Ratschlag von Freunden "Let evil lie" (Lass das Böse ruhen). Stattdessen widmete er sich der Maxime "We have to confront evil!" (Wir müssen uns dem Bösen stellen!). Seiner Überzeugung nach hat alle medizinische und psychologische Arbeit eine moralische Komponente, die sich in dem Ziel ausdrückt, die Kräfte verständlich zu machen, die das Böse verursachen. Ärzte seien dazu da, Heiler zu sein; wenn sie sich in Mörder verwandeln, ist dies eine Schande. So betonte Lifton: "We are the professional descendants of magicians, witch-doctors and charlatans. We have the possibility to use white or black magic on the patient. We have the ownership of death as well as of life!" (Wir sind professionelle Nachfolger der Zauberer, Hexer und Scharlatane. Wir haben die Möglichkeit, weiße oder schwarze Magie am Patienten auszuüben. Wir besitzen die Entscheidungsgewalt über Tod genauso wie über Leben!). Als ein Beispiel für die Anwendung „schwarzer Magie" nannte er die Gabe von vergifteten Getränken in der Gruppierung um Jim Jones' "People's Temple" in Guayana, wo der Massen(selbst?)mord mit Hilfe der Gabe einer Mischung aus Kool Aid (Limonadengetränk) und Zyanid durchgeführt wurde, das von Jim Jones' Anhängern willig getrunken wurde. Sinngemäß führte er aus, der Nationalsozialismus sei nichts als angewandte Biologie, die biologische Vision der Reinheit zentral für die Nationalsozialisten gewesen, wie ihm einer seiner Interviewpartner, ein Arzt des Nazi-Regimes, gesagt habe. Hitler-Deutschland zeichnete sich durch „apokalyptische Biologie" aus, die nach dem Motto arbeitete: „Dies ist nicht Töten – dies ist Einschläferung!" Das „medizinische Töten" geschah in der Form einer „pervertierten Reinigung" aufgrund einer „Sozialisation zum Bösen" in Auschwitz. Keiner der befragten Ärzte sei vor Auschwitz ein Mörder gewesen. Sie hätten alle die Vorbereitungsprogramme durchlaufen, die sie dazu befähigten, als Anführer im Tötungsprozess aufzutreten und diesen durchzuführen – und zugleich am Wochenende nach Hause zu gehen, um als freundlicher Familienvater und Ehemann aufzutreten. Das Umarmen der Nazi-Ideologie als „Botschaft der Revitalisierung" und „nationalen Erneuerung" sei wissenschaftlicher Rassismus. Es war möglich, individuell ein „netter Nazi" gegenüber einem Juden zu sein und zugleich die Nazi-Ideologie des Mordes an Juden zu verteidigen. Liftons Studien über Gehirnwäsche zeigen einen ideologischen Totalitarismus auf: Die Hingabe an den Anspruch, über absolute Wahrheit und Moral zu verfügen. Der messianische Prozess und Anspruch in der Nazi-Ideologie ist offenkundig. Leider ist auch die Demokratie fähig dazu, die Existenz zu vernichten. Als Beispiel erwähnte er die Bombenabwürfe der Amerikaner über Hiroshima und Nagasaki, die für General Truman eine Situation absoluter Greueltaten hervorgerufen hätte. Für Lifton gehören die Bombenabwürfe über Hiroshima und Nagasaki bis heute zu den schlimmsten Kriegsverbrechen der Menschheitsgeschichte. Sein Appell an das Publikum und seine Fachkollegen lautete: "Reclaim the healing-principle of our profession!" und "It is a life-long struggle. Everything we do and don't do counts!" („Lasst uns das heilende Prinzip unseres Berufes zurückgewinnen!"/„Dies ist ein lebenslanger Kampf. Alles, was wir tun oder nicht tun, zählt!"

Arme Welt als Ersatzteillager für die Reichen. Das Problem der Transplantationsmedizin.

Einen anderen Akzent mit derselben Zielsetzung setzte der Workshop „Handel mit Hoffnung – Profitable Märkte in der Transplantationsmedizin?". Ruth-Gaby VERMOT-MANGOLD, Nationalrätin der Schweiz und gelernte Ethnologin, berichtete über Organ- und Kinderhandel in Europa. Sie entschuldigte sich zwischendurch für ihren Zynismus, der ihr Arbeitsgebiet und das, was man dort erlebt, leider mit sich bringen würde. Ein neues Organ ermögliche neues Leben, Hoffnung usw., außerdem ist beispielsweise eine Nierentransplantation billiger als Dialyse, sodass Transplantationsmedizin langfristig rechne. Das Problem: Es stehen zuwenig freiwillige Spenderorgane zur Verfügung, die eine legale Transplantation ermöglichen. Folglich sucht man global nach Spendern, worauf das organisierte Verbrechen sofort als Anbieter reagieren würde. Als Spender melden sich vor allem Arme, Süchtige, hoffnungslose Alte, verzweifelte Junge. Die Mangelsituation der legal nicht vorhandenen Spenderorgane führe dazu, dass die arme Welt zunehmend zum Ersatzteillager für Reiche würde. Kriminelle Netzwerke operieren sehr diskret, teilanonym, vor allem in Ländern des ehemaligen Ostblocks. Sie hob hervor, dass das global organisierte Verbrechen den Organisationen, die es bekämpfen, immer deutlich mehr als eine Nasenlänge voraus sei.

Arabische Transplantationspatienten seien die lukrativsten, weil sie am besten bezahlen würden; die Operationen erfolgten häufig in den USA. Eine andere Möglichkeit sei für die Israelis die Zur-Verfügung-Stellung einer Niere aus Südafrika, Irak oder Indien, ehemalige GUS-Staaten,

Baltikum, Türkei. Die Vermittlung geschehe in Israel, die Operation auch außerhalb, die Herkunft des Organs bleibe üblicherweise geheim. Nierentransaktionen seien in Israel halbanerkannt und in der Regel problemlos durchführbar.

VERMOT-MANGOLD fuhr fort, der illegale Frauen- und Kinderhandel für Prostitution, Ehe, Adoption sowie Organentnahme habe sein Zentrum in einzelnen Staaten von Südosteuropa. In Moldawien gebe es eine auf dieses Thema spezialisierte Journalistin, Martina Keller. Teilweise leben dort ganze Familien vom Organhandel. Die Köderung erfolge über fiktive Arbeitsangebote in der Türkei; dort angekommen, hieße es dann: Keine Arbeit vorhanden, aber man könne sich die teure Rückreise nach Moldawien organisieren und verdienen durch eine Organspende. Zuhause, in Moldawien, würde über Nierenspenden nicht gesprochen, es sei absolutes Tabuthema. Junge Männer mit nur einer Niere gelten als „nicht vollwertiger Mann" und finden keine Frau zum Heiraten mehr. Auf Organhandel spezialisierte Länder seien Rumänien, Ukraine, Moldawien, Georgien, Russland. Die Vermittlung geschehe über "broker", die an darauf spezialisiertes medizinisches Personal vermitteln. Es gäbe eine gute Zusammenarbeit zwischen Brokern, Ärzten, Krankenpflegern und Polizei. Die Organentnahme geschähe in der Regel in Privatkliniken, außerhalb staatlicher Kontrolle, die Fälle würden mehrheitlich nicht verfolgt. In der Ukraine geschähen diese Transaktionen in der Regel über Zwillings- bzw. Mehrlingsgeburten, bei denen praktisch regelmäßig ein Kind „verschwindet", das den Eltern nie gezeigt wird. Man vermutet die Nutzung dieser „verschwundenen Kinder" zur Organtransplantation; es gäbe auch Gerüchte über Seifenproduktion aus Kinderleichen. Man fand einen Platz, wo Kinderleichen exhumiert wurden: Föten, Teile von Kinderkörpern usw.; es gäbe große Schwierigkeiten der Verifikation hierbei, weil die Leute sich ausschweigen, die Presse unter Zensur leide usw.

Vermot-Mangold plädierte für das Recht armer Menschen, so zu leben und unterstützt zu werden, dass sie ihre Organe nicht verkaufen müssen. Hier sei „Denunziation" für die Aufklärung von Verbrechen absolut notwendig. Sie forderte, dass große seriöse Organisationen wie Eurotransplant sehr genau hinschauen sollen, was passiert und verlangte mehr Misstrauen, mehr Skepsis: „Es gibt kein Recht auf Ersatzorgane!"

Die Wege der Organ-Herkunft sind oft nicht zurückzuverfolgen, auch nicht in Deutschland. Sie verlangte, das Augenmerk stärker auf die tragischen Schicksale der Spender zu lenken und machte auf nationale und regionale Unterschiede aufmerksam; so seien in den USA Frauen häufiger Organspender als Männer. Auch dort sei es schwierig, an seriöse Informationen zu kommen.

Roberto ROTONDO, Psychologe und Berater aus Hamburg, berichtete über Tendenzen der Kommerzialisierung des Organhandels von lebenden Spendern in Deutschland, was insbesondere über die Deutsche Stiftung für Organstransplantation (DSO) organisiert würde. „Wenn er zerlegt wird, ist der menschliche Körper schnell 240.000 EURO wert" zitierte er eine offizielle Pressemitteilung. Rotondo findet die Haltung von Ärzten und Professoren des Stiftungsrats der DSO deutlich zu lax: „Wenn Menschen hier bereit sind, Organe zu verkaufen, braucht man in Deutschland lediglich vor einer Kommission zu lügen", beklagte er die Situation. Er wies darauf hin, dass Transplantation fast immer auch eine Gefährdung des Transplantierten bedeute und das Transplantationsgesetz von 1997, § 8, ausdrücklich die Freiwilligkeit der Organspende voraussetzen würde. Für ihn ist die Organtransplantation ein wenig der „Kannibalismus des 21. Jahrhunderts"; auch die Züchtung von Gewebe für "tissue-engineering" sei eine Form von Menschenversuchen. Verschiedene Kliniken in bestimmten Städten hätten sich bereits auf bestimmte Länder spezialisiert (Essen: Moldawien, Suaheli-Länder; Hamburg: Saudi-Arabien, Emirate, Golfstaaten usw.). Die Komplikationen würden sehr geschönt. Rotondo forderte mehr Qualitätskontrolle der Spenderorgane.

Patientenautonomie versus Ärztliche Indikation?

In diesem Fachforum wurde die Grundsatzfrage diskutiert, ob und inwieweit dem Prinzip des ärztlichen Respekts gegenüber der „Patientenautonomie" überhaupt Bedeutung eingeräumt werden kann. Klaus DÖRNER, Psychiater und Historiker aus Hamburg, legte die Voraussetzungen für die Patientenautonomie dar. Zuallererst ginge es um das Prinzip der Selbstbestimmung, die für Juristen die höchste Norm – sozusagen „einsame Spitze" – sei. Das postulierte freie, wunsch- und wahlfreie Individuum sei die Voraussetzung; hiervon profitiere der Markt, denn dieser lehnt soziale Beziehungen ab, die seinen Interessen oft und offen entgegenstehen würden. Heute haben wir die Situation, dass diese fortschrittliche Gesellschaft derselben auch wieder die „Lizenz zum Töten" geben will: Man kann den „Arzt zur Tötung" bestimmen, aber er muss zunächst zustimmen. Der Konflikt entsteht für diejenigen, die selbst nicht dazu in der Lage sind, diese Entscheidung zu treffen, zum Beispiel Querschnittsgelähmte. Diese Situation führe zwangsläufig zu einer „Fremdbestimmung im Namen der Selbstbestimmung". Die Gefahr hierbei sei die Möglichkeit des Missbrauchs. Im Dritten Reich führte dies dazu, daß der Arzt zum gefährlichsten Menschen im Staat wurde, der den „schönen, schmerzfreien Tod" (Euthanasie) verursachen konnte und durfte. Das Problem der Patientenverfügung sei daher eine „schwierige Geschichte", weil sie in der Regel ohne Voraussetzung sei.

Selbstbestimmung und Eigenverantwortung – zwei problematische, wenn auch unverzichtbare Schlüsselbegriffe in den aktuellen Reformdebatten

Sigrid GRAUMANN vom Institut Mensch, Ethik und Wissenschaft, Berlin, führte aus, dass die traditionalistische medizinische Ethik eine Tugendethik sei, die man heute oft als „paternalistisch" empfände und bezeichne. Die Entwicklung der Medizinethik begann nach dem Ende des Dritten Reiches; ihr Leitbegriff sei die ärztliche und pflegerische Fürsorge. Ihrer Überzeugung nach sollten Autonomie und Fürsorge keine Gegensätze sein, sondern die ärztliche Fürsorge solle dazu dienen, die Autonomie des Patienten zu stärken. Vor diesem Ausgangspunkt ist die Patientenautonomie eine moralische Forderung und Verpflichtung. Partikularinteressen müssen der sozialen Verantwortung untergeordnet werden; die derzeitige Richtung der Gesundheitspolitik sei genau anders herum. Eine „erweiterte Gesundheitspolitik" muss Armutsprävention, Ernährungslehre usw. mit einschließen und über Sozialarbeiter und Lehrer laufen. In Italien gäbe es dazu mehr Anstrengungen. Die Organe der ärztlichen Selbstverwaltung – zum Beispiel die Indikation – müssen wieder mehr Bedeutung erlangen, um die Ärzte zwischen staatlicher Abhängigkeit einerseits und völliger Marktabhängigkeit andererseits in ihrer Arbeit zu stärken.

Globale Gesundheitskontrolle – Die Herausforderung der Ungleichheit

Die Abschlussveranstaltung wurde von Angelika CLAUßEN, Vorsitzende der Deutschen Sektion der IPPNW, eröffnet, die als dringlichen Aufruf die Notwendigkeit des Erhalts und des Ausbaus der Lehrstühle für Medizingeschichte als Voraussetzung für den Erhalt des Wissens um den hohen moralischen Anspruch des Berufs des Arztes als „Heiler"" im positiven Sinn ermöglicht. Zeitzeugen und Wissenschaftler auf dieser Tagung hätten verdeutlicht, wie die helfende Profession des Arztes zur vernichtenden Profession werden könne. Grundsätzliche Probleme seien die Beitragserosionen in allen Bereichen und die medizinische Versorgung der ausgegrenzten Gruppen (Illegale, Flüchtlinge, Sans-Papiers usw.). Dadurch werde die solidarische Finanzierung des Gesundheitssystems gefährdet. Die Frage, ob es einen „sozialen Vertrag" bei der Globalisierung gebe, müsse leider mit „Nein!" beantwortet werden. Claußen wies nochmals darauf hin, dass 21% der Weltbevölkerung derzeit von weniger als einem US-Dollar pro Tag leben würde.

Mike ROWSON, Mitherausgeber des Global Health Watch Berichtes 2005/2006, London, erklärte, dass die Gesundheitssysteme in der Dritten Welt bereits alle kommerzialisiert seien: Privatkliniken, traditionelle Heiler und Hexen, die Dienstleistungen anbieten, usw. Weshalb braucht man also einen „alternativen" Weltgesundheitsbericht?

– Es ist eine Herausforderung für die beherrschende politische Agenda der globalen Gesundheitspolitik;
– Es gibt eine Kluft in der Berechenbarkeit der globalen Regierungs-Institutionen;
– Man muss die Einzelteile der Zivilgesellschaft zusammenbringen, um zu debattieren und einen Konsens über allgemeine Prinzipien zu finden;
– Die reiche Welt gibt für die Gesundheitsversorgung weniger aus als Europa jedes Jahr für den Konsum von Eiscrème;
– Die gesunde Lebenserwartung beträgt in Afrika derzeit 39 Jahre, gegenüber 66 Jahren in entwickelten Ländern;
– Die Umverteilung der Ressourcen von reichen zu ärmeren Ländern sollte Teil einer „ethischen" Antwort auf die Globalisierung sein, die nicht zwangsläufig das Gesundheitswesen verbessert;
– Die globale ökonomische Herrschaft bedarf einer stärkeren Steuerung durch Gesundheitsakteure.

Die positiven Aspekte der Globalisierung lassen sich wie folgt zusammenfassen:
– Man kommt sich weltweit näher; globale Gesundheitskontrolle erfordert Kompensation und Partnerschaft;
– die Vorteile der Migration sind für Entwicklungsländer enorm groß; insbesondere die Migration von Akteuren des Gesundheitswesens umfassen viele der Herausforderungen der Globalisierung. Großbritannien hat von der Anstellung ghanaischen Gesundheitspersonals etwa 103 Mio. Pfund (155 EURO) an Ausbildungskosten gespart.
– Die Weltgesundheitsorganisation (WHO) sollte zu einer Organisation der Menschen, nicht der Regierungen werden; es bedarf mehr Demokratie, um die Probleme mit dem Management und der Arbeitsmoral der Mitarbeiter zu reduzieren.

Eine beeindruckend kritische Darstellung des hochgradig ökonomisierten und problematischen US-amerikanischen Gesundheitswesens lieferte Steffie WOOLHANDLER, Betriebswirtin am Cambridge Hospital der Harvard Medical School. Sie beschrieb die US-amerikanische Gesundheitsversorgung als eine der öffentlichen Mittel und der privaten Kontrolle; die Situation habe sich unter der Bush-Regierung noch verschärft. Der Hinweis auf derzeit 46 Mio. US-Amerikaner ohne jegliche Form der Krankenversicherung illustriert die soziale Schere der US-amerikanischen Gesellschaft drastisch. Die Regierung sorge für die Versicherung folgender Gesellschaftsgruppen: Menschen über 65 Lebensjahre; Menschen in Alten- und Pflegeheimen; Menschen mit Nierenproblemen und solchen auf

Dialyse; Menschen, die Arbeitsstellen im öffentlichen Sektor innehaben.

Da die Gesundheitsversorgung in Canada wesentlich billiger ist, würde beispielsweise Ford seinen "Free Star", den derzeit beliebtesten Kombi-Van, primär in Canada produzieren lassen, wohin die Arbeiter auswandern würden, da die Krankenversicherung für Arbeitgeber dort viel niedriger sei. Woolhandler erwähnte die erschreckende Zahl von 18.314 Todesfällen pro Jahr unter Erwachsenen in den USA aufgrund mangelnder Gesundheitsversorgung/-versicherung. Die allgemeine „Unterversicherung" der amerikanischen Staatsbürger führt zu etwa 75% Menschen, die aufgrund von Krankheitsdiagnosen komplett verarmen, obwohl sie zu Beginn der Krankheit eine Krankenversicherung hatten. Der größte Teil der Mittel des Gesundheitswesens würde aus Steuern der amerikanischen Bevölkerung finanziert. Akademische Krankenhäuser und staatliche Non-Profit-Kliniken seien billiger als For-Profit-Krankenhäuser in den USA; zugleich gäbe es offenkundige Beweise für geringere Qualität und höhere Sterberaten in Privatkliniken: 30-Tage-Sterblichkeit aufgrund medizinischer Bedingungen. Allerdings würden Privat-Kliniken mehr Profit machen, da sie primär Gesunde als Patienten rekrutieren und tatsächlich Kranke zurückweisen würden; die Maxime lautet: "The healthy go in, the sick go out" (die Gesunden gehen rein, die Kranken gehen raus). Sie illustrierte dies mit einer aktuellen Karikatur aus einem amerikanischen Gesundheitsmagazin: "I wish I could help you, but unfortunately you´re too sick for managed care." (Ich wünschte, ich könnte Ihnen helfen, aber Sie sind leider zu krank für verwaltete Versorgung). Sie veranschaulichte abschließend per Dia, dass die höchsten Gebäude ihrer Heimatstadt Boston der John-Hancock-Versicherungsturm und das Prudential-Plaza-Versicherungsgebäude seien. Sie selbst und ihre Familie würden aufgrund ihrer guten Ausbildung und Arbeitsplätze eine sehr gute Krankenversicherung genießen; so sei ihr Engagement hier ein wenig wie dasjenige von "furriers for animal care" (Pelzträger für Tierschutz). Zum Schluss folgte noch der Hinweis auf eine Organisation, die sich für ein umfassendes staatliches Gesundheitswesen in den USA stark machen würde:

Physicians for a National Health Program, 29 East Madison, Suite 602, Chicago, IL 60602.

Fazit der Tagung

Die zunehmend stärker auseinandergehende sozio-ökonomische Schere im Bereich des Gesundheitswesens erodiert das Prinzip der Solidarität im Gesundheitsbereich und erschwert somit seine Aufrechterhaltung. Zugleich ergeben sich aus der Globalisierung neue Problemfelder, die andere Ressorts zur Kooperation erfordern, beispielsweise im Bildungs- und im kriminologischen Bereich, in der Gesundheits- und Armutsprävention. Medizin als interdisziplinäre Kulturwissenschaft im umfassenden Sinne ist erforderlich, um das *Prinzip des Arztes als Heiler im positiven Sinne* aufrechtzuerhalten.

Assia M. Harwazinski (Jg. 1959) Dr. phil., M.A. Islam- und Religionswissenschaftlerin. Gelernte Arztsekretärin, Arbeitsaufenthalt USA, im zweiten Bildungsweg Studium der Islam- und Religionswissenschaft, Schwerpunkt Religionssoziologie, in Tübingen. Mitarbeit am Medienprojekt Tübinger Religionswissenschaft, in Lexika (Metzler-Lexikon Religion u. Brill's Encyclopedia of Religion), Referentin für Ethik in der Lehrerfortbildung, Lehraufträge. Forschungsschwerpunkte: Religionssoziologie, religiöser Fundamentalismus und religiöse Gewaltforschung, Religions- und Ideologiekritik, Säkularisation, Migration und Integrationsfragen, Medizin und Religion, Film/Medien/Visuelle Anthropologie in Deutschland, den USA, West- und Südeuropa, Nahost und Nordafrika.

PF 21 03 05, 72026 Tuebingen

Mitteilungen der Arbeitsgemeinschaft Ethnomedizin MAGEM 28/2006

Berichte / Reports

Das Internationale Kolloquium „Wahrsagung und Vorhersage von Erkrankungen" in Ascona im März 2005

Die AMADES (Association d'Anthropologie Médicale Appliquée au Développement et à la Santé) in Aix-en-Provence und die Gruppe Anthropos der Universität Lausanne (Prof. Hilario Rossi) haben vom 2. bis 5. März 2005 im Studienzentrum des Monte Verità in Ascona ein bemerkenswertes Kolloquium durchgeführt, das von ungefähr 90 Teilnehmern besucht wurde. Dabei kamen über 40 Vorträge im Forum und in Parallelveranstaltungen zur Diskussion. Die Tagung fand ganz in französischer Sprache statt, die Teilnehmer kamen fast ausschließlich aus dem frankophonen Bereich (Kanada; Frankreich, Sénégal, Réunion, Westschweiz, sowie des Französischen mächtige Teilnehmer), was mit einem gewissen Bedauern zur Kenntnis genommen werden muss, da ein weiteres Mal die Sprachbarriere zwischen Francophonie und Anglophonie den Austausch von Forschungsergebnissen und neuen Konzepten einschränkt.

Das Thema war so gestellt, dass alle Medizinformen einbezogen werden können, also nicht nur traditionelle Medizin, sondern gerade auch unsere heutige Medizin mit ihren heutigen Formen von Vorhersagemöglichkeiten, Prognostiken, Sicherheitsabwägungen und der Risikodebatte. Diese beinhaltet einen großen Teil des Themas Prognose, die in der Alltagspraxis die Qualität von Vorhersagen hat. Im Rahmen der modernen medizinethnologischen Diskurse wird die Thematik auch in den Zusammenhang mit den Betroffenen gestellt, insbesondere bei der Risikodebatte und beim Umgang mit schweren chronischen Erkrankungen, die ein ganzes Familiengefüge in Mitleidenschaft ziehen. Gerade diese sind heute in der Biomedizin prägnanter prognostizierbar und wirbeln ganze Biografien von Individuen und Familien durcheinander, deren Lebensentwürfe durch das Ereignis einer schweren Erkrankung eines Mitgliedes sich neu gestalten müssen. Hier hat mich besonders die Untersuchung von Familien beeindruckt, die mit Erkrankten an der Chorea Huntington umgehen müssen. Diese Erbkrankheit betrifft mitunter mehrere Familienangehörige, erfordert erhebliche Pflegeaufwände und finanzielle Umstellungen und beeinflusst auch Lebensentwürfe (erbliche Krankheit). Die Untersuchung wurde in der Neurowissenschaftlichen Abteilung der Medizinischen Fakultät von Genua durchgeführt und von Emilio di Maria vorgetragen.

Diese und alle anderen Beiträge waren auf dem Boden des nun mittlerweile 50-jährigen Diskurses zwischen Medizin und Kultur angelegt, der in den verschiedenen Etappen heute immer mehr zum Allgemeingut in der wissenschaftlichen Gemeinschaft zu werden scheint. Die Referate beinhalteten Fallstudien und qualitative und quantitative Untersuchungen aus verschiedenen Teilen der Welt. Der Schwerpunkt lag zum Teil auf der Diskussion des gegebenen Themas im Rahmen unserer eigenen Medizin und unseres eigenen Medizinbetriebes. Bei der Vielzahl der durchgehend anregenden Referate ist es naturgemäß etwas schwierig, hier in weitere Details zu gehen. Es ist zu wünschen, dass die Referate bald zugänglich sind. In diesem *curare*-Heft wurde eines der Referate ins Deutsche übersetzt (S. BOUHDIBA zum Thema Baraka im armen städtischen Milieu in Tunesien), weil er in das Schwerpunktsthema Migration und Islam in Europe hineinpasst. (siehe hier S. 165)

Es ist schade, dass im deutschsprachigen Raum die Arbeiten der französischen und frankophonen Kollegen nur wenig rezipiert werden. In Aix wird seit 25 Jahren ein aktiver und kreativer Diskurs zur Medizinanthropologie geführt, der unter der Regie von Jean Benoist von Anfang an als ein interdisziplinäres Anliegen entstand. Während damals noch der Schwerpunkt und die Begegnung der Fächer mit dem Stichwort Humanökologie charakterisiert wurde, ist die heutige Variante der Anthropologie Médicale in dieser Arbeitsgruppe betont den angewandten Aspekten verpflichtet. AMADES ist ein Netzwerk von einzelnen Wissenschaftlern, die zumeist in Forschungseinrichtungen arbeiten. Im Rahmen des Netzwerkes sind zahlreiche zum Teil pioniermäßige Publikationen entstanden. Das Thema HIV/Aids wurde schon sehr früh erkannt, aufgegriffen und kreativ weiterentwickelt und ist auch auf dieser Tagung präsentiert worden. Die letzte Tagung 2002 hatte zum Thema die „Anthropologie der Medikamente", ein Thema, was in Deutschland noch wenig fokussiert wird. Die Tagung erhielt ihre intellektuelle Schärfe durch die Darstellung der strukturellen Ähnlichkeiten von früheren und heutigen Heilinstanzen und Medizinsystemen einschließlich unserer Medizin, wenn sie unter den gegebenen Stichworten Vorhersage, Divination, Prognostik, Wissen und Behandlungstechnik beschrieben wird. Das war die Stärke der Tagung, die rundweg gelungen war. Zur Situation der Sprachbarriere wurde am Rande auch diskutiert. Bemerkenswert für mich war der Satz des derzeitigen Präsidenten von AMADES, YANNICK JAFFRÉ, der als Ethnologe an der Medizinischen Fakultät von Marseilles arbeitet und meinte, es sei schade, wenn wichtige Wissenschaftssprachen durch die heutige Globalisierung international in den Hintergrund geraten. Dabei meinte er seine eigene Sprache, aber auch „die Sprache von Martin Heidegger und Paul Celan". Vielleicht muss ein Impuls von außen kommen, dass man die eigene Sprache als Wissenschaftssprache durchaus weiter zu pflegen gewillt ist. Dieses Thema gilt sicher auch für die *curare*, die sich seit längerem fragt, wie viel Englisch ist verträglich, wie deutschsprachig muss sie sein usw.

Ich freue mich auf das nächste Kolloquium von AMADES, das im Oktober 2007 in Marseille stattfinden und sich dem derzeitigen Stand der Lehre in dem Bereich Medizinethnologie und Medizinanthropologie international widmen wird. (http://www.amades.net)

EKKEHARD SCHRÖDER

"Asian Medicines: The Meaning of Tradition and the Challenges of Globalisation".
Poznań, Poland 19th May 2006

A session on "Asian Medicines: The Meaning of Tradition and the Challenges of Globalisation" took place on the second day of the conference "Asia at the Beginning of the 21st Century: Identity—Society—Culture", which was held from the 18th to the 19th of May 2006 in Poznan. The conference, accompanied by an exhibition of photographs from the field, was organised by the Institute of Ethnology and Cultural Anthropology of Adam Mickiewicz University in Poznań, together with the School of Humanities and Journalism and the Institute of Archeology and Ethnology of the Polish Academy of Science. The session on medical anthropology was prepared and chaired by Danuta PENKALA-GAWĘCKA from the Institute of Ethnology and Cultural Anthropology of Adam Mickiewicz University. It was first such event in Poland, as only few Polish scholars work on the issuess of Asian medicines. Two guest speakers, specialists from Germany, were invited to the session. The topics of the presentations ranged from general and more detailed reflections on medical pluralism in Central Asian countries to the problems of adaptation of Asian medicines in the West.

Annette KRÄMER (Humboldt-Universität Berlin, Institut für Asien- und Afrikawissenschaften, Zentralasien Seminar; Linden-Museum Stuttgart, Staatliches Museum für Völkerkunde) spoke on "Medical Pluralism in Post-Soviet Uzbekistan". She presented the pluralistic field of medicine in Uzbekistan and the background of the popularity of complementary medicine. Krämer discussed the state of the art of the studies on medical pluralism in Central Asia and suggested directions of further research, which should focus on patients, their perceptions of illness and treatment, and motives for their choices. The paper by Danuta PENKALA-GAWĘCKA, "Professionalisation of the Practitioners of Complementary Medicine in Kazakhstan: Tradition and Globalisation" was based on her field research between 1995 and 2000. It dealt mainly with bureaucratic legitimisation of healers and doctors who practice complementary medicine in post-Soviet Kazakhstan. The process of professionalisation of practitioners is supported by the authorities, who try to comply, at least to some extent, with global tendencies. However, tradition still plays a significant role in healing and traditional legitimacy of healers retains its primary importance.

Two other papers discussed religious healing in Central Asia in the context of traditional notions and new ideas, as well as various types of legitimacy. Krisztina KEHL from Max Planck Institute for Social Anthropology in Halle presented the paper "Saints, Spirits, Bioenergy and the Qur'an—Divergent Forms of Legitimacy in Religious Healing in Contemporary Uzbekistan". On the basis of field data collected between 2003 and 2005 in the province of Khorezm, she described different types of religious healing and argued that although they largely draw on the authority of tradition, it is not a straightforward revitalization of pre-Soviet modes of healing. Rather, the healing system turns out to be amply flexible and capable of innovation. Paweł JESSA from the Institute of Ethnology and Cultural Anthropology of the Adam Mickiewicz University in Poznań spoke on the contemporary revival of one of the traditional holy places in Kazakhstan, partly forgotten during Soviet times. In his paper, "The Facets of Complementary Medicine in Kazakhstan on the Example of the Holy Mountain Aydarlı Aydakhar Ata", he stated that the phenomenon of that holy mountain can be treated as an example of the process of syncretisation of different medical traditions. His research revealed that healing practices connected with the visits to the mountain are extremely diversified. They vary from shamanic treatment or other kinds of spiritual healing to different new methods, like using the so called "bioenergy" in treatment. Pilgrimages to that place are aimed not only at healing, but also at purification and spiritual improvement, available both to Muslims and to people of other religions and ethnic origins.

The second part of the session was devoted to the problems of adaptation of globalised Asian medicines, which results in their transformations according to local expectations and needs. Jaromir JESZKE from Adam Mickiewicz University and the Institute of History of Science of the Polish Academy of Science in Warsaw, presented the paper entitled "Attempts at Adaptation of Tibetan Medicine in Polish Medical Culture". He focused on the history of Polish contacts with Tibetan medicine and the role of Tibetan doctor Vladimir Badmaev who settled in Poland. He was widely known before the World War II for his efforts to popularise Tibetan medicine and adapt it to biomedical concepts. However, the majority of biomedical professionals treated his ideas with great suspicion. Despite the growing popularity of therapies from the East among the public in the 80s and 90s of the 20th century, physicians in Poland, although sometimes attracted by Chinese acupuncture, remain indifferent to Tibetan medicine. The last presentation, "Adaptation and Reception of Traditional Chinese Medicine in Poland", referred mainly to practical aspects of the use of Chinese medicine. Tomasz SZYMOSZYN from the Centre of Asian Cultures "Mandala" in Poznań pointed out that Traditional Chinese Medicine (TCM) cannot be transferred intact to the countries of the West, including Poland. Its implementation demands adaptations to the mentality of the man in the West.

Discussion centred on the questions of the strength of local traditions and results of globalisation, which together shape complex forms of medical pluralism in post-Soviet countries in Central Asia. Participants were also interested in various problems connected with the transfer of Asian medicines to Poland, and the need for the study on their local adaptation was stressed unanimously.

DANUTA PENKALA-GAWĘCKA, POZNAŃ

Beiträge zur Tagung „Glück"" vom 12. - 14. Mai 2006 im Schloss Höhenried/Bernried.

Im Mai 2006 wurde in der Klinik Höhenried der Deutschen Rentenversicherung Oberbayern in Bernried am Starnberger See eine Tagung zum Thema Glück veranstaltet. Die Frage nach dem Glück ist ein altes Menschheitsthema, das unter anderen Paul WATZLAWIK (1983) in der Einleitung seiner berühmten „Anleitung zum Unglücklichsein" anspricht, als er dort eine Sendung des Hessischen Rundfunks mit dem Thema: „Was ist Glück?" von 1972 erwähnt.

Die jetzige Tagung wurde von Luise REDDEMANN, Traumatherapeutin und ehemalige Chefärztin für Psychosomatik am Johanneskrankenhaus Bielefeld, Flora VON SPRETI, Kunsttherapeutin, und Philipp MARTIUS, Chefarzt der Psychosomatischen Abteilung der Klinik und AGEM-Mitglied, organisiert und geleitet. Grund, eine solche Tagung im therapeutischen Kontext zu veranstalten, war im Wesentlichen folgende Frage: Wer als Therapeut mit (psychisch) schwer kranken und manchmal auch persönlich schwierigen Menschen arbeitet, wird sich gelegentlich fragen, wie sie oder er das schafft, ohne selbst gänzlich unglücklich zu werden.

Nun ist der Glücksbegriff an sich schwierig zu fassen. In einem das Thema sehr umfassend behandelnden Buch hat A. BELLEBAUM (2002) eine Bestandsaufnahme der Glücksforschung vorgelegt. Darüber hinaus gibt es als Teilgebiet der Persönlichkeitsforschung das weite Feld der Happiness Research, und schließlich hat sich auch im Bereich der Psychotherapie und in Umkehrung der Depressionsforschung eine intensive Auseinandersetzung mit dem Thema, v.a. in Folge der Untersuchungen von SELIGMAN (2002) entwickelt. Damit sind aber natürlich die geisteswissenschaftlichen Seiten der Beschäftigung mit dem Glück noch gar nicht erwähnt: es existieren nämlich auch theozentrische, soziozentrische und individuumszentrierte Untersuchungen und Ausführungen zum Glück und wie es im Dies- und Jenseits zu erreichen sei. Die Vielfältigkeit der Positionen zum Thema werden schließlich auch in den Zitaten deutlich, die den Menschen entweder als „Glück suchendes Tier" oder gemäß dem Vorsokratiker Menander als „an sich schon ein hinreichender Grund für Traurigkeit" bezeichnen. Dennoch dürfte das Wort von Thomas von Aquin allgemeingültig sein: Ultimo finis hominum est beatitudo – Das Ziel des Menschen ist die Glückseligkeit.

Anliegen der Tagung war, zum einen die verschiedenen Koordinaten der Glücksdiskussion aufzugreifen. Zum anderen sollte durch Workshops und Selbsterfahrungen die Möglichkeit gegeben werden, (therapeutische) Wege, „glücklich" zu werden oder zu bleiben, kennen zu lernen und so die Vielfalt persönlicher Bewältigungsmöglichkeiten zu erfahren (s.u.).

Besonders sollte das Tagungsprogramm dabei zum Ausdruck bringen, wie viel Kraft und Potenzial in der Kreativität liegt. Das Anliegen war, erfahrbar zu machen, dass die Stimme und die Musik, das Theatralische und der Tanz, die Landschaft und die Natur schöpferisch und gesundheitsfördernd genutzt werden können.

In diesem Zusammenhang wurde von einem Sprachbild aus der Welt der Navajo-Indianer in Nordamerika erzählt. Die Navajos gehen davon aus, dass sie in die heutige Welt über ein Schilfrohr gelangten und sich die Welt erst einrichten mussten. Bei dieser Einrichtung waren sie darauf bedacht, dass alle Teile und Wirkkräfte in ein Gleichgewicht kommen, besonders auch die Entgegengesetzten. Dass dafür verwendete Wort hat sich als nicht gut übersetzbar erwiesen: es bedeutet u.a. Ordnung, Harmonie, Schönheit, Gesundheit und auch: Glück! Das Wort – *hozho* – steht aber auch für den Wunsch dieses Volkes, ein langes erfülltes Leben führen zu dürfen und schließlich, wenn die Zeit gekommen ist, an Altersschwäche zu sterben. Dieser ideale Lebensweg lässt sich annähernd ins Deutsche übersetzen: Hozho bedeutet hier, „in Schönheit zu wandeln".

Das Programm bestand aus folgenden Beiträgen: Anselm Bilgri (München): Glückseligkeit als Ziel christlicher Ethik? // Marianne Eberhard-Kächele (Leverkusen): Das Glück zwischen Hingabe und Aufbegehren. // Hans Förstl (München): Glück und Kunst. // Urs Beat Frei (Ch-Zug): Glück im Glauben. // Gerhard Gerstberger (München): Glück im Park (Land Art). // C. Hammer, A. Ladik, Dr. U. Wichtmann: Zapchen Somatics: Wohlfühlen verkörpern. // Bernadette Kalus-Reddemann (Köln): Der Clown: Sich selbst und den anderen mit einem Lachen begegnen. // Mathias Lohmer, Corinna Wernz (München): Glück in Institutionen. // Hartmut Majer (Nürtingen): Glück im Unglück. // Gunnar Mühling (München): Stimme – stimmig – Stimmung. // Luise Reddemann (Kall): Mit J.S. Bach zum Glück finden. // dito: Glück – Ressourcen – Resilienz. // Reinhard Steinberg (Landau): Musik und Glück: Vom Gottesbeweis zur Gänsehaut und zurück. // Reinhard Weber (Bernried): Selbsthypnose – Den inneren Reichtum nutzen.

Literatur: BELLEBAUM A.(Hg) 2002. *Glücksforschung: eine Bestandsaufnahme.* Konstanz: UVK // SELIGMAN M.E.P. 2002. Positive Psychology. In GILLHAM J.E.(ed) *The Science of Optimism and Hope.* Radnor: Templeton Foundation Press: 415-429 // WATZLAWIK P. 1983. *Anleitung zum Unglücklichsein.* München: Piper (zahlreiche Neuauflagen).

PHILIPP MARTIUS, Bernried

19. Fachkonferenz Ethnomedizin in Heidelberg 2006. Ethnologie und Medizin im Dialog: Lebenswelten, Geschichte und die Konstruktion von Anthropologien

Die 19. Fachtagung Ethnomedizin der AGEM wurde vom 27.-29. Oktober 2006 im Heidelberger Völkerkundemueum unter der Schirmherrschaft von Prof. William Sax, Institut für Ethnologie am Südasieninstitut und Frau Dr. Margareta Pavaloi, Leiterin der Völkerkundemueums in Heidelberg durchgeführt und zählte insgesamt rund 50 Teilnehmer aus verschiedensten Berufen und Studenten der Universitäten Heidelberg. Sie fiel besonders durch die ausgewogene Beteiligung der verschiedenen Generationen bei Referenten und Teilnehmern auf, was der Diskussion eine besonders engagierte Note gab. Prof. Angelina POLLAK-ELTZ, emeritierte Religionsethnologin aus Cararacas, eröffnete die Tagung mit den unmittelbar vorgetragenen frischen Eindrücken zur neuen Pfingstlersekte Igreja Universal in Brasilien. Zur besseren Verständigung ging sie dabei zu jedem Diskutanten durch die Reihen im Grossen Saales des Palais Weimar, dem Sitz des Völkerkundemuseums und der dieses tragenden von Portheim-Stiftung zu Heidelberg, wo in den letzten 20 Jahren mehrere Fachkonferenzen der AGEM durchgeführt wurden. Dadurch entstand eine produktive Nähe, die im weiteren Verlauf die gesamte Konferenz prägte. Ihr kleiner Bericht passt im weiteren Sinne zu dem Themenaspekt „Migrationspsychologie" in der sich globalisierenden Welt dieses *curare*-Heftes und wird deswegen hier wiedergegeben (*curare* 29,2+3(2006) S. 260-261).

Die Tagung war wieder zur Anrechnung von CME-Punkten (continued medical education) zertifiziert. Damit wurde die Bedeutung medizinethnologische Fragestellung für den eigenen Medizinbetrieb in Deutschland verfestigt. Die AGEM dankt dem gastgebenden Völkerkundemueum und den Mitarbeitern von Prof. Sax für die guten organisatorischen und technischen Hilfestellungen. Das Programm lief wie folgt ab.

Freitag, den 27.10.2006
15:15-18:00: *Medizinanthropologie und die verborgene psychologische Dimension. In Erinnerung an George Devereux*, Einleitung u. Moderation Ekkehard Schröder, Redaktion *curare*: Angelina POLLAK-ELTZ (Caracas): Die Heilerfolge der neuen Pfingstlersekte Igreja Universal in Brasilien // Mihaela PAINA (Heidelberg): "Giving relief — a heritage": Kontinuität und Wandel ayurvedischer Praktiken in Kerala, Südindien // Carsten KLÖPFER (Köln): AIDS und Buddhismus.

18:30-20:00 Öffentlicher Vortrag zum *Themenschwerpunkt „Medizin in der Visuellen Anthropologie"*, Moderation Margareta Pavaloi, Völkerkundemuseum: Ruth KUTALEK und Armin PRINZ (Wien): „Art brut" – ethnomedizinische Malerei aus dem Senegal, Tansania und dem Kongo.

Samstag, den 28. 10. 2006
09:15-12:00 *Was sind Lebenswelten?* Moderation Hannes Stubbe (Köln): Erika FINK (Berlin): Strukturen der Lebenswelt von Frauen in Indien // Bernhard LEISTLE (Heidelberg): Leiblichkeit und (fremde) Lebenswelt // Ludger ALBERS (Wiesbaden): Der Begriff „Lebenswelt" aus neurobiologischer und psychosomatischer Sicht. Zeichenverarbeitung zwischen Körper und Umwelt.

14:00-15:30 *Lebensstil und Alkoholkulturen*, Moderation Eberhard Wolff (Zürich): Claus DEIMEL (Leipzig): Die Tesgüinada: Viel trinken und gesund bleiben! Alkohol in der Kultur der Sierra Tarahumara (Vortrag) und Film als Beitrag zur Medizin in der „Visuellen Anthropologie" // Markus SCHLEITER (Darmstadt): „Alkoholkulturen" und biomedizinische Behandlung: Das Beispiel der Birhor in Indien.

16:00-18:30 Medizin in der Visuellen Anthropologie: Assia Maria HARWAZINSKI (Tübingen): Visuelle Anthropologie im praktischen Einsatz: Der neue Film „Moolaadé" (Bann der Hoffnung) von Ousmane Sembène, Senegal, über weibliche Genitalverstümmelung ist ein Plädoyer gegen das grausame Ritual der weiblichen Beschneidung und für die Anerkennung der Flucht vor derselben als politischem Asylgrund. Vorführung des Filmes „Moolaadé" (ca. 90 Minuten) und Diskussion. Abends geselliger Treff:

Sonntag, den 29. 10. 2006
9:30-13: 00 *Medizinethnologische Perspektiven auf das Konfliktfeld Gesundheitsberufe – Berufspolitik – Wissenschaft – und den „realen" Medizinischen Pluralismus in Deutschland*, Moderation William Sax (Heidelberg): Karin und Kurt RICHTER (Remscheid): Vom Umgang mit der Skepsis: Probleme der Integration von Heilmethoden aus anderen Kulturen in unsere westliche Psychotherapie am Beispiel der Arbeit mit schamanischen Heilritualen in einer psychotherapeutischen Praxis // Thomas MATHAR

(Berlin): Diagnosis Related Groups (DRGs) – Klassifikationssysteme und Gesundheitsmärkte aus ethnologischer Perspektive. Ab 11:30-13:00 *Rundgespräch und Auswertung.*
Wissenschaftlicher Beirat für diese Tagung: Prof. Dr. phil. Hannes Stubbe, Univ. Köln (Ethnopsychologie) – Kurt Richter, Akademie Remscheid für musische Bildung u. Medienerziehung (Psychologie, Psychotherapie) – Dr. rer. nat. Bernd Herfort, Waldkraiburg (Allgemeinmedizin) – Dr. med. Ludger Albers, Wiesbaden DKD (Psychiatrie, Psychosomatische Medizin und Psychotherapie) – Prof. Dr. phil. William Sax, Universität Heidelberg (Medizinethnologie) – Dr. rer. soc. Eberhard Wolff, Universität Zürich (Europäische Ethnologie / Volkskunde, Netzwerk Gesundheit und Kultur). Sprecher gegenüber der Landesärztekammer Baden Württemberg war der 1. Vorsitzende der AGEM Bernd Herfort. Die Tagung war mit 14 CME-Punkten von der Landesärztekammer Baden-Württemberg zertifiziert. Entwurf, Leitung und Organisation der Tagung Ekkehard Schröder, Redaktion *curare*.

Neuer Vorstand in der Arbeitsgemeinschaft Ethnomedizin ab November 2006:

Anlässlich der 19. Fachtagung Ethnomedizin in Heidelberg wurde am 27. Oktober der Vorstand der AGEM gewählt bzw. wiedergewählt und setzt sich wie folgt zusammen:

1. Vorsitzender: Dr. rer. nat. Bernd Herfort, niedergelassener Arzt für Allgemeinmedizin, Stadtplatz 5, D-84478 Waldkraiburg >herfort@vr-web.de< // 2. Vorsitzender (weiterhin kommissarisch bestimmt): Ekkehard Schröder, niedergelassener Psychotherapeut, Spindelstrasse 3, 14482 Potsdam (auch Geschäftsadresse der AGEM) >ee.schroeder@t-online.de< // Kassenwart: Dr. med. Rupert Pöschl, Anästhesist in freier Praxis, Angerstr. 1c, D-37073 Göttingen >rupoeschl@t-online.de< // Schriftführerin: Dr. phil. Senganata Münst, Soziologin und Ethnologin (Soziale Bewegungen und Netzwerke, Migrationsforschung,) >senganata.muenst@uni-dortmund.de< // Erneut wurde neben der Heidelberger Ethnologin Dr. sc. hum. Anita Zahlten-Hinguranage >anita.zahlten-h@nct-heidelberg.de< die Ethnologin Dr. phil. Ruth Kutalek, Unit Ethnomedizin und International Health der Medizinischen Universität Wien in den Vorstand kooptiert >ruth.kutalek @meduniwien.ac.at<.

Die AGEM gratuliert: Geburtstage im Jahr 2006

Unser ältestes Mitglied, der Entwicklungspsychologe und Analytiker Prof. ERNST E. BOESCH feierte am 26. 12. 2006 seinen 90.Geburtstag in Scheidt bei Saarbrücken (siehe auch Prof. Dr. phil. Dr. h.c. Ernst E. Boesch zum 85. Geburtstag" in *curare* 24,1+2(2001) 178-180).

Der Psychiater und ungarische Ethnomediziner TAMÁS GRYNAEUS feierte im September in Budapest seinen 75 Geburtstag (siehe zur Person auch „Tamás Grynaeus zum 70. Geburtstag am 26.9.2001" in *curare* 24,1+2(2001)181-182). Beide Jubilare sind seit 30 Jahren mit der Arbeitsgemeinschaft Ethnomedizin verbunden. Die AGEM gratuliert ihren beiden Ehrenmitgliedern herzlich und wünscht weiterhin alles Gute.

INGEBORG DIESFELD feierte am 30. November 2006 in Starnberg ihren 75 Geburtstag. Sie war zur Zeit der ersten großen Expansion der AGEM von 1980-1988 deren Geschäftsführerin. In dieser Zeit wurde das Wahlamt des Kassenwartes und des Schatzmeisters zusammengelegt und von ihr umsichtig und effektiv verwaltet. Es wurde später wieder getrennt, um die Lasten einer Vereinsverwaltung wieder auf mehreren Schultern zu verteilen. Auch heute besucht sie noch AGEM-Tagungen und nimmt an deren Entwicklung weiter teil. Als gelernte Hebamme engagierte sie sich in der Zeit während und dann besonders nach dem AGEM-Einsatz für den Kinderschutzbund im Raum Mannheim/Heidelberg und baute diesen zu einer leistungsfähigen und respektierten Einrichtung bis zu ihrem Wegzug aus Heidelberg mit ihrem Mann Hans-Jochen Diesfeld 1997 in das heimatliche Starnberg auf. So denken viele aus der Arbeitgemeinschaft und aus dem regionalen Kinderschutzbund auch heute noch gerne an sie und ihre besonderer Hingabe, die sie ehrenamtlich in diese Vereine investierte. Wir gratulieren und wünschen der Jubilarin weiterhin alles Gute.

Hinweis:

Ein größerer Teil der Beiträge der Heidelberger Tagung 2006 ist in der Internetzeitschrift „journal-ethnologie.de" in einem Themenschwerpunkt *Medizin und Wandel* im Heft 1 des Jahrgangs 2007 erschienen, siehe http://www.journal-ethnologie.de. Der Träger der 2003 gegründeten Zeitschrift ist das Museum der Völker und Kulturen in Frankfurt.

20. Fachtagung Ethnomedizin. Leipzig 2007: „Neue Trends in Ethnobotanik und Ethnopharmakologie".

Die Konferenz wird zusammen mit der Europäischen Gesellschaft für Ethnopharmakologie durchgeführt (6. Europäisches Kolloquium Ethnopharmakologie) und von der Fritz-Thyssen-Stiftung in Essen gefördert. Informationen in der Website der AGEM unter Aktuelles www.agem-ethnomedizin. de, siehe dieses Heft Seite 172 und 259.

Second Circular June 2007

New Trends in Ethnobotany and Ethnopharmacology
Invitation to participate on the

6th European Colloquium on Ethnopharmacology
& 20. Fachkonferenz Ethnomedizin – Joint Meeting
by
ESE – European Society of Ethnopharmacology
& AGEM – Arbeitsgemeinschaft Ethnomedizin

8 - 9 - 10 November 2007
Grassi Museum at Leipzig

AGEM as organisator 2007 in co-operation with the organisers of the European Colloquia since 1990

- European Society of Ethnopharmacology
  – ESE http://ethnopharma.free.fr
- Société Francaise d'Ethnopharmacologie
  – SFE http://www.ethnopharmacologia.org
- Austrian Ethnomedical Society
  – ÖEG http://www.univie.ac.at/ethnomedicine
- Instituto de Historia de la Ciencia y Documentatión «Lopez Pinero» CSIC-Universidad de Valencia/Spain
- Università degli Studi, Dipartimento di Scienze Antropologiche, Genova/Italy

presenting also the scientific committee

and in local cooperation with the

- University of Leipzig (Institute for Ethnology, Botanical Garden Leipzig)
- and Grassi Museum Leipzig

presenting also the local committee

Sponsored by the Fritz-Thyssen- Stiftung

Information / office:
AGEM – curare,
c/o Ekkehard Schröder,
Spindelstrasse 3,
D-14482 Potsdam
e-mail: ee.schroeder@t-online.de
Fax: 0331 - 704 46 82
http://www.agem-ethnomedizin.de

Official Languages:	English (prefered as working language), French, German
Deadline:	Call for posters and abstracts: 31 July 2007
Social Programme:	Half-day will be offered on Sunday Pre- and postsessions if needed (no final decision)
Exhibition:	Books will be displayed, the Museum provides special guidings

Location:	Grassi-Museum Leipzig (Museum für Völkerkunde) Johannesplatz 5-11, D-04301 Leipzig http:www.mvl-grassimuseum.de
Time:	08 Nov: registration from 11:00 Program 15:00-18: 30 + evening session 09 nov: 9:00 - 13:00 / 14:30 - 18:00 + evening session 10 nov: 9:00 - 13:00 / 14:30 - 18:00 + evening programme
Registration fees:	early registration till 31 aug 2007: 60 € / members 50 €; (students half fee), late registration: 80 € / members 60 € (students half fee); One day/Tageskarte 30 €; accompanying persons 30 € during the conference without special participation.
Registration form + Payment option:	see forms from 1st July in the AGEM website www.agem-ethnomedizin.de to download and handle. Payment by cheque , bank draft or preferable by Charge Card

The running correspondances with active participants are taken as preliminary registration.

Pre-programme (extracts)

Posterpresentations remain during the whole conference

Selection of conference papers

Keynote-contributions to the suggested topics

DANIEL MOERMAN (Dearborn, Mich.): "Prescription sticks": Indigenous 19th Century Pharmacopoeias

ANA MARIA BENKO-ISEPPON (Pernambuco/Brasil): Flora & Bioschätze aus 9 Ökosystemen in Nordost-Brasilien

JACQUES FLEURENTIN (Metz): Quel avenir en Europe pour les plantes de la médecine traditionnelle chinoise?

SJAAK VAN DER GEEST (Amsterdam): The urgency of pharmaceutical anthropology

RUTH KUTALEK (Wien): Ethnoentomology: a neglected theme in ethnopharmacology

ULRIKE LINDEQUIST (Greifswald): The impact of ethnomycology on modern pharmacy

Neopentecostale Kirchen in Lateinamerika. Die IURD in Venezuela*
ANGELINA POLLAK-ELTZ

In Lateinamerika hat sich der Pfingstlerglaube seit seiner Entstehung am Beginn des 20. Jh. schnell verbreitet und steht in Konkurrenz mit afroamerikanischen Religionen und dem Katholizismus. 1977 wurde die *Igreja Universal do Reino de Deus von Edir Macedo in Rio de Janeiro* gegründet, die sich zwar Pfingstlerkirche nennt, doch auch spiritistische und andere Elemente erfolgreich eingebunden hat. In Venezuela wird sie *Oración fuerte al Espíritu Santo* genannt. In den klassischen Pfingstlerkirchen erleben die Gläubigen vor ihrer Wassertaufe eine persönliche extatische spirituelle Erfahrung, die sie Taufe durch den Heiligen Geist nennen und die ihnen oft die charismatischen Gaben wie Krankenheilung durch Handauflegen und Prophetentum vermittelt. Die Pfingstler befolgen strenge moralische Gesetze wie Alkohol- und Rauchverbot, sie bilden kleine Gemeinden gegenseitiger Hilfeleistung, ihre Pastoren sind gute Prediger, ohne höhere Ausbildung. Das Studium der Bibel ist für alle ein Muss. Die Gläubigen gehören zumeist der Unterschicht an. Man hofft auf ein besseres Leben nach dem Tod und erduldet alles weltliche Leid.

Die neopentecostale Kirche IURD hingegen ist ein hierarchisch geordneter religiöser Supermarkt, der jedem etwas geben soll. Täglich finden in den zu Kirchen umfunktionierten ehemaligen Kinosälen 3 oder 4 Services statt, die von brasilianischen jungen Pastoren überall in gleicher Weise geleitet werden. Jeden Tag werden andere Probleme der Gläubigen behandelt. Höhepunkte sind: Lösung finanzieller Probleme und Arbeitslosigkeit am Montag, Krankenheilung am Dienstag und Austreibung des Teufels am Freitag. Im Glauben der IURD sind die Menschen für ihre Sünden nicht verantwortlich, weil diese von Dämonen, die sich in ihrem Körper festsetzen, verursacht werden; darum sind Teufelsaustreibungen erforderlich. Ein zweites Standbein dieser Sekte ist die sogenannte Theologie des Wohlstandes, die besagt, dass Gott verpflichtet ist, Wohlstand, Gesundheit und Frieden den Menschen schon hier und jetzt und für immer zu gewähren, aber nur wenn sie der Kirche ihren Zehnten und noch mehr Geld überlassen. Nur dann ist man sicher, dass man gesund und glücklich wird. Das erinnert mich an die Ablasszahlung im Mittelalter.

Die Pastoren verlangen ständig Kontributionen, dafür beten sie über den Gläubigen, denn sie alleine sind im Besitz der göttlichen Charismata. In den klassischen Pfingstlergemeinden können die Gläubigen sich gegenseitig durch Handauflegen Hilfe geben und jeder kann die Charismata erhalten. Die IURD gebraucht für ihre Verbreitung ständige Fernsehen- und Radioübertragungen, wo zufriedene Kunden von Wundern sprechen. In Brasilien hat die IURD ein TV Netz um mehrere Millionen Dollar erstanden und alle Pogramme für alle andere Länder werden dort hergestellt.

In dieser Sekte gibt es nur einige permanente Mitglieder, außer der zahlreichen Pastoren, die zum Großteil aus Brasilien stammen.

Die Gläubigen kommen und gehen, wenn sie Hilfe brauchen und es bilden sich keine religiösen Gemeinden, wie in den klassischen Sekten. Die Bibel spielt nur eine untergeordnete Rolle. Der Kontakt zu den häufig wechselnden zumeist brasilianischen Pastoren ist bewusst gering, denn diese werden ständig versetzt. Die lokalen Helfer werden nicht bezahlt. In den klassischen Pfingstlergemeinden haben gerade die Pastoren persönliche Kontakte zu den Gläubigen und helfen ihnen Arbeit zu finden, sich gegenseitig zu helfen und den Kindern eine bessere Erziehung angedeihen zu lassen. Ihre Moralgesetze sind, im Gegensatz zur IURD, streng.

Trotz allem sind die Kirchen voll. Die IURD ist erst sein l996 in Venezuela tätig und hat bereits über 100 Kirchen eröffnet. Kirchen finden sich seit einigen Jahren in allen Ländern Lateinamerikas, auch in Schwarzafrika und bereits in Europa. Hier eine Liste der häufigsten behandelten somatischen und psychosomatischen Probleme: Angstzustände, Schlaflosigkeit, Kopfweh und andere Schmerzen, Böser Blick, Krankheit, Drogensucht und Alkoholismus, Verfolgungswahn, Familienprobleme, Selbstmord.

---

* Bericht mit gleichem Titel auf der 19. Fachkonferenz Ethnomedizin vom 27.-9.10.2006 in Heidelberg zum Thema: Ethnologie und Medizin im Dialog: Lebenswelten, Geschichte und die Konstruktion von Anthropologien.

Zumeist also psychosomatische Erkrankungen. Öffentliche Berichte der Beteiligten mit Angabe von Namen und Adresse in der Gratiszeitschrift der IURD sprechen von Wunderheilungen von Krebs und anderen Krankheiten, doch sind diese selten.

Die Teufelsaustreibungen, wobei die angeblich Besessenen tatsächlich in Trance fallen und schreiend am Boden liegen, helfen vielleicht, aufgestaute Spannungen wieder abzubauen. Diese Geister, die auch Krankheiten und Laster bringen, müssen ausgetrieben werden, um den Menschen gesund zu machen, der keine Schuld an ihnen hat. Die Besessenen schreien, rollen am Boden und fluchen und manchmal ist es gar nicht so leicht, sie aus diesem Zustand aufzuwecken. Im Gegensatz dazu, in den afroamerikanischen Religionen werden die Gläubigen ebenfalls von Geistern besessen, aber diese sind positive Kräfte oder Gottheiten und sprechen aus dem Mund der Medien, um den Adepten zu helfen.

Alle Riten werden von Sao Paolo aus vorgeschrieben und von Zeit zu Zeit in allen Ländern gleichzeitig verändert. Zum Beispiel: Es werden Rosen verteilt, welche man eine Woche lang im Haus aufbewahren soll. Wenn sie verwelken, muss man sie wieder in die Kirche bringen, wo sie dann verbrannt werden, um alle bösen Kräfte, die sie absorbierten, zu eliminieren. Aber man muss eine Geldspende mitbringen. In einem anderen Fall wird Wasser aus dem Jordanfluss in ein Becken geschüttet und mit normalem Wasser vermischt. Dann dürfen die Gläubigen für einen Geldbetrag ihre Hände darin reinigen, ebenfalls hilft dies zur Elimination böser Einflüsse. Der Preis für diese Waschung verringert sich immer wieder, von 50.000 auf 20, 10 und 5 Tausend, aber die letzten haben dann weniger Hoffnung auf Tilgung des Bösen durch diese Waschung. Manchmal werden Lichtkanäle errichtet, durch welche die Gläubigen ziehen, um gereinigt zu werden. Bei den freitäglichen Sessionen fallen immer wieder Gläubige in Trance. Es manifestieren sich wild schreiende Dämonen, mehrere Pastoren versuchen den Besessenen zu besänftigen. Dabei rufen alle Anwesenden: „weg, weg, Befreiung" etc. und erheben die Arme. Die Beteiligung der Gläubigen ist bei diesen Riten wichtig, während die Pastoren den Besessenen am Boden festhalten. Langsam kommt er wieder zu sich und nach beendetem Exorzismus bestätigt er, dass nun alle Dämonen ausgetrieben wurden. Von christlichen Glaubenslehrern findet man wenig. Die Taufe gilt eher als Reinigungsritual und kann wiederholt werden. Die Bibeltexte werden aus dem Konzept gerissen. So unwahrscheinlich es klingt, der Erfolg dieser neuen sogenannten Religion ist enorm und bringt ihrem Gründer Edir Macedo Millionen.

Literatur

CAMPOS Leonildo Silveira 1997. *Teatro, templo e mercado.* Petropolis: Ed. Vozess. Petropolis
CORTIN André & DOZON J.-P., ORO Ari 2003. *Les nouveaux conquérants de la foi.* Paris: Karthala
POLLAK-ELTZ Angelina 1998. Oración fuerte al Espíritu Santo, die brasilianische Igreja Universal del Reino de Deus in Venezuela. In Schmidt Bettina & Rossbach de Olmos L.(eds). *Das afrikanische Amerika.* Marburg: Curupiria
——— 2003. A Igreja Universal na Venezuela. In ORO A., CORTEN A. & Dozon J.-P. A *Igreja Universal Do Reino de Deus.* Sao Paolo: Paulinas.

Angelina Pollak-Eltz *1932, Prof. em. Dr. phil., Ethnologin, lehrte lange Jahre an der Katholischen Universität Andres Bello in Caracas/Venezuela, forschte vor allem zu afro-karibischen Heilkulten und zur Volksreligion und lebt heute abwechseln dort und in Österreich (vgl. Lebensdaten und Werke in „Angelina Pollak-Eltz zum 70sten Geburtstag", *curare* 26,1+2(2003) 179-180).

Fragen der transkulturell-vergleichenden Psychiatrie in Europa.

The 1th German Symposion *Questions on Transcultural Comparing Psychiatry in Europe* under the Auspicies of the WPA/TPS and the Ministry of Social Affairs of Schleswig-Holstein. Kiel 5.4. – 8.4. 1976

Im Folgenden sind das *Inhaltsverzeichnis* der Publikation*, die *Teilnehmerliste* und Teile des *Vorworts* dieses ersten bedeutenden internationalen Symposiums zur Transkulturellen Psychiatrie in Deutschland dokumentiert, das unter den Auspizien des Weltverbandes für Psychiatrie/Sektion für Transkulturelle Sektion und dem Sozialministerium des Landes Schleswig-Holstein stand und von der Deutschen Forschungsgemeinschaft (DFG) als „Internationale Fachkonferenz" gefördert wurde. Es wurde mit 66 Teilnehmern aus 19 Ländern „in der behaglichen Abgeschiedenheit des Landesseminars für Krankenpflege in Kiel in familiärer Atmosphäre" durchgeführt, wie die Herausgeber im Vorwort ausdrücklich betonen. Die Publikation besteht aus den gebundenen Manuskripten der ausgelegten Vorträge und Zusammenfassungen.

Vorwort I-III

K.-E. CLAUSSEN: Rede zur Begrüßung des Seminars 1

Y. H. POORTINGA: Problems of Comparison in Cross-cultural Psychology 4

L. FLORU: Transkulturelle Aspekte der klinisch-psychiatrischen Bilder fremdsprachiger Arbeitnehmer (Gastarbeiter) und deren Bedeutung für die nervenärztliche Praxis 11

G. DEVEREUX: Culture and Symptomatology 20

G. ALBRECHT: Auswirkungen der Entwurzelung und der Arbeitslosigkeit bei ausländischen Arbeitnehmern und ihren Familien 24

H. B. M. MURPHY: European Cultural Offshoots in the New World: Differences in their Mental Hospitalisation Patterns 36

D. H. FRIEßEM: Methodologische Probleme der Migrationspsychiatrie in der BRD 54

St. FRANKENBERG: Der ausländische Patient aus der Sicht des niedergelassenen Nervenarztes. Teilergebnisse einer postalischen Befragung 71

M. V. CRANACH: Psychiatric Disorders among Foreign Workers in the Federal Republic of Germany 83

M. H. SCHMIDT und K. J. ERHARDT: Psychiatrische Erkrankungen bei „Gastarbeiter-Kindern". Ätiologie und Pathogenese 92

W. BÖKER und R. SCHWARZ: Die akute paranoide Reaktion – ein charakteristisches Phänomen der transkulturellen und Migrationspsychiatrie 95

P. J. HITCH and P. H. RACK: Paranoid Symptomatology among Polish Refugees in Britain 103

C. HARING und Ch. XENAKIS: Nostalgische Reaktionen bei griechischen Gastarbeitern in West-Berlin 111

R. GIEL: Minority Conflict: The Hijacking of a Train by South Molukken Youngsters in the Netherlands 123

Y. OSEI: Foreign Students and Academicians in the West Germany 129

D. J. YOO: Normenkonflikte in der Interaktion zwischen koreanischen Krankenschwestern und ihrer deutschen Umgebung 137

D. DE MARTIS und F. PAVAN: The Role of Ethnical-Cultural Factors in Moulding the Mental Deseases of the Immigrants from Southern to Northern Italy 144

Z. BÖSZÖRMÉNYI: A Comparative Study of Involutionary Depressive Patients in French Canada and in Hungary 151

R. SCHWARZ: Epidemiological Data of an Out-Patient Population in the Grand Kabylie (North Algeria) (Cultural Change and Mental Disorders) 155

F. PISZTORA: A Comparative Sociocultural Survey of the Hajduság on the Basis of the Case Report from the last 100 Years 156

P. KRAMBECK und M. WIRSCHING: Psychosomatische Krankheit und Familie im sozio-kulturellen Kontext (ein interdisziplinärer Versuch) 165

P. PARIN und G. PARIN-MATTHÈY: Typische Unterschiede zwischen Schweizern und Süddeutschen aus dem gebildeten Kleinbürgertum. Ein methodischer Versuch mit der vergleichenden Psychoanalyse (Ethnopsychoanalyse) 200

L. EITINGER: Psychiatric Symptomatology in Refugees 226

D. G. HERTZ: The Problems of "Reverse" Culture Shock. (The "returning resident" syndrome, -psychopathology and its prevention) 237

Berichte über die Arbeitsgruppen:

W. MOMBOUR: Zusammenfassung der Diskussionen der Arbeitsgruppe A (Symptomatologie) 244

R. TERRANOVA-CECCHINI und G. PARIN-MATTHÈY: Arbeitsgruppen D und F: Psychotherapie und Sozialarbeit/Erziehung und Kindheit 247

M. WIRSCHING: Bericht über die Beratungen der Arbeitsgruppe ärztliche Versorgung ausländischer Arbeitnehmer und ihrer Familien 249

---

* BOROFFKA A. & PFEIFFER W.M. (Hg) 1977. *Fragen der transkulturell-vergleichenden Psychiatrie in Europa* (*Referate und Arbeitspapiere anlässlich des Symposions in Kiel vom 5.4. - 8.4. 1976*). Münster: Westfälische Wilhelms-Universität, Fach Medizinische Psychologie

VWB – Verlag für Wissenschaft und Bildung

Teilnehmerliste Seite 253

AHANOTU A., Dr., Heiligenhafen
ALBRECHT Georg, Düsseldorf
BASH Kenower Weimar, Prof. Dr., Bern/Schweiz
BECKER-PFLEIDERER Beatrix, Dr., Heidelberg
BEERS W. van, Dr., Nijmegen/Niederlande
BERTELSEN A., Dr., Risskov/Dänemark
BLOM A. C., Dr., Nijmegen/Niederlande
BÖKER Wolfgang, Prof. Dr., Mannheim
BOROFFKA Alexander, Dr., Reg. Med. Dir., Kiel
BÖSZÖRMÉNYI Z., Dr. Dr., Budapest/Ungarn
CLAUSSEN Karl-Eduard, Landesminister, Kiel
VON CRANACH Michael, Dr., München
DEVEREUX George, Prof. Dr., Antony/Frankreich
EIBL-EIBESFELD B., Dr., München
EITINGER Leo, Prof. Dr., Oslo/Norwegen
FINK E. H., Dr., Wiesbaden
FISCHER Margit, Dr., Risskov/Dänemark
FLORU Lucian, Dr., Düsseldorf
FRANKENBERG Stephanie, Göttingen
FRIEßEM Dieter H., Dr., Stuttgart
GÄRTNER-HARNACH Viola, Prof. Dr., Mannheim
GIEL Robert, Prof. Dr., Groningen/Niederlande
GIUSSANI Frau, Milano/Italien
HAISCH Erich, Dr., Konstanz
HARING C., Dr., Berlin
HERTZ Dan G., Prof. Dr., Jerusalem/Israel
HEUER Gerhild, Schönberg
HITCH P. J., Dr., Bradford/England
HÜLSMANN Paul, Dr., Ministerialrat, Kiel
KIM Son-Hee, Münster
KONRAD Christiane, Kiel
KRAMBECK Peter, Dr., Heidelberg
LENTZ Gudrun, ROI, Kiel
DE MARTIS Dario, Prof. Dr., Voghera/Italien
MOMBOUR Werner, Dr., München
MOSCHEL Günther, Dr., Mannheim
MÜLLER U., Dipl.-Soz., Düsseldorf
MURPHY Henry B. M., Prof. Dr. Dr., Montreal/Kanada
NIEVES P. R., Dr., Viersen
OLANDER L., Dr., Uppsala/Schweden
OSEI Yaw, Dr., Marl-Sinsen
ÖZEK Metin, Prof. Dr., Istanbul/Türkei
PARIN Paul, Dr., Zürich/Schweiz
PARIN-MATTHÈY Goldi, Zürich/Schweiz
PFEIFFER Wolfgang M., Prof. Dr., Münster
POORTINGA Ype H., Dr., Tilburg/Niederlande
RABENSER J., Pater, Münster
RACK Philipp, Dr., Bradford/England
RIEDESSER Peter, Dr., Freiburg i. B.
SARTORIUS Norman, Prof. Dr., Genf/Schweiz
SCHIMMELPENNING, Gustav, Prof. Dr., Kiel
SCHMIDT Martin H., Prof. Dr., Mannheim
SCHOENE Wolfgang, Prof. Dr., Münster
SCHOENE W., Frau, Münster
SCHWARZ Rainer, Dr., Mannheim
SINCLAIR G., Frau, Nijmegen/Niederlande
STUMME Wolfgang, Dr., Hannover
TERRANOVA-CECCHINI Rosalba, Prof. Dr., Milano/Italien
VÖLKEL Henner, Prof. Dr., Kiel
DE WAELE-VAN HELVOORT D., Dr., Frau, Nijmegen/NL
WEINRICH Rosemarie, Frankfurt/M.
WIEBE D., Dr., Kiel
WIRSCHING Mirsching, Dr., Heidelberg
WULFF Erich, Prof. Dr., Hannover
XENAKIS Christos, Dr., Berlin.

Das Vorwort als Nachwort

Die *transkulturell-vergleichende Forschungsrichtung des Psychiatrie* war in der ersten Phase ihres Bestehens dadurch gekennzeichnet, dass sich Psychiater europäischer Herkunft mit psychischen Strömungen in kulturell wesentlich verschiedenen Ländern beschäftigten; es handelte sich also um eine Art „Exotische Psychiatrie". Die Ursache lag darin, dass die ehemaligen Kolonialmächte sich in den von ihnen verwalteten Gebieten seit Ende des vergangenen Jahrhunderts zunehmend mit psychiatrischen Problemen konfrontiert sahen und zu deren Lösung Experten aus Europa beizogen. Dabei ging es gerade auch um die Frage, inwiefern die diagnostischen und therapeutischen Konzepte der europäischen Psychiatrie in anderen Kulturen anwendbar seien. Dieser ersten Phase verdanken wir eine Orientierung über die Verhältnisse in außereuropäischen Ländern, die in vielem eine Bestätigung, in manchen Bereichen aber eine Korrektur abendländischer psychiatrischer Auffassungen brachte.

Inzwischen hat sich die Situation der transkulturellen Psychiatrie grundsätzlich gewandelt. In den Gesundheitsdiensten der unabhängig gewordenen Länder werden die Aufgaben der ärztlichen Versorgung wie auch der psychiatrischen Forschung zunehmend durch einheimische Fachkräfte wahrgenommen. Auch entsprechen die während der ersten Phase wichtigen und sinnvollen deskriptiven Untersuchungen den methodischen Anforderungen, die wir heute an epidemiologische und vergleichende Untersuchungen zu stellen haben, im allgemeinen nicht mehr.

Dem gemäß haben sich die Schwerpunkte *transkulturell-psychiatrischer* Forschung geändert. Einmal geht es jetzt um systematische methodisch verlässliche Vergleichsuntersuchungen, für welche die internationalen Schizophrenie- und Depressionsstudien der WHO ein Beispiel sind. Zum anderen sind wir auf die Verhältnisse in unseren eigenen Ländern verwiesen, wo besonders durch die großen Wanderbewegungen heterogene Gruppen in Kontakt treten und der Kulturwandel in scheinbar homogenen Schichten kulturelle Brüche mit psychiatrisch relevanten Folgen bewirkt.

Das Symposion über Fragen der *transkulturell-vergleichenden Psychiatrie* in Europa, dessen Beiträge im vorliegenden Band zusammengefasst sind, sollte besonders in diese aktuellen Fragestellungen einführen.

Es kamen 66 Teilnehmer aus 19 Ländern zusammen, neben Psychiatern Angehörige der unterschiedlichsten sozialen Berufe. Die behagliche Abgeschiedenheit des Landesseminars für Krankenpflege in Kiel verhalf zu einer familiären Atmosphäre, in welcher die Gespräche vertrauensvoll und offen geführt werden konnten. Leider hatten einige der aus benachbarten Ländern erwarteten Gäste nicht die Möglichkeit zur Teilnahme erhalten, wodurch sich der Rahmen der bearbeiteten Probleme auf bedauerliche Weise verengte.

Nun liegt es nahe, dass sich auch bei der Untersuchung der Probleme im eigenen Lande die Aufmerksamkeit einseitig auf den Anderen richtet, auf den Fremden, den Einwanderer, den Angehörigen einer Minorität. Die Mehrzahl der vorliegenden Beiträge geht von diesem Standpunkt aus. Doch sahen wir eine entscheidende Aufgabe des Symposions darin, die Aufmerksamkeit gerade auch auf die Besonderheit der Eingesessenen, der Etablierten zu lenken und damit zur *Selbstreflektion* anzuregen. Wir suchten dies zu fördern, indem wir bei den Referaten auch Angehörige zugewanderter Gruppen zu Wort kommen ließen.

Eine andere Einseitigkeit der transkulturellen Forschung kann darin liegen, dass theoretische Überlegungen zu sehr im Vordergrund stehen und die praktischen Aufgaben nicht genügend Berücksichtigung finden. Gerade in Richtung der Praxis sollte das Symposion aber Anregungen geben. Freilich dürften die Aspekte der Selbstreflektion und der praktischen Arbeit vor allem in den Diskussionen und im persönlichen Gespräch fruchtbar geworden sein.

Wir hoffen, dass wir mit der Aussendung dieses Sammelbandes die Kontakte und Anregungen, die sich während des Symposions ergeben haben, erneut lebendig machen; dass es uns gelingt, nicht nur das Verständnis für den Anderen zu fördern, sondern zugleich den Blick für die eigene Besonderheit und Begrenztheit zu öffnen; endlich dass hieraus gemeinschaftliches Forschen und Handeln erwachse, welches nicht den Charakter einseitiger Betrachtung und Betreuung trägt, sondern den einer partnerschaftlichen Zusammenarbeit. (letzter Absatz gestrichen)

ALEXANDER BOROFFKA &
WOLFGANG M. PFEIFFER, 1977

30 Jahre nach dieser ersten fast vergessenen und nicht genügend gewürdigten[1] Konferenz steht das Fach jedoch deutlich entwickelt da.

Tagungskalender Transkulturelle Psychiatrie September und Oktober 2007*

WITTEN 6.-9. September 2007 1. Kongress der transkulturellen Psychiatrie im deutschsprachigen Raum. Von Gemeinsamkeiten und Unterschieden. Veranstalter Universität Witten/Herdecke. Info: Frau Dr. S Golsabahi, Klinik für Psychiatrie, Psychotherapie, Psychosomatik, St. Marien-Hospital Hamm, Knappenstr. 19, 59071 Hamm, Tel: +49 2381 18 35 44, +49 2381 18 25 26, Fax +49 2381 18 25 27, Email: solmaz.golsabahi@marienhospital-hamm.de Internetadresse: http://transkulturelle-psychiatrie-a-ch-d.gmxhome.de

STOCKHOLM / Sweden 9-12 september 2007 The 2007 Annual Meeting of the SSPC (The Society for the Study of Psychiatry and Culture, Jim Boehnlein, MD, SSPC President), held in conjunction with the World Psychiatric Association Transcultural Psychiatry Section (WPA-TPS) and the World Association of Cultural Psychiatry (WACP), will be held in Stockholm, Sweden, September 9-12, 2007. Info: email sspcadmin@gmail.com www.psychiatryandculture.org (SSPC's website). Abstract deadline is May 1, 2007

ISTANBUL 12.-15. September 2007 „VI. Deutsch-Türkischer Psychiatriekongress der DTGPP". Campus der Boğaziçi Universität am Bosporus. Thema: „Identität(en)" www.tapder 2007.org

HANNOVER 21.-22.09.2007 „Zeitzeichen sozialer und interkultureller Psychiatrie". Med. Hochschule Hannover (MHH), Abteilung Sozialpsychiatrie und Psychotherapie, Veranstalter Prof. Dr. W. Machleidt und PD Dr. M. Ziegenbein. Info: Priv.-Doz. Dr. med. Marc Ziegenbein e-mail: ziegenbe@lukas.user.mh-hannover.de

BERLIN 21.-23. Sept. 2007 100. Jahrestagung der DTG, Ort: Auswärtiges Amt – Berlin, Unterwasserstrasse 10, 10117 Berlin, mit Sektion Transkulturelle Psychiatrie. Organis.: RG GmbH Büro Süd, Bahnhofstr. 3a, 82166 Gräfelfing, e-mail: info@rg-web.de, Tel.: 089 / 89891618, Fax: 089 / 89809934 http://www.rg-web.de/detail.cfm?ID=197 DTG http://www.dtg.org/

ARC et SENANS (près de Besançon) / France 04. et 05. oct 2007. «Metissages. A quoi cela sert en clinique et en travail social» 7ème Colloque de la Revue «L'Autre». Renseignement et inscription: A. Gérard 03 84 72 53 18 e-mail: anne.gerard-antigone@wanadoo.fr (A.I.E.P. = Assoc. Int. d'EthnoPsychanalyse www.clinique-transculturelle.org

PRAG / Tschechien (Czech Rep.) 21. - 24. oct 2007. 19th World congress of World Association for Social Psychiatry (WASP). Basic topic of the conference is "A changing world: Challenges for society and for social psychiatry". Secretariat: GUARANT International spol. s r.o., Opletalova 22, 110 00 Prague 1, Czech Republic. e-mail: wasp@guarant.cz www.wasp2007.cz

* Zum Beispiel Auszug aus dem Konferenzkalender der Website der AGEM www.agem-ethnomedizin.de, Stand Mai 2007

1. Zum Beispiel werden vier Jahre nach dieser Kieler Tagung in dem bedeutenden und auch heute noch genauso lesenswerten und wichtigen Sammelband „Psychopathologie im Kulturvergleich" bei Enke in Stuttgart 1980, den die Herausgeber Wolfgang M. PFEIFFER und Wolfgang SCHOENE dem Gründer des *Transcultural Psychiatric Research Review* (TPRR, ab 1965), Eric D. Wittkower, zum 80sten Geburtstag widmeten, die Tagung und der kurz zuvor erschienene Tagungsband nicht erwähnt.

Redaktion dieser Dokumentation EKKEHARD SCHRÖDER

VWB – Verlag für Wissenschaft und Bildung

Culture and Symptomatology. Summary*
by Prof. Dr. GEORGE DEVEREUX

Basic Principles:

(1) Adaptation is a sociological concept. Psychopathology is a psychological concept. A psychologically normal person may be maladjusted in a pathological society, in which a suitably abnormal person may be well adjusted.

(2) Sociological and psychological explanations of behaviour stand in a complementarity relationship to each other; the two explanations can neither be commingled nor given simultaneously.

(3) Situations requiring recourse to the complementarity principle are not limited to quantum physics. An eminent theoretical physicist and epistemologist, Prof. Dr. Pascual Jorden (Hamburg), has shown that the first to observe and to describe a phenomenon involving complementatity was Josef Breuer and the first to formulate this principle (though without using the term "complementarity") was Sigmund Freud[3].

Definitions:

(1) Ethnic disorders: symptoms and syndromes are furnished by the culture, to fit culture-specific stresses; these are related to what Linton[4] calls: "patterns of misconduct".

(2) Type disorders are determined by the structure of society (e.g., Gemeinschaft vs. Gesellschaft, etc.)

(3) Idiosyncratic disorders are developed when neither ethnic nor type disorders fit the subject's personal and atypical conflicts.

Vicissitudes of Cultural Materials in Psychological Disorders:

(1) Neurosis: cultural material is recognized as being of external origin but is "transposed"—e.g., from one stage of the psychosexual development to another.

(2) Regression, fixation: cultural material, though recognized as of external origin, is handled in a regressive, anachronistic, infantile manner.

(3) Psychopathic character disorders: cultural material is recognized as of external origin, but the patient, who does not feel committed to it, is skilled in exploiting the cultural loyalties of others for his own ends.

(4) Psychosis: Awareness of the external origin of cultural material is generally lacking; it is treated as though it were of internal origin. Yet, "deculturalized" cultural material plays a major role in psychosis.[5]

Diagnostic Pitfalls:

(1) The culturally unsophisticated diagnostician may mistake a belief for a delusion.

(2) The culturally half-sophisticated diagnostician may mistake a delusion for a (cultural) belief.

(3) A caveat: A cultural belief, correctly reported as such by the patient, may be delusional if it is also "experienced" (erlebt).

Communication:

(1) A recent immigrant, who does not speak adequately the language of the host culture, may use what he believes to be a "universal" language: that

---

* Reprint aus: BOROFFKA A. & PFEIFFER W.M. (Hg) 1977. *Fragen der transkulturell-vergleichenden Psychiatrie in Europa (Referate und Arbeitspapiere anlässlich des Symposions in Kiel vom 5.4. - 8.4. 1976)*. Münster: Westfälische Wilhelms-Universität, Fach Medizinische Psychologie: 20-23. (Redaktionelle Bearbeitung für *curare* von Ekkehard Schröder).
Dieser Reprint wurde als Manuskript anlässlich der 1. Georg-Devereux-Gedächtnisvorlesung auf der 18. Fachkonferenz Ethnomedizin vom 21. - 23. Oktober 2005 in Kassel zum Thema „Bedrohte Lebenswelten – eine Herausforderung aus medizinanthropologischer Sicht" in Erinnerung gebracht und verteilt (siehe *curare* 28,1(2005)111-112).

of the body. But he speaks that "universal" language with the "accent" of his own culture: his physical complaints are specific (localized), but their meaning is that which such complaints have in his own culture, and are therefore not understood by his therapist.

(2) At that point the patient begins to replace specific complaints with generalized ones: "everything" aches, functions badly. French physicians call this "koulchite" (Arabic: koulchi = all, everything).[1]

(3) After the immigrant learns the language of the host culture, he often ceases to somatize and begins to report his real (psychological, social) problems.

A (seemingly) good adaptation may be symptomatic, if:

(1) It satisfies concrete wishes but frustrates the affective expectations associated with these wishes.

(2) Its personal meaning (which usually has cultural roots) is not the meaning the host culture assigns to that adaptive behaviour; this often leads to puzzling conflicts in seemingly normal interactions with members of the host culture.

(3) The adaptation actually implements the pre-existing neurotic, etc., needs of the immigrant.

(4) The adaptation is such that it permits neurotic, etc., members of the host culture to induce the "adjusted" immigrant to act out the abnormal (sexual, aggressive, etc.) needs of his hosts.

The ethnic personality is very resistant to acculturation, even in psychological disorders.

(1) In mild disorders, where both the conflict and its manifestations fit the immigrant's culture, the ethnic personality is hardly impaired at all.

(2) In disorders of medium severity the core-conflict may fit the ethnic personality, though its symptomatic façade is borrowed from the host culture. (E.g., a hysterical core may be overlaid by a schizophrenic façade.) The impairment of the ethnic personality is moderate.

(3) In severe disorders the ethnic personality is much impaired, for both the conflict and its manifestations (symptoms) become linked with the host culture. Disorders tend to become chronic.

Migration, like life in a rapidly changing environment, impairs foresight. The expected rewards for the postponement of gratifications fail to materialize. This impairs the capacity to sublimate, without which both society and culture perish.[2]

Bibloghraphy:

General:
DEVEREUX G. 1969. *Reality and Dream: The Psychotherapy of a Plains Indian.* New York, second ed. (deutsch 1985 bei Suhrkamp) // ——— 1976 (3rd ed). *Essais d'Ethnopsychiatrie Générale.* Paris. (deutsch 1974 bei Suhrkamp nach der 1. Aufl. 1970) // ———1972. *Ethnopsychanalyse Complémentariste.* Paris. (deutsch 1978 bei Suhrkamp, Frankfurt am Main).

Special (see notes):
1. CLÉMENT L. and IFRAH A.1975. Traumatisme et Transplantation. *Perspectives Psychiatriques* 13:272-278.
2. DEVEREUX G. 1975. Time: History versus Chronicle. *Ethos* 3:281-292.
3. JORDAN P. 1934. Quantenphysikalische Bemerkungen zur Biologie und Psychologie. *Erkenntnis* 4:215-252.
4. LINTON R. 1936. *The Study of Man.* New York 1936.
5. NATHAN Th. 1977. *Sexualité Idéologique et Névrose.* Claix. (in press)

George Devereux (1908-1985), Ethnologe, Psychoanalytiker und Theoretiker der Ethnopsychiatrie, Ehrenmitglied der AGEM seit 1978, nahm an drei Fachkonferenzen in Deutschland teil (1976 Kiel, 1977 Heidelberg, 1978 Göttingen). Er veröffentlichte in der Zeitschrift *curare* und in den *curare*-Sonderbänden folgende Artikel:
1978. Mytho-Diagnosis: A Teething-Ring for curare (Geleitwort). 1,2: 70-72; Reprint *curare* 15,4(1990) 190-191.
1979. Die Verunsicherung der Geisteskranken. (Überarbeitete Fassung eines Vortrages, gehalten auf der dritten III. internationalen Fachkonferenz Ethnomedizin in Heidelberg vom 5.-7.5.1977 mit dem Thema: Familienkonzepte in ihrer Bedeutung als Element für die soziale Sicherung. *curare* 2,4: 215-220.
1982. Rejoinder (auf Jilek Wolfgang G. 1982. Culture—"Pathoplastic" or "Pathogenetic"? A Key Question of Comparative Psychiatry. *curare* 5,1 (1982)57-68). *curare* 5,2: 80.
1983. Baubo – die personifizierte Vulva. In SCHIEFENHÖVEL *et al. Die Geburt aus ethnomedizinischer Sicht. Beiträge und Nachträge zur IV. Internationalen Fachkonferenz der Arbeitsgemeinschaft Ethnomedizin über traditionelle Geburtshilfe und Gynäkologie in Göttingen 8.-10.12.1978.* (*curare*-Sonderband 1/1983). Braunschweig/Wiesbaden: Vieweg:117-120.

Die Arbeitsgemeinschaft Ethnomedizin widmete ihm die Festschrift „Georde Devereux zum 75. Geburtstag. Eine Festschrift", herausgegeben i.A. der Arbeitsgemeinschaft Ethnomedizin von EKKEHARD SCHRÖDER & DIETER H. FRIEßEM als *curare*-Sonderband 2, Verlag Friedr. Vieweg & Sohn, Braunschweig/Wiesbaden 1984.

Buchbesprechungen / Book Reviews / Comptes rendues

Allgemeine Literatur:

LUX THOMAS (Hg) 2003. *Kulturelle Dimensionen der Medizin. Ethnomedizin – Medizinethnologie – Medical Anthropology.* Berlin: Reimer. 373 S. ISBN 3-469-02766-5

In seinem Vortrag zur 16. Fachtagung der AGEM (Heidelberg, 12.-14. Dez. 2003) trug der Herausgeber unter dem Titel „Viele Namen für dieselbe Sache" die aus seiner Sicht unterschiedlichen Blickrichtungen von Ethnomedizin und Medizinethnologie (Medical Anthropology) thesenartig (siehe *curare* 27,3(2004)197-200) aus seinem soeben erschienen hier besprochenen Buch vor: Es handele sich um unterschiedliche, aber nicht unbedingt gegensätzliche Untersuchungsfelder, Ideen und Methoden im Bemühen, um das weite Feld kultureller Dimensionen der Medizin. Gemeinsam sei beiden, dass es sich um Denkrichtungen handele, die immer einen Bezug zwischen Kultur und Medizin erkennen, jedoch durchaus in unterschiedlichen fachlichen Zusammenhängen handeln könnten und in der Regel an den Rändern der etablierten Wissenschaften arbeiten. Betrachte Ethnomedizin Fragen von Gesundheit und Krankheit in der Regel kulturrelativistisch mit kritischen Ausblicken auf die eigene Medizin, also von der Ethnologie ausgehend kulturell bedingte Medizinsysteme benennend und vergleichend, so gehe Medizinethnologie (respektive Medical Anthropology) von vornehinein von den eigenen Gegenständen und Methoden im Zusammenhang eines in alle Lebensbereiche expandierenden Medizinsystems (einer im Sinne Leslies „kosmopolitischen" Medizin oder einer globalisierten westlichen Schulmedizin?) aus, das zum Beispiel ehemalige Kategorien wie "folk illness" und „kulturgebundenes Syndrom" durch einen neuen Entwurf ablösen könnte, den Thomas Lux mit „Konzept, Krankheit und Kranksein" zu benennen versucht und damit Gegensätze aufheben möchte. Insofern versteht der Herausgeber Ethnomedizin vor allem als Neuland der zu entdeckenden fremden Phänomene mit einem schließlichen Bedeutungswandel hin zum „Eigenen", nämlich hin zur Medizinethnologie im globalisierten Kontext, wo Eigenes und Fremdes verschmilzt, bzw. verschmelzen soll. Ethnomedizin als in den siebziger Jahren stark individualistisch besetztes Terrain von allem Möglichen und durchaus Interessantem, immer zentriert um den schwierigen Begriff „Fremd" (bzw. um „das Fremde") und wohl auch ideologisch oftmals einem „Unbedingt-Fremd-Lassen" verpflichtet, findet demnach im globalisierten Kontext der Medizinethnologie die Auflösung der Begriffe „fremd" und „eigen" vor.

Ob tatsächlich das Fremde eigentlich wir selbst sind, indem „fremd"/„eigen" nur eine philosophische Frage ist, das ist wohl der zentrale Gedankengang im Ansatz von Thomas LUX auf dem Weg zu einer genaueren Begriffsbestimmung von Ethnomedizin und Medizinethnologie. Demnach sei Medizinethnologie in ihrer Wirklichkeitsbestimmung eindeutig, während die Ethnomedizin durch ihre kulturwissenschaftliche Vorgehensweise Mehrdeutigkeit zulasse. Natürlich ist eine solche Gegenüberstellung deterministisch und in diesem Fall vor allem von der Sorge geleitet, die Medizin könne aufgrund der scheinbar unermesslichen Mehrdeutigkeiten, die durch ethnomedizinische Forschungen erkannt, bzw. erst geschaffen wurden, vollends unübersichtlich werden, was sicherlich bedenkenswert ist. Allerdings müsste das Terrain „Medizinethnologie" mit seinem Begriff „eigene Medizin" ebenso pluralistisch sein, denn je tiefer wir ins Eigene blicken, umso fremder wird das vermeintlich Eigene ja eben!

Der vorliegende Sammelband möchte sich als eine Bestandsaufnahme einer Methode verstehen, die das Fremde als integralen Bestandteil des Eigenen begreift (so Th. Lux in seinem Beitrag S.145 ff). Ob damit das heuristische Ziel, nämlich neue Erkenntnisse im interkulturellen Kontext gewonnen werden können oder ob es sich nicht vielmehr um eine philosophische Fragestellung handelt, deren Auswirkungen auf die Praxis der Medizin in der Begegnung mit den fremden „Medizinen" unerheblich sein wird, sei dahin gestellt. Zumal sich „das Fremde" eben dadurch auszeichnet, dass es nur als *nicht*-integraler Bestandteil des Eigenen wahrgenommen werden kann, sonst würde es den Namen nicht verdienen. Dass das „Eigene" auch das „Fremde" beinhaltet, ist streng genommen, im syntaktischen Sinne allzumal, gar nicht möglich, findet aber durchaus als Begriff in der politischen Sprache heute seine Anhänger. Sollen wir etwa „fremd" aufheben im

„Eigenen"? Dass das Fremde zum Eigenen immer auch hinzugehört, ist unbestritten, dennoch gibt es etwas Fremdes außerhalb des Eigenen. Und hier liegt genau der Punkt nicht nur wissenschaftlichen Verstehens.

Es beginnt wie immer auf der Ebene des Wortes: Der Gebrauch der Begriffe Ethnomedizin/Medizinethnologie ist in dem vorliegenden Band nicht stringent aus dem jeweils vorgetragenen Ansatz abgeleitet, sondern meistens (jedoch nicht konsequent) häufig einfach anstelle des jeweils anderen Begriffs genommen worden und erhält damit den Charakter von Beliebigkeit. Beide Begriffe beziehen sich aber wissenschaftshistorisch auf unterschiedliche methodische Ansätze, Wahrnehmungen und philosophische Sehweisen. Allen Beiträgen dieses Bandes gemeinsam ist ihre starke Herkunft vom (vielleicht auch nur irgendwie vermuteten) Begriff einer kosmopolitischen Medizin und weniger der emische Ansatz (das in Worte fassen der Gegebenheit durch den vermeintlich Fremden selbst, im Protokoll des außerhalb vom ihm stehenden Forschers dokumentiert). Das Buch wird in die Abschnitte „Standorte und Methoden", „Schlüsselkonzepte und ihr Wandel", „In und außerhalb der Klinik" und „Medizin über die Grenzen hinaus" unterteilt. In seiner Einführung hebt Thomas LUX Themen und Methoden heraus, die aus den kulturellen Dimensionen von Gesundheit und Krankheit definiert wurden und als neues Wissen gegen das biologistische Wissenschaftsparadigma durchgesetzt werden müssten. Eberhard WOLFF befasst sich mit einem idealtypischen Begriff von „Volksmedizin" in der volkskundlichen Forschung und deren Isolation als verklärte Heilungswelt analog zu Vorgehensweisen der „klassischen Ethnomedizin". Das Konstrukt „Volksmedizin" sei nicht geeignet, um einen konkreten, genau zu umreißenden Sachverhalt beschreiben zu können, sondern vielmehr eine heuristische Kategorie, wobei es ihm um die Klärung der hinter dem altertümlichen Begriff stehenden Konzepte gehe. Zur Definition der Ziele einer *kognitiven Medizinanthropologie* führt Norbert KOHNEN vier Beispiele für kognitiv-dimensionale Ordnungsstrukturen an. Sein Beitrag ist eine Synopse seiner zahlreichen bisherigen Veröffentlichungen zum Thema: In welcher Weise werden Unterschiede zwischen ethnischen Gruppen und soziologischen Gruppen konstatiert, etwa zum Beispiel als topographische Ordnungen der Körperwahrnehmung. Koh-

nen steht damit im Gegensatz zu universalistischen Ansätzen, die in diesem Band (z.B. von W. Bruchhausen) dargelegt werden und mehr auf (vermeintliche) Gemeinsamkeiten denn auf Unterschiede abheben. In ihrem Beitrag zu Gender, Körper und Kultur begründet Christine BINDER-FRITZ mit ihrer These vom Körper als dem wichtigsten klassifikatorischen System eine notwendig „höhere interkulturelle Kompetenz" für den stark gestiegenen Anteil von Migrantinnen in Deutschland. Den Aktionsradius der Medizin thematisierend postuliert Cornelius BORCK, dass eine Kritik an der „Apparatemedizin" vorschnell sei, wenn nicht die bereits vollzogene Orientierung an komplexen Steuerungsmodellen berücksichtigt werde. Th. LUX legt in seinem anschließenden Text idealtypisch die aus seiner Sicht bereits vielfach vollzogene Einbeziehung des Fremden als integralem Bestandteil des Eigenen dar (es gebe demnach eigentlich keine Ethnomedizin), während Elisabeth HSU das Konzept der „Einverleibung" am Beispiel des Bezuges zu drei Körpern („sozialer Körper", „individueller Körper", „Körper-Politik") diskutiert: Auch dieser Text ist ein medizinanthropologischer und weniger ein ethnomedizinischer Beitrag, der ja wie gesagt die ethnologisch-emische Komponente anstrebt. Auf die Verbindung von Krankenpflege, gesellschaftlicher Prozesse und Pflegekulturen weist anschließend Monika HABERMANN hin, dass nämlich eine akademische Pflegewissenschaft erst im interkulturellen Wahrnehmungskontext deutlich konturiert werden konnte, wobei bei ihr Kranken- und Altenpflege u.a. im deutsch-deutschen Vergleich im Zentrum der Betrachtung stehen. Ursprünglich (in Europa) konzipiert als außerhäusliche Erweiterung weiblicher Sorge-Fähigkeit, erhält Pflegewissenschaft in der „Pendelbewegung von der Fremd- zur Selbstbeschreibung" eine noch zu erarbeitende Dimension, die, so hofft die Autorin, interkulturelle Verständigungsnotwendigkeiten schließlich „aufheben" könnte. Das ist jedoch zu bezweifeln, denn „multikulturelle Realitäten" sind im Globalisierungsprozess nur oberflächlich zum „Allgemeingut" geworden und die Tatsache, dass in den letzten Jahren zahlreiche Veröffentlichungen aus dem Bereich der transkulturellen Psychiatrie erschienen sind, muss ja nicht unbedingt das Gegenteil bedeuten, wie Klaus HOFFMANN im folgenden Beitrag zunächst andeutet – was jedoch mit seinem im Übrigen sehr nützlichen historischen Überblick über die Fragen der Psychiatrie im transkulturellen Kontext eher nicht belegt wird; sondern belegt werden hier die nach wie vor methodischen Probleme der Vergleichbarkeit! Auf einen weiteren Beitrag, heute im Fokus von "Health Transition" befindlich, stellt Peter VAN EEUWIJK mit einer Zusammenfassung bisheriger Ergebnisse einer medizinisch orientierten „Ethnologie des Alterns" vor. Die großen Veränderungen in der Bevölkerungsentwicklung und die Heterogenisierung in der Alten-Kohorte fordern lt. Eeuwijk dazu auf, die zahlreichen neuen emischen und ethischen Sichtweisen zur Frage von Alter und Altern in die Forschung, und dann als materielles Ergebnis in die Biomedizin zu übernehmen. Mit ähnlichen, durch den Prozess der Globalisierung zustande gekommenen Vernetzungen durch die Pandemie HIV/Aids befassen sich Angelika WOLF und Hansjörg DILGER. Anschließend geht Martine VERWEY auf kulturelle Einflüsse in der Gesundheitsförderung und Prävention zwischen Migration und Integration ein. Walter BRUCHHAUSEN schließlich plädiert in seinem mehr philosophisch geprägten Beitrag wider den naiven Relativismus, für mehr Mut zu Ethik, für Mut in der Ethnomedizin oder Medizinethnologie (wobei auch hier keine exakte Unterscheidung im Sinne des Herausgebers getroffen wird) zur Thematisierung von Konflikten in Gesundheitsfragen, also in stets transkulturellen Situationen. Das sei eine von den Kulturen "gemeinsam zu erbringende Leistung" im Gegensatz zu einer Bewahrung überkommender medikaler Kulturen, was jedoch nur auf der Grundlage gemeinsam erkannter Universalismen, so Bruchhausen, möglich sein würde. Dass solche Universalismen nun auch bewusst seien und entsprechend bewusst gelebt würden, ist doch wohl eine bloße Vision der Theorien zur Globalisierung!

Um abschließend noch einmal Thesen des Herausgebers in einem zentralen Punkt aufzugreifen: Die „Kulturellen Dimensionen der Medizin" von Thomas Lux beziehen sich auf die Erweiterung der klassischen Schulmedizin, also der kosmopolitischen Medizin auf zunächst einmal ganz räumlich aufzufassende ehemalige Forschungsgebiete der Ethnomedizin, wo nunmehr die Medizinanthropologie mit ihren praxisorientierten Instrumentarium in Aktion tritt. Ethnomedizin ist, wie der Begriff auch sagt, ethnologisch gemeint, während Medizinethnologie von einer vermeintlich globalisierten Medizin herkommt. Ethnomedizin bezieht sich dagegen auf ein anderes Anwendungsgebiet, auf einen Forschungsbereich, der in der Regel nicht oder zumindest nicht deterministisch anwendungsbezogen, sondern forschungsbezogen sich versteht, also einen Sinn von Wertfreiheit im kulturellen Vergleich auch in der Globalisierung und ihr ggf. sogar entgegengesetzt anstrebt. Der vorliegende Band versucht Medizinethnologie zu definieren, eine praxisorientierte oder aus der Praxis unmittelbar hergeleitete Medical Anthropology, die eben nicht wie Ethnomedizin, die lokalen „kulturellen Syndrome" vorwiegend zu beschreiben sucht, sondern global anwendungsbezogen zu denken vorgibt. Eine solche Anwendungsbezogenheit haben Wissenschaftler, die sich unter dem Begriff Ethnomedizin versammelten, zunächst nicht als ihr Hauptfeld gesehen, sondern sich bewusst zwischen den Welten bewegt. Wenn diese Welten, wie Th. Lux sagt, in der Medizinethnologie (Medical Anthropology) aber eigentlich eine Welt sind, dann ist das Fremde damit für diese Begriffologie abgeschafft worden, bzw. es ist nur eine methodische Frage, wann das Fremde als das Eigene erkannt werden kann. Für den Arzt vor Ort mag diese Sichtweise eine praktische Notwendigkeit darstellen, aber auch seinen Konflikt kennzeichnen. Für das Denken allerdings kann eine solche Ausschließlichkeit natürlich nicht gelten. Der heuristische Exkurs führt also zum Beginn der Dinge zurück, und es ist im Prinzip Jacke wie Hose, ob ich dies Ethnomedizin oder Medizinethnologie nenne.

CLAUS DEIMEL, Leipzig

PAUL UNSCHULD 2003. *Was ist Medizin? Westliche und östliche Wege der Heilkunst*. München: Verlag C.H. Beck. 296 S. ISBN 3-406-50224-5

Paul Unschuld geht es schon immer um die großen Linien. 1978 stellte er die Frage „Was ist Krankheit?" Die Antwort lautete: „Die konzeptionelle Überformung der individuellen und kollektiven Erfahrung von Kranksein". Was war gemeint? Krank zu sein ist eine menschliche Grunderfahrung, die nicht voraussetzungslos wahrgenommen wird und so stehen bleibt. Vielmehr wird sie durch Ideensysteme strukturiert, die ein allgemeines Konzept zu ihrer Verarbeitung entwickeln. Davon abgeleitet stellen sie zumeist ein Wissen bereit, das Ursache, Wesen, Diagnose und Behandlung des Krankseins in einen immanent logischen Zusammenhang bringt.

2003 stellt Unschuld die Frage „Was ist Medizin?" und variiert zur Beantwortung sein altes Thema nun durch viel vollständigere Antworten. Der Medizinhistoriker stellt „westliche und östliche Wege der Heilkunst" vor und fragt nach dem Zusammenhang von Erklärungsmodellen von Kranksein und den jeweiligen gesellschaftlichen Strukturen. Die Antwort ist nicht: Durch immer genaueres Hinsehen wird die Wirklichkeit immer genauer erkannt. Im Gegenteil: Der Körper bleibt stumm, er gibt seine Geheimnisse nicht von sich aus preis, er antwortet nur auf Fragen. Und diese Fragen müssen mühsam ersonnen werden, werden aus übergeordneten Ideensystemen abgeleitet, die wiederum in der gesellschaftlichen Struktur ihre Entsprechung haben.

Der Körper und sein Funktionieren bzw. Nicht-Funktionieren werden als Gleichnisse gesellschaftlicher Verhältnisse konzipiert. Diesen Grundgedanken der Interpretation von heilkundlichen Ideensystemen führt Unschuld entlang der Geschichte systematisch aus:

Die erstmalige Einigung Chinas zu einem Kaiserreich (221 v. Chr.) fand zu gleicher Zeit statt wie die erstmalige Formulierung der Lehren von Yin und Yang und von den Fünf Wirkkräften. Unschuld: „Schematisch, unpersönlich, regelhaft – das waren die Eigenschaften erfolgreichen Regierens. Ein tiefgreifender Bruch. Die neue Zeit benötigte keine ‚intrafamiliäre Moral' mehr als Staatsmoral; sie benötigte eine Ordnung, die auf Gesetzen und Regeln beruhte." Wenn die antike chinesische Medizin aus dem gleichen Holz geschnitzt ist, dann ist sie eine Projektion von Ordnungsvorstellungen und zugleich der Vorstellung von der systematischen Entsprechung aller Einzelteile von der Gesellschaft auf die Natur.

Die europäische Vier-Säfte-Lehre entstand auf der Basis der griechischen Polisdemokratie: Gesundheit kommt dann zustande, wenn alle Anteile in ausgewogener Mischung vorhanden sind. Dies ist die grundlegend neue – gegenüber der vorher herrschenden Monarchie – gesellschaftspolitische Erfahrung, die nun auf den Körper und das Kranksein übertragen wird.

An diesen beiden Beispielen leitet Unschuld seine These ab, wie Ideensysteme zu Körper und Kranksein entstehen und Bestand haben. In der zweiten Hälfte des Buches wird diese These auf eine Vielzahl von Medizintheorien angewendet, die im Verlaufe der Geschichte folgten, die Theorien des Mittelalters bis hin zur heutigen Zeit. Etwa Rudolf Virchows Zellularpathologie als Einbeziehung aller Lebensvorgänge in die Gesetzmäßigkeiten der Naturwissenschaften auf der Basis der Entstehung der modernen Demokratie: Der Organismus ist eine Gesellschaft lebender Zellen, ein kleiner Staat. Der Körper ist eine demokratische, nicht eine despotische oder oligokratische Einheit. So lautet die Übertragung der gesellschaftlichen Verhältnisse als die sinngebende Idee für die Medizin. Oder: AIDS ist eine Krankheit, die genau in unsere heutige Zeit passt. Sie vereint das Erregerdenken mit dem Systemdenken. Auch zur Rezeption der traditionellen chinesischen Medizin in Europa bietet Unschulds Interpretation plausible Gedanken. Die europäische Medizin ist jeglicher Sinn beantwortender Aussagen entkleidet und findet ihr Komplementär: Heiltraditionen, die im Sinne herkömmlicher Religion die Frage nach dem Sinn, dem Verhältnis zum Universum, zu falsch und richtig u. a. m. beantworten. Die 2000 Jahre alten Ideen von Yin und Yang oder die Fünf Phasen geben Antworten für verantwortliches, richtiges Handeln, wohl gemerkt in Europa, nicht im heutigen China.

Soweit die Andeutung einiger Ergebnisse dieses Buches. Wen es interessiert, der sollte nicht zögern nachzulesen, um die interessanten, manchmal überraschenden Argumentationen des Autors nachvollziehen zu können. Und um sich anregen zu lassen, über ganz grundlegende Fragen anhand einer Querschau durch die Geschichte nachzudenken. Dieses Buch ist nicht nur für Mediziner bedeutsam, sondern dürfte alle interessieren, die sich aus anderen Perspektiven mit Medizin, Gesundheit und Krankheit in unserer Gesellschaft beschäftigen. Medizinisches Denken wird von Unschuld mit einem Käfig verglichen, den sich die Menschen jeweils bauen. Ideengebäude werden aufgestellt, die die realen oder auch die idealen Verhältnisse, in denen der Mensch lebt oder leben möchte, widerspiegeln. Ihr Sinn ist Strategien gegen existentielle Bedrohungen zu entwickeln. Auf der Basis der Ideengebäude können Fragen an den Körper und an die Natur gestellt werden. Beobachtungen und Versuche liefern die konkreten Anschauungen, die die Käfigkonstruktion uns dann vertraut machen und als Wirklichkeit

VWB – Verlag für Wissenschaft und Bildung

erscheinen lassen, von Unschuld „Wahrschein" genannt.

Durch die historische Zusammenschau wird plausibel, warum die Menschen ihre Wirklichkeit als die Wirklichkeit schlechthin empfinden: Weil dies ihre Welt ist, und diese in sich stimmig ist. Und so stellt Unschuld natürlich auch die Frage – und das dürfte die zentrale Frage jedes ernsthaften Historikers sein – welches der eigene Käfig sei, in dem wir heute leben und den wir für den wirklichen halten. Erregerdenken, Systemdenken, Sinnentleerung? Das Körperbild der Gegenwart ist stark von der Molekularbiologie bestimmt: Zentrale Metapher ist die Idee der lebenden Welt als „Baukasten", der Zusammensetzung aller lebendigen Organismen aus einer recht kleinen Zahl von Elementen. Dass wir damit am Ende der Entwicklung von Ideen über den Körper und Krankheit angekommen sind, darf bezweifelt werden. Wo aber die Reise hingeht, das wissen wir nicht. (geringfügig überarbeitet nach *vehement/ Vereinigung ehemaliger Entwicklungshelfer*)

THOMAS LUX, Bensheim

MICHAEL HÖFLER 2004. *Statistik in der Epidemiologie psychischer Störungen.* Berlin, Heidelberg etc.: Springer. 22 Abb. u. 4 Tab., IX, 164 S. ISBN 3-540-2038/-/

Obige Monographie gilt es hier mehr anzuzeigen als zu rezensieren. Letzteres vermöchte nämlich allein, wer inmitten jenes Forschungszweigs arbeitet, welcher nun einmal ein empirischer sui generis ist. Dass freilich auch transkulturelle Psychiatrie, wie immer sich dieser Teil des Untertitels dieser Zeitschrift verstehen sollte, nicht nur deskriptiv, wie dies in der Überzahl der Beiträge dieses Journals geschieht, vielmehr auch analytisch und dergestalt auf „der Suche nach Faktoren von Krankheit und Störungen" (S.2) betrieben werden kann, gehört künftigen Kontribuenten ins Stammbuch geschrieben (zumal statistisch abgesicherte Ergebnisse oftmals eher als andere publiziert werden, was der Autor allerdings den „Publikations-Bias" zurechnet, denn „ein signifikantes Ereignis bedeutet nicht, dass der gefundene Unterschied groß genug ist, um von irgendeiner praktischen Bedeutung zu sein" (S. VII).

Als diplomierter Statistiker, welcher „mit Psychologen und Medizinern in der Arbeitsgruppe ‚Klinische Psychologie und Epidemiologie' am Max-Planck-Institut für Psychiatrie in München sowie in den letzten beiden Jahren auch am ‚Lehrstuhl für Klinische Psychologie und Psychotherapie' der Technischen Universität Dresden" tätig war, möchte er „Ideen … vermitteln, deren mathematische Details dann den Statistikern überlassen bleiben können. Die ‚Anwender', also diejenigen, die statistische Verfahren benutzen, um ihre wissenschaftlichen Fragen zu beantworten, sollten verstehen, was sie tun, warum sie es tun und was die Ergebnisse statistischer Verfahren bedeuten." (S. V). Er zitiert dabei vor allem Ergebnisse aus der EDSP-Studie ("Early Developmental Stages of Psychiatry"), an welcher er mitgewirkt hat (ebd.; vgl. zu dieser später auch S. 4). Eine Studie dieser Art gilt nicht der „Beschreibung der Häufigkeiten von Gesundheitsphänomenen und deren Begleiterscheinungen", sondern beschäftigt sich, wie „die übermäßige Anzahl epidemiologischer Fragestellungen mit den kausalen Ursachen bestimmter Phänomene", ist mithin der „analytischen Epidemiologie" zuzurechnen (S. VI).

Demgemäß beginnt auch das vorliegende Buch „mit einem Kapitel zur Einführung in epidemiologische Begriffe und Methoden. Im zweiten Kapitel werden einige Maßzahlen zum Vergleich des Risikos diskutiert. Im dritten Kapitel geht es um tiefgründige Fragen zu Kausalität und statistischer Interferenz. Danach folgen Abschnitte über Studiendesigns, Datenqualität und Stichprobenziehung. Die letzten drei Kapitel zu kategorialer Regression, Survivalanalyse und dem Umgang mit quantitativen Variablen sind wieder eher statistisch" (S. VII).

Wer sich hingegen über den Forschungsgegenstand „Psychiatrischer Epidemiologie in Deutschland" (siehe RIEDEL-HELLER *et al.* 2004) oder zu einigen Ergebnissen derselben (BAUNE & AROLT 2005) informieren will, muss auf anderweitige Publikationen zurückgreifen.

Das angezeigte Buch demonstriert, fokussiert auf die statistische Fundierung kausaler psychiatrischer Epidemiologie, zugleich den seit PFLANZens (1973) *Allgemeiner Epidemiologie* gezeigten Fortschritt. Während vor dreißig Jahren angefallene Daten noch durch Lochkarten, also nach dem Hollerith-Verfahren, kostenintensiv verarbeitet wurden, haben heute alle Beteiligten z.T. eigene Mittel zur Datensammlung und ersten -aufbereitung zur Verfügung, die es in einem zweiten Schritt statistisch unter Zuhilfenahme eines Programmpakets weiter zu bearbeiten gilt. Allein dabei sollte man selbst dann, wenn einem alles vom Verfasser Dargestellte zugänglich wäre, den Rat eines erfahrenen Statistikers suchen, auch um später die gewonnenen Ergebnisse richtig zu interpretieren.

Höflers Darstellung ist, wie gesagt, vorwiegend aus seiner Mitarbeit bei der erwähnten Studie entsprungen, und das prägt – vorerst – ihren Zuschnitt. Der „Rezensent" vermisst hingegen eine Behandlung der transkulturell-psychiatrisch so bedeutsamen Vergleichsstudien (schließlich figurieren auf dem Cover – wahrscheinlich vor einem Berliner Museum – drei Einheimische, zwei Asiaten und ein Dunkelhäutiger). Er hoffte auch auf Hinweise zur Möglichkeit der Aufbereitung zunächst in deskriptiver Absicht angefallener, sehr großer administrativer Datensätze, wie diese von den Kostenträgern der Kranken- und Rentenversicherung geführt werden, etwa zur Situation von „Migranten", die nun einmal „in einem sozialen, politischen und historischen Kontext" (S. 3) stehen, wobei „das Entwickeln wirksamer Interventionsstrategien" (ebd.) mit einer ersten Beantwortung von Kausalfragen Hand in Hand gehen könnte. Aus Furcht, eines "othering" geziehen zu werden, wagen manche Autoren inzwischen nicht einmal nach Geschlechtern zu trennen. Dem scheint Höfler zwar fernzustehen, doch wüsste man bspw. gerne, wie er eine hier nicht abschließend zitierte Arbeit aus dem Jahr 2004 beurteilte, in welche – unter bestimmten Ausschlusskriterien – 373 Männer und 106 Frauen einbezogen wurden. Hundert Patienten lehnten die Teilnahme an der Studie ab. Drei Monate nach der Entlassung konnten 411 Patienten (85,8 %) nachbefragt werden. Die 68 nicht wiederbefragten Patienten unterschieden sich in wesentlichen soziodemographischen und anamnestischen Merkmalen nicht signifikant von der übrigen Stichprobe. Immerhin erfährt man in Kap. 5.5 etwas über „Fehlende Werte", deren Gewichtung und über Techniken, diese zu ersetzen, sowie auf S. 99f etwas über Auswahl-Bias bzw. Systematische Ausfälle und die Möglichkeit, deren Determinanten zu untersuchen.

Höflers Diktion erreicht zwar nicht die didaktische Stringenz des noch eigene Rechenarbeit voraussetzenden, schon seit vielen Jahren vergriffenen „Soforthelfers" von SACHS (1976). Gleichwohl hätte man sich, über seinen Quellgrund hinausweisend, mehr konkrete – und nicht nur visualisierte – Anwendungsbeispiele gewünscht, um die allerdings auch eine in Ruhe erarbeitete Zweitauflage erweitert werden könnte.

Der Autor fühlt sich abschließend dem – wahrscheinlich aus einer englischen Quelle rückübersetzten – Satz Wittgensteins verpflichtet, dass sich klar sagen lasse, was sich überhaupt sagen lässt, und dass man schweigen müsse, wovon man nicht reden kann (vgl. Tractatus logico-philosophicus 7). Gleich einem Motto herausgelöst aus dem – von dem Philosophen später größtenteils widerrufenen – Kontext seiner einzigen, zu seinen Lebzeiten publizierten neopositivistischen Sprachanalyse, verweist dieses Zitat nicht nur auf die jeder Statistik und der "Erforschung psychischer Störungen in gewissem Sinne" gleichfalls anhaftende „Ungewissheit" (S. 152), sondern auch auf den tautologischen Charakter statistischer Schlussfolgerungen, die oftmals, wie am Beispiel der Signifikanz zuvor aufgezeigt, „unzureichend bis irreführend" (S. VII) sein können, und die Wirklichkeit somit als eine andere gesehen werden kann. Er reflektiert zudem – in Anlehnung an HOFSTADTER (1974) – den prinzipiell kategorialen Charakter menschlichen Denkens, den die Erkenntniskritik Nietzsches mit seiner Rede von der nicht an deren Wesen heranreichenden „Metaphern der Dinge" vorbereitet hat.

Derlei Grenzbetrachtungen entbinden nicht von der Notwendigkeit, sich jener „Ungewissheit" im vorgenannten Sinne zu nähern, andernfalls es tatsächlich sinnvoller – und höflicher – wäre zu schweigen.

DIETER H. FRIEßEM,
Leinfelden-Echterdingen

Zitierte Literatur

BAUNE B. T. & AROLT V. 2005. Psychiatrische Epidemiologie und Bevölkerungsmedizin. Prinzipien der Versorgungsforschung. *Nervenarzt* 76: 633-644.
HOFSTADTER D. R. 1994. *Metamagicum: Fragen nach der Essenz von Geist und Struktur*. München: Deutscher Taschenbuch-Verlag.
PFLANZ M. 1973. *Allgemeine Epidemiologie. Aufgaben, Technik, Methoden*. Stuttgart: Thieme.
RIEDEL-HELLER St. G., LUPPA M. & ANGERMEYER M. C. 2004. Psychiatrische Epidemiologie in Deutschland. Stand der Forschung. *Psychiatrische Praxis* 31: 288-297.
SACHS L. 1976 (3. Aufl.). *Statistische Methoden. Ein Soforthelfer*. Berlin etc: Springer.

INGA WESTERMILIES 2004. *Ärztliche Handlungsstrategien im Umgang mit ausländischen Patienten: Medizinisch-ethische Aspekte.* (Ethik in der Praxis/Practical Ethics, Studien/Studies, Bd. 18) Münster: LIT Vlg. 183 S. ISBN 3-8258-7974-7, zugleich Dissertation der Uni Freiburg 2004

Die Autorin stellt in ihrer Dissertation ein Zitat von Goethe voran: „Es ist nicht genug zu wissen, man muss es auch wollen; es ist nicht genug zu wollen, man muss es auch tun", um zu verdeutlichen, dass man bei der Verbesserung der Gesundheitsversorgung nicht bei erstellten Theorien stehen bleiben darf. Es wird hier systematisch der Zusammenhang zwischen Migration, Krankheit und Kultur dargestellt, die zahlreich zitierten Phasen der Migration nach SLUZKI (2001) werden erschöpfend und platzsparend ohne das berühmte Schaubild dargestellt, das migrationsspezifische Krankheitsspektrum wird referiert und in die Perspektive einer „Transkulturellen Medizin" gestellt. Die problematischen Aspekte der Arzt-Patientenbeziehung bezüglich Kommunikation, Krankheitskonzepten, soziologischen Faktoren und die Aspekte der Ethik in diesem Zusammenhang werden dann systematisch reflektiert und vor dem Hintergrund einer kritischen Diskussion des Begriffes Kultur erörtert. Es ist einfach erfrischend und Horizont erweiternd, etwas über ethisch relevante Haltungen im transkulturellen Kontakt zu lesen, weswegen dieser Dissertation eine weite Verbreitung bei den zahlreichen Berufen im Rahmen der Gesundheitsversorgung von Migranten zu wünschen ist. Das Buch ist zum Teil wie eine kleine lehrbuchartige Einführung, die sich leicht lesen lässt und baut selbst nach dieser Einführung den eigenen Untersuchungsansatz auf. Es wurden im Freiburger Raum 20 ausgewählte niedergelassene Allgemeinmediziner und Psychiater zur Problematik der Behandlung dieser Patienten aus ihrer Sicht befragt. Dabei wird bereits eine deutliche Sensibilisierung des Themas bei diesen niedergelassenen Ärzten beschrieben und die Probleme der Praxis werden plastisch dargestellt, wobei die Untersuchung deswegen bedeutsam ist, weil im untersuchten Freiburger Raum vergleichbar zu urbanen Ballungsgebieten in Deutschland ein relativ hoher Anteil von Ausländern und Migranten lebt. Es wird dabei deutlich, dass Kontakt zwischen Arzt und Patient mit dem Wissen des Arztes über andere Krankheitskonzepte sich in der Regel verbessert. Die Befragten hatten keineswegs eine einmütige Beurteilung zu diesem Thema. Sie zeigten sich jedoch von ihrem Berufsverständnis eher offen. Tendenziell besteht die Vorstellung, dass das Vorgehen im Prinzip dem bei einheimischen Patienten gleichgestellt sei, aber spezielle Schwerpunkte und besonderes Angehen der Situation ausländischer Patienten berücksichtigt werden müssen und der Aufbau des Vertrauens auf unterschiedlichen Ebenen abläuft. Entsprechend altehrwürdiger deutscher, aber im Universitätsbetrieb nicht immer genügend beachteter psychosomatischer Grundannahmen des Umgehens mit den Patienten wird dann hier nach dem Illness-Disease-Konzept von A. Kleinman über diesen Umweg des Reimportes verloren gegangener Ansätze in Deutschland für eine Verbesserung der Versorgung von Patienten mit Migrationshintergrund entworfen. Unter ethischen Gesichtspunkten wird an das Prinzip Fairness appelliert und an das Prinzip der Autonomie, d.h. der Anerkennung des Patienten in seiner Eigenständigkeit. Ohne hier von transkultureller Begegnung zu sprechen, werden in den Zusammenfassungen (Seiten 108 und 109) die dazugehörigen Prinzipien genannt und die Einflüsse, die das Untersuchungsfeld modellieren (z.B. auch Generationszugehörigkeit, aber auch die Vermittlung von ärztlicher Professionalität und das Angehen von Gesprächen über konfliktgeladene Themen unter Betonung er Wahrung der ärztlichen Schweigepflicht). Die Untersuchung beinhaltet auch Zukunftswünsche und Empfehlungen an junge Ärzte, wobei die Experten durchaus von einer noch nicht ausgereiften Versorgung ausländischer Patienten sprechen. Die Autorin reflektiert abschließend auch kritisch ihre eigene Evaluierung.

Als der individuelle Patient, der einem Arzt begegnet, erscheint am Schluss ein Mensch, der durch Alter, Bildung, Geschlecht und ausländerspezifische Merkmale im Rahmen der Biografie und des Standes der Integration im Aufnahmeland sowie Kulturhintergrund und Sprachkenntnisse charakterisiert ist. Das Konzept der Bioethik mit vier bioethischen Prinzipien (Autonomie, Fürsorge, Fairness und Nicht schaden) wird in diesem Buch deutlich für diejenigen, die es noch nicht kennen, und das ist sicherlich eine Mehrzahl. Das Literaturverzeichnis ist erschöpfend und weiterführend und verarbeitet insbesondere Literatur aus den 90er Jahren bis heute, zu denen allerdings auch Literaturstellen gehören, die frühere Arbeiten beinhalten und weiterführen. Im Anhang werden der Kurzfragebogen sowie andere Dokumente aus dieser interessanten Untersuchung dokumentiert.

EKKEHARD SCHRÖDER

Psychologie und Kultur – zwei neue Lexika

FIGGE HORST H. 2004. *Wörterbuch zur Psychologie des Magischen.* Berlin: VWB – Verlag für Wissenschaft und Bildung. 158 S. ISBN 3-861135-227-3

STUBBE HANNES 2005. *Lexikon der Ethnopsychologie und der Transkulturellen Psychologie.* Frankfurt/M., London: IKO-Verlag für interkulturelle Kommunikation. 572 S. ISBN 3-88939-746-8

Der Bereich Ethnopsychologie, Psychologie und Kultur oder auch transkulturelle Psychologie ist bislang in den verschiedenen wissenschaftlichen Diskursen hierzulande eher randständig, macht jedoch hellhörig, wenn die Stichworte fallen. Obwohl Psychologie und Ethnologie vor 100 Jahren sich noch als Geschwister empfanden, stehen sich diese Disziplinen heute beim näheren Hinsehen oft eher fremd gegenüber. Kulturalistische Denktraditionen schotten sich argumentativ nach dem Devereux'schen Muster „Angst und Methode in den Verhaltenswissenschaften" gegenüber insbesondere tiefenpsychologischen Einsichten und Aspekten, die Welt zu sehen, manchmal vehement ab. Auch die beiden hier vorliegenden Bücher sind, obwohl fast namensgleich, sehr, sehr unterschiedlich und ergänzen sich deswegen. Das Wörterbuch von Horst FIGGE ist ein kleines, handliches Taschenbuch mit knappen, prägnanten Schlagwörtern von Aberglaube über Absicht, Angst, Gewissen, Idol, Ich-Grenze, sechster Sinn, Übertragung bis Zwickmühle und klärt schon im Titel ab, was gemeint ist, nämlich Begriffe aus dem Magischen mit psychologischen Konzepten zu beschreiben. In dieser methodischen Einschränkung liegt die Stärke dieses Buches. Es ist ein Wörterbuch aus der Sicht der klassischen Psychologie, erhebt damit nicht den Anspruch, für andere Bereiche zu sprechen. Das Wort „heilig" zum Beispiel erscheint nicht, jedoch verschiedenste Stichworte im Zusammenhang mit Heilung und Heilkundigen. Die Auswahl ist unter dem Aspekt ihrer Bedeutsamkeit für ein psychologisches Verständnis des Magischen erfolgt. Durch Verweise auf andere Stichworte lassen sich jedoch durchaus größere Sinnzusammenhänge rekonstruieren, so dass das Buch auch als ein sehr knappes Lehrbuch angesehen werden kann.

Das Buch von Hannes STUBBE, der an der Kölner Universität die Professur für Ethnopsychologie in der Tradition von Enno Beuchelt seit dessen Tod in den frühen 90er Jahren vertritt, ist bedeutend umfangreicher und ganz anders aufgebaut. Zum einen geht es über den Bereich des Magischen hinaus und behandelt erschöpfend alle Bereiche der Ethnopsychologie, so auch urethnologische Konzepte wie Ethnizität oder soziologische Bereiche wie Migration. Zu diesem Stichwort zum Beispiel finden sich hier fast fünf Spalten mit umfangreichen Literaturangaben. Zu sehr vielen anderen sind weiterführende Literaturangaben genannt im Gegensatz zu dem kleinen Lexikon von Horst Figge, der lediglich einen weiterführenden Literaturanhang nach den Stichworten aufzählt. Wer in dem „Stubbe" weiterblättert, kann sich fast verlieren. Zum Stichwort „Schamane" und „Schamanismus" findet sich eine umfangreiche Abhandlung von 18 Spalten, sprich neun Seiten. Entsprechend umfangreiche sind die Begriffe für Methoden der Ethnopsychologie, Methoden allgemein, Kulturanthropologie und Kulturbegegnung und vielen anderen ausgearbeitet. Insofern kann man hier schon von einem Lehrbuch sprechen, das in Form eines Lexikons aufgebaut ist. Das Stichwort „Geschichte der Völkerpsychologie, Ethnopsychologie und transkulturelle Psychologie" besteht aus 21 Spalten, sprich 11 Seiten. Dem schließt sich das Wort „Globalisierung" an, das ebenfalls aus acht Spalten besteht. Es finden sich aber auch andere Stichworte, die man nicht gleich erwartet wie Fernreise, Ethnozid, Antisemitismus und vieles andere mehr. Das Lexikon ist ideengeschichtlich breit angelegt und bezieht deswegen die geschichtlichen Dimensionen der Begriffe und des Faches mit ein. Es ist zu wünschen, dass beide Lexika an vielen Arbeitsplätzen griffbereit sind und für zukünftige ethnomedizinische Aufsätze benutzt werden.

EKKEHARD SCHRÖDER

Erich Wulff 2005. *Das Unglück der kleinen Giftmischerin – und zehn weitere Geschichten aus der Forensik.* **Bonn: Psychiatrie Verlag, ISBN 3-88414-390-5. Neu erschienen: Bonn 2007: Verlag BALANCE – erfahrungen. ISBN 978-3-86739-015-6**

„Das Unglück der kleinen Giftmischerin" betont im Titel das Unglück, das forensische Patienten durch ihre Unterbringung erleiden. Das Unglück, das Dritte durch die von den späteren forensischen Patienten begangenen Delikte erleiden, ist nicht Schwerpunkt der elf „Geschichten aus der Forensik", wird aber auch nicht verschwiegen.

Erich Wulff gehört zu den „Alten" der Ethnopsychiatrie, seine Tätigkeit in Vietnam, sein sozialpsychiatrischer und politischer Einsatz in Vietnam wie in Deutschland sind den Leserinnen und Lesern der curare wohl bekannt. Einige dürften überrascht sein, dass Wulff während der letzten zwanzig Jahre mehr als hundert Mörder, Totschläger und Sexualdelinquenten psychiatrisch begutachtete (S. 7). In den Fallgeschichten des rezensierten Bandes handeln sechs von Migranten. Gerichte erkennen den Autor als Fachmann für transkulturelle Fragestellungen auch im Strafrecht an – gerade der Fall 3 (S.39-60) zeigt eindrucksvoll die Dynamik von Rache und Gewalt bis hin zu einem Doppelmord bei narzisstischen Kränkungen bei einem Angehörigen einer kurdischen Minderheit. Spezifische kulturelle Prägungen können Gefühlslagen und Verhaltensweisen erklären, können aber auch für individuell dissozial geprägte Abwehrstrategien missbraucht werden.

Gleich im Vorwort benennt der Autor Ausmaß und Einschränkungen seiner Aufsätze: Er kennt forensische Patientinnen und Patienten nur aus der gutachterlichen Situation, nicht aus eigenen Therapien. Die von ihm gleich eingangs (S. 7ff) dargestellte Schicksalsgemeinschaft zwischen Täter und Gesellschaft, ein zutiefst phänomenologischer Ansatz, der vom Rezensenten geteilt wird, bezieht sich auf die Erfahrungen des Autors mit diesen Probanden im Rahmen von Gutachten und in Gerichtsverfahren, auch in Prognosegutachten, kennt aber die komplexen Prozesse in forensischen Psychotherapien – der Rezensent hatte dies als notwendigen Wechsel zwischen konkordanter und komplementärer Gegenübertragung beschrieben (HOFFMANN 2005) – nur aus den Akten. Diese Einschränkung führt zu einer Reduktion auf interessen-geleitete Dialogsituationen, die nicht nur den Täter, sondern auch den Autor anders in die Verantwortung nimmt als bei forensischen Therapien. Therapeutisch nicht mit diesen Patienten arbeitende Gutachter tendieren immer wieder dazu, zu sehr das Gute und zu wenig das Problematische in ihren Probanden zu sehen – wobei der Rezensent nicht einer Verteufelung forensischer Patienten das Wort redet, sondern das Anerkennen des Schlechten, Gemeinen, auch im Therapeuten, im Pflegenden, als einen wesentlichen Bestandteil forensischer Therapie ansieht.

Der Autor betont – durchaus wohltuend gegen den heutigen Zeitgeist –, die von ihm begutachteten Täterinnen und Täter hätten einen feinen Riecher für sein Bedürfnis, den Schwachen zu helfen – weil er sich selbst auch als einen Schwachen kenne. „Aber diese Gemeinsamkeit geht noch über unsere gemeinsame Schwäche hinaus. Bei jedem entscheidenden Schritt ihrer Lebensgeschichte frage ich mich, wie ich wohl in ihrer Situation gehandelt hätte … Und ich muss mir dann sagen, dass ich an vielen Entscheidungspunkten meines Lebens, ja schon bei den Lebensvoraussetzungen, in die ich hineingeboren worden bin, einfach mehr Glück gehabt habe als sie" (S. 9). Die Fallgeschichten belegen den einzelfallbezogenen Zugang des Autors, seinen nachvollziehbaren relativierenden Umgang mit diagnostischen Festlegungen – und auch, dass der Autor sich durchaus gegen seine Probanden wehrt, wenn er sich von ihnen missbraucht erlebt (Fall 2, S. 39-59).

Die elf forensischen Fallgeschichten sind für unser Fach nicht untypisch, wiederspiegeln aber von der quantitativen Verteilung her nicht die Realität. Psychosekranke mit Straftaten aus dem mittelschweren Bereich und Drogenkranke mit Beschaffungskriminalität stellen die Hauptklientel dar.

Die gutachterlichen Schlussfolgerungen des Autors leuchten dem Rezensenten nicht unbedingt ein. Insbesondere der Nicht-Ausschluss der erheblich verminderten Schuldfähigkeit (S. 87) ist nach heutiger Lesart ein Konstrukt, das nicht verwendet werden sollte – ein erheblich schlechtes Wetter kann man ebenso wenig ausschließen wie eine erheblich verminderte Schuldfähigkeit.

Wie sich der Autor in die Probanden einfühlt, aber sich auch gegen sie wehrt, wenn er sich von ihnen verführt oder von destruktiven Tat-Szenarien abgeschreckt (S. 131) erlebt, leuchtet hingegen ein und lohnt die Lektüre des Buches, gerade für nicht von vornherein mit forensischen Fragestellungen vertraute Leserinnen und Leser. Die kritischen Äußerungen des Autors zum aktuellen Sicherheitsdiskurs sind pointiert, erwähnen dezidert die heute gerne vergessenen alten psychoanalytischen Erkenntnisse (S. 174) und warnen vor einseitigem Schwarz-Weiß-Malen – wohltuend, auch wenn man nicht mit allen Punkten überein stimmt.

Klaus HOFFMANN

HOFFMANN K. 2005. Grundlagen der forensischen Psychotherapie. In EBNER G., DITTMANN V., GRAVIER B., HOFFMANN K., RAGGENBASS R. (Hg). *Psychiatrie und Recht*. Zürich, Basel, Genf: Schulthess: 171-197. Ebenfalls abgedruckt in *Psychiatrische Pflege heute* 11: 1-10.

WAGEMANN GERTRUD 2005. *Verständnis fördert Heilung. Der religiöse Hintergrund von Patienten aus unterschiedlichen Kulturen. Ein Leitfaden für Ärzte, Pflegekräfte, Berater und Betreuer.* **(Forum Migration, Gesundheit, Integration 3). Berlin: VWB – Verlag für Wissenschaft und Bildung. 222 S. ISBN 3-86135-292-3**

Krankheit und Heilung, Geburt und Tod sind krisenhafte Ereignisse im Leben von Menschen und ihren sozialen Bezugsgruppen, die in den meisten Kulturen religiös gedeutet und rituell begleitet werden. Ärztliches und priesterliches Handeln sind in vielen außereuropäischen Kulturen meist komplementär aufeinander bezogen und bis heute gelegentlich in einer Person vereinigt („traditionelle Heiler", Schamanen). Eine große Zahl der in Deutschland lebenden Migranten ist in solchen religiös-kulturellen Vorstellungswelten verwurzelt. Im Krankheits- und Pflegefall finden sich diese Menschen jedoch in einem naturwissenschaftlich begründeten Medizinsystem wieder, nach dessen Selbstverständnis die Annahme eines Zusammenhangs von physischer Störung und religiöser Deutung ausgeschlossen ist. Gerade in einer fremden Umgebung gewinnen jedoch für die Betroffenen die eigenen religiösen und kulturellen Wurzeln häufig an Bedeutung. Es liegt auf der Hand, dass derartige medizinische Kulturkonflikte selbst zum Störfall im Behandlungsprozess werden können. In dem weitgehend geschlossenen System eines deutschen Krankenhauses oder Pflegeheimes haben solche Kranke und ihre Angehörigen (häufig auch aus sprachlichen Gründen) kaum die Möglichkeit, die daraus entstehenden Konflikte angemessen zu bewältigen. Sie sind auf die Hilfe von Ärzten und Pflegekräften angewiesen, die auf diese Probleme sensibel und informiert reagieren und entsprechende „Erste Hilfe" leisten können.

Der von Gertrud Wagemann vorgelegte Band „Verständnis fördert Heilung – Der religiöse Hintergrund von Patienten aus unterschiedlichen Kulturen – Ein Leitfaden für Ärzte, Pflegekräfte, Berater und Betreuer" stellt für diese Berufsgruppen eine kompakte und übersichtlich gestaltete Informationsquelle dar. Eine vorangestellte Liste der 138(!) Herkunftsländer von in Deutschland lebenden Migranten ermöglicht einen raschen Überblick über die prozentuale Zusammensetzung der Bevölkerung nach Religionszugehörigkeit in den jeweiligen Ländern. Gleichzeitig macht die große Zahl der Herkunftsländer deutlich, dass eine differenzierte Darstellung der einzelnen Religionen und Kulturen nicht erwartet werden kann und auch nicht beabsichtigt ist. Daher ist die regelmäßig wiederholte Warnung, die jeweiligen Angaben nicht einfach auf die Patienten zu übertragen, sinnvoll und angemessen. Dies trägt auch der Tatsache Rechnung, dass Religionen und Kulturen keine unveränderbaren, homogenen Größen sind und überdies individuell angeeignet und interpretiert werden müssen, um im konkreten Lebensvollzug wirksam zu werden. Von der Autorin beabsichtigt ist vielmehr das Eröffnen von emphatischen Zugängen zu den (fremden) Lebenswelten von Patientinnen und Patienten aus anderen Religionen und Kulturen und das Wecken von Interesse für weitere eigene Erkundungen.

Der intendierten Vermittlung von Basisinformationen über die verschiedenen Religionsgemeinschaften und ihre religiösen und kulturellen Eigenheiten entspricht die Systematik der Darstellung. Nach einer knappen Übersicht über die Geschichte und die Grundzüge der einzelnen Religionen werden die für den medizinischen und Pflegebereich relevanten Angaben zusammengestellt: Familienstruktur, Besonderheiten bei der Ernährung und Hygiene, medizinische Besonderheiten und die Zulässigkeit von bestimmten Therapieformen (z.B. Transfusionen, Transplantationen, Organspenden), Schwangerschaft und Geburt sowie Tod und der Umgang mit Toten. Leider nur gelegentlich werden auch hilfreiche praktische Erfahrungen vermittelt (z.B. das Beachten von Speisevorschriften oder beim Umgang mit Amuletten). Abschlossen wird die Darstellung der einzelnen Religionsgemeinschaften mit einem Weisheitsspruch oder einem Zitat aus den jeweiligen heiligen Schriften. Damit kann nicht nur ein Zugang zum Verständnis einer anderen Religion, sondern auch zu dem Selbst- und Krankheitsverständnis der Patientin oder des Patienten eröffnet werden.

Dem Anliegen des Buches entspricht auch die Darstellung der kulturellen Besonderheiten von Kurden sowie von Roma und Sinti. Als jeweils eigene ethnische Gruppen gehören ihre Mitglieder zwar verschiedenen Religionsgemeinschaften an, weisen aber als ethnische Gruppen durchaus kulturelle Gemeinsamkeiten auf. Hier wäre allerdings ein Abweichen von der Systematik der Darstellung angezeigt gewesen, um der Unterschiedlichkeit in der Religionszugehörigkeit bei gleichzeitiger kultureller Ähnlichkeit gerecht zu werden.

Aus ähnlichen Gründen ist auch die Darstellung der „Naturreligionen in Afrika" problematisch. Auch hier hätte die Vielfalt der religiösen Vorstellungen und kulturellen Besonderheiten eine andere Darstellungsform erfordert. Hinzukommt, dass Ahnenkulte und die Kulte für Naturgeister, die den Agrarzyklus begleiten, nicht nur in Afrika, sondern in vielen anderen bäuerlich geprägten Gesellschaften außerhalb Europas das Denken von Menschen bestimmen. Problematisch sind auch die verwendete Terminologie („Naturreligion" oder „Animismus") sowie die Vorstellung von einer vermeintlichen Einheit zwischen Mensch und Natur. Auch werden der nicht nur in Afrika weit verbreitete Glaube an Magie und Hexerei sowie verschiedene Formen von Besessenheit lediglich bei der knappen Darstellung westafrikanischer Voodoo-Kulte angedeutet, obwohl sie als pathogene Faktoren häufig von erheblicher Bedeutung sind. Insbesondere in Krisensituationen wie Geburt, Krankheit und Tod sind Vorstellungen von der Macht der Geister und den Kräften der Magie oft wichtiger als die offiziell angegebene Zugehörigkeit zu einer der bekannten Weltreligionen wie Christentum oder Islam.

Trotz dieser kritischen Einwände ist dem Buch eine weite Verbreitung im Bereich der medizinischen Behandlung und Pflege zu wünschen. Dem Buch ist eine kalendarische Synopse verschiedener religiöser Feiertage als loses Blatt beigefügt. Der programmatische Titel „Verständnis fördert Heilung" enthält auch die Verpflichtung gegenüber Patientinnen und Patienten aus fremden religiösen und kulturellen Lebenswelten, den für sie wichtigen Zusammenhang zwischen Krankheit und Religion wahr und ernst zu nehmen.

ULRICH LUIG, Mainz

HANS-JÖRG ASSION (Hg) 2005. *Migration und seelische Gesundheit.* Heidelberg: Springer. 252 S., 13 Abb., 22 Tab. ISBN 3-540-20218-8

Das von Hans-Jörg Assion herausgegebene vorliegende Multiautorenwerk (24) ist als preiswerte Ausgabe der unveränderte Neudruck der ursprünglichen teureren Hardcover-Version. Damit wurde eine gute Voraussetzung geschaffen, um dieses sehr informative, wichtige Buch zu einem brennenden Thema in der deutschen Gesellschaft preiswert verbreiten zu können. Mit vier Abteilungen (Migration, Geschichte und Tradition / Migration und Integration / Migration und Politik / Migration und Gesundheit) sowie einem Anhang mit Tabellen, einem Glossar zum Thema (!) und einem Adressenverzeichnis einschlägiger Institutionen und Gruppierungen, die sich mit dem Thema befassen, wird ein Sammelband mit 18 Beiträgen vorgelegt, der sowohl einen guten Überblick über die Geschichte der Migration, die Bedeutung von Migrationsbewegungen in der heutigen globalisierenden Gesellschaft und speziell der Geschichte und Kultur der Gebiete, aus denen heute die großen Migrantengruppen kommen (Türkei) bietet und insbesondere die speziellen Kapitel wie transkulturelle Psychiatrie, Integration von Muslimen in Deutschland, soziologische Problembereiche und die sozialpolitische Situation in Deutschland selbst darstellt. Es wird diskutiert, inwieweit Migration mit psychischer Krankheit interferieren kann, inwieweit ein Migrationshintergrund über die Kenntnis kultureller Aspekte besser erschlossen werden kann und wie die heutige Situation der institutionellen Versorgung von psychisch kranken Migranten in Deutschland bestellt ist sowie was im politischen Rahmen wünschenswert und notwendig ist. In diesem Buch kommen nicht nur Ärzte und Vertreter anderer Wissenschaften zu Worte, sondern auch Politiker und Vertreter von Interessenverbänden. Dadurch gewinnt das Buch eine besondere Aktualität und spricht breite Kreise an, die dem Fokus Migration und seelische Gesundheit verbunden sind. Mit dem Kapitel Psychiatrie im frühen Islam (PAYK) wird erhellt, wie in der islamischen Kultur mit seelischer Erkrankung umgegangen wurde, was die enge Verbindung der Arbeitsweisen mit der Rezeption der griechischen medizinischer Tradition und dem aus der islamischen Religion selbst stammenden theologischen Begriffen von Gesundheit und Umgang mit Menschen in eindrucksvoller Form schildert. Es folgen fundierte Einblicke in die Formen der traditionellen Medizin in islamischen Kulturen (HEINE & ASSION) und deren Bezug zur heutigen Situation der Gesundheitsversorgung. Die Kapitel sind zum Teil rein soziologisch orientiert, quasi als Grundlagenwissenschaft für mögliche medizinische Handlungsdirektiven. Der engagierte Beitrag „Integration der Muslime in Deutschland" von Ayyub Axel KÖHLER ist sehr informativ und beschreibt die Struktur der islamischen Religion und zeigt Integrationsmöglichkeiten in einem aufgeklärten Sinne. Dabei wird deutlich, dass derzeitige Versuche, den Islam wie eine Kirche zu betrachten und in das spezifisch deutsche Kirchenbesteuerungssystem zu „integrieren", diesem nicht gerecht wird und für eine sinnvolle Integration nicht geeignet ist. Der im europäischen Bereich in Deutschland relativ eigene Weg, die Kirchen gesetzlich als eine Art Staatsreligion zu konzipieren und dadurch eine andere Grundvoraussetzung zu schaffen wie andere europäische Staaten, die eine strikte Trennung von Kirche und Staat in ihren Verfassungen umgesetzt haben, zeigt sich in mehreren Artikeln als ein Hindernis und eine der Erklärungen für Missverständnisse in der Öffentlichkeit und auf der politischen Ebene. Es ist wohltuend, solche Kapitel in einem Buch für Mediziner und Sozialarbeiter und andere mit der Materie Befasste zu sehen.

So machen erschöpfende Kapitel mit dem Thema Integration versus Segregation auch mit soziologischen Konzepten vertraut, die viele Mediziner in ihrem Studium und ihrer Fachausbildung nicht lernen. Ein großer Bereich des Buches wird auch der Integration von polnischen Migranten in Deutschland gewidmet. Dabei wird ein kurzer geschichtlicher Überblick über die Migrationsbewegung von Polen nach Deutschland in den letzten 120 Jahren geschildert, der auf eine eigentümliche Verwaltungskonzeption von Integration hinweist, die Migration eher als einen zu regelnden Missstand behandelt. Bemerkenswert ist auch der Beitrag des mittlerweile verstorbenen Psychiaters Jurij NOVIKOV zum Hintergrund von russischsprachigen Migranten in Deutschland. Dabei werden Hinweise auf Sozialisationsunterschiede dargestellt, die vielfältige Erklärungsansätze bieten, wie bestimmte Erkrankungen begünstigt und Integrationsmöglichkeiten erschwert werden. Er betont, dass besonders der Zug nach Westen nicht in einem Land der erträumten unbegrenzten Möglichkeiten endete, sondern in einer gewissen Sackgasse des Schicksals und dass die Chance der zweiten Geburt in vielen Lebensläufen verloren ging. Er hebt hervor, wie auch andere Autoren, dass eine erfolgreiche Integration der Migranten in Deutschland nur an der Arbeit des wechselseitigen Verstehens möglich sein kann.

Der Beitrag von Rita SÜSSMUTH zeigt das Szenarium der heutigen Brennpunkte auf. Auch sie schildert, dass viele Angehörige dieses Landes nicht zu wissen scheinen, dass von weit her Geflüchteten bei der Ankunft gesagt wird, man könne hier nicht arbeiten und müsse erst drei Jahre auf die Erlaubnis warten, dass Migranten und insbesondere Flüchtlinge in eine Gesellschaft kommen, wo die Zuwanderung von vorn herein als alarmierend und einseitige Belastung wahrgenommen wird und betont auch als Politikerin, dass Kostenrechnungen nur mit großer Vorsicht aufgestellt werden können und Migranten erst mit dem Grad der Ausgrenzung oder Perspektivlosigkeit zu kostenverursachenden Faktoren in unserem Gesundheitssystem werden, was auch für einheimische Langzeitarbeitslose genauso gesagt werden kann (Anmerkung des Rezensenten).

Der Sammelband schildert im Weiteren einzelne Modelle, wie mit Migration und psychischer Krankheit umgegangen wird und Hintergründe der theoretischen Debatte. Betont wird dabei immer wieder die Anforderung, eine kultursensible Behandlung ins Auge zu fassen. Dies berührt den Bereich unserer Arbeitsgemeinschaft Ethnomedizin, die die Bedeutung der Kulturwissenschaften als Grundlagenwissenschaft für medizinische und sozialpolitische Vorgehensweisen in unserer Gesellschaft betont und seit über 30 Jahren dafür zu sensibilisieren versucht. In diesem Zusammenhang sei darauf hingewiesen, dass man doch besser diesen Zusammenhang von Kultursensibilität sprechen sollte als von Kultursensitivität. Dies scheint mir ein aus dem Englischen direkt übersetzter Begriff zu sein, wobei seit langem der Begriff Kultursensibilität eingeführt ist und sensitiv im Deutschen im Gegensatz zur englischen Sprache bereits mit einer anderen Bedeutung belegt ist. Die veschiedenenorts schon vorgetragenen Untersuchungen zur institutionellen Versorgung von Migranten in der Psychiatrie der Stadt Marburg werden hier in ausführlicher Breite aktualisiert synoptisch zusammengefasst und bilden ein Kapitel, das zugleich als Einführung in den Bereich der seelischen Gesundheit und der Migration angesehen werden kann (KOCH).

Weiter wird die Problematik der Jugendlichen, insbesondere der unterschiedlichen Problemlagen bei den verschiedenen Generationen der Migranten ausführlich dargestellt und die Gefahren der Sucht in dieser Problemgruppe. Die meisten Kapitel haben ausführliche weiterführende Literaturverzeichnisse, was den Wert dieses Buches steigert. Die zwölf Sonnenberger Leitlinien, die 2002 während einer Tagung im Haus Sonnenberg im Harz proklamiert wurden als Rahmen für eine sozialpolitische und gesundheitspolitische Aktivierung und Bündelung zur Verbesserung der Lösungswege im Problemfeld beschließen den Band (MACHLEIDT, GARLIPP, CALLIESS). Das Kapitel Entwicklungsgeschichte der transkulturellen Psychiatrie (HEISE) ist durchaus informativ, führt jedoch nicht alle im Kapitel ausgewiesene Literatur hinten auf und bietet einen weiterführenden aber zum Teil nicht klar gewichteten Ausschnitt aus möglicher zu zitierender weiterführender Literatur. Das in diesem Zusammenhang z.B. eine Quelle zur chinesischen Diätetik zitiert wird, ist deswegen etwas unpassend, weil der Bezug zum Thema des Bandes und Beitrages lediglich durch den Hinweis in diesem sonst durchaus passablen Buch durch den Umstand belegt wird, dass Liebe durch den Magen gehe. Auch ist die Adresse der Arbeitsgemeinschaft Ethnomedizin falsch angegeben. Alles in allem kann man diesem Buch eine rasche Verbreitung und baldige Wiederauflagen wünschen.

EKKEHARD SCHRÖDER

WIELANT MACHLEIDT, RAMAZAN SALMAN & IRIS T. CALLIESS (Hg) 2006. *Sonnenberger Leitlinien. Integration von Migranten in Psychiatrie und Psychotherapie. Erfahrungen und Konzepte in Deutschland und Europa.* **(Reihe Forum Migration, Gesundheit, Integration, Band 4) Berlin: VWB – Verlag für Wissenschaft und Bildung. 302 S., zahlreiche Tabellen und Abbildungen, in 4 Teilen insgesamt 26 Beiträge einschließlich der ausführlichen Einleitung der Herausgeber. ISBN 978-3-8613-293-8**

Auch wenn die Sonnenberger Leitlinien im November 2002 auf der damaligen wichtigen Tagung im internationalen Studienhaus in Sonnenberg im Harz entwickelt und mittlerweile mehrfach veröffentlicht wurden[1], so stellt dieser Band, der die damaligen Beiträge zum Teil beinhaltet dennoch eine wichtige Veröffentlichung dar. Hier wird die Umsetzung und Entwicklung der Leitlinien in der Praxis und die bisherige Rezeption im politischen Rahmen dargestellt. Damit ist das Thema völlig aktualisiert und schließt zugleich auf in die internationale Debatte um die Bemühungen interkultureller Fachkompetenzen und den Erfahrungsaustausch auf europäischer Ebene. Hier werden insbesondere bereits länger erfolgreich laufende Entwicklungen und Bewegungen aus Holland dargestellt, die Modellcharakter auch für Deutschland haben können. Im Buch wird deutlich, welche Rahmenbedingungen und spezifischen Arbeitsfelder tatsächlich zum Problem der Integration von Migranten in die der Versorgung der Psychiatrie und der Psychotherapie gehören.

Umfangreiche Teile des Sammelbandes sind den kulturellen Aspekten der Diagnostik psychischer Störungen gewidmet. Diese nicht neue Debatte hat zum Teil einen gewissen modernen Touch, der gerade dadurch ausgezeichnet ist, dass vor der Gefahr einer Kulturalisierung medizinischer Probleme und sozialpolitische und ökonomischer Konflikte gewarnt wird. Umso wichtiger ist die saubere Darstellung dessen, was diesbezüglich wirklich wichtig ist und was man wissen muss. Das Wort interkulturelle Kompetenz gewinnt in diesem Buch die Bedeutungsschärfe, die ihm in der heutigen Integrationsdebatte zukommen muss. In verschiedenen Beiträgen wird auch der neu definierte Aspekt der transkulturellen Begegnung, speziell auch in der Therapie, herausgearbeitet. Damit ist gemeint, dass der Behandler seinen eigenen kulturellen Hintergrund bei Anamnese, Diagnostik und Therapie reflektiert und, mit interkultureller Kompetenz ausgestattet, Verständigungsschwierigkeiten und Behandlungshindernisse diagnostizieren und beheben kann und dadurch selber ein aktiver Teil in einer interkulturellen Begegnungssituation auf Augenhöhe wird. Insgesamt also ein optimistisches Modell, um auch allgemein gesprochen das Thema Integration neu zu konturieren und nicht nur von Problemen und Bedrohungen zu sprechen, wie dies vielerorts vermehrt auch in der Presse geschieht. Es ist dem

Buch zu wünschen, vor allem von Nichtmedizinern gelesen zu werden, die sich in Ämtern mit Integrationsarbeit beschäftigen. Wenn man ein paar Jahre zurückblickt und an ein Buch von 1990 denkt, wo übe 60 Personen des öffentlichen Lebens in Politik, Wissenschaft und Kulturbetrieb die multikulturelle Gesellschaft als Chance diskutiert haben[2], so hat sich unsere Gesellschaft heute im Zuge des Neoliberalismus und den zunehmenden sozioökonomischen Spannungen und Problemen deutlich rückentwikkelt, was eine offene und konstruktive Behandlung des Themas Integration angeht. Im damaligen Buch waren unter anderem Irenäus Eibl-Eibelsfeldt, Björn Engholm, Heiner Geißler, Peter Glotz, Luise Rinser und Hans Waldenfels vertreten. Heutige Erkenntnisse und die zukunftsgewandte Perspektive des damaligen Buches in Verbindung könnten in unserer derzeitigen Integrationsdebatte als ein Antidepressivum wirken.

Der Reader hat auch interessante Beiträge zu transkulturellen Psychotherapie, die zum Beispiel in Frankreich sehr weit entwickelt ist (Beitrag hier von Marie Rose MORO und Gesine STURM). Er schließt ab mit verschiedenen Beiträgen aus der bisherigen Praxis von erfolgreichen Modellen und Konzepten. Es werden im Reader nicht nur Migranten aus islamischen Bereichen besprochen, sondern auch Spätaussiedler aus den GUS-Staaten, kranke Migranten aus dem Maßregelvollzug und Details der Wichtigkeit von Dometscherdiensten und interkulturellen Mediatoren. Das Buch hat ein Geleitwort von Prof. Rita SÜSSMUTH und Prof. Max SCHMAUß, dem letzten Vorsitzenden der Deutschen Gesellschaft für Psychiatrie, Psychotherapie und Neurologe (DGPPN). Vielleicht ist es ein gutes Zeichen, dass in diesen zwei Jahren mit diesem Buch nun mehrere neue und zielführende Bücher zum Thema Migration und Gesundheit erschienen sind und ist Indikator für eine kultursensibler gewordene Politik.

EKKEHARD SCHRÖDER

1. Wie können Migranten in therapeutische Prozesse und psychiatrische Versorgungssysteme integriert werden? Ergebnis einer Fachtagung im Internationalen Haus Sonnenberg/Harz 2002. Die Sonnenberger Leitlinien. *curare* 26, 1+2 (2003) 129-130
2. Michael KLÖCKER und Udo TWORUSCHKA (Hg) 1990. *Miteinander – was sonst? Multikulturelle Gesellschaft im Brennpunkt (Prominente beziehen Stellung).* Köln/Wien: Böhlau Verlag

Neue Bücher / New Books

ALFRED SCHÄFER A. 2004. *Das Unsichtbare sehen. Zur Initiation in einen Voodoo-Maskenbund.* Münster: Waxmann

WLADARSCH EVELYN 2005. *Time—Health—Culture: cultural time concepts and health-related time preferences in Burkina Faso.* Berlin: Reimer Verlag. ISBN: 3-496-02785-1

OLIVER RAZUM, HAJO ZEEB, ULRICH LAASER (Hg) 2006. *Globalisierung – Gerechtigkeit – Gesundheit. Einführung in International Public Health.* Bern: Hans Huber. 351 S., ISBN 3-456-84354-2 (Rezension in curare 30,1)

KATJA SÜNDERMANN 2006. *Spirituelle Heiler im modernen Syrien. Berufsbild und Selbstverständnis – Wissen und Praxis.* Berlin: Vlg. Hans Schiler (Diss. in Islamwissenschaften an der Uni. Köln). 517 S., ISBN 3-89930-122-6

CLAUDIA KALKLA, SABINE KLOCKE-DAFFA 2006. *Weiblich – männlich – anders? Geschlechcterbeziehungen im Kulturvergleich.* (Gegenbilder Bd. 5). Münster: Waxmann. 256 Seiten, br., ISBN 3-8309-1590-X

PETER VAN EEUWIJK & BRIGIT OBRIST (Hg) 2006. *Vulverabilität, Migration und Altern. Medizinethnologische Ansätze im Spannungsfeld von Theorie und Praxis.* Zürich: Seismo. 248 S., ISBN 3-03777-001-5

TORSTEN ENGELBRECHT & CLAUS KÖHNLEIN 2006. *Virus-Wahn. Vogelgrippe (H5N1), SARS, BSE, Hepatitis C, AIDS: Wie die Medizin-Industrie ständig Seuchen erfindet und auf Kosten der Allgemeinheit Milliarden-Profite macht.* Lahnstein: emu-Verlag. 270 S., Abb. ISBN 3891891474

ERNESTINE WOHLFART & MANFRED ZAUMZEIL 2006. *Transkulturelle Psychiatrie – Interkulturelle Psychotherapie. Interdisziplinäre Theorie und Praxis.* Heidelberg: Springer. XVIII, 436 S., ISBN-10: 3-540-32775-4

ERICH KASTEN 2006. *Body-Modification. Psychologische und medizinische Aspekte von Piercing, Tattoo, Selbstverletzung und anderen Körperveränderungen.* 393 Seiten. 128 Abb. 5 Tab. ISBN 3-497-01847-3

CHIRLEY DOS SANTOS-STUBBE, CARSTEN KLÖPFER (Hg) 2006. *Psychologie aus historischer und transkultureller Perspektive. Eine Festschrift zu Ehren von Prof. Dr. Hannes Stubbe.* Aachen: Shaker Verlag. ISBN-10:3-8322-5560-5

SASCHA KLOTZBÜCHER 2006. *Das ländliche Gesundheitswesen der VR China. Strukturen-Akteure-Dynamik.* (Medizin in Entwicklungsländern Bd. 50). Frankfurt am Main, Bern, Bruxelles, New York, Oxford

STEPHAN ANIS TOWFIGH 2006. *Das Bahá'ítum und die Medizin. Ein medizinhistorischer Beitrag zum Verhältnis von Religion und Medizin.* (Medizingeschichte im Kontext 12). Frankfurt am Main, Bern et al.: Peter Lang. XV, 284 S., Abb., br. ISBN 13: 978-3-631-56233-8

WOLFGANG HAUSOTTER, MERYAM SCHOULER-OCAK (Hg) 2006. *Begutachtung bei Menschen mit Migrationshintergrund unter medizinischen und psychologischen Aspekten.* Reutlingen: Elsevier GmbH (Urban & Fischer). 216 S., 5 Tab. ISBN 978-3-437-24360-8

Rezensionen sind zum Teil vorgesehen. Diese Bücher wurden in den Newslettern angezeigt. Sie können ihn kostenlos abonnieren www.agem-ethnomedizin.de (siehe >>>Aktuelles)

Zeitschriftenbesprechungen/Review of Journals:

AM: Rivista della Società Italiana di Antropologia medica. vol. 11-12/ottobre 2001: Medical Anthropology and Anthropology und vol. 13-14/ottobre 2002: Themes in Medical Anthropology

Die Zeitschrift AM wird in Perugia/Italien von der „Fondazione Angelo Celli per una Cultura della Salute" herausgegeben und von Tullio Seppilli betreut. Die beiden vorliegenden Jahresbände sind aus einer Tagung entstanden, die im April 2001 in Tarragona/Katalonien/Spanien als zweite "Medical Anthropology at Home"-Tagung stattfand. Die erste im europäischen Kontext hatte 1998 in Zeist/Niederlande stattgefunden. Auch hieran beteiligten sich die italienischen Kollegen, die das, was hier "Medical Anthropology at Home" genannt wird, bereits seit den 1950er Jahren in Italien praktizieren. Daher traf sich das überwiegend europäische Netzwerk im Jahr 2003 in Perugia/Italien zur dritten Tagung.

Diese beiden Bände sind in vielerlei Hinsicht interessant und regen zu weiteren Fragestellungen an. Eine Fragestellung, die mich schon seit längerer Zeit fasziniert, aber eines größeren Aufwandes an Aufarbeitung bedarf, ist, inwiefern sich die unterschiedlichen Kulturen in der jeweiligen Medizinethnologie widerspiegeln. Ist es ein Zufall, dass die Nordeuropäer (in diesem Fall die Niederländer – oder sind es Holländer? – und die Deutschen) von "Medical Anthropology at Home" sprechen, während die französische Richtung von „anthropologie du proche" (Augé) spricht. Es gibt sicher noch eine ganze Reihe anderer Konzepte, die es lohnen würde, miteinander zu vergleichen, um ihren philosophischen Hintergrund u.a. zu erfahren. Daher lohnt sich nach meiner Meinung ungemein, die verschiedensprachigen Arbeiten im Original zu lesen, auch wenn es leider immer wieder an der richtigen Sprachkompetenz hapert. Das Spannende ist dabei, die Bedeutungshöfe kennen zu lernen, wie z.B. etwas Bestimmtes ganz unterschiedlich kontextualisiert wird (wie hier eben „at home" bzw. „du proche") und damit ganz andere Diskussionen möglich werden. Das alles bedarf jedoch noch einer viel systematischeren Aufarbeitung und wäre ein wertvoller Beitrag zur europäischen Medizinethnologie.

Vor der sprachlichen Herausforderung standen auch die Veranstalter dieser Tagung – und einigten sich auf Englisch für die Veröffentlichung. Das erleichtert zwar den Verständigungsprozess, hinterlässt dann aber doch Lücken in der Diskussion, was Josep María Comelles und Els van Dongen als Herausgeber auch erkennen und bedauern. Beim Durchgehen der Literaturangaben am Ende der Beiträge fand Els van Dongen, dass sich die meisten auf nordamerikanische Arbeiten beziehen, was nicht von vorneherein schlecht oder zu verwerfen sei, aber "… I believe that if we want to learn about medical anthropology at home in Europe, we should read our own works in order to understand each other's scientific thoughts and ethnographic projects" (van Dongen. AM 11-12: 421, 2001). Dem kann ich nur aus ganzem Herzen beipflichten. Und daher sind die beiden Bände dieser Jahresschriften so wichtig, weil sie die europäischen WissenschaftlerInnen mit ihren verschiedenen Beiträgen zusammenbringen.

Der erste Beitrag von Tullio Seppilli "Medical Anthropology 'at Home': a conceptual framework and the Italian experience" beginnt die Diskussion und die Rückführung „nach Hause", nach Italien, und wie dort seit den 1950er Jahren die italienischen Traditionen der „Volksmedizin" erforscht und aufgearbeitet wurden. Die Themenpalette der beiden Bände sind zu weit gefächert, als dass die Beiträge hier einzeln aufgezählt und besprochen werden könnten. Daher werden im folgenden im Überblick die Hauptthemen dargestellt.

Der erste Band "Medical Anthropology and Anthropology" beschäftigt sich mit der Frage, was die erstere zur zweiten beigetragen hat, und ihre Verwendbarkeit in der medizinischen Forschung und Praxis. Das war eine der beiden Hauptfragen der Tagung in Spanien. Sie wurde für die Veröffentlichung in 5 Unterabteilungen aufgeteilt. Die erste beschäftigt sich mit "Perspectives on Medical Anthropology". Sylvie Fainzang und Raymond Massé sprechen sich in ihren jeweiligen Beiträgen klar dafür aus, dass die Medizinethnologie demedikalisiert werden muss, indem zu biomedizinischen „Fakten" nicht nur soziale oder kulturelle Kommentare abgegeben werden, sondern indem Gesundheit, Krankheit und Medizin und ihre verschiedenen Phänomene als solche mit eigener Bedeutung (und nicht nur als Kommentar) untersucht werden. Dabei steht z.B. Krankheit als eine Form von Unglück, aufgrund dessen soziale Beziehungen hervortreten. Zwei konkrete Beispiele werden im Anschlusss von Oriol Romaní (über Drogengebrauch nicht als Pathologie, sondern als Mittel zur Analyse unserer Gesellschaft) und von Rosario Otegui Pascual gebracht (über AIDS/Stigmatisierung/Distanzierung etc.), mit zwei weiteren Beiträgen von A.M. Hernaéz und B. Hadolt, die in ähnliche Richtungen zielen.

Das zweite Kapitel beschäftigt sich mit dem Körper ("The Body"). Hier finden sich zwei konkurrierende Ansätze, nämlich: "… it seems that the issue of the experience of the body is seen somehow as the opposite of the issue of representation" (Fainzang, p. 152), wobei hier argumentativ fortgeführt wird, ob es sich nicht letztlich nur noch darum dreht, was zuerst kommt, erst der Körper, dann die Krankheit, und ob dies nicht doch die gleiche Frage ist wie die nach dem Ei und dem Huhn. Oder: "Can we make any sense of the separation between them?"

(Fainzang, p. 153), eine Frage, die meines Erachtens sehr zurecht gestellt wird. Die fünf Beiträge reichen von verschiedenen Körperkonzeptionen über Macht und Kontrazeptiva bis zur neuesten modernen Reproduktionsmedizin.

Im dritten Kapitel "Migrations" geht es nach einer Einleitung von Josep Kanals in vier Beiträgen um Verhalten von verschiedenen Immigranten in unterschiedlichen Gesundheitssituationen. Das vierte Kapitel "Ethnography with a Purpose" vereinigt sechs sehr unterschiedliche Beiträge, die alle im europäischen Kontext amgesiedelt sind, in denen es um Selbsthilfe und Reziprozität, um Verrücktsein und Heilen und vieles andere geht, wie in einer weiteren interessanten Betrachtung um die sehr länderspezifische, unterschiedliche Auffassung von Ethikkommitees zur Durchführung von qualitativen Studien und Forschung in Gesundheitsdiensten. Zwei "Closing Notes" von Els van Dongen und Josep M. Comelles schließen diesen Band ab.

Der Folgeband "Themes in Medical Anthropology" (vol. 13-14, Oktober 2002) ist in vier Unterabteilungen unterteilt: "Narratives", "Religion", "Hospitals", "Therapeutics" und schließt mit einem Epilog der Herausgeberin. Diese thematische Gruppierung erlaubt es, so unterschiedliche Themen wie die Wahrnehmung der eigenen Sterblichkeit bei HIV-Kranken, Konzeptualisierungen von Risiko am Beispiel von Osteoporose, Magie und Ritual, Pflanzen, Tanz und charismatische Kulte in einem Buch zusammenzuführen. Immer geht es um Europa von Nord nach Süd und West und Ost, und um die kulturellen Differenzen „hier und dort", aber immer „zuhause" oder gar am eigenen Leib.

Insgesamt geben beide Bände zusammen einen sehr guten Überblick darüber, was derzeit in Europa medizinethnologisch erforscht und bearbeitet wird. Daher sind sie allen zu empfehlen, die sich mit Medizinethnologie insgesamt oder mit Ethnologie „du proche" befassen.

KATARINA GREIFELD

IMIS-Beiträge – Eine engagierte Zeitschrift des Institutes für Migrationsforschung und interkulturelle Studien in Osnabrück. ISSN 0949-4723

Seit 1996 werden vom Institut für Migrationsforschung und interkulturelle Studien (IMIS) der Universität Osnabrück regelmäßig die IMIS-Beiträge herausgegeben. Diese zwei bis dreimal im Jahr erscheinenden Beiträge in Form eines DIN-A5-Büchleins umfassen jeweils 180 bis 300 Seiten und berichten regelmäßig in Themenheften oder mit gemischten Beiträgen zum Thema Migration, hier im weitesten Sinne, auch in einer geschichtlichen Dimension gefasst. Hier soll auf diese wichtigen „Beiträge" hingewiesen werden. Im Heft 20/2002 findet sich ein Register der IMIS-Beiträge der Jahrgänge 1996 (Gründung) bis 2002, also der ersten 20 Hefte. Das Heft selbst ist ein Themenheft, das Beiträge vom Deutschen Historikertag in Halle an der Saale vom 11. September 2002 mit dem Thema Migration in der europäischen Geschichte seit dem Mittelalter festhält. Damit wird auch deutlich gemacht, dass die Migration kein neues Phänomen ist, sondern schon immer zur menschlichen Lebenswelt und der dazugehörigen Geschichte und Epoche gehört. Dadurch verleihen die Beiträge aus diesem Institut dem Leser die ganze Bandbreite des Migrationskomplexes und sind entsprechend der institutionellen Ausrichtung primär auf soziologische und interkulturelle Aspekte ausgerichtet. Die Hefte werden von Klaus J. BADE herausgegeben, sind gut lesbar und damit für Nichtfachleute ebenso leicht zugänglich geschrieben und bereiten einen hochqualifizierten Zugang zu weiterführender Literatur. BADE, Professor für neueste Geschichte und Direktor des genannten Institutes, ist Mitglied des Sachverständigenrates der Bundesregierung für Zuwanderung und Integration. Diese universitäre Einrichtung und ihr Organ gehören also auch zum Hintergrund des Establishments der politischen Entscheidungsträger. Bleibt nur zu hoffen, dass das, was hier erarbeitet wird, auch in eine gute Politik fließt.

Themen der letzten Hefte: 25/2004: Organisational Recruitment and Patterns of Migration. Interdependencies in an Integrating Europe, ein 300 Seiten starkes Heft mit Beiträgen aus den Hauptergebnissen des internationalen Forschungsprojektes: The Political Economy of International Migration in an Integrating Europe (PEMINT) // Heft 26/2005: Themenheft Sprache und Migration (hrsg. von Utz MAAS) // 27/2005: Eine Aufsatzsammlung mit sehr aktuellen Themen wie u.a.: das Zuwanderungsgesetz – Ende des deutschen Ausländerrechts? (Günther RENNER †); Ethnic Boundries Making Revisited. A Field Theoretic Approach (Andreas WIMMER); Illegalität im Städtevergleich: Leipzig – München – Berlin (Georg ALT); Papiere für alle. Proteste illegaler Einwanderer in Murcia (Spanien) (Barbara LAUBENTAL) // 28/2006: Themenheft Integrationslotsen für Stadt und Landkreis Osnabrück. Grundlagen Evaluation und Perspektiven eines kommunalen Modellprojektes // 29/2006: Themenheft zu Historische Integrationssituationen und 30/2006: mit gemischten Beiträgen u. a.: Nation, Multikulturalismus und Migration auf dem Weg in die postnationale Republik (Dieter OBERNDÖRFER); Familienzusammenführung in der Einwanderungspolitik der Europäischen Union. Rechtsfragen aus dem Europa- und Bürgerrecht (Mariella FRANZ); Geschichtsbewusstsein von Jugendlichen mit Migrationshintergrund (Marina LIAKOWA und Dieter HALM) und weiteres. Die Zeitschrift ist durch die Robert-Bosch-Stiftung gefördert. (www.imis.uni-osnabrueck.de und www.imiscoe.org)

EKKEHARD SCHRÖDER

VWB – Verlag für Wissenschaft und Bildung

Kölner Beiträge zur Ethnopsychologie & Transkulturellen Psychologie.
Dokumentation der Artikel und der Buchbesprechungen der Bände 1/1995 - 6/2005.

```
ISSN 0949-1821
ISBN 3-86097-480-7
Jg. 1, 1995
Nº 1
```
KÖLNER Beiträge zur Ethnopsychologie & Transkulturellen Psychologie

Diese als unregelmäßig erscheinende Jahrbücher konzipierte Zeitschrift erschien ab 1995 in den ersten vier Heften im Holos-Verlag in Bonn und wird seit Heft 5/2004 im Göttinger Verlag V&R unipress wieder herausgegeben. Herausgeber: Hannes STUBBE, Professor für Ethnopsychologie an der Universität Köln und Chirley dos SANTOS STUBBE, Professor an der FHS Mannheim.
Hefte 1-4: ISSN 0949-1821, ISBN 3-86097-480-7 und ab Heft 5(2004) ISBN 3-89971-171-8.

Im Editorial des ersten Heftes wird die Zeitschrift ethnopsychologisch positioniert: „In der deutschsprachigen Psychologie und Völkerkunde haben die Ethno- und Transkulturelle Psychologie nach ihrer Blütezeit in Wilhelm WUNDTs ‚Völkerpsychologie. Eine Untersuchung der Entwicklungsgesetze von Sprache, Mythos und Sitte' (1900-1920), Sigmund FREUDs ‚Totem und Tabu. Einige Übereinstimmungen im Seelenleben der Wilden und der Neurotiker' (1912/13) und Richard THURNWALDs ‚Psychologie des primitiven Menschen' (1922) in der Nachkriegszeit kaum noch eine Rolle gespielt. Die ‚Kölner Beiträge zur Ethnopsychologie und Transkulturellen Psychologie' wollen nun das Interesse für fremdkulturelle Phänomene und Gegenstände wieder neu beleben und dabei sowohl wissenschaftshistorischen Fragen nachgehen, als auch die multikulturelle Problematik im gegenwärtigen Deutschland eingehender behandeln und Arbeiten zu einer entwicklungsländerbezogenen Psychologie fördern …".

1(1/1995)

STUBBE Hannes. Editorial.
ALON Juliane. Psychologische Aspekte der Trauer im Judentum. 1: 1-10.
SANTOS-STUBBE Chirly dos. Krankheit und Heilung bei afrobrasilianischen Hausarbeiterinnen. 1: 11-34.
HAMMESFAHR Anke. Kulturschock: Das "verkehrte" Entwicklungsversprechen. 1: 35-55.
STUBBE Hannes. Suizidforschung im Kulturvergleich. 1: 57-77.
LOCH Alexander. Psychologie in Nepal. 1: 79-98.
STUBBE Hannes. Wichtige Ereignisse in der Geschichte der Psychologie in Lateinamerika. 1: 99-149.

2(2/1996)

STUBBE Hannes. Editorial
BAR-ON Dan, SADEH M. & TEISTER D.: Psychologische Perspektive über Einwanderung und Neu-Ansiedlung im Falle Israels: Trennung als Ablösung versus Abbruch (Separation versus Severance). 2: 1-16.
STUBBE Hannes: Fernreisen in die "Dritte Welt" als Gegenstand psychologischer Forschung. 2: 17-37.
SCHLOTTNER Iniga: Ehe- und Familienbeziehungen brasilianischer Unterschichtsehepaare in São Paulo und ihre Veränderungen im Generationsverlauf. Eine interdisziplinäre biographische Untersuchung. 2: 39-48.

PESESCHKIAN Nossrat: Die Notwendigkeit eines transkulturellen Austausches. Dargestellt am transkulturellen Aspekt der Positiven Psychotherapie. 2: 49-65.
PELTZER Karl: Arbeit und Organisation von transkulturellen Heilkundigen in Lesotho. 2, 2:67-91.
STUBBE Hannes: Suizidale Handlungen in Brasilien. Eine Bibliographie. 2: 93-117.

3(3/1997)

STUBBE Hannes. Vorwort.
STUBBE Hannes: Sigmund Freud in den Tropen. Zur Frühgeschichte der Psychoanalyse in Brasilien. 3: 1-60 + Anhang.

4(4/1998)

NEREL Pia: Der Umgang mit dem Fremden in einer bikulturellen Partnerschaft am Beispiel deutsch-türkischer Paare und Familien 1: 1-32
RÄDER Volker: Katathym-imaginative Psychotherapie im Kulturvergleich (S.33-58)
STUBBE Hannes: Zur Geschichte der Psychoanalyse in Portugal (S.59-66)
BUSCH Martin: Zum Konfliktmanagement der nigerianischen Igbos (S.67-82)
NORONHA Percival: Juden in Goa (S.83-88)
STUBBE Hannes: Die sozialreligiöse Bewegung von "Canudos" - eine brasilianische Kollektivpsychose? (S.89-108)
Rezensionen (S.109-120)

5(5/2004)

STUBBE Hannes, SANTOS-STUBBE Chirly Dos: Editorial. 5: 7.
ABOU-HATAB Fouad A-L-H. Psychology in Egypt: A case study from the third world. 5, 5: 9-22.
STUBBE Hannes: José Custodio de Faria (31.5.1756-20.9.1819). Die Schule von Nancy und Sigmund Freud. Eine goanische Quelle der Psychoanalyse. 5: 23-49.
FUNK Gabriela. The Proverbs as a Mirror of Popular Ideologies in the Teaching of a Foreign Language. 5: 51-60.
KASCHAJEW W. E.: Der Einfluss des „Nationalcharakters" auf die Entstehung und den Ablauf der historischen Begebenheiten. 5: 61-68.
STUBBE Hannes: Der portugiesische Kolonialkrieg in Afrika aus kulturanthropologischer Sicht. 5: 69-88.
OBUCHOW J. & RUSSKICH N.: Vom Lied zum Bild. Katathyme Bilder der „russischen Seele". 5: 89-95.

6(6/2006)

STUBBE Hannes, SANTOS-STUBBE Chirly dos: Editorial.6: 7.
BOROFFKA Alexander: Psychiatrie in Nigeria. 6: 9-26.
JUNIOR Boia Efraime: „As crianças são as flores que nunca murcham" – Notas sobre abuso sexual de criçans em Mocambique. 6: 27-39.
FUCHS Christin-Melanie: „Arbeitsplatz Globus – Kulturelle Unterschiede als Störvariable". Eine empirische Studie zur brasilianischen Arbeitskultur. 6: 41-72.
KLÖPFER Carsten: HIV/AIDS und Buddhismus. Der psychologische Beitrag des Buddhismus zur HIV/AIDS-Prävention in Thailand. 6: 73-95.
MESSERSCHMIDT Astrid: Erinnerungsprozesse in der postkolonialen Gesellschaft. 6: 97-116.

WANGERMANN Iris: Interkulturelle Trainingsmethoden im empirischen Vergleich. 6: 117-142.

Rezensionen (alle Hefte) (Rezensent in Klammern)

BURKHART Gregor 1994. *Die Kinder Omulús: Der Einfluss afrobrasilianischer Kultur auf die Wahrnehmung von Körper und Krankheit*. Frankfurt/M.: Peter Lang. (Ch. Dos Santos-Stubbe) 2/1996:128-130.
BROZEK Josef & HOSKOVEC Jiri 1995. *Thomas Garrugue Masaryk on psychology. Six facets of the psyche*. (Acta Universitatis Carolinae Philosophica et Historica onographia CXLVIII – 1994). Prag: Charles University: Karolinum Publ. (H. Stubbe) 2/1996: 121-122.
de FREITAS CAMPOS Regina Helena (Org) 2001. *Dicionário biográfico da psicologia no Brasil. Pioneiros*. Rio de Janeiro: Imago Editora. (H. Stubbe) 6/2005:143-144.
DORTA Sonia Ferraro & CURY Marília Xavier 2000. *A plumária indígena Brasileira no Museu de Arqueologia e Etnologia da USP*. USPIANA Brasil 500 anos. São Paulo, Editora da Universidade de São Paulo. (H. Stubbe). 5/2004: 97-100.
FELDMANN Klaus 2004. *Tod und Gesellschaft. Sozialwissenschaftliche Thanatologie im Überblick*. Wiesbaden: VS Verlag für Sozialwissenschaften. (H. Stubbe) 6/2005: 146-147.
HANNS Luiz Alberto 1996. *Dicionário comentado do alemão de Freud*. Rio de Janeiro, Imago Editora. (H. Stubbe) 5/2004:100-104. .
KELLER Frank Beat 1995. *Krank warum? Vorstellungen der Völker, Heiler, Mediziner*. Stuttgart: Cantz. (H. Stubbe) 2/1996: 122-125.
KOCH-STIERLE Friederike 1996. *The Stranger Bringst the Unfamiliar – Experiences of Counsellors with Culturally Different Clients*. Berlin, Verlag für Wissenschaft und Bildung. (A. Hammesfahr) 2/1996: 130-133..
LEIBING Annette 1995. *Blick auf eine verrückte Welt. Kultur und Psychiatrie in Brasilien*. (Medizinkulturen im Vergleich, Bd. 14). Münster: LIT. (H. Stubbe) 2/1996:127-128.
LUDL Herbert 2003. *Das Wohnmodell interethnischer Nachbarschaft*. Wien: Springer Verlag. (H. Stubbe) 5/2004:104-105.
MEHTA Gerda, RÜCKERT Klaus (Hg) 2004. *Streiten Kulturen? Konzepte und Methoden einer kultursensitiven Mediation*. Wien: Springer-Verlag. (H. Stubbe) 6/2005:145-146.
PELTZER Karl 1995. *Psychology and health in African Cultures. Examples of ethnopsycho-therapeutic practice*. Frankfurt/M.: IKO-Vlg (H. Stubbe) 2/1996: 119-121.
PERREN-KLINGLER Gisela (Hg) 1995. *Trauma. Vom Schrecken des Einzelnen zu den Ressourcen der Gruppe*. Bern: Haupt. (H. Stubbe) 2/1996: 125-126.
REICHMAYR Johannes, WAGNER Ursula, QUEDERROU Caroline & PLETZER Binja 2003. *Psychoanalyse und Ethnologie. Biographisches Lexikon der psychoanalytischen Ethnologie, Ethnopsychoanalyse und interkulturellen psychoanalytischen Therapie*. Giessen, Psychosozial Verlag. (H. Stubbe) 6/2005:144-145.
STUBBE Hannes. 2005. *Lexikon der Ethnopsychologie und Transkulturellen Psychologie*. Frankfurt/M.: IKO-Vlg. (Verlagstext) 6/2005: 143.

Résumés des articles de curare 29(2006)2+3
Psychologie de la migration, Anthropologie médicale du proche et l'Islam et sa culture en Europe contemporaine
Dirigé par EKKEHARD SCHRÖDER, WOLFGANG KRAHL & HANS-JÖRG ASSION

Hommage à Erich Wulff en tant qu'Ethnopsychiatre pour son 80ème anniversaire, p. 137-141.

Articles:

KALERVO OBERG: **Choc culturel : Adaptation au nouvel environnement culturel (re-impression 1960),** p. 142-146.

Le choc culturel est généralement une maladie professionnelle qui touche les personnes mutées de manière soudaine à l'étranger. Comme la plupart des maladies, elle a ses propres symptômes, causes et traitements. Beaucoup de missionnaires en ont souffert. Certains d'entre ne s'en sont pas remis et ont quitté le terrain. S'il en est qui vivent en permanence dans cet état de choc, beaucoup, en revanche en ont parfaitement guéri. Le fait que cet état de choc soit vécu par un chrétien, influe grandement sur son témoignage, c'est ce qui ressort implicitement dans le rapport du Dr Oberg.

mots clés choc culturel – phases du choc culturel – symptômes –ethnocentrisme – euphorie – adaptation – guérison

TOMMASO MORONE: **La nostalgie de la patrie ou le mal du pays (re-impression 1994),** p. 147-149.

Nostalgie et patrie sont les 2 «mots clés» de cet article. L'auteur tente d'y donner tout leur sens en observant le processus de migration d'immigrants siciliens en Allemagne. Les 2 termes sont en étroite relation car une «réaction nostalgique» met en évidence que ce genre de situation ne peut se gérer sans problème. L'assimilation du nouvel espace ainsi que son organisation ne se font pas. On peut constater par contre une surestimation et une identification extrême avec le lieu d'origine comme point de repaire social et culturel.

mots clés migration – processus de migration – patrie – mal du pays –nostalgie – Sicile

INCI USER: **L'image de la mère dans la culture turque d'aujourd'hui,** p. 150-158.

Dans la République turque actuelle, la femme est investie ''un rôle spécifique dans le processus de modernisation et d'occidentalisation. Par sa participation active à la vie professionnelle, politique et culturelle, elle se doit d'être un symbole et un acteur de la révolution laique. Parallèlement, il lui incombe de socialiser les jeunes générations et d'en faire des citoyens modernes. Cependant, l'égalité des droits ne la libère pas de certaines valeurs et pratiques traditionnelles qui concernent la maternité. Elle est chargée de tant de responsabilités sur le plan familial, que sa participation à la vie publique s'en trouve réduite. La maternité est restée pour la femme turque, le rôle le plus important et le plus incontesté.

mots clés maternité –structure patriarchale –modernisation – culture occidentale dominante –laicisme – rôle social – éducation – travail – famille – Turquie

RICHÁRD NAGY: **Qu'est-ce que l'unani? Perspectives pour l'Europe,** p. 159-164.

Unani, cette science médicale originaire de l'ancienne Grèce est, encore aujourd'hui, largement répandue en Inde, au Pakistan, au Bangladesh et dans les pays islamiques. Certains livres relatifs à l'unani, écrits entre le 10ème et le 13ème siècle sont toujours utilisés. La langue de l'unani est l'arabe, même les spécialistes indiens se réfèrent aux livres en arabe. L'Unani peut être très important pour la compréhension des pratiques thérapeutiques des migrants d'origine des pays islamiques en Europe.

mots clés Unani – médecine gréco-arabo-indienne – humeurs corporelles – pathologie humorale – ethnomédecine – immigrants musulmans – les Indes

SOFIANE BOUDHIBA: **La «baraka» en milieu pauvre urbain en Tunisie,** p. 165-171.

Une véritable légende a toujours entouré le concept mystérieux de «Baraka», don de prévoir la maladie, la prévenir et la guérir. Cet article s'intéresse à l'étude du rapport entretenu par les ménages défavorisés vivant en milieu urbain en Tunisie à la Baraka. Il développe quelques éléments de réflexion concernant les Daggaza (voyantes), les Arifa (celles qui savent), les sahar (sorciers), et autres personnages populaires mystérieux réputés détenir le précieux don de Baraka. Le milieu urbain pauvre a été sélectionné comme cadre d'études car il permet une collecte plus facile et plus fiable de l'information. Par ailleurs, le milieu urbain pauvre constitue dans le Maghreb, et en Tunisie en particulier, un véritable « laboratoire » d'études anthropo-démographiques, étant à la croisée des chemins entre, d'une part un monde urbain moderne et bien informé, et de l'autre un monde socio-économiquement défavorisé dans lequel les traditions restent encore malgré tout profondément ancrées. L'article aborde la question en trois chapitres : Après un bref rappel de l'origine du concept de Baraka, il s'attache à en examiner les pratiques, en essayant de la positionner dans l'itinéraire thérapeutique adopté en milieu urbain populaire. La dernière partie de l'article présente quelques éléments d'explication à la représentation sociale particulière de la Baraka chez les populations urbaines défavorisées.

mots clés santé publique – baraka – milieu pauvre urbain – Tunisie

BERNHARD LEISTLE: **L'odeur des ğinn – Réflexions phénoménologiques sur la signification culturelle des expériences sensorielles au Maroc,** p. 173-194.

Cet essai traite de la fonction des expériences sensorielles humaines, comme celles que l'on peut observer au cours des resprésentations rituelles culturelles. Contrairement à une conception positiviste de l'expérience et de la culture, le cas présent est placé dans une perspective phénoménologique et démontre que, dans la pratique, c'est une relation basée sur une communication sensorielle et sensée, entre un moi corporel et son environnement, qui est le fondement d'une véritable signification culturelle. L'article décrit ce processus de constitution sensée à partir de pratiques rituelles et de concepts issus de la culture de transe et de possession au Maroc. On y découvre des concordances sensées entre les caractéristiques communicatives des sens auxquels s'adressent ces médias rituels, et le contenu conceptuel que ce rituel doit communiquer. Le sens de l'odorat est utilisé ici comme exemple d'analyse. De par sa structure, celui-ci permet de mettre en évidence et de réaliser, par les acteurs des rituels, d'importantes traits sociaux et religieux de la vie marocaine.

mots clés expérience sensorielle –phénoménologie – possession – théorie culturelle – sens de l'odorat – Maroc

Des Mots clés sur le contexte migration – culture – médecine sociale – santé publique. Un papier en travail (collectif d'auteurs) p. 195-234.

ASSIA HARWAZINSKI: **Reportage d'une conférence de la section allemande des Médecins internationaux pour la prévention des guèrres nucléaires à Nuremberg, octobre 2006** p. 249-253.

Rapports (sélection): Musée et migration, Ulm 2004 (F. HAMPE) – Thérapie transculturelle avec des familles des migrants. Stage avec Marie-Rose Moro à Rotterdam 2005 (M. VERVEY) – La fête du 10ème anniversaire de la DTGPP (Association allemande-turque de psychiatrie, psychothérapie et santé psycho-sociale), Marburg 2005

Petites communications: Rapports – Lettre d'information de AGEM 28/2006 – comptes rendues – documentation du journal: Contributions de Collogne à l'ethnopsychologie et à la Psychiatrie transculturelle (Kölner Beiträge zur Ethnopsychologie & Transkulturellen Psychologie) 1995-2005   p. 249-261.

Documentation: GEORGES DEVEREUX: **"Culture and Symptomatology. Summary", Kiel 1976** (Ré-empression 1977) p. 265-266

Traduction et rédaction finale des résumés par PATRICIA SCHREIBER (Sarreguemines).

AGEM Arbeitsgemeinschaft Ethnomedizin, editrice de
curare, Journal d'anthropologie médicale et de psychiatrie transculturelle, fondée en1978

Le Groupe de travail «Ethnomédecine» (**AGEM**) est une association (type loi 1901) avec son siège à Hambourg. Cette association regroupe des chercheurs et des personnes et institutions promouvant la recherche et elle poursuit de manière exclusive et directe un but non-lucratif. Elle soutient la coopération interdisciplinaire entre la médecine, y compris l'histoire de la médecine, la biologie humaine, la pharmacologie, la botanique et les sciences naturelles d'un côté et les sciences sociales de l'autre côté, en particulier l'ethnologie, l'anthropologie sociale, la sociologie, la psychologie et le folklore. Elle a pour but d'intensifier l'étude des médecines populaires, mais aussi de l'écologie humaine et de la sociologie de la médecine. Elle s'efforce d'atteindre ces objectifs notamment par la publication d'un journal d'anthropologie médicale ainsi que par l'organisation régulière de réunions spécialisées et en réunissant les travaux relatifs à ces thèmes (extrait des statuts de 1970).   www.agem-ethnomedizin.de

Die Autorinnen und Autoren in curare 29(2006)2+3

Assion Hans-Jörg* PD Dr. med., Psychiater.
Zentr. f. Psychiatrie, Klinik. Ruhr-Univ.
Alexandrinenstr.1, 44791 Bochum
S. 132, 195

Bellér-Hann Ildikó, PD Dr. phil., Turkologin.
Orientwissenschaftliches Zentrum
Martin-Luther-Universität
Mühlweg 15, 06114 Halle/Saale
e-mail: ildiko.beller-hann@owz.uni-halle.de
S. 246

Birck Angelika, Dr. phil., (†), Psychologin.
S. 195

Borde Theda, Prof. Dr. phil., Gesundheitswissenschaften.
Alice Salomon Fachhochschule Berlin,
Alice-Salomon-Platz 5, 12627 Berlin
e-mail: theda.borde@gmx.de – borde@asfh-berlin.de
S. 195

Bouhdiba Sofiane, Prof., Soziologe.
1 rue 7208 menzah 9 A, 2092 Tunis, Tunisie
e-mail: s.bouhdiba@voila.fr
S. 165

Bunge Christiane, Soziologin.
Heimstr. 19, 10965 Berlin
e-mail: christianebunge@web.de
S. 195

Brucks-Wahl Ursula, PD Dr. phil. (†), Soziologin.
S. 195

David Matthias, PD Dr. med.,
Gesundheitswissenschaften.
e-mail: matthias.david@charite.de
S. 195

Deimel Claus*, Dr. phil., Ethnologe.
GRASSI Museum für Völkerkunde zu Leipzig
Postfach 100955, 04009 Leipzig
e-mail: claus.deimel@mvl.smwk.sachsen.de
S. 267

Devereux Georges, Prof. Dr. phil., (†) Ethnologe.
S. 265

Frießem Dieter H.*, Dr. med., Psychiater und Neurologe.
Oberaicher Weg 15, 70771 Leinfelden-Echterdingen (Musberg)
S. 271

Greifeld Katarina*, Dr. phil., Ethnologin.
greifeld@gmx.de
S. 245, 281

Hampe Henrike, Volkskundlerin.
Donauschwäbisches Zentralmuseum
Schillerstr. 1, 89077 Ulm
e-mail: henrike.hampe@dzm-museum.de
S. 235

Hartkamp Norbert, Dr. med., Psychoanalytiker.
Psychosomatische Klinik am Gesundheitszentrum
zum Hl. Geist, Stiftungsklinikum Mittelrhein,
Hospitalgasse 2, 56154 Boppard
e-mail: norbert.hartkamp@stiftungsklinikum.de
S. 239

Harwazinski Assia Maria, Dr. phil.,
Islamwissenschaftlerin.
PF 21 03 05, 72026 Tübingen
S. 249

Hoffmann Klaus*, Dr. med., Psychiater.
Zentrum für Psychiatrie,
Feursteinstr. 55, 78479 Reichenau
e-mail: K.Hoffmann@ZFP-Reichenau.de
S. 275

John Detlef, Dr. med., Psychiater u. Neurologe.
DRV Hessen, Landgraf-Philipps-Anlage 42-46
64283 Darmstadt
e-mail: drv-john@drv-hessen.de
S. 195

Keßler Stephan, M.A.
Jesuiten-Flüchtlingsdienst Deutschland
Witzlebenstr. 30 A, 4057 Berlin
e-mail: stefan.Kessler@jrs.net
S. 195

Koch Eckhardt*, Dr. med., Psychiater.
Klinik für Psychiatrie und Psychotherapie Marburg-Süd,
Cappeler Str. 98, 35039 Marburg
e-mail: eckhardt.koch@t-online.de
S. 239

Krahl Wolfgang*, Dr. med., Psychiater und Psychologe.
Frauenlobstrasse 22, D-80337 München
e-mail: Wolfkrahl@yahoo.de
S. 132

Leistle Bernhard, Dr. phil., Ethnologe.
e-mail: bernhard_leistle@yahoo.de
S. 173

Luig Ulrich, Dr. theol., Pfarrer.
ESG Mainz / Ev. Dekanat Mainz
Am Gonsenheimer Spieß 1, 55122 Mainz
S. 276

Lux Thomas*, Dr. med., Allgemeinmediziner.
Beinengutstrasse 45, 64625 Bensheim
e-mail: lux@em.uni-frankfurt.de
S. 269

Machleidt Wielant*, Prof. Dr. med., Sozialpsychiater.
Abteilung Sozialpsychiatrie & Psychotherapie
Medizinische Hochschule Hannover
Carl-Neuberg-Str. 1, D-30625 Hannover
e-mail: Sozialpsychiatrie@mh-hannover.de
S. 137

Martius Philipp*, Dr. med., Psychiater.
Chefarzt Psychosomatik
Klinik Höhenried gGmbH
82347 Bernried
e-mail: philipp.martius@hoehenried.de
S. 256

Morone Tommaso, Dr. rer. soc.,
Sozial- u. Kulturwissenschaftler.
Linsenbergstr. 29, 72074 Tübingen
e-mail: andyha@gmx.net
S. 147

Nágy Richard, Dr. med., Allgemeinarzt.
Pusztai J. u. 11, H-2462 Martonvasar
e-mail: nagyrichard@invitel.hu
S. 159

Kalervo Oberg (†) Ethnologe.
S. 142

Penkala-Gawęcka Danuta*, PD Dr. phil.,
Ethnologin.
Osiedle Boleslawa Chrobrego 47/116,
PL-60681 Poznàn
e.mail: danagaw@amu.edu.pl
S. 255

Pollak-Eltz Angelina*, Prof. Dr. phil., Ethnologin
Caracas/Venezuela und Maria Alm/Österreich
e-mail: apollake@ucab.edu.ve
S. 260

Rudnitzki Gerhard*, Dr. med.,
Neurologe, Psychiater u. Psychoanalytiker.
Kirschgartenstraße 41a, 69126 Heidelberg
e-mail: gerhard_rudnitzki@freenet.de
S. 195

Schönig Hanne, Dr. phil., Islamwissenschaftlerin.
Orientwissenschaftliches Zentrum
der Martin-Luther-Universität Halle-Wittenberg
Mühlweg 15, 06114 Halle
e-mail: hanne.schoenig@owz.uni-halle.de
S. 246

Schröder Ekkehard*,
Nervenarzt und Psychotherapeut.
Geschäftsadresse AGEM-curare
Spindelstrasse 3, D-14482 Potsdam
e-mail: ee.schroeder@t-online.de
S. 132, 195, 254, 273, 274, 277, 279, 282

Spranger Helga, Dr. med.,
Neurologie, Psychiatrie und Psychotherapie.
Fritz Reuter Weg 17 24229 Strande
e-mail: hspra@t-online.de
S. 195

User Inci, Dr. phil., Sozialwissenschaftlerin und Psychologin.
Ethemefendi Cad., Ziyaeddin Baydar Sok.,
Ahmetefendi Ap. Nr. 6/7, Erenköy, Istanbul, Türkey
e-mail: eyuser@superonline.com
S. 150

Verwey Martine*, Medizinethnologin.
Hardtturmstrasse 120, CH-8005 Zürich
e-mail: verwey@active.ch
S. 195, 242

* Mitglieder der Arbeitsgemeinschaft Ethnomedizin